와인 인문학 산책

와인 인문학 산책

신화와 역사부터 심리와　　매너까지 와인의 모든 것

장홍 지음

Myth, History, Poet,
Psychology, Manner
Everything about Wine

글항아리

와인의 다양한 의미와 기쁨

와인과 나의 인연은 30여 년 전으로 거슬러 올라간다. 프랑스 유학 초기 아직 모든 것이 낯설기만 하던 시절, 나는 엉뚱하게도 프랑스 문화와 생활의 본류로 들어가는 숨겨진 코드 같은 것이 존재하지 않을까 하는 의심을 품기 시작했고, 혹 그 코드가 와인이 아닐까 하는 잠정적 결론에 도달했다.

와인이 알코올음료의 일종이란 것을 제외하면 전혀 문외한이었지만, 한번 발동한 호기심은 식을 줄 몰랐다. 우선 포도 따기 아르바이트부터 시작했다. 이른 아침부터 포도를 따는 일은 생각 이상으로 힘든 노동이었지만, 중간에 참으로 제공되었던 음식과 와인을 포도 수확에 참여한 사람들과 나누었던 행복한 기억은 아직도 생생하다. 그리고 수확을 마친 날 저녁에 질펀하게 벌어졌던 축제는 광란의 밤이라 할 만큼 황홀했다. 주신 바쿠스를 기리던 로마의 바카날리아 축제의 현대판이었다. 유일한 동양 남자였기에 축제에 참여한 여자들의 호기심 대상이었던 나는 시도 때도 없는 춤 초대에 행복감보단 당혹감을 느꼈고 도망치고 싶은 마음이 간절했지만, 나에게 끝까지 자리를 지키며 알자스 지방의 민속춤에 몸을 맡길 용기를 준 것은 바로 와인의 취기였다. 이렇게 나는 와인과 육체적physical이고 육감적sensual으로 만났다.

그 후 본격적인 와인 여정은 수요 클럽club mercredi을 만들면서 시작되었다. 조상 대대로 와인을 생산하는 집안에서 태어난 친구와 매주 수요일 와이너리 투어를 했는데, 학위를 마칠 때까지 장장 5년이나 계속되었다. 출발 시간은 매주 수요일 아침 9시로 정해져 있었지만 돌아오는 시간은 일정치 않았다. 적게는 하루에 4~5곳을, 많게는 30~40곳을 돌며, 와인 테이스팅도 하고 와인 생산자들과 그들이 주조한 와인에 대해 열정적인 토론을 벌이기도 했다. 요즘 세상에 와인 생산자들만큼 자신의 일에 자부심과 애정을 가진 사람들을 만나기 드물기에 매우 값진 경험이었다.

학위를 마치고 프랑스 지방 정부 일을 맡으면서 나의 와인 탐험은 연장되고 심화되었다. 가난한 유학생 시절에는 비싸고 귀한 와인을 마실 기회가 매우 드물었지만, 사회적 지위의 변화에 걸맞게 다양한 와인을 시음할 기회가 점점 많아졌다. 많은 와인농가조합이나 와이너리에 초대받아 전문 시음을 하는 행운도 듬뿍 누렸다. 그리고 휴가 때엔 주로 와인 생산지를 찾아다녔다. 그곳엔 언제나 나의 관심을 끌기에 충분한 다양한 와인과 와인의 맛을 더욱 돋보이게 해주는 맛나고 특별한 음식들이 기다리고 있었다. 또한 와인 관련 행사나 축제, 볼거리들도 빼놓을 수 없는 와이너리 투어의 즐거움이었다.

그렇게 30년 가까이 돌아다닌 프랑스와 유럽의 와이너리 수가 3000곳은 족히 넘으리라! 그리고 이 책은 이런 경험을 바탕으로, 와인에 대한 인문학적 관심과 와인을 즐기는 데 도움이 될 만한 기술적인 내용들을 총망라했다고 자부한다.

"와인 한 잔에는 맥주 한 말보다 더 많은 이야기가 들어 있다"는 프랑스 속담이 있다. 이 책에 어울리는 속담이다. 와인에 대해 참으로 많은 이야기를 포도송이처럼 주저리주저리 쏟아놓았다. 동시에 와인이란 프리즘을 통해 서양 문명의 여러 양상을 들여다보는 작업도 시도했다.

역사 속 와인 산책(제1장), 종교, 신화, 예술, 문학 속 와인 산책(제2장), 와인의 사회학(제3장), 와인의 경제학(제4장) 등이 그것이다. 그리고 30여 년 이상 와인을 가까이하고 사랑하면서, 와인을 마실 때 가끔 머리를 스쳐지나가는 나만의 느낌과 내 삶에 기쁨과 위안을 선사하는 와인과 재즈에 대한 각별한 애정을 정리한 것이 와인 한 잔의 사색(제5장)에 담겨 있다. 다른 한편으로 와인을 제대로 알고 즐기는 데 도움이 될 만한 아주 실용적인 내용들을 내 경험을 최대한 살리면서 정리했다. 와인의 재발견(제6장), 와인 제대로 알기(제7장), 와인 제대로 즐기기(제8장)가 그것이다. 크게 제1부와 제2부로 나누어 1~5장에 해당되는 제1부 '와인의 인문학'은 와인에 얽힌 역사, 종교, 문학, 경제 등을 전반적으로 다루었으며, 6~8장에 해당되는 제2부 '와인의 기쁨'은 와인을 마시는 데 필요한 실용적인 내용을 담았다.

부록에는 '바쿠스 사전'이란 이름으로 와인 용어 사전을 나름 체계적으로 정리해봤다. 와인 관련 전문용어들을 분야별(포도 수확, 와인 주조, 병입, 교역, 법규, 와인의 색깔, 와인의 향과 맛 등)로 나누어 역사적 배경 등을 포함, 상세한 설명을 곁들여 독자들의 이해를 돕고자 했다. 또한 와인 관련 영화 20편(영화 15편, 다큐 5편)을 선정해, 필요한 정보(타이틀, 감독, 배우, 개봉 연도, 러닝타임, 줄거리)와 함께 실었다. 와인에 관심 있는 독자들에게 또 다른 즐거움이 되길 바란다.

이 책은 각자의 관심에 따라 편리하고 다양한 방법으로 읽어도 무방하다. 처음부터 끝까지 순서대로 읽을 수도 있고, 아니면 먼저 관심이 가는 장이나 꼭지를 읽을 수도 있고, 필요할 때 사전처럼 활용할 수도 있다.

이 책을 통해 독자들이 와인이 지닌 다양한 의미와 모습을 만나볼 수 있는 계기가 되기를, 그리하여 와인이 알코올음료가 주는 단순한 즐거움을 넘어 문화저인 즐거움까지 향유할 수 있는 넥타nectar가 될 수 있다면 저자로서 더 이상 바랄 것이 없을 것이다.

끝으로 원고를 집필하는 데 도움을 준 배소라, 이다해 씨와 부족한 원고를 책으로 출판해준 글항아리 강성민 대표, 교정에 애써준 곽우정 편집자에게 고마움을 전한다.

2020년 4월

장홍

와인의
인문학

제 1 부

역사 속
와인 산책

제 1 장

원시인도
와인 마니아였다?

매년 4월 9일은 조지아의 독립기념일이다. 구소련에서 격심한 산고 끝에 1991년에 독립한 흑해 연안의 이 작은 나라는, 그런 만큼 자부심이 강하다. 주한 조지아대사관은 매년 4월 9일 국내에 주재하는 많은 외교사절단과 국내 인사를 초청해 독립기념일 행사를 거창하게 연다. 2015년에는 서울 중심에 위치한 한 호텔에서 행사가 진행되었으며, 조지아의 전통 음식과 특히 조지아산 와인이 초청자들의 눈과 입을 즐겁게 했다.

공식 일정이 끝나고 니콜로즈 아프카자와 대사와 함께하는 뒤풀이 자리가 자연스럽게 마련되었다. 대사는 손수 와인을 들고 자리로 와서 술을 권하며 조지아 와인에 대한 끝없는 예찬을 늘어놓았다. 조지아 와인의 품격과 훌륭한 질에 대해서는 물론, 그 명성만큼 한국의 와인 시장에 잘 알려지지 않은 안타까움도 호소했다. 그리고 특히 인류 최초의 와인이 조지아에서 탄생했다는 점을 여러 차례 강조했다. 이날 아프카자와 대사는 조지아 와인의 홍보대사로서 훌륭히 임무를 완수했으며, 자리에 함께한 사람들을 조지아 와이너리 투어에 초청하기까지 했다. 시간이 흐르면서 와인 잔은 비워졌고, 한낮인데도 모두가 얼근히 취해서 호텔을 나온 기억이 새롭다.

한 잔의 와인! 그 속엔 인간의 오랜 역사와 다양한 문화와 상징이 비밀스러운 코드처럼 숨겨져 있다. 사실 와인은 우리에게 지난날의 무수한 이야기와 사건들을 전해주고 있다. 와인은 단순한 알코올음료를 넘어, 서구 문명이라는 거대한 곳간을 열기 위해 필요한 하나의 중요한 열쇠다. '와인을 알면 서구 문명이 보인다' 해도 그리 지나친 표현은 아닐 것이다. 최소한 서구사회에서 와인이 사회, 경제, 문화와 예술, 종교와 신화 등 여러 방면에 걸쳐 지난 수천 년간 간단없이 중요한 역할을 수행해왔음을 부인할 수 있는 사람은 없을 것이다.

인간이 두 다리로 서서 걷고 생각할 수 있게 된 이후, 즉 호모 사피엔스 Homo Sapiens로 행세한 이래 와인은 인간 삶의 전반에 깊이 관여해왔다. 기쁜 일을 축하하는 자리에, 괴로움을 잊기 위해, 사기 진작을 위해, 사랑을 위해, 예술적 영감을 얻기 위해, 환자의 병을 고치기 위해, 신을 찬양하기 위해, 사자의 영생을 빌기 위해, 와인은 늘 인간과 함께해왔다. 때로는 와인 때문에 전쟁이 발발하기도 했고, 때로는 와인 덕분에 일시나마 전쟁이 멈춘 적도 있었다.

한마디로 와인은 최상과 최악이라는 양면성을 지닌 채 인간 삶에 들어와 있다. 성경에도 와인의 이런 양면성은 잘 드러나 있다. 그리고 바로 이 같은 양면성 덕분에 역사상 무수한 위기와 박해에도 와인은 오늘날까지 주조되고, 사랑받는 알코올음료로 우리 곁에 존재하는 것이 아닐까.

와인의 탄생, 행복한 우연과의 짜릿한 만남

그렇다면 인간은 언제, 어디에서 최초로 와인을 주조하고 마셨을까? 조지아 대사가 자랑스럽게 강조한 것처럼 조지아에서였을까? 결론부터 말하면, 맞다. 고고학 자료에 따르면 인류 역사상 최초로 와인을 마신 것은 신석기 초기의 트랜스코카서스Transcaucasus 지역에 거주하던 동굴인들이었다. 지금으로 치면 흑해 연안의 조지아와 아르메니아다. 이 지역은 기후가 온화해 야생의 여러 과일과 곡물이 자라기에 적합했으며, 그중에는 다양한 포도나무 품종도 서식하고 있었다. 아직 농경생활이 채 정착되지 않은 채집과 수렵의 시기였기에 다른 작물들에 비해 보관과 운송이 용이하고 식용성이 높은 포도와 일부 곡물은 이들 신석기인들이 가장 즐겨 채집하는 인기 품목이었으리라.

알다시피 포도가 스스로 와인으로 변하는 것은 아니다. 포도 속의 당분이 자연에 존재하는 효모의 작용으로 알코올로 변하는, '발효'라는 신비로운 과정을 거쳐야만 와인으로 재탄생한다. 발효를 이해할 수 없었던 신석기인들이었기에, 인류 최초의 와인은 분명 발명의 산물이기보다는 발견된 것으로 짐작된다. 인간이 맛본 최초의 와인은 결국 우연의 덕분이리라. 인류를 위해 그리고 오늘날의 모든 와인 애호가를 위해 우연치고는 참으로 행복한 우연 아닌가! 와인이 없었다면, 인류의 역사도 분명 다른 모습으로 발전했을 것이라 쉽게 짐작해볼 수 있다. 그러기에 행복한 우연의 순간을 재현해보려는 노력이 결코 호사스러운 지적 허영심만은 아닐 것이다.

자, 이제 '행복한 우연'과의 짜릿한 역사적 만남을 위해, 얼마간 상상력이 필요할지도 모르겠다. 지금으로부터 7000~8000년 전에 조지아 원시인들이 거주하던 어느 동굴에서 일어났을 그 사건의 증인이 되어보자.

어느 늦은 여름날, 으레 그랬듯이 일단의 남자들이 동굴을 나와 채집을

아래로 쿨라강이 흐르는 조지아의 바르지아Vardzia 동굴 도시.

위해 떠난다. 한낮의 무더위를 피하기 위해 이른 아침 동굴을 나선 원시인들은 점심나절 채집한 여러 곡물과 과일을 들고 동굴로 돌아온다. 넝쿨식물 따위로 만든 그야말로 원시적인 망태기 속에는 잘 익어 먹음직스러운 포도송이도 들어 있다. 오후 사냥을 떠나기 전에 포도송이를 동굴 한구석의 움푹한 바위에다 저장한다. 그리고 새나 다른 동물로부터 귀중한 채집물을 보호하기 위해 그 위에 편평하고 묵직한 돌을 올려놓는 것을 잊지 않는다. 그러고는 서둘러 남정네들은 오후 사냥에 나선다. 이날따라 사냥은 힘들고, 평소보다 시간도 많이 걸린다. 심지어 목숨이 위태로운 상황도 맞는다. 그러나 사냥에서 잡은 들소는 근래 보기 힘든 덩치 큰 놈이다. 당분간 온 가족을 배불리 먹일 수 있을 거란 뿌듯함에도, 사냥으로 지친 몸은 가누기 힘들다. 동굴로 돌아오니 이미 땅거미가 내리고 있다.

심한 갈증으로 낮에 두고 나간 포도 쪽으로 자연스레 눈이 간다. 그런데

조지아의 전통 와인 항아리 크베브리Kvevris.

이게 어찌된 일인가! 포도 자체의 무게에다 올려놓은 돌의 무게로 바위 움
푹한 곳에 포도즙이 흥건히 고여 있을 뿐만 아니라 생전 처음 보는 거품까
지 뽀글거리고 있다. 호기심이 생긴 원시인은 신기하기도 하고 두렵기도 해
서 조심스럽게 거품이 이는 포도즙을 손가락으로 찍어 입으로 가져간다.
아, 이 짜릿한 맛! 지금껏 포도에서 느껴보지 못한 묘한 맛이 아닌가! 힘든
사냥 끝에 목이 말라 양손으로 거품이 일고 있는 넥타를 벌컥벌컥 들이켠
다. 바위 움푹한 곳에 고여 있는 액체가 바닥날 때까지.

그런데 이건 또 무슨 신의 조화인가! 목마름이 싹 가신 것은 두말할 나위
도 없고, 포만감과 더불어 기분이 들뜨고 머리가 가벼워질 뿐만 아니라, 세
상 온갖 근심과 두려움마저 씻은 듯이 사라진다. 이제 우리의 원시인들은

지금껏 알지 못했던 야릇한 감정에 사로잡혀 괴상한 소리를 지르기도 하고, 미친 듯 웃음을 터뜨리기도 한다. 삶이 온통 장밋빛으로 변하는 기적이 일어난다.

그리고 그 이후……

집단 거주 동굴 위로 땅거미가 내려앉을 즈음, 수렵을 나갔던 한 무리의 남자들이 동굴로 돌아온다. 오늘따라 예상외로 수확이 좋은 터라 그들은 우쭐해 있고, 기다리던 가족의 마음도 들떠 있다. 이런 날을 기념하기 위해 한바탕 축제가 벌어지는데, 당연히 새로운 넥타가 투박한 토기 잔에 넘치도록 채워지고 채워지기 바쁘게 비워진다. 누가 먼저랄 것도 없이 밤의 냉기를 쫓기 위해 피워놓은 모닥불 주위를 돌며 흥겹게 춤을 춘다. 더불어 알아들을 수도 없는 소리를 내지르며 흥을 돋운다. 어린것들에게 평화롭게 젖을 물린 채, 이 광경을 지켜보던 아낙네들이 입가에 웃음을 머금고 수군거리기 시작한다.

"저런! 해괴망측도 하지. 남정네들이 새로운 소일거리를 만들었군. 저 노는 꼴 좀 보라지."

역사란 필연적 목적을 향해 나아간다기보다, 차라리 무수한 우연의 연속이라 변화무쌍하기 일쑤다. 그리고 우연 중에는 좋은 우연이 있는가 하면 그렇지 못한 경우도 허다하다. 인간이 와인을 발견한 우연은 분명 행복한 우연일 테고, 이와 더불어 인류의 역사도 새로운 발전을 경험하게 된다.

인류의 역사에 새로운 전기를 제공할 만큼 엄청난 기적이 있은 후, 동굴의 신석기인들은 와인 주조에 적합한 포도나무를 선별해 포도 경작을 하기 시작하고, 와인 주조에 필요한 기술도 습득한다. 자연적으로 발생하는 어떤

아르메니아 남부에 있는 아레니-1 동굴 입구. 세계에서 가장 오래된 와인 제조 유적이다.

현상을 우연히 목격하고, 필요에 따라 재생 가능하도록 하는 인간의 능력은 예나 지금이나 놀랄 만하다. 이 같은 창의력을 지닌 인간의 위대함을 빅토르 위고는 간략히 요약한다. "신은 단지 물을 만들었을 뿐이지만, 인간은 와인을 만들었다." 포도 재배와 와인 주조가 가능해지면서 원시인들은 빠르게 와인의 맛과 취감에 심취해간다. 그리고 이와 비슷한 시기에, 동굴 벽에는 포도나무 잎사귀들이 그려지고, 찰흙으로 빚은 항아리와 단지들도 생산되기 시작한다. 이런 용기들은 곡물을 보관하는 데도 사용되었지만, 특히 새로운 넥타를 저장하는 데 없어서는 안 되는 필수품이 되었다.

와인이 원시인들의 축제 분위기를 한껏 북돋우는 매개 역할을 했으리라 상상하기는 그리 어렵지 않다. 그러나 와인은 그보다 훨씬 중요하고도 의미 있는 어떤 것을 인간에게 선사했다. 보들레르의 표현처럼, 와인은 시작부터 '식물성의 성스러운 양식'으로 간주되었다. 와인이 주는 야릇한 취감과 해방

감으로부터 인간은 정신과 영혼의 성숙을 경험한다. 술이 취한 상태에서 삶과 죽음에 대한 질문이 생겨나고, 죽음 이후의 세계에까지 관심을 갖기 시작한다. 뿐만 아니라 와인이 이승과 저승을 이어주는 매개체 역할도 하면서, 자연스럽게 장례를 비롯한 여러 의식도 발전한다. 한마디로 와인은 인간으로 하여금 보다 형이상학적인 사고에 접근하게 하는 촉매제였다.

원시인들의 일상과 영혼에 엄청난 변화를 초래한 와인이기에, 포도 재배와 와인 주조는 날이 갈수록 중요해진다. 이를 위해 좋은 포도 품종을 선택해 적합한 토양에다 옮겨 심고, 천적으로부터 포도를 보호하려는 노력과 더불어 재배와 주조 기술의 향상에도 지속적인 힘을 쏟는다. 또한 와인은 포도에 비해 운송과 보관이 훨씬 용이하기에 일찍부터 상품으로서의 가치를 인증받았다. 죽은 사람의 관 속에 와인 저장 항아리와 포도나무 가지를 넣음으로써, 사자가 저승에서도 포도를 재배하고 와인을 주조해 마실 수 있기를 기원하는 장례 풍습이 생겨나기도 했다. 이런 여러 정황으로 보아, 원시인들도 분명 와인 마니아였으리라.

인류 최초의 와인 상법,
함무라비 법전

　인류 최초의 와인이 흑해 연안에서 주조된 이래 인간은 포도를 재배하고, 와인을 주조해 마셔왔다. 그 이후 포도 재배와 와인 주조 기술은 서남부 지역으로 확장되어 역사가 시작된 땅으로 알려진 메소포타미아Mesopotamia(그리스어로 '물로 둘러싸인 지역'이란 뜻, 즉 티그리스강과 유프라테스강에 둘러싸인 지역)에 이르게 되며, 바로 이곳에서 인류 최초의 와인 관련 상법인 함무라비 법전이 탄생한다. 메소포타미아 지역은 토지가 비옥하고 물이 풍부해 사람들이 모여들었으며, 자연스럽게 농경생활이 시작되었고 도시가 형성되었으며, 이 같은 사회를 통치하는 거대 권력이 탄생했다.

　사막을 가로지르는 두 강 사이에 위치해 있기 때문에 역사적으로 많은 사람이 지상에 존재하는 '파라다이스'의 실제 장소로 추정하는 곳이기도 하다. 세계 7대 불가사의 중 하나로 꼽히는 바빌로니아의 공중 정원에 대한 이야기도 이런 추정을 강화시키는 역할을 했을 것이다. 따라서 이 지역은

술잔을 손에 든 우르 제국의 왕.

일찍 농경생활이 시작되어 경제와 문화가 융성했고 교역도 발전했다. 그리고 여러 도시국가 간에 세력 다툼과 전쟁도 빈번했으며, 이런 과정을 통해도시는 점차 강력한 국가의 형태로 발전한다.

그중에서도 우르는 기원전 3000년경에 주변 도시들을 통합한 거대한 제국으로 발전했다. 기원전 2050년 제위에 오른 우르 제국의 왕 우르남무는 정복 사업을 끝낸 후 제국의 내부 결속과 안정에 힘을 쏟았다. 자나 저울 같은 도량형을 통일하고 경제 질서를 확립했으며, 가난한 사람들을 보호하여 부자에게 팔려가지 않도록 했다. 곳곳에 학교가 설립되고 문학이 융성하고 백과사전이 편찬되는 등 수메르 문명의 전성기를 누렸다. 특히 우르남무가 편찬한 법전은 지금까지 알려진 것 중 가장 오래된 법전으로, 훗날 수메르 문명의 뒤를 이은 바빌로니아의 함무라비 법전으로 계승되었다.

함무라비 왕(재위 기원전 1792~기원전 1750)은 수도 바빌로니아를 중심으로 메소포타미아를 통일하고 정복지에 총독을 파견하는 등 중앙집권적인 정치를 펼쳤다. 그리고 제국의 원활한 통치를 위해 그 이전에 존재하던 법전을 집대성하여 함무라비 법전을 제정하고 이를 돌로 만든 비에 새겨 제국 곳곳에 세운 뒤 모든 사람이 법을 알고 준수하도록 했다.

인류 최초의 사기는 와인 판매에서부터

'눈에는 눈, 이에는 이'로 유명한 이 법전은 1901년 말 프랑스의 드 모르갱 탐험대가 페르시아의 고도 수사에서 발견했으며, 현재 프랑스 루브르 박물관에 원형 그대로 보존되어 있다. 높이 2.25미터의 돌기둥에 새긴 게시법揭示法인데, 쐐기문자로 표기되어 있으며 전문과 후문 이외에 282조의 규정이 새겨져 있다. 돌기둥 상부에 왕이 샤마슈신으로부터 법전을 받는 그림으로 여겨지는 돋을새김이 있어 법신수사상을 엿볼 수 있다. 또한 고대적 잔재가 남아 있긴 하지만, 함무라비 법전은 농경사회에 필요한 법제도 외에 운송, 중개 등 상법과 사법이 거의 대부분을 차지하고 있는 당시로서는 매우 앞선 내용을 담고 있다.

함무라비 법전에는 맥주와 와인 그리고 술집 출입 등에 대한 여러 규제가 상세히 서술되어 있다. "수도원에 기거하지 않는 여사제 혹은 여제사장이 술집을 열거나 맥주를 마시려고 술집을 찾으면 화형에 처한다." "맥주를 파는 여주인이 값을 곡물로 받지 않고 은을 달라고 요구한다거나, 부정한 재료를 사용해서 맥주의 품질을 떨어뜨리면, 여인을 붙들어 처벌을 내린다. 경우에 따라서는 익사시킬 수도 있다." 또 맥주에 불순물을 넣을 경우 숨이 막혀 죽을 때까지 죄인의 입에 그가 만든 맥주를 부을 것이라고 엄하게 경

고하는 조항도 눈에 띈다. 와인에
관해서는 특히 용량과 생산 지역
을 속여서 판매할 때 중벌에 처한
다는 내용이 눈길을 끈다.

이처럼 인류 최초의 법전으로
간주되는 함무라비 법전에 와인
거래와 상도덕에 대한 조항이 제
법 구체적으로 엄격하게 규정되
어 있는 것은, 와인이 여러 형태
의 사기와 조작에 쉽게 노출되어
있었다는 사실과 무관하지 않다.
사실 와인과 사기의 역사는 와인
의 역사와 함께 시작되었다고 해

함무라비 법전.

도 과언이 아니다. 그리스 신화에
등장하는 헤르메스는 상업의 신인 동시에 도둑의 신이었다. 로마 시대에
들어와서 헤르메스는 머큐리로 이름이 바뀌며, 주막 주인이란 뜻으로 의미
가 확장된다. 그런데 그리스어에서 주막 주인은 사기꾼이란 의미도 있다. 어
떤 의미에서 와인과 사기는 이미 신화 속에서부터 짝을 이루어왔다고 해도
무방하다.

와인은 포도에 비해 부가가치가 높은 데다 생과일에 비해 보관 기간이 길
고 운송도 간편하며, 간단히 물을 타는 것만으로도 양을 늘릴 수 있기에 그
어떤 상품보다 쉽게 사기의 유혹에 노출돼 있다. 게다가 오늘날처럼 규격화
된 유리병이나 용기가 없던 시절이라 양을 속이기도 용이했으리라 생각된
다. 함무라비 법전에 생산지를 속이는 것을 금지하고 있는 것으로 보아, 당
시에 이미 생산지에 따라 가격 차이가 있었음을 짐작할 수 있으며, 동시에

와인의 질도 생산지에 따라 달랐던 것으로 여겨진다.

오랜 시간과 복잡한 주조과정이 필요한 와인에 비해 맥주는 보리가 발아하는 과정에서 자연스럽게 만들어지기에, 하루나 이틀이면 마실 만한 맥아 맥주를 주조할 수 있었다. 이런 이유로 맥주는 와인에 비해 훨씬 가격이 저렴하고, 대중적인 알코올음료였다. 이를 반영하듯 함무라비 법전에는 맥주에 관한 법조항이 보다 구체적이고 세부적으로 기록돼 있다. 하지만 와인과 맥주가 엄격하게 구별되지 않고, 모든 발효주를 단순히 술로 표기했을 가능성도 있다.

『맥주, 세상을 들이켜다』의 저자 야코프 블루메에 따르면, 역사의 여명기인 고대문명에서는 그렇게 부르는 일이 잦았으며, 바빌로니아나 이집트에서는 말할 것도 없고 중국 역시 구태여 자세히 구분하지 않았던 것으로 추정된다. 즉 모든 종류의 발효주는 세부적인 구별 없이 그냥 '술'로 통칭되었던 것이다. 게다가 주점에서는 맥주와 함께 와인도 팔았을 것이므로, 맥주에 관한 법률이 와인에도 같이 적용되었을 것으로 보인다. 아무튼 당시 술집은 성업을 했던 것으로 여겨진다. 수메르의 최초이자 유일한 여왕인 쿠바바Kubaba는 원래 술집 주인이었으며, 그녀는 100년 동안 세상을 다스렸다고 전해진다.

피라미드 속에 감춰진
와인의 비밀

처음에 이집트인들은 나일강을 통해 와인을 팔레스타인으로부터 수입해서 마셨다고 전해진다. 그 후 기원전 3000년경부터 나일 강가에서 포도를 재배하고 와인을 주조하기 시작했다. 이집트인들이 인류 최초로 와인을 주조한 사람들은 아니지만, 처음으로 와인에 대한 자세한 기록과 수많은 그림을 남긴 것은 분명하다. 피라미드 안을 들여다보면 벽면과 천장 등에 놀랄 정도로 많은 와인에 관한 그림이 남아 있다. 정원의 가운데 자리한 포도밭을 보여주는 것이 있는가 하면, 포도 수확과 와인 주조 및 보관 그리고 운송을 매우 상세히 보여주는 것도 있다.

이런 그림들은 유럽의 중세 시대에 그려진 포도 수확 과정과 거의 흡사해 놀라움을 자아낸다. 게다가 당시 이집트에는 와인의 품질을 평가하는 전문가가 있었는데, 20세기 보르도의 와인 교역상과 비교될 만큼 권위와 전문성이 뛰어났다니 다시 한번 놀라지 않을 수 없다. 또한 와인에 대한 이집트인

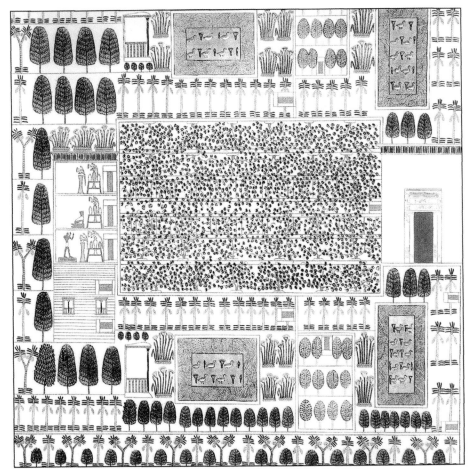

이집트 벽화. 정원의 한가운데 위치한 포도밭이 보인다.

이집트인들의 포도 경작과 와인 제조.

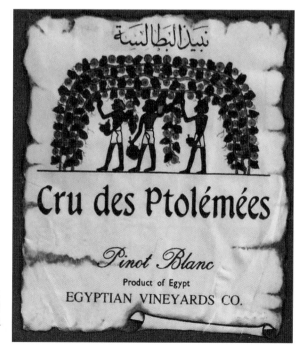

1930년대에 생산된 이집트 와인 레이블.
프톨레마이오스 왕조(기원전 305년부터
기원전 30년)는 헬레니즘 시대에 이집트
를 지배한 마케도니아인의 왕조다.

들의 관심과 지식이 여러 면에서 현대와 닮아 있다는 점도 놀랍다. 그 당시 와인의 맛이 어떠했는지에 대해 짐작하기는 어렵지만(아마도 지금 우리의 미각에는 맞지 않을 것으로 짐작된다) 생산지, 주조 및 보관법, 주조한 사람의 이름 등을 와인을 담아 보관하던 암포라(흙으로 빚은 토기)에 기록하고 있는데, 마치 오늘날 와인의 레이블을 보는 듯하다.

메소포타미아에서와 마찬가지로 고대 이집트에서도 대중의 술은 맥주였다. 와인은 주조가 까다롭고 생산에 시간이 오래 걸리며, 보관에도 각별한 주의가 필요하기에, 여전히 비싸고 귀한 알코올음료였다. 의례에는 전혀 사용하지 않던 맥주와는 달리, 와인은 고유의 높은 상징성으로 신들과 사자들에게 바치는 제물이었으며, 파라오를 비롯한 사회 엘리트들의 술이었다. 이런 이유로 와인을 관장하는 신은 그 권한이 넓은 만큼 막강했다.

이집트에서 포도와 와인을 관장하던 신인 오시리스Osiris는 사후 세계, 생명의 재생과 출산도 관장하는 대단히 중요한 신이었다. 죽음과 부활의 의미를 지닌 오시리스의 피를 상징하는 와인은 사후 세계에서 영생불멸을 보장해준다고 믿었다. 그런 까닭에 이집트에서는 중요한 축제나 의례가 이 구원의 신에게 와인을 제물로 바치는 의식으로 시작했다. 기독교에서 와인이 그리스도의 피와 생명으로 상징되고 있는 것과도 유사하다.

람세스 2세 시대인 전성기 이집트에서는 포도 재배와 주조가 매우 번성했다. 이집트의 마지막 위대한 파라오로 간주되는 람세스 3세는 태양의 신 아몬Amon에게 바치는 제물 목록에 광대한 포도밭을 넣을 정도로 와인의 상징

기원전 4000년경의 이집트 암포라.

성과 위력은 대단한 것이었다. 황금 가면의 출토로 유명한 투탕카멘의 피라미드를 비롯해 다른 여러 피라미드에서도 다량의 암포라가 출토되었다.

기원전 1352년에 사망한 투탕카멘의 피라미드는 1922년 영국의 고고학자인 카터Howard Carter에 의해 발굴됨에 따라 세상에 알려졌는데, 그 속에는 수많은 귀중품과 함께 와인을 담은 여러 개의 암포라도 함께 매장되어 있었다. 암포라에는 생산 지역, 생산자, 생산 연도 등이 자세히 기록되어 있었는데, 이로 미루어볼 때 당시 와인에 대한 이집트인들의 관심이나 주조 기술이 상당했음을 알 수 있다. 파리의 콩코드 광장 한가운데 우뚝 서 있는, 나폴레옹이 이집트 원정에서 운송해온 유적인 오벨리스크에 적힌 내용 중에도 와인에 관한 언급이 자주 나오는 것으로 보아, 이집트 시대에 와인의 역할이 대단했음을 엿볼 수 있다.

부와 권력의 상징이었던 이집트의 음주 문화

와인은 파라오와 제사장 등 사회 최고 엘리트들이 즐겨 마시던 술이었다. 당시 와인은 귀하고 신성한 음료였기에 와인을 마시고 취한다는 건 그 자체로 자신의 사회적 신분을 드러내는 것이나 다름없었다. 요즘으로 치면 고급 자동차를 몰고 명품을 몸에 걸치고 다니는 것과 비슷하지 않을까 싶다. 그래서인지 당시 '취했다'는 표현은 당사자가 매우 온후한 성품의 사람일 뿐만 아니라 대단한 부와 권력을 지닌 사람이라는 의미로 사용되었다.

이집트의 엘리트들은 와인을 무척 즐겼다. 와인은 인간과 신을 매개하고, 와인에 취하면 고단한 영혼이 위로받고 속세의 근심에서 벗어날 수 있다고 믿었다. 와인에 대한 사회적 인식이 이러했기에, 음주에 대한 그 어떤 사회적 제약도 존재하지 않았다. 심하게 취할수록 지위가 높다는 것을 의미했으

투탕카멘 피라미드 발굴 당시의 암포라들.

취한 사람을 들어서 옮기는 모습을 담은 이집트 벽화.

연회 준비를 하며 와인을 마시는 여인.

며, 몸을 가눌 수 없을 정도로 흠씬 마신 사람이 가장 우러름을 받았고, 최고의 활력을 지닌 위인으로 칭송받았다. 파라오도 거침없이 와인을 마시면서 자신의 신성성과 거룩함을 과시했다.

당시 이집트에서 벌어진 향연은 마지막에 한바탕 토하는 것으로 대미를 장식했다. 그래서인지 모르지만 이집트의 피라미드 벽화에는 술에 취해 몸을 가누지 못하는 주인을 두세 명의 노예가 운반하는 그림과 토하는 사람을 묘사한 그림도 눈에 띈다. 유럽의 중세에 술에 만취한 수도사들을 그린 그림은 여럿 있지만, 토하는 모습을 노골적으로 보여주는 그림은 존재하지 않는다. 비록 로마 시대에도 연회장에서 술을 마실 때는 새 깃털을 하나씩 나눠줘 토하는 것을 돕게 하는 풍습이 있긴 했지만, 그런 모습을 형상화해놓은 그림이나 조각은 없다는 점에서, 토하는 모습을 담은 이집트의 그림은 당시의 술 문화를 엿보는 데 귀중한 자료가 된다. 어떤 그림(37쪽 하단)에서는 신분이 대단히 높아 보이는 여인이 의자에 앉아 한 손에는 동경을, 다른 한손에는 와인 잔을 들고 있으며, 시녀들이 그녀의 머리를 손질하고 있는 것으로 보아 연회에 나갈 준비를 하는 듯하다. 연회가 시작하기도 전에 그녀는 이미 와인을 마시고 있다. 그만큼 이집트의 지배층은 남녀를 막론하고 와인에 심취했던 것 같다.

이집트의 여왕 클레오파트라(기원전 69~기원전 30)도 와인 애호가였다. 그녀의 코가 한 치만 높거나 낮았다면 역사가 바뀌었을 거라고 후세 사람들의 입에 오르내릴 정도로 빼어난 미모를 자랑했던 클레오파트라는 와인을 즐겨 마셨을 뿐만 아니라 자신의 미를 뽐내고 유지하기 위해 와인을 화장수로도 사용했다고 한다. 그렇게 가꾼 미모로 로마의 위대한 두 영웅(카이사르와 안토니우스)을 쥐락펴락했는지 모른다. 그리고 그들과의 사랑에 불을 붙이기 위해 함께 와인을 마셨을 것이다.

이탈리아 피에몬테주 아퀴Aqui 지역에 전해오는 전설에 따르면 클레오파

로마 헤르쿨라네움 유적에서 발견된 기원전 1세기의 그림. 클레오파트라의 초상일 가능성이 높다고 평가된다.

트라는 이 지역에서 생산되는 브라케토brachetto 레드 와인을 특히 즐겨 마셨다고 한다. 이집트의 운명은 물론 자신의 운명마저 송두리째 바꿀 수 있는 이탈리아에서 온 연인을 유혹하기 위해 그녀가 특별히 선정한 와인이었을까? 스위트하면서도 발효과정에서 생성된 약간의 탄산이 함유된 브라케토가 그들의 사랑에 불을 지피는 역할을 했을까? 그럴듯해 보이는 전설이지만 얼마나 사실에 가까운지는 의문으로 남는다.

사실 브라케토 와인은 14세기 이전까지는 기록에 등장하지 않는다. 당시 클레오파트라가 그녀의 아주 특별한 손님의 비위를 맞추기 위해 해상을 통해 이탈리아 서북부에서 알렉산드리아(당시 이집트의 수도)까지 이 매력적인 와인을 수입해왔을 가능성은 거의 없어 보인다. 아무튼 클레오파트라에게 배신을 당한 안토니우스는 스스로 목숨을 끊기로 결심하고, 오열하는 클레오파트라에게 마지막으로 와인 한 잔을 가져다줄 것을 간청하여 받아 마시고 나서 비통하게 숨을 거둔다. 그녀와 황홀한 사랑을 나누며 함께 마셨던 바로 그 달콤한 브라케토 다퀴 와인이었을까?

문명의 전도사,
그리스 와인

    메소포타미아와 이집트에서 와인은 귀하고 신성한 알코올음료로, 한편으로는 제사나 의례에 사용되었고 다른 한편으로는 최고 엘리트들만이 즐길 수 있는 술이었다. 반면 맥주는 가격도 저렴해서 일반 대중이 즐기던 가장 보편적이고 인기 있는 술이었다. 그러나 그리스 문명에서 맥주는 그 문화적 의미를 완전히 상실하고 만다. 한마디로 맥주는 천하기 짝이 없는 술로 간주되었다.

    기원전 5세기 말, 『펠로폰네소스 전쟁사』라는 저서로 유명한 그리스의 역사학자 투키디데스는 "지중해 연안의 민족들이 올리브나무와 포도나무를 경작하는 것을 알게 되었을 때 야만으로부터 벗어나기 시작했다"고 기록했다. 비슷한 시기에 활동했던 비극작가 아이스킬로스(기원전 525~기원전 456)는 '보리로 만든 메트(맥주의 일종)나 마시는 족속'이라고 맥주를 즐겨 마셨던 이집트 사람들을 비웃었다.

하지만 기원전 1세기의 그리스 역사학자 디오도로스Diodorus에 따르면 그리스인들이 맥주를 전혀 마시지 않았던 것은 아니었다. "와인을 좋아하지만 기후와 토양이 포도 재배를 허락하지 않는 땅에 살아 와인을 즐길 수 없는 사람들에게 신은 연민과 동정을 느꼈다. 무슨 좋은 방법이 없을까 고민하다가 신은 인간들에게 땅에서 나는 곡물로 술을 빚으라고 가르쳤다. 보리로 맥주를 빚는 법을 알려준 것이다." 디오니소스는 와인을 선호했지만, 상황에 따라 맥주도 허용하는 관대하고도 너그러운 신이었던 것 같다.

신들의 음료에서 인간의 음료가 된 와인

그리스는 본격적인 와인 문명이 최초로 시작된 곳이다. 유럽에서 처음으로 와인을 주조하고, 그 문화를 지중해 연안에 널리 전파한 사람들은 그리스인들이었다. 유럽 문명의 기원이 그리스라는 데 이의를 제기할 사람은 없을 것이므로, 유럽 문명은 그 기원 속에 와인 문화를 잉태하고 있었다고 봐야 할 것이다. 그리고 처음으로 와인에 인간성을 부여한 사람들도 그리스인들이다. 그리스 시대 이전의 와인은 거의 전적으로 신들을 찬양하기 위한 의례용 음료 내지는 극소수의 엘리트만이 즐길 수 있는 아주 특별한 술이었다. 물론 그리스 시대에도 와인은 여전히 신들의 음료이기는 했지만, 동시에 인류 역사상 처음으로 인간 정신의 고양을 위해 인간들의 사랑을 받는 음료가 되었다. 그럼으로써 와인은 그 상징적·사회적 의미가 넓어진다.

미국의 역사지리학자 댄 스타니슬라프스키Dan Stanislavski에 따르면, 그리스에서 와인의 의미와 역할은 사회, 경제, 문화, 종교 등의 영역에 걸쳐 다양하고 폭넓게 작용했다. "와인은 신비주의자에게 흥분을, 모두에게 일체감을, 천대받는 자에게 사회적 소속감을, 부끄러워하는 자에게 용기를, 정신적으로 고통받는 자에게 평화를 주었다. 사랑하는 사람들에게는 정력제, 고통받는 자에게는 위안, 의사에게는 항생제, 가련한 자에게는 쾌활함의 근원이었다. 신비롭고 다양한 특징 외에도 와인은 금전상의 이점을 제공했다. 결코 포화 상태라고는 모르는 (와인을 위한) 시장이 존재한다."

영웅적인 트로이 전쟁 이후 험난하고 모험적인 귀국 여정을 서사시로 담아낸 호메로스의 『오디세이아』와 『일리아스』에서도 와인은 문명의 전도사처럼 묘사되고 있다. 포도 경작이나 와인 주조에 관한 얘기들이 상세히 나오는가 하면, 와인에 관한 많은 정보와 재미난 일화도 소개된다. 오디세우스는 원정을 떠나면서 자신이 태어난 이타카섬에서 생산하는 '꿀처럼 달콤한 레드 와인'을 챙기는 것을 잊지 않았다. 이때의 레드 와인은 알코올 도수가 높고 탁해서 물과 섞어서 마셨다. 그리스 시대에는 와인에 물을 섞어 마시지 않으면 야만으로 간주했다.

이 와인은 오디세우스의 생명을 구해주는 비장의 무기가 되기도 한다. 풍랑에 표류를 거듭하다 다다른 곳이 시칠리아섬의 남부였다. 그는 이곳에서 키클롭스 중 하나인 외눈박이 거인 폴리페모스의 포로가 되어 동굴에 갇히는 절박한 신세가 되었다. 이때 오디세우스는 기지를 발휘해, 고향에서 가져온 '꿀처럼 달콤한' 그러나 알코올 도수가 높은 와인을 폴리페모스에게 줘서 마시게 한다. 시칠리아의 도수 낮은 와인에만 익숙해 있던 외눈박이 괴물은 오디세우스가 주는 와인을 멋모르고 벌컥벌컥 들이켜고는 그만 곯아떨어지고 만다. 이 틈을 이용해 오디세우스는 괴물의 외눈을 창으로 찌르고 탈출에 성공한다. 장님이 된 폴리페모스가 분을 삭이지 못해 탈출하는 오디세우스 무리를 향해 집어던진 바위들이 아직도 시칠리아 남부 카타니아 앞바다에 돌섬으로 박혀 있다는 전설이 전해오고 있다.

외눈박이 괴물로부터 탈출하는 오디세우스. 아르놀트 뵈클린, 「오디세우스와 폴리페모스」, 보스턴미술관, 1896.

와인의 취기에 빠져드는 밤의 향연, 심포지엄

고대 그리스의 신성화된 휴머니즘의 발전과 더불어 심포지엄symposium이라 불리는 와인 향연이 성행했다. 심포지엄은 오늘날처럼 근엄한 학술 토론 회장이 아니라, 저녁 식사 후 주신 디오니소스를 기리는 의식을 시작으로 와인을 질펀하게 마시면서 토론과 유흥을 즐기는 밤의 회합이었다. 그러나 나름의 규율과 의식이 준수되는 밤의 향연이었다. 심포지엄은 당연히 디오니소스적인 분위기와 성격을 띠었다. 그리스의 자유로운 성인 남성들은 심포지엄 동안 각자의 생각이나 정치적 성향을 토로했으며, 와인의 취기에 광란했다. 그리고 이 모든 행사는 흥겹고 자유분방한 축제 분위기 속에서 진행되었으며, 그럼으로써 시민들의 연대의식과 단합을 도모하는 훌륭한 계기가 되기도 했다.

심포지엄은 와인을 마시면서 열띤 토론과 지적 유희를 곁들임으로써 서로 다른 인간의 영혼이 더 높은 곳, 더 많은 자유를 향해 어우러지게 했다. 인간의 정신 함양에 미치는 와인의 위대한 역할에 대해 훗날 보들레르가 '지적 황금'이라 멋들어지게 표현했던 것을 실천하는 과정이 바로 심포지엄이었다. 에게해의 온화한 밤기운에 감싸여 질펀하게 와인을 즐기면서 뜨거운 열정으로 예술과 철학과 사랑을 논했던 그리스인들은 분명 행복했으리라! 지적 황금이 되고, 태양의 신성한 아들이 된 와인이 주는 취감에 젖어 그들은 노래한다.

나와 함께 마셔라
나와 함께 사랑하라
나와 함께 왕관을 쓰라
나와 함께
내가 미치면 함께 미쳐라 그리고 내가 현명하면 나와 함께 현명해져라

와인과 디오니소스의 특성, 그리고 심포지엄의 분위기를 이보다 잘 묘사하는 노래가 또 있을까! 와인을 즐기며 주신을 찬양하고, 인간과 지혜를 사랑하는 그리스인들의 모습이 눈앞에 펼쳐지는 듯하다. 그러나 심포지엄은 아무런 규율이나 의식이 없는 난장판이 아니었다. 『말이 있는 향연Un festin en paroles』이라는 책에서 프랑스의 작가 장프랑수아 르벨은 심포지엄을 나름대로의 '규율이 준수된 세리머니'라고 정의했다. 그러니 심포지엄은 신을 찬양하기 위한 의례인 동시에 인간의 축제이고, 사회적 화합의 장이며, 자유분방한 토론장이고, 삶의 환희와 즐거움을 동시에 추구하던 복합적인 행사였으리라. 기원전 230년 그리스의 한 시평 작가는 심포지엄의 분위기를 다음과 같이 전했다.

안젤름 포이어바흐, 「향연」, 카를스루에시립미술관, 1869.

이탈리아 남부에 남아 있는 고대 그리스 신전인 파에스툼 북벽에 그려진 심포지엄 벽화.

"나는 양식 있는 사람들을 위해 단지 세 잔(여기서 말하는 잔이란 손잡이가 두 개 달린 커다란 잔으로 돌려가며 마신다)의 와인만 준비한다. 첫 번째 잔은 건강, 두 번째 잔은 사랑과 즐거움, 세 번째 잔은 수면을 위해. 세 잔을 마시고 나면 흔히 사람들이 현자라고 부르는 이들은 집으로 돌아간다. 네 번째는 더 이상 현자의 것이 아니라 무례한 자들의 것이며, 다섯 번째는 괴성을 지르는 자들의 것이며, 여섯 번째는 빈정거리는 자들의 것이며, 일곱 번째는 눈에 멍이 든 자들의 것이며, 여덟 번째는 집달리의 것이며, 아홉 번째는 화를 내는 자들의 것이며, 열 번째는 광란하는 자들의 것이다. 바로 이 열 번째가 사람을 쓰러지게 만든다."

고대 그리스에서는 보통 해질녘에 저녁 식사를 했다. 그리고 식사가 끝난 후 와인을 마시는 심포지엄이 시작되었다. 오늘날처럼 식사를 하면서 와인을 곁들이는 것이 아니라 식사 후 심포지엄에서 와인을 따로 마셨다. 심포지엄 중에는 정치를 비롯한 세속적인 주제부터 철학적이고 형이상학적인 주제에 이르기까지 어떤 내용이든 자유롭게 말할 수 있었으며, 동시에 두뇌 스포츠나 흥미로운 공연도 곁들여졌다. 그리고 심포지엄 동안에는 점잖고 학식 높은 사람들이 미치광이처럼 행동하는 일도 예사였다고 한다.

상상해보라. 땅거미가 지기 시작하는 에게해의 훈풍에 안겨 영혼과 육체가 자유로운 사람들이 한데 어울려 와인을 마시면서 아무런 격식 없이 대화하고 토론하고 사랑을 나누는 장면을. 어찌 그들이 위대한 철학자와 예술가를 배출하지 않을 수 있었겠는가! 어찌 그들이 그토록 높은 수준의 민주주의를 실현하지 않을 수 있었겠는가! 어찌 인간의 존엄에 근거한 휴머니즘을 발달시키고 인간 정신의 위대함을 노래하지 않을 수 있었겠는가!

전쟁과 평화의 상징,
로마 와인

로마가 그리스의 문명을 이어받았다면, 그리스 주신 디오니소스는 로마에서 바쿠스로 단지 이름만 바뀌어 다시 태어난다. 사실 바쿠스란 디오니소스의 또 다른 이름인 바코스Bakkhos의 라틴어 음운 표기에 지나지 않는다. 오늘날 바쿠스는 주로 포도와 와인 그리고 취기의 신으로 잘 알려져 있지만, 실은 농업 전반을 관장하던 막강한 권한을 지닌 신이었다.

바쿠스가 디오니소스의 로마적 복사판이라는 점을 제외하면, 그리스와 로마의 문명은 그 성격과 특성이 판이하다. 인간 중심의 자유를 추구하던 그리스 문명에 반해, 로마 제국은 엄격한 규율을 근간으로 하는 군사 문화가 지배적이었다. 이 같은 군사적 규율 문화를 반영하듯, 로마 제국 초기에는 30대 미만의 남자는 와인 음주가 아예 법으로 금지되어 있었다. 여자는 나이와 신분의 고하를 막론하고 전적으로 와인이 금지되었다.

캉톤Canton은 "그대의 부인이 와인을 마시는 것을 발견하면, 그녀를 살해

미켈란젤로, 「바쿠스」, 바르젤로미술관, 1497.

하라!"는 극단적인 조언도 서슴지 않았다. 뿐만 아니라 남편이 부인의 음주 여부를 가리기 위해 부인에게 기습적으로 키스하는 것을 허용하는 엉뚱한 법이 시행되기도 했다. 에그나투스 메세니우스Egnatus Mecenius가 와인을 몰래 마신 자신의 부인을 기절시킨 무용을 자랑함으로써 로물루스Romulus(신화에 등장하는 로마의 창설자)로부터 죄를 면죄받는 특혜를 누렸다는 이야기도 전해온다. 이런 정황으로 볼 때 로마 제국 초기에 와인은 30대 이상의 남성들만 마실 수 있는 알코올음료였던 것이 분명해 보인다.

와인 없이는 인생의 즐거움도 없다

그러나 로마인들이 와인에 심취하기까지는 그리 오랜 시간이 걸리지 않았다. '와인 속에 진리가' '와인 속에 풍습이' '와인 없이는 인생의 즐거움도 없다'라고 갈파했던 사람들이 바로 로마인들이었다. 부유한 로마인들은 그들의 저택에 경쟁하듯 최고급 와인을 저장하기 시작했으며, 연회가 있을 때마다 부와 권력을 과시하고자 최상급 와인을 뽐내듯 사람들에게 제공했다.

로마의 일반 대중도 와인을 즐기기는 마찬가지였다. 비록 질 낮은 와인일지라도 와인 가게에서 손쉽게 구할 수 있었으며, 특히 타베르네 비나리에ta

기원전 50년경 로마의 연회 장면. 남자가 뿔잔으로 레드 와인으로 보이는 술을 마시고 있다.

vernae vinariae라고 불리는 일종의 선술집에서 와인을 마시는 것이 일상의 중요한 부분이었다. 로마인들은 술판을 벌일 때마다 플라밍고 깃털을 하나씩 나누어 갖는 풍습이 있었는데, 이는 과음과 과식 후 토하는 것을 돕는 도구로 사용되었다. 그리고 토하는 행위는 술판을 계속하기 위한 것이었다. 로마인들은 그토록 만취할 때까지 와인을 지독하게도 마시고 즐겼다.

그러나 엄격한 군대식 규율을 존중하던 로마인들이었기에, 와인 때문에 사회생활에 지장을 초래해서는 안 된다는 사회적 규약이 엄연히 존재했다. 맘껏 마실 수는 있지만, 개인의 일상은 흐트러짐이 없어야만 했다. 로마인들에게 와인은 더 이상 종교적 제례 의식이 아니었다. 반면에 통제와 절제는 미덕으로 간주되었다. 이런 측면에서는 그리스의 심포지엄과 닮았다고 할 수 있으며, 거침없이 마시고, 마셨다 하면 자제를 모르던 이집트의 음주 문화와는 매우 달랐다.

그리스에서와 마찬가지로 로마에서도 맥주는 천대받는 가난뱅이의 술로 여겨졌다. 로마 사람들에게 맥주와 버터는 없어져야 할 야만의 상징이었다. 즉 와인=문명, 맥주=야만이라는 등식이 지배적이었다. 고대 로마 황제 율리아누스(331?~363)는 맥주를 '보리죽'이라 경멸하며, 사람을 유쾌하게 해주는 와인을 찬양하여 다음과 같이 읊었다.

> 뭐라고, 와인을 마신다고?! 거 어디 출신인가?
> 와인에 맹세코 나는 아직 너를 모른다네
> 와인은 신들이 즐기는 맛이라네
> 그런데 자네에게는 산양의 고약한 악취가 나는군
> 포도를 구경할 수 없는 튜턴Teuton의 인간들은
> 보리죽이나 마신다면서
> 보리죽 따위가 그리도 좋으냐

로마의 선술집. 지금은 사라진 메르쿠리오 가의 주점 그림을 19세기에 모사한 작품이다.

고대 로마에서 와인은 발효된 뒤 이와 같은 암포라 용 기에 저장되어 숙성되었다.

불쾌하기 짝이 없는 소음으로

괴로워하기 싫거든, 포도즙을 마시려무나

와인처럼 사람을 유쾌하게 만드는 게 또 있더냐

일상생활에 필요한 잡화를 팔면서 동시에 술도 판매했던 선술집(타베르네 tavernae)은 로마인들의 창조물이다. 거대한 제국을 원활하게 통치하기 위해서는 훌륭한 제도와 잘 정비된 도로망이 필요했던 만큼, 이를 이용하는 여행객들이나 군인들이 목을 축이며 주린 배도 채울 수 있는 꼭 필요하고도 고마운 곳이 선술집이었다. 초창기의 타베르네는 널빤지로 얼기설기 지은 허름한 곳이었다고 한다. 사람들은 이 볼품없는 판잣집에 대해 고마움을 듬뿍 담아 '신의 오두막'이란 애칭을 붙이기도 했다.

그러나 타베르네가 먼 거리를 여행하던 사람들이 묵어가던 외딴 곳에서만 성업했던 것은 아니다. 타베르네는 도시 곳곳에 있었고, 이보다는 조금 격이 높은 카바레도 우후죽순처럼 생겨났다. 와인을 즐기는 풍습도 다양했다고 한다. 그중 코타보스cottabos라는 것이 있었는데 술잔 밑에 와인이 조금 남았을 때 평소 마음에 두었던 여자의 이름을 외치며 남은 와인을 정해진 목표물에다 뿌리는 일종의 놀이였다. 와인이 목표물에 명중하면 사랑이 이뤄질 좋은 징조라 하여 계속해서 술잔이 돌았다. 몇 잔을 더 마실 것인가는 그 여자의 이름이 몇 개의 알파벳으로 이뤄졌는가에 달렸다. 질펀하게 취하기 위해서는 흠모하는 여자의 이름이 길면 길수록 좋았을 게다. 동서고금을 막론하고 술 마실 이유를 찾기는 그리 어렵지 않은 듯하다.

카니발의 기원이 된 광란의 축제 바카날리아

와인이 로마인들을 사로잡기 시작했으니 어찌 주신을 기리는 대중적 축제가 생겨나지 않을 수 있겠는가! 그리스의 디오니소스를 기리는 축제의 전통이 기원전 300년경 로마에 유입되어, 바쿠스를 찬양하는 종교적 성격의 행사인 바카날리아로 발전한다. 메나디즘menadism이라 불리기도 하는데, 그리스어 메나드menade(광란, 미침)에서 유래했으며, 실제로 로마 사회에서 행해졌던 바카날리아는 그 이름에 값하는 것이었다. 바카날리아는 연간 3회에 걸쳐 지역에 따라 3~5일간 거행되었다.

처음에는 여자들 사이에서만 비밀리에 행해졌던 종교적 행사였지만, 차츰 그 의미가 퇴폐적으로 변해갔다. 남녀가 함께 어우러지는 이 한밤의 축제에 와인은 넘쳐났고, 몸을 가눌 수 없을 정도로 만취한 남녀들이 서로 뒤엉켜

니콜라 푸생, 「판의 조각상 앞의 바카날리아」, 런던내셔널갤러리, 1631~1633.

온갖 형태의 성행위를 즐기기도 했던, 그야말로 광란과 섹스의 축제였다. 그리고 이 행사에 참여하려면 '비법les mystères'이라는 매우 비밀스러운 통관 의식을 거쳐야만 하는데, 이런 무절제한 회합이 국가 권력의 눈에는 결코 간과할 수 없는 위험한 행위로 간주되었다.

당시 사회에 만연했던 풍문에 따르면, '비법' 의식 중에 집단 성행위, 강간, 범죄가 횡행했다고 한다. 이를 인지한 로마 상원은 급기야 기원전 186년에 '국가 안전을 위협하며, 도덕과 종교에 위배되는 행사'로 판단하여 바카날리아 금지령을 선포했고, '비법'에 대한 정보를 제공하는 자에게 포상금을 걸기도 했다. 그 결과 7000여 명이 체포되었으며 그중 대다수는 여자였다. 그리고 이들은 성별에 상관없이 구속되거나 사형에 처해졌다.

로비스 코린트, 「바카날리아」, 폰데어호이트미술관, 1898.

　기원전 186년에 시작된 '비법'에 대한 가혹한 탄압은 무려 150여 년 동안 전 로마 제국에서 계속되었다. 하지만 예나 지금이나 법을 선포하고 탄압만 한다고 문제가 해결될 수 있다면 이 세상은 위정자들의 천국일 테다. 와인의 신 바쿠스를 기리는 바카날리아는 엄격한 금지령과 박해에도 불구하고 추종자들이 끊이지 않았다. 결국 카이사르에 이르러 이 대중적 축제는 다시 허용되었고, 단지 그 명칭만 리베랄리아liberalia로 바뀌었을 뿐이다. 오늘날 유럽의 여러 곳에서 거행되는 카니발도 로마 시대에 흥행했던 바카날리아의 유산이라 할 수 있다.

변방의 야만인들, 와인에 빠지다
: 프랑스 와인의 기원

오늘날 프랑스인의 조상 격인 골루와Gaulois들은 특히 술 마시기를 좋아했던 것 같다. 와인이 알려지기 전에는 세르부와즈la servoise라는, 홉을 넣지 않고 보리나 밀로 빚은 일종의 맥주를 즐겼고, 이후 그리스와 로마의 상인들에 의해 처음으로 프랑스 지역에 와인이 판매되면서부터 그야말로 와인에 탐닉하기 시작했다. 골루와들은 와인을 많이 마시기로도 유명했지만, 특히 '야만적으로 마시는 것'으로 악명이 높았다. 여기서 '야만적'이란 와인에 전혀 물을 타지 않고 마시는 것을 의미한다. 지금의 기준으로 보면 너무나 당연한 일이지만, 당시 문명국가였고 와인의 전파자 역할을 했던 그리스나 로마에서는 모두 와인의 원액에 4~8배가 되는 양의 물을 섞어 마셨으며, 이를 문명과 야만을 가름하는 중요한 척도로 삼을 정도였다.

역사학의 시조로 불리는 그리스의 역사학자 헤로도토스는 기원전 5세기에 와인에 물을 타서 마시는 그리스식 와인 음주법을 문명과 야만을 구분

골루와 사람들의 복장과 차림새.

하는 기준이라 했으며, 기원전 4세기 아리스토텔레스와 플라톤 같은 철학자, 히포크라테스와 같은 의사들도 이러한 기준을 준수했다. 로마의 자연학자인 플리니우스Gaius Plinius Secundus에 따르면 로마인들이 본격적으로 포도 경작과 와인 주조에 관심을 갖기 시작한 시기는 기원전 6세기경부터라고 한다. 이 시기는 또한 마실리아Massilia가 건설된 시기이기도 하다.

마실리아는 현재 프랑스 남부 지중해 연안의 항구 도시인 마르세유Marseille다. 고대 그리스가 개척한 식민지에 속했던 소아시아에 이주해 살던 포세엔Phocéens들에 의해 처음으로 건설되었다. 그래서 지금까지도 마르세유를 포세엔의 도시라고 부르기도 한다. 그리고 뛰어난 교역상이었던 이들 포세엔이 골 지역에 처음으로 와인을 전파했다고 전해진다.

『플루타르크 영웅전』을 보면 골루와들이 얼마나 와인에 심취했나를 엿볼 수 있다. 토스카나의 아룬스 드 클루시움Arruns de Clusium은 로마의 귀족과 바람난 자신의 부인에게 복수할 의도로 갈라트Galates(훗날의 골루와)들에게 많은 양의 와인을 선사하면서 로마를 포위해주기를 종용했다는 일화가 기록되어 있다. 와인만 주면 물불 가리지 않고 뭐든 할 수 있던 사람들이 골루와였을 거라고 짐작할 만한 대목이다. 고대 전쟁의 원인은 대부분 여자 아니면 와인이었다는 점이 흥미를 끈다.

정복 전쟁인가 와인 전쟁인가

프랑스의 포도 재배 기원에 관한 역사는 목화씨를 중국에서 몰래 숨겨들어온 문익점을 연상케 한다. 기원전 278년, 당시 켈트 족장이었던 브레누스Brennos가 로마를 방문하고 돌아오면서 포도 묘목을 숨겨 들어와 골 지역에 심었단다. 어쩌면 오늘날 프랑스 와인의 명성은 이때부터 시작되었는지도 모른다. 그러니 포도 묘목을 골 지역에 처음으로 심은 브레누스를 기리고 찬양하는 노래가 있다고 놀랄 일도 아니다. 19세기에 유행했던 대중가요로 베랑제Jean-Pierre Béranger가 작곡한 이 노래는 브레누스를 골루와족의 노아로 추앙하고, 그의 업적을 기리며, 프랑스가 와인의 왕국이 될 것을 예견하고 있다.

> 브레누스가 신들을 찬양하고
> 창으로 땅을 파서
> 포도나무를 심자, 흥에 겨운 골루와들이
> 먼 장래의 프랑스를 보았다

프랑스인의 조상 격인 골루와들이 와인에 매료되었음을 보여주는 기록은 많고도 다양하다. 와인과 프랑스인 사이에는 처음부터 아주 특별하고 열정적인 관계가 맺어진 것이 아닌가 싶고, 이는 오늘날 프랑스 와인의 세계적 명성을 엿보게 하는 대목이기도 하다. 와인에 대한 골루와들의 각별한 열정과 사랑을 보여주기 위해 자주 인용되는 디오도로스의 생생한 기록을 살펴보자.

> 지나치게 와인을 애호하는 골루와들은 상인들이 운송해온 와인을 물도 타지 않고 마구 마셔댄다. 그들은 무서운 열정으로 마셔대며, 곯아떨어질 때까지 혹은 길을 잃을 때까지 취하여 정신을 잃는다. 장삿속에 안달한 이탈리아의 상인들에게 골루와들의 끝도 없는 와인 애착은 노다지나 다름없다. 이탈리아 상인들은 배로 바다와 강을 통해, 그리고 마차로 육로를 통해 와인을 운송하며, 믿기지 않을 만큼 비싼 값을 받는다. 암포라(25~30리터) 하나를 구매하기 위해 노예 한 명을 내주기도 한다.

골루와의 끈질긴 저항에도 불구하고 기원후 49년에 마실리아는 카이사르에 의해 마침내 정복되고 만다. 당시 골루와의 저항은 「아스테릭스Asterix」란 인기 만화에 흥미롭고 유머러스하게 묘사되어 있는데, 여기서도 골루와족은 먹고 마시는 데 남다른 애정을 유감없이 발휘한다.

그 이후 로마 제국은 프랑스의 북부와 서부로 정복지를 확장한다. 카이사르는 새로운 영토의 정복에 대한 열정만큼이나 양질의

폴 자맹, 「브레누스와 그의 전리품」, 1893.

와인 생산에도 관심을 쏟았다고 한다. 정복자의 와인을 향한 넘치는 애정과 열정은 결국 프로방스 지역의 포도 재배에 더욱 활기를 불어넣는 계기가 되었으며, 동시에 양조 기술도 괄목할 만한 발전을 이루었다. 그러나 일부 골루와 부족의 완강한 저항에 부딪혀 로마군과 골루와 족의 전쟁은 쉽게 끝나지 않았다. 그 결과 이탈리아의 와인상들이 북유럽으로 상권을 확장하는 데 지장을 주게 되었고, 이후 전쟁은 북쪽 지방으로 와인 시장의 확장을 원하는 로마 측과 자신의 고유한 영토를 수호하려는 골루와 사이에서 와인 전쟁의 양상을 띠게 된다.

당분간 북쪽 정복이 어려워지자 로마의 식민지 사업은 남프랑스의 프로방스와 랑그도크Languedoc에 집중되었고, 그 결과 이 지역에 포도 재배가 급속히 증가한다. 이는 기원전 2세기 말에서 기원 1세기경의 상황으로, 당시 모든 포도 재배는 로마 시민권이 있는 퇴역 용병들의 몫이었다.

포도 재배 금지를 불러온 베수비오 화산 폭발

그러나 머지않아 포도 재배에 절체절명의 위기가 닥친다. 79년에 있었던 베수비오Vesuvio 화산 폭발 때문이다. 폼페이가 삽시간에 마그마로 뒤덮여버린 이 비극적인 자연 재해는 포도밭에까지 커다란 영향을 미쳤다. 화산의 폭발로 생겨난 엄청난 양의 화산재가 로마 제국의 주요 포도 재배지를 뒤덮어 불모지로 만들어버리자, 사람들은 다른 농경지에 마구잡이식으로 포도를 경작하기 시작했다.

그 결과로 90년부터 로마 제국은 심각한 경제 위기를 맞게 되고 곧바로 포도밭으로 그 불똥이 튄다. 포도 재배가 아무런 규제 없이 무한정으로 늘어나면서 주식인 밀의 재배 면적이 급격히 줄어들었고, 급기야 로마 제국은 빵의 품귀 현상이라는 매우 위태로운 상황에 직면하게 된다. 92년에 이르러 마침내 도미티우스Domitius 황제는 칙령을 공포해 이탈리아 전역에서 신규 포도 재배를 금지시켰으며, 프랑스 남부에서 경작하고 있는 포도나무를 모두 뽑으라고 엄명했다. 도미티우스 칙령은 프로부스Probus(재위 276~282) 황제가 270년에 포도 재배를 다시 자유화할 때까지 무려 180년 가까이 시행되었으며, 이로 인해 프랑스의 포도 재배는 크게 위축되었다.

그러나 포도 재배의 높은 경제성과 와인 맛에 눈뜬 고집 센 골루와들이 이 같은 황제의 칙령을 문자 그대로 받아들이지는 않았다. 로마 제국의 막강한 위력도 경작 중인 포도나무를 모두 뽑기에는 역부족이었다. 도미티우스 칙령이 발효 중인 기간에도 프랑스 남부 지역에서 포도 재배는 계속되었으며, 칙령을 피하기 위해 특히 로마의 영향력이 다소 약한 서남부 지역과 론강을 사이에 둔 계곡을 따라 북부 내륙으로 포도 재배지가 더욱 확장되기도 했다. 동시에 오늘날 프랑스 와인의 높은 명성을 가능케 했던 골루와들의 독창성이 돋보이는 시기이기도 했다. 로마인들로부터 포도 재배와 와

조지프 라이트, 「포르티치에서 본 베수비오산의 폭발」, 헌팅턴도서관, 1774~1776.

인 주조 기술을 전수받았지만, 골루와들이 최초로 토노tonneau, 즉 오크통을 제작하여 사용함으로써 와인의 저장과 운송에 엄청난 편의를 제공했고, 또한 주조 기술에도 지대한 영향을 미쳐 와인의 질을 향상시키는 새로운 전기를 마련하기도 했다. 물론 오크통을 발명한 사람들이 골루와가 아니라는 주장도 있긴 하지만.

호리병, 손잡이가 두 개 달린 큰 잔, 뿔로 만든 콘 모양의 잔이 당시 골루와 족장들의 무덤에서 대량으로 출토되고 있는 걸로 봤을 때, 와인이 당시 생활과 장례 의식에 얼마나 중요한 역할을 수행했는지를 쉽사리 짐작해볼 수 있다. 와인과 와인을 마시는 데 필요한 도구인 잔과 그 밖의 물품들은 거리를 가늠할 수 없는 마지막 여정의 동반자이자 천국으로 들어가는 문을 여는 데 도움이 된다고 여겨졌다. 뿐만 아니라 와인을 담아 보관하는 데 사용되었던 암포라가 죽은 사람의 유골을 담아 보관하는 옹관으로도 자주 사용되었다. 이처럼 와인은 영생을 위해 혹은 최소한 저승에서 죽은 자의 혼이 천국으로 올라가기를 기원하기 위해 사용된 알코올음료이기도 했다. 골루와들에게 와인은 산 자의 행복과 죽은 자의 영혼을 달래기 위해서 없어서는 안 될 필수 음료였다.

전쟁도 멈추게 한 와인의 마력, 중세의 와인

　게르만족의 대이동으로 마침내 서로마 제국이 476년에 멸망하면서 봉건 사회인 중세가 막을 열어 르네상스가 시작되는 15~16세기까지 약 1000년 간 지속되었다. 중세 시대에는 신성한 교권이 전 유럽에 막강한 세력을 떨치며, 때로는 세속 왕권과 충돌하기도 했다. 교황이나 주교 등 구교의 주요 성직자들은 부와 권력을 휘두르며 세속화와 타락의 길을 걷는다. 이런 와중에 10세기 이후부터 교회를 정화하려는 노동, 자선, 공동생활을 원칙으로 하는 수도원 운동도 유럽 전역으로 활발하게 퍼진다. 그리고 수도원의 확산과 더불어 포도 재배와 와인 주조도 빠른 속도로 발전한다. 미사와 수도원의 경제적 자급을 위해 와인이 반드시 필요했기 때문이다.

　와인은 성경에서부터 등장하지만, 그러나 기독교가 본격적으로 포도 재배와 와인 주조에 매진하기 시작한 것은 중세 시대 수도원의 발전과 궤를 같이한다. 자급자족을 원칙으로 삼는 수도원 생활에서 거의 모든 수도원 주

랭부르 형제, 『매우 호화로운 베리 공의 기도서』(1411~1416)에 실린 「베리 공의 매우 호화로운 1월」, 콩데 미술관 소장.

변에는 포도밭이 조성되었고, 수도원 내부에는 와인을 주조하기 위한 양조 설비가 갖추어졌다. 처음에는 미사에 사용할 와인의 생산이 주목적이었지만, 시간이 지나면서 와인은 맥주와 더불어 수도원의 살림살이를 책임지는 가장 중요한 교역 상품이 되었고, 난소로운 수도원 생활에 지친 수도사들에게 없어서는 안 될 음료였으며, 축제나 귀빈을 영접할 때도 반드시 내놓아야 하는 필수품이었다. 이런 이유로 수도원 운동이 전 유럽으로 전파되면서, 기독교와 와인은 '실 가는 데 바늘 간다'는 말처럼 나란히 빠르게 확산되었다.

영혼과 와인을 함께 길러낸 중세의 수도사들

포도 재배와 주조 기술의 향상에 가장 많이 기여한 곳은 베네딕트 교단에 속하는 클뤼니Cluny 수도원과 시스테리안 교단에 속하는 시토Citeaux 수도원이다. 이들 종파에 소속된 수도사들은 와인에 남다른 관심과 열정이 있었던 것으로 알려져 있다. 프랑스의 유명 방송인이자 작가이며, 부르고뉴 출신으로 와인에 조예가 깊은 것으로 알려진 베르나르 피보Bernard Pivot에 따르면, "그들은 아침 예배와 저녁 예배 사이에 포도밭을 경작하고 그들의 영혼과 와인을 함께 키웠다"고 한다. 그러나 여기서 그치는 것이 아니라, 직접 빚은 와인을 물 마시듯 엄청나게 마셨던 것으로도 유명했다. 심지어 "와인을 마시지 않는 신부는 절대 출세할 수 없다"는 불문율이 엄격히 지켜지던 시대였다.

예를 들어 1590년 프랑스 스트라스부르의 주교였던 요한 폰 마너샤이드 Johann von Mannersheid는 '폼 호른Vom Horn'이란 귀족 출신의 성직자들로만 구성된 음주회를 이끌었는데, 회원들은 와인이 가득 찬 뿔잔을 원샷해야 하는 규율을 엄수해야만 했다. 문제는 그 뿔잔이 무려 4리터(약 5.3병)나 되었

클뤼니 수도원의 전체 모습을 복원한 그림.

16세기 중반에 제작된 뿔잔.

다니, 요즘의 관점에서 보면 상상을 초월한다고 해야겠다. 이런 규율 때문이었는지, 마너샤이드 주교는 33세란 젊은 나이에 일찌감치 신의 부름을 받았다고 한다.

클뤼니 수도원과 시토 수도원은 다른 종파에 비해 세력이나 규모도 대단했으며, 특히 800년 이래 오늘날 부르고뉴 와인의 명성을 가능케 한 시조들이며 일등공신들이다. 그랑 크뤼로 유명한 클로 드 부조는 시토 수도사들의 빼어난 작품이다. 그리고 마콩은 물론, 모든 와인 애호가가 일생에 한 번쯤은 입술이라도 대보고 싶은 로마네콩티를 비롯한 본 로마네는 클뤼니 수도사들이 일군 명품이다. 두 교단은 교세의 확장과 더불어 유럽 전역에서 포도를 재배하고 와인을 주조했으며, 스위스, 독일, 스페인에서도 와인의 확산과 발전에 지대한 공헌을 했다.

그러나 가장 넓은 재배 면적과 최상의 와인을 생산한 곳은 프랑스였다. 이상하게도 보르도 지역에서는 그들의 자취를 거의 찾아볼 수 없지만, 동남부 지역, 발레 뒤 론, 발레 드 라 루아르 지역에서는 와인의 발전에 대한 그들의 공헌이 대단했다. 루아르 지역의 유명 화이트 상세르sancerre, 뮈스카데 muscadet, 푸이 퓌메pouilly fumé 등은 두 교단의 수도사들 덕분에 존재한다고 해도 좋을 정도다.

800년에 신성 로마 제국의 황제로 즉위한 샤를마뉴 대제는 유럽을 통합한 정치적 업적 외에도, 독일의 라인 강변과 프랑스의 부르고뉴 지역의 와인 발전에도 큰 족적을 남긴 것으로 유명하다. 특히 부르고뉴의 알록스 코르통 Aloxe-Corton과 페르낭 베르젤레스Pernand Vergelesse라는 마을에서는 지금도 그의 이름이 붙은 코르통 샤를마뉴Corton Charlemagne라는 그랑 크뤼 화이트 와인을 생산하고 있다. 당시 샤를마뉴 대제의 영지였던 이 포도밭은 775년 솔리외Solieu 수도원에 기증되었으며, 이후 여기서 생산되는 와인의 레이블에는 대제의 업적과 숭고한 마음을 기리기 위해 그의 이름을 적어 넣었다.

샤를마뉴 대제가 각별히 와인에 관심을 가진 이유는 영토 확장을 위한 잦은 출정과 관련이 있다. 물론 개인적으로도 식사 때마다 와인을 즐겨 마시기도 했지만(하지만 그는 철저히 절제하여 3잔 이상을 마시지 않았다고 한다), 그보다 낯선 지역에 출정했을 때, 그 지역의 물을 믿을 수 없었기 때문이었다. 상수도가 보편화되기 전까지 거의 모든 전염병은 오염된 물에서 기인했다는 사실을 떠올려보면 쉽게 이해될 것이다. 게다가 당시에는 퇴각하는 적군이 우물이나 개울에 독을 푸는 일이 다반사였기에, 더더욱 군사들의 음료로 와인은 필수였다. 샤를마뉴 대제는 군사들이 와인을 마실 때 반드시 일정량의 물을 타서 마시게 하는 규율을 준수하도록 했다. 이렇게 함으로써 운반해야 하는 와인의 양을 줄일 수 있었고, 비용도 절감할 수 있었다. 또 한편으로 물을 와인으로 소독하여 정화하는 역할도 했다.

오늘날에도 세계적인 명성을 누리고 있는 독일 라인가오Rheingau 지역에서 생산되는 최상급의 화이트 와인인 클로스터 에버바흐Kloster Eberbach도 시토 수도원의 유산이다. 그와 쌍벽을 이루는 슐로스 요하니스베르크Schloss Johannisberg는 베네딕트 교단의 업적이다. 특히 이 지역에서 생산되는 아이스와인의 명성은 대단하다. 그러나 1775년 이곳에서 최초의 아이스와인이 주조되는 과정은 역사의 발전에서 흔히 관찰되듯이 지극히 우연이었다.

당시 각 수도원에는 포도밭과 와인을 관장하는 전담 수도사가 있었다. 슐로스 요하니스베르크는 풀다 수도원 관할이었는데, 포도 수확 시기를 결정하는 것은 전적으로 전담 수도사의 권한이었다. 다시 말해 전담 수도사의 허락을 받아야 포도를 수확할 수 있었다. 공교롭게도 전담 신부가 출타 중이라 와이너리의 책임자였던 요한 엥게르트Johann Engert가 수확기가 되었음을 전하는 편지를 보냈지만, 어떤 이유에선지 편지의 전달이 늦어졌으며, 뒤늦게 포도 수확을 하라는 답신을 받았을 때는 요하니스베르크 포도밭의 포도는 썩어 있었다. 더 정확히 말해 '귀부 현상', 즉 고귀한 썩음이 진행되었

에버바흐 수도원의 전경과 지하 와인 저장고.

던 것이다. 이런 이유로 세계 최초의 늦깎이 와인인 아이스와인이 라인 강가에서 탄생하게 된다.

기독교, 와인 발전에 기여하거나 이를 파괴하거나

수도원은 와인 생산량의 증가는 물론 질적인 향상에도 크게 기여했다. 좋은 와인을 빚기 위한 절대적인 전제조건은 튼실한 포도를 재배하는 것이다. 따라서 수도사들은 주어진 포도 품종이 잘 자랄 수 있는 최상의 테루아를 물색했고, 단위 면적당 최적의 수확량에도 주의를 기울였다. 그리고 최적의 효모를 찾아내고, 발효나 블렌딩에 대한 다양한 양조 기술 개발에도 열정을 바쳤다. 하지만 전문가들은 당시 수도원에서 생산된 최상급의 와인이라도 지금 우리가 마신다면 그 맛에 매우 실망할 거라고 이야기한다. 그만큼 맛에 대한 시대적 기호가 다르고, 더불어 오늘날의 포도 재배 농법과 와인 주조 기술이 발전했다는 뜻도 될 것이다.

흔히 일을 아주 꼼꼼히 잘할 경우 '베네딕트 수도사처럼 일한다'고 한다. 수도사들은 이와 같은 정신을 포도를 키우고 와인을 주조하는 데 그대로 적용했다. 부르고뉴의 극도로 세분화된 테루아 개념인 클리마climat도 그들의 세심하고 끈질긴 노력이 없었다면 존재하지 않았을 것이다. 그 정확성이 현대 과학의 잣대로 가늠해도 놀랄 정도란다. 당시 수도사들이 포도 재배와 와인 주조에 기울인 노력과 정성은 그들의 기도만큼이나 절실했을 것이다.

수도원 운동과 더불어 기독교가 와인의 발전에 한 기여는 참으로 대단하다. 그러나 기독교가 와인에 끼친 폐해도 만만치 않다. 종교개혁 운동이 확산되면서 결국 구교와 신교는 피비린내 나는 30년 종교전쟁을 치르게 된다.

유럽의 많은 지역에서 발생한 인명 피해를 비롯한 전쟁의 참극은 이루 형언할 수 없을 정도였다. 그 와중에 수많은 수도원이 폐쇄되었고, 당연한 결과로 포도밭은 버려졌으며, 수도원에서 사용하던 양조 기구들도 마구잡이로 파괴되는 불행한 사태가 벌어졌다. 30년간 이어진 참혹한 전쟁으로 유럽의 와인 생산량은 급속히 감소했으며, 특히 중유럽의 와인 생산량은 격감했다. 그나마 다행인 것은 포도 재배에 최적의 기후 조건을 갖추었으며 종교전쟁에서도 벗어나 있던 유럽의 동남부 지역에서는 와인 생산량이 겨우 현상 유지를 하고 있었다는 사실이다.

반면에 와인 덕분에 일시적이나마 전쟁이 멈춘 적도 여러 번 있었다. 중세 시대에 와인은 단일 상품으로 가장 거래 규모가 컸다. 따라서 1년에 한 번뿐인 포도 수확은 경제와 사회생활 전반에 엄청난 영향을 미쳤다. 게다가 병이 보편화되지 않았던 시기라 와인 보관이 1년을 넘기지 못했던 당시 상황을 감안할 때, 이유가 무엇이든 그해 수확을 못 하면 다가올 한 해 동안 와인을 마실 수 없는 불행한 상황이 도래하는 것이다. 만약 그런 사태가 벌어지면 도처에서 폭동이 일어날 것은 불 보듯 뻔했다. 상황이 이렇다 보니, 포도 수확기에는 하던 전쟁도 일시적으로 멈출 수밖에 없는 경우도 허다했다. 심지어 관할 교구의 주교가 나서서 영주들에게 전쟁 중에도 남의 포도밭을 훼손하는 행위를 금지하는 맹세에 서약할 것을 권유했던 기록도 보인다. 1591년 앙리 4세가 파리를 포위했을 당시 포도 농가를 소유한 부르주아들은 휴전을 허락받았으며 군대의 호위를 받으며 포도 수확을 할 수 있었다고 한다.

위에서 살펴본 것처럼, 중세의 수도원과 와인은 떼려야 뗄 수 없는 관계였다. 그 흔적은 도처에서 찾아볼 수 있다. 우선 와인 레이블에 수도원의 그림이나 부조가 새겨져 있는 경우가 많다. 다음으로 당시 수도원의 이름을 지금도 그대로 와이너리의 이름으로 사용하고 있는 경우도 적지 않다. 이제 수

사블라 전투(1619)를 그린 그림. 이 전투로 30년 종교 전쟁의 서막이 올랐다.

도원에서 생산하는 와인은 그리 흔치 않다. 그러나 수도원의 영향은 여전히 그 흔적을 남기고 있으니, 오늘날의 와인 애호가들은 중세 수도원에 각자의 종교와 상관없이 감사한 마음을 지녀야 할 것이다.

의약품으로 활용된 중세와
르네상스 시대의 와인

　유럽에서 중세와 르네상스 시대의 주요 음료는 와인이었다. 안전한 상수도나 미네랄 음료가 보급되기 이전 시대에 물은 전염병을 비롯한 여러 질병의 원인이자 경계의 대상이었다. 이러한 상황은 20세기 초반 상수도가 보편화되기 전까지 계속되었다. 저 유명한 파스퇴르의 "와인은 가장 신성하고 위생적인 음료다"라는 말로도 미루어 짐작할 수 있다.

　와인의 주요 생산지이자 소비지였던 남유럽의 경우 11세기까지는 주로 화이트 와인을 마셨고, 12세기부터 레드 와인에 대한 선호도와 소비가 급증하기 시작했다. 14세기까지만 해도 와인의 알코올 도수는 매우 낮은 편이었으며 대체로 질도 형편없었다. 뿐만 아니라 와인을 그냥 마시는 경우는 매우 드물었다. 와인에 물을 타거나 식물이나 과일에 절여 마시는 것이 일반적이었다. 이는 그리스와 로마 이래 계속되어온 것으로, 특히 와인에다 포도, 물, 설탕을 섞은 피케트piquette라는 음료가 유행했다.

와인에 시나몬, 향신료, 설탕 등을 섞은 히포크라를 제조하는 장면.

11세기에 시작된 십자군 전쟁과 더불어 아랍 지역으로부터 유럽에 최초로 향신료가 소개되었고, 항해술이 발전하면서 먼 지역에서 생산되는 이국적인 향신료들이 본격적으로 들어오기 시작했다. 당시 향신료는 귀한 만큼 가격도 엄청나게 비쌌다. 그리고 이 고가의 향신료를 와인에 첨가하여 마시는 것이 상류층에서 유행했다.

와인에 향신료를 첨가한 첫 번째 이유는 와인의 산미를 마스킹masking하려는 것이었지만, 동시에 영주들이 향연에서 자신의 부와 권력을 드러내는 주요한 수단이기도 했다. 이런 사회적 분위기에서 로즈마리를 첨가한 와인, 감초를 첨가한 와인, '히포크라hypocras'라는 와인이 크게 유행했다. 이 같은 와인은 식전주로 마시거나 식후 소화 촉진을 돕는 데 유용한 음료로 인기가 높았다.

와인은 단순한 알코올 음료라기보다는 의학적 용도로 음용되었다. 따라서 허브나 과일 등을 첨가한 향신료 와인은 중세와 르네상스 시대의 식이요법 측면에서 대단히 중요했으며, 소화불량을 치유하는 약품 목록에서 빠질 수 없는 약용 음료였다. 동유럽, 이탈리아, 독일에서는 지금까지도 민간요법으로 널리 활용되고 있다. 이처럼 향신료는 음식과 와인에 들어 있는 원하지 않은 맛과 향을 마스킹하기 위한 목적 외에도 부의 상징이자 치료의 목적까지 겸하는 약방에 감초였다.

또한 당시 향신료는 천국과 동일하게 여겨졌기에 그것을 다량 섭취할수록 천국에 근접한다는 믿음이 퍼져 있었다. 중세와 르네상스 시대는 종교에

아피키우스의 『요리에 대하여』 1541년판 표지와 1709년 암스테르담판의 삽화.

대한 믿음이 매우 강했기에, 향신료 소비에 대한 열망은 더욱 커졌다. 이런 시대적 분위기는 향신료 상인들의 부를 기하급수적으로 증가시켰다.

향신료를 넣은 와인은 일찍이 로마 시대부터 알려져왔다. 자연학자 플리니우스는 그의 저서 『박물지』에서 '향수를 만들듯' 주조한 향신료 와인vin aromatique에 대해 기술하고 있다. 또한 로마의 음식 전문가인 아피키우스 Apicius(기원전 25~기원후 37)도 저서 『요리에 대하여De re culinaria』에서 '향신료를 가미한 훌륭한 와인 레시피'와 '여행자를 위한 향신료와 벌꿀을 가미한 와인 레시피'를 자세히 소개하고 있다. 지금까지도 스페인, 프랑스 서남부 등과 같은 지중해 연안 지역에서는 이 같은 향신료 와인의 전통이 이어져오고 있다.

흔히 의학의 아버지로 고대 그리스의 히포크라테스를 꼽는다. 유명 향신료 와인 히포크라hipocras는 히포크라테스에서 유래한 것으로 보인다. 중세 프랑스 서남부 몽펠리에Montpellier의 향신료 상인들이 와인의 의학적 효과를 강조하기 위한 일종의 마케팅 전략으로 명명했을 것이라 역사학자들은 추정한다.

히포크라를 주조하는 레시피는 시대와 지역에 따라 셀 수 없이 다양하다. 기본 레시피는 3리터의 와인에 200그램의 꿀을 첨가한 당도가 아주 높은 와인이며, 여기에다 계피, 정향, 생강과 같은 당시로서는 최고급 향신료를 첨가하여 완성한다. 그 밖의 다른 식물이나 향신료의 첨가는 지역에 따라 차이를 보이지만, 최소한 계피와 생강이 들어가야 히포크라라는 인증을 받을 수 있다.

히포크라는 와인에 향신료를 넣고 침출하는macérer 방법으로 만들어지며, 일반 와인의 보존 기간이 최대 1년으로 짧은 데 비해 보존 기간이 수년으로 늘어난다는 무시하지 못할 장점도 지니고 있다. 히포크라의 레시피가 처음으로 등장하는 책은 1390년 영국에서 발간된 『요리의 형태The Forme of Cury』다. 이 책에 따르면 설탕으로 주조한 것은 '영주들을 위한 것'이고 꿀로 주조한 것은 '일반 백성을 위한 것'이라고 한다. 지금의 관점에서 보면 의아하겠지만, 당시에는 설탕이 꿀보다 훨씬 구하기 힘든 사치품이었다는 사실을 알면 쉽게 고개가 끄덕여질 것이다.

재미있는 사실은 중세에는 오로지 왕에게만 자신의 고유한 잔에 와인을 마실 수 있는 특권이 주어졌다는 점이다. 나머지 초대받은 귀족들은 고블레goblet라는 큰 금속 용기에 와인을 가득 채우고 돌려가며 마시는 것이 관례였다. 그리고 와인을 테이블 위에 올려두고 마시는 것은 대단히 무례한 짓으로 간주되었는데, 이 관습은 18세기까지 이어졌다. 중세에는 와인을 '에기에르aiguière'라 불리는 큰 용기에 담아 식기대 위에 올려놓았으며, 금속제

중세의 고블레.

에기에르.

테오도르 룸바우트, 「에샹송」, 1625~1632.

의 굽이 달린 큰 잔이나 도자기 또는 토기 잔에 따라 마셨다. 16세기에 이르러서야 이탈리아의 영향을 받아 유리잔을 사용하기 시작했고, 덕분에 다른 용기에 와인을 담아 마실 때 남는 유쾌하지 않은 뒷맛의 여운에서 벗어날 수 있었다.

왕이나 영주 혹은 초대받은 귀족들에게 와인과 식사를 준비하고 대접하는 것은 무척이나 중요한 임무였고, 이를 완수하기 위해 소믈리에sommelier, 에샹송échanson, 부테이예bouteiller란 전문직 인력이 동원되었다. 와인의 선정과 구매, 보관과 서빙을 맡아 하는 요즘의 소믈리에와 달리 당시 소믈리에는 지하 와인 저장고에 채울 와인을 선정하고 관리하며, 식탁에까지 와인을 내놓는 역할을 하는 사람을 일컬었다. 부테이예는 왕실 포도원의 관리를 맡은 사람이었고, 에샹송은 테이블에 앉은 왕과 왕태자에게 와인을 서빙하는 임무를 수행하는 관리였으며, 수석 에샹송Grand Échanson의 지휘 아래 여러 명의 에샹송이 보조했다.

수석 에샹송은 와인에 섞을 물의 비율을 맞추고, 와인에 독약이 들어 있지 않은지 확인하는 매우 민감하고 중요한 임무를 수행했다. 따라서 이 같은 임무는 왕의 절대적 신임을 받는 사람에게만 허용되었다. 중세 말기에는 독살에 대한 공포가 왕실에 널리 퍼져 있었다. 정적을 살해하기 위해 가장 빈번하게 사용되었던 수단이 바로 와인에 약을 타서 독살하는 것이었다. 그래서 오늘날에도 초대한 사람이 먼저 와인을 테이스팅 한 후 손님들에게 권하는 것이 예의가 되었다. 15세기 말부터 에샹송의 위상과 권한은 빠르게 실추되었다. 평등사상이 팽배했던 프랑스 혁명 시기에 에샹송이 누리던 지위를 특권이라 간주하여 마침내 철폐하고 말았으며, 에샹송은 역사 속으로 사라졌다.

역사 속에 비친
와인

신의 넥타, 그리스도의 피와 생명으로 찬양받던 와인이라고 해서 항상 순탄한 길만 걸어온 것은 아니다. 역사의 부침과 더불어 와인은 여러 차례 위기를 맞았으며, 금지와 박해를 받기도 했다. 그러나 그 어떤 상황에서도 와인은 항상 최후의 승자가 되었음을 역사는 증명한다. 같은 이름의 샴페인 생산으로도 유명한 테팅거Claude Taittinger는 "와인은 역사의 재판에서 항상 승리했다"고 자랑스럽게 주장하기도 한다. 사실 인류의 역사 이래 모든 문명은 흥망성쇠를 거쳤다. 한때는 세계를 지배했던 그 어떤 찬란한 문명도 세월과 더불어 역사의 뒤안길로 모두 사라지고 말았다. 그러나 유독 와인 문명만큼은 이러한 보편적 문명의 법칙을 비웃으며, 계속되고 있다.

392년 테오도시우스 1세가 기독교를 로마 제국의 국교로 선포한 이래 그리고 무엇보다도 성찬식 덕분에 기독교 문명은 와인 문명과 불가분의 관계가 된다. 이런 전통은 16세기 멕시코 정복을 시작할 당시 스페인 선교사들이 포도 경작을 기독교 전파의 한 수단으로 활용했다는 사실에서도 잘 드러난다. 차후 신세계로 불릴 아메리카 대륙에 기독교와 더불어 와인 문화를 처음으로 전파한 사람들은 바로 스페인 선교사들이었다.

신대륙에서 와인 주조가 시작되다

오늘날처럼 발달된 운송 수단이 존재하지 않았던 당시에 선교사들의 가장 큰 고민 중 하나는 미사에 필요한 와인을 어떻게 조달할까였다. 매번 멀리 떨어진 본국에서 수송해오는 것은 불가능했으므로, 현지에서 와인을 생산할 수밖에 없었다. 15세기 말 콜럼버스가 아메리카 대륙을 발견하기 훨씬 전인 11세기 초에 레이프 에릭손Leif Eriksson과 토르발 에릭손Thorvald Eriksson의 진두지휘 아래 이미 북아메리카 대륙(현재 캐나다의 동북부 지역인 테르누브Terre-Neuve)을 탐험했던 바이킹들은 이 신대륙에서 '포도송이가 많이 달린 야생 포도나무'를 발견했다. 그들은 이 야생포도로 와인을 주조했으며, 그들이 발견한 땅을 '와인나라Vinland'라고 불렀다. 그러니 몇 세기 뒤에 신대륙에 도착한 선교사들이 포도나무를 찾기란 그다지 어렵지 않았으리라.

1767년 멕시코에서 축출당한 선교사들은 미국 캘리포니아로 이주하게 되고, 이와 더불어 미국 땅에 처음으로 양조용 포도 재배가 시작된다. 그로부터 2년 후인 1769년에는 프란시스칸의 신부인 세라Junipero Serra가 샌디에이고에 소위 '미션 그레이프Mission grape'라 불리는 포도단지를 조성하게 되는데, 이것이 미국 최초의 양조용 포도단지가 된다.

신대륙을 발견하고 정복하는 과정에서 기독교의 전파도 활기를 띠었다. 이는 또한 신대륙에 와인 문화가 정착해가는 과정이기도 했다. 같은 시기 구대륙 유럽에서는 종교개혁의 결과로 와인이 더할 나위 없이 큰 위험에 처

크리스티안 크로그, 「레이프 에릭손, 신대륙을 발견하다」, 오슬로국립미술관, 1893.

1875년경에 촬영된 미션 그레이프의 포도들.

해 있었다.

다행히도 17세기 중반을 넘어서면서 유럽의 와인 생산은 여러 면에서 발전을 거듭한다. 저 유명한 샹파뉴 Champagne(영어로는 샴페인)가 처음으로 주조된 것도 바로 이 시기다. 랭스Reims 에서 그리 멀지 않은 오빌리에Hautvillier 수도원의 수도사이자 양조 기술자였던 돔 페리뇽Dom Pérignon이 병입 이후에 진행되는 2차 발효를 발견하고 이를 제어할 수 있는 기술을 개발함으로써, 그 이전까지는 아무 때나 병마개가 튀어올라 속을 썩이던 이 지역 와인을 축

돔 페리뇽.

제의 와인이자 왕들의 와인인 샹파뉴로 새로 태어나게 했다. 이 시기는 또한 프랑스의 와인 생산량이 매우 빠르게 증가하던 때라, 루이 15세는 총 포도 재배 면적을 150만 헥타르로 제한하기에 이르렀다.

1789년부터 시작된 프랑스 대혁명은 포도밭에까지 한바탕 혁명을 초래한다. 무슨 말이냐 하면, 당시 거의 대부분의 포도단지 특히 대규모 포도단지는 성당과 수도원 아니면 귀족들에 속해 있었다. 혁명의 소용돌이 속에 성당과 수도원의 재산은 몰수되어 국가로 환원되었으며, 국가는 이를 공개입찰 방식으로 개인들에게 처분했다. 짐작하겠지만 당시 일반인들의 경제력은 보잘것없었으니 대규모 포도단지를 쪼개지 않고 매입하기는 불가능했다. 그 결과 포도 경작지는 세분화되었으며, 무수한 새로운 소규모 경작자들이 생겨났다. 동시에 와인의 종류도 그만큼 다양해졌으며, 와인에 대한 일반 대중의 관심도 이전에 비해 훨씬 높아졌다.

기차와 산업혁명의 시대, 와인 생산지의 지도를 바꾸다

유럽의 19세기는 산업혁명의 결과로 인구의 도시 집중이 가속화되었으며 철도의 시대가 도래하는 역동적인 시대다. 사람과 화물의 안전하고 신속한 대량 수송을 가능케 해준 철도의 개설과 함께 프랑스의 와인 산지 지도에 또 한 번 일대 변혁이 들이닥친다.

잘 알다시피 와인은 악조건에서 장시간 여행하기에는 너무나 예민한 살아 있는 음료다. 바로 이 같은 와인의 특성상 철도 시대가 개막되기 이전에는 프랑스의 거의 대부분 지역에서 포도가 재배되고, 와인이 주조되었다. 지역에 따라 특히 기온이 낮고 일조량이 적은 파리 북부에서 생산되는 와인은 얼굴을 찡그리게 할 정도로 산도가 높고 질이 형편없었지만, 아주 고가의 타 지역 와인을 구매할 수 있는 일부 귀족과 부르주아를 제외하고는 이 같은 와인을 마시는 데 만족할 수밖에 없었다. 그러나 철도 시대의 개막은 기후 조건이 나빠 생산량이 줄어들어 경제성이 떨어지는 저급 와인 생산지의 급속한 자연도태를 초래한다. 북부 프랑스와 파리 근교의 포도 경작지가 이 같은 운명을 맞이해야 했다.

철도 시대가 개막되기 이전에는 파리가 프랑스에서 가장 큰 와인 생산지였다는 사실을 알고 있는 사람은 그리 많지 않을 것이다. 지금도 몽마르트르에서는 지극히 상징적이기는 하지만 연간 약 2000병의 와인을 생산하고 있는데, 파리에 남아 있는 유일한 포도밭이다. 그렇다고 와인의 생산과 소비가 줄어든 것은 아니다. 포도 재배에 적합한 여러 조건을 갖춘 중남부 지역에서는 와인 생산이 빠르게 증가했으며, 양조 기술도 그 어느 때보다 발전을 이루었다.

중세 이후 와인은 부침을 반복하면서 발전한다. 20세기 상수도가 상용화되기 전까지 와인은 파스퇴르가 지적했듯, "가장 신선하고 위생적인 음료"였다. 또한 먹을 것이 충분하지 않았던 시절에 와인은 '취기와 포만감을 동시

몽마르트르의 포도밭.

에 주는' 즉 일꾼들의 기분을 고무하는 술이자 배를 든든하게 해주는 음식이기도 했다. '와인은 늙은이의 우유'라든가 '일꾼에게 와인을 먹이면 두 마리 황소보다 일을 더 잘한다'라는 프랑스 속담도 이를 뒷받침한다.

와인이 존재한 이래 19세기만큼 절체절명의 위기를 맞았던 시기도 없다. 소위 필록세라phylloxera라는 일종의 진딧물이 불과 20년 사이에 유럽은 물론 미국 캘리포니아의 포도밭을 무참히 황폐화시킨 참담한 사건이 벌어졌다. 프랑스를 예로 들면 100만 헥타르에 이르는 경작지의 포도나무가 뿌리부터 말라 죽어갔다. 1875년 프랑스의 와인 생산량은 8450만 헥토리터(1헥토리터=100리터)로 절정에 이르지만 필록세라가 기승을 부리던 1879~1892년 연간 와인 생산량은 3000만 헥토리터 이하로 급락했다. 당시 프랑스의 연간 소비량은 약 4000만 헥토리터 정도인데, 결국 부족한 양을 수입에 의

필록세라를 최고의 미식가로 풍자한 1890년의 카툰.

존할 수밖에 없었다. 로마 시대 이후 프랑스에서 처음으로 와인의 대량 수입이 이루어졌다. 결국 황화수소를 이용한 퇴치법과 진딧물에 면역을 가진 아메리카산 자생 포도나무에 유럽산 포도나무를 접목시켜 가까스로 위기를 모면하기는 했지만, 그 충격과 피해는 상상을 초월한 것이었다. 그러니 19세기 말 프랑스 포도밭은 새롭게 만들어졌다고 할 수 있다. 오래된 전통의 프랑스 포도밭 중 아주 일부만 황화수소의 대량 살포로 명맥을 유지했다. 너무도 유명한 부르고뉴의 로마네콩티La Romanée-Conti가 그런 경우인데, 1942년까지 황화수소를 뿌려야만 했다.

와인에 닥친 두 번의 위기, 필록세라와 금주법

20세기에 들어와 와인은 또 한 번 곤혹을 치른다. 필록세라의 위기에서 벗어나 겨우 한숨을 돌리는가 싶었는데, 이번에는 전혀 다른 위험이 도사리고 있다. 자연적인 위험이 아니라 인위적인 위험, 바로 미국의 금주법이었다. 이슬람의 경전인 코란은 음주 자체를 '중대한 죄'로 규정하여, 절대 금지시키고 있다. 이슬람의 윤리는 와인을 이 세상에서는 즐길 수 없고 저 세상, 즉 천상에 가야만 마실 수 있는 것으로 규정하고 있다. 아마도 음주를 절대 금기시하는 유일한 종교가 아닐까 한다. 왜 갑자기 코란을 들먹이냐면, 미국의 금주법이 코란의 영향을 받아 모방한 것이 아닌가 하는 의심이 들기 때문이다.

1925년 경찰의 급습으로 압수되는 술통들.

　프랑스 대혁명이 발발한 해인 1789년에 코네티컷주에는 이미 200여 개의 금주운동 단체가 활발한 활동을 전개하고 있었다. 그리고 이로부터 반세기 후에는 미국 전역에 무려 8000개가 넘는 금주운동 단체가 술 보기를 악마 보듯 하라고 목청을 높이고 있었다. 세계 최대의 부호였던 록펠러도 이같은 운동에 적극 가세해, 1895년에는 소위 '주류 판매 반대 연맹Anti-Saloon League'을 결성, 금주법 입법을 위해 연방정부와 의회에 막강한 압력단체로 영향력을 행사했다. 금주운동 단체가 우후죽순처럼 생겨나 그 세력이 산불처럼 확산되면서 마침내 1917년 12월 18일 크리스마스를 일주일 남겨두고 금주법 제정을 위한 18번째 헌법수정안이 제안되기에 이른다.

　유럽 대륙에서 제1차 세계대전이 한창 치열하던 때에 미국 사람들의 주요 관심사가 금주운동이었다는 사실은 아이러니하다. 그 내용을 들여다보면, '이 조항의 비준 이후, 취하게 하는 음료의 제조, 판매, 수송, 수입과 수출

금주법이 폐지되고 술은 다시 대중의 품으로 돌아왔다. 1938년 바의 모습.

을 미국에서 금지한다'고 명시하고 있다. 이 안은 당시 미국의 46개 주 중에서 뉴저지, 로스아일랜드, 코네티컷을 제외한 나머지 43개 주에서 찬성함으로써 압도적으로 통과되었다. 저 유명한 금주법Volstead-Act(법안 제안자인 앤드루 볼스테드의 이름을 딴 법)은 1918년 10월 연방의회에서 통과되었고 발효되었다. 0.5퍼센트 이상의 알코올을 함유한 모든 음료에 적용된 금주법은 당연한 결과로 미국 내 와인 생산과 소비에 최악의 위기를 가져왔다.

미사에 필요한 소량의 와인을 생산하는 몇몇 수도원 소유의 포도 경작지를 제외하면 미국에서의 포도 재배와 주조는 말 그대로 끝장난 상황이었다. 반면 우리가 흔히 할리우드 영화를 통해서 잘 알고 있는 알코올 밀매를 둘러싼 갱과 마피아의 혈투가 막을 올린다. 이름하여 알코올 밀매업자bootlegger와 비밀 주점speakeasy이 판을 치는 암울한 시대가 도래한 것이다.

와인은 물론 모든 알코올음료가 전무후무한 위기를 맞은 시기였지만, 밀

매업자나 비밀 주점이 얼마나 불법으로 성행했는지는 잘 알려진 역사적 사실이다. 이에 미국의 여론도 예상치 못한 부정적 결과에 언제까지고 눈 돌리고 있을 수만은 없는 지경에 이르렀다. 마침내 금주법이 발효된 지 15년이 지난 1933년 12월 5일, 그 누구도 감히 '고상한 경험'이라 부르지 못할 만신창이의 금주법은 폐지되었다. 그러나 유독 미시시피주는 1961년에 와서야 이 악법을 폐지함으로써, 미국에서 가장 마지막에 금주법을 폐지한 주라는 오명을 쓰게 되었다.

  금주법은 미국 역사상 가장 큰 정책적 실패로 기록되고 있으며, 특히 미국의 와인 산업에 미친 피해는 말할 수 없을 정도다. 금주법이 철회된 직후 캘리포니아의 나파 밸리Napa Valley에서 이전에 와인 생산에 종사했던 사람들의 열성과 부단한 노력으로 미국의 와인은 양과 질에서 꾸준한 향상을 이루어왔다. 여러 차례의 위기에도 올림포스 신전에서 미국의 나파 밸리까지 구대륙과 신대륙이 와인을 매개로 다시금 하나의 문화 공동체를 형성하게 되었다고도 할 수 있다.

  제2차 세계대전이 끝난 1945년 프랑스의 연간 일인당 와인 소비량은 200

나파 밸리의 포도밭.

리터가 넘었고, 1954년까지 모든 병원에서는 식사 때마다 와인이 제공되었
다. 현재 소비량은 50리터 정도로, 계속해서 줄어드는 추세다. 동시에 와인
에 대한 사람들의 태도가 크게 달라졌다. 안전한 상수도 덕분에 더 이상 물
마시듯이 와인을 마시지 않는다. 적게 마시는 대신 와인을 제대로 알고 즐
기고자 와인 클럽 등에서 공부에 열중하는 사람은 훨씬 많아졌다. 어떤 의
미에서 와인은 사회적 신분의 한 단면을 보여주는 상징으로 자리를 잡았다.
"당신이 어떤 와인을 마시는지 말해주면, 나는 당신이 어떤 사람인지 말해
주겠다"고 할 정도다. 한마디로 이제 와인은 단순한 음료 차원을 넘어 일종
의 문화적 아이콘이 되었다. 사람들은 양보다는 질, 다양함과 색다름을 추
구한다. 와인의 사회적·문화적 위상이 확 달라진 것이다.

　1980년대 이래 뉴 월드 와인의 발전이 눈부시다. 이미 잘 알려진 호주나
칠레는 물론 중국과 인도, 심지어는 태국에도 와이너리가 생겨났다. 중국은
이미 세계 최대 와인 생산국 중 하나로 자리를 잡았다. 전 세계 와인 생산
량이 소비량보다 많아 과잉 공급의 위기를 맞고 있지만, 와인은 계속 새로
운 역사를 써내려가고 있다.

종교, 신화,
예술, 문학 속
와인 산책

제 2 장

영원한 스타,
디오니소스와 바쿠스

미국의 민속학자 크라프Alexander Haggerty Krappe(1894~1947)에 따르면 "신화란 특별한 성격을 지닌 이야기이며, 그 속에서 신들은 한 가지 혹은 여러 가지 중요한 역할을 수행"한다. 그리고 프랑스의 역사학자 장 보테로Jean Bottéro(1914~2007)는 '이미지화된 철학'으로 신화를 정의한다. 그러기에 신화는 단순한 흥밋거리로 읽는 이야기와는 확연히 구별된다. 신화는 확실하고 분명한 것이라고는 존재하지 않던 인류 문명의 여명기에, 나침반처럼 정확한 방향을 제시해주지는 않지만, 어떤 상황은 위험하니 피하거나 각별히 조심해야 한다는 묵시적 교훈 혹은 강력한 경고의 메시지를 담고 있다.

옛사람들은 자연과의 교감이나 상상력을 동원해 인간의 올바른 삶을 위한 일종의 행동 규범을 정하고자 했을 것이고, 그러한 노력의 결과가 신화란 형태로 발전했을 것이다. 그리고 세월과 더불어 신화의 개념화가 이루어지면서 자연스럽게 신화는 철학의 모태가 되었다. 신화 속에는 고대인들의 삶

아테네의 카일릭스 잔. 해적들이 디오니소스를 공격하다 그가 신의 모습으로 변신하자 놀라 돌고래가 되어 도망치는 모습.

에 대한 지혜가 다양한 상징의 형태를 통해 전개되고 있다. 이런 이유로 인간의 삶이 계속되는 한, 신화는 새로운 해석을 통해 늘 거듭나며, 우리 생활 속에서 삶의 지표를 설정하는 데 없어서는 안 될 살아 있는 소중한 유산인 것이다.

사회적 약자의 대변인, 디오니소스

그리스의 주신은 디오니소스다. 그는 탄생 과정부터가 예사롭지 않다. 신 중의 신인 제우스와 인간인 세멜레 사이에서 잉태되었다. 신과 인간 사이의 자유로운 사랑과 질투가 가능했던 고대 신화의 세계에서는 이들 간의 사랑이 특별한 것이 아닐 수도 있다. 높은 언덕에 위치한 올림포스 신전에서 인간 세상을 내려다보던 제우스는 세멜레의 아름다움에 한눈에 반해, 인간으로 변신해 속세로 내려가 그녀를 유혹하는 데 성공하며, 둘의 사랑은 무르익어갔다.

호기심과 허영심이 많던 세멜레는 자신이 사랑하는 남자가 신들의 왕인 제우스임을 알고, 그에게 신 본래의 모습을 보여줄 것을 간곡히 애원한다. 이에 못 이긴 제우스는 마침내 신의 모습을 드러낸다. 사실 세멜레가 이런 마음을 먹도록 한 것은 두 사람의 사랑을 불같이 질투하던 제우스의 본부인 헤라의 계략이었다.

인간이 진짜 신의 모습을 보면 그 엄청난 빛으로 순식간에 잿더미가 돼버렸던 것이다. 세멜레도 예외는 아니었다. 게다가 세멜레는 제우스의 아이를 임신 중이었다. 놀란 제우스는 세멜레의 자궁에서 부랴부랴 태아를 꺼내 자신의 허벅지를 찢고, 그 안에 집어넣고 꿰맨다. 그리고 달수가 차서 세상에 태어난 아이가 바로 디오니소스다. 하여 디오니소스의 또 다른 이름이 '두 번 태어난'이다. 또한 디오니소스는 올림포스 신전에 이름을 올린 열두 신 중 유일하게 인간을 어머니로 둔 신이기도 하다. 나머지 신들은 모두 신들 간의 근친상간으로 태어났다.

극적으로 태어난 디오니소스의 기구한 운명은 여기서 끝나지 않는다. 질투에 불타는 헤라의 노여움을 피하기 위해, 갓 태어난 디오니소스는 여자로 변신해 올림포스 신전에서 멀리 떨어진 이집트, 시리아 등지로 숨어 다니는 불행한 운명을 겪게 된다. 그럼에도 헤라의 분노는 식지 않았고, 디오니소스의 신변에 위협을 느낀 제우스는 아들을 아주 먼 나라인 니사Nysa로 보내, 님프들로 하여금 그를 보살피게 하는 특단의 조치를 취하기에 이른다. 그래서인지 일부 학자는 디오니소스란 '니사의 신'이란 뜻이며, 니사란 지명에서 유래한다고 주장하기도 한다. 유년기와 청소년기를 고난의 여정으로 보냈음에도, 그 힘든 과정에서 인간을 위해 포도 재배와 와인 주조의 기술을 익혀 전수해준 디오니소스는 거룩하고 고마운 신이다.

디오니소스를 주제로 한 회화 작품들은 그를 주로 사회적 약자로 묘사하고 있다. 마드리드의 프라도 박물관에 소장되어 있는 벨라스케스(1599~1660)의 작품에는 평범한 농부로 그려져 있고, 카라바조(1571~1610)의 「바쿠스」에서는 여성의 모습으로, 심지어 천대와 배척의 대상인 이방인(야만인)의 모습으로 그려지기도 한다. 뿐만 아니라 벨라스케스의 작품을 자세히 들여다보면, 동성애를 연상시키는 장면도 등장한다.

일반적으로 올림포스의 신들은 완벽, 조화, 규율, 중용과 같은 우주적 질서와 권위를 상징하지만, 유독 디오니소스만 불완전, 부조화, 열정, 광기, 파괴, 혼돈, 사랑과 축제 등의 특징을 지니고 있다. 한마디로 디오니소스는 신같지 않은 신이며, 신의 반대편에 자리한 신이다. 그래서 가장 인간적인 신이고, 인간으로부터 사랑받는 신인지도 모르겠다.

아이스킬로스, 소포클레스와 함께 그리스의 3대 비극 작가로 꼽히는 에우리피데스의 마지막 비극 「바카이」는 탄압받는 사회적 약자로서의 디오니소스의 특성을 잘 묘사해주는 작품이다. 뿐만 아니라 바카이는 모든 식물을 관장하는 신이었던 디오니소스가 주신으로 전문화되어가는 과정을 보여주고 있는데, 이 시기는 그리스 경제가 급속히 팽창하며, 와인이 경제 발전의 견인차 역할을 하는 시기와도 일치한다.

니체는 젊은 시절 『비극의 탄생』이란 빼어난 철학 에세이에서 아폴론과

카바라조, 「바쿠스」, 우피치미술관, 1595.

카라바조, 「젊고 아픈 바쿠스」, 로마보르게세미술관, 1593.

벨라스케스, 「바쿠스의 승리」, 프라도미술관, 1629.

디오니소스를 비교하면서, 디오니소스의 이 같은 대칭적·균형적 역할을 강조하고 있다. 그에 따르면 아폴론의 미와 중용은 감춰진 고통에 근거한 것이며, 이를 일깨워주는 것이 바로 디오니소스다. 따라서 "아폴론은 디오니소스 없이는 살 수 없으며" 디오니소스의 무절제는 "고통에서 탄생한 진실, 모순, 기쁨이 자연의 심장에서 솟아오르는 언어로 말하는 것처럼 드러난다"고 해석한다. 보들레르가 언급한 '창조적 취기'와도 어딘가 일맥상통하는 대목이다. 그리고 동양의 음양철학과도 맥을 같이하는 듯하다. 새로운 창조를 위해서는 혼돈과 운동이 선행되어야 하는 것이다. 모든 창조는 카오스를 거쳐 태어나기 때문에.

어린 디오니소스에게 와인을 마시게 하는 물보라의 여신 레우코테아. 레우코테아의 원래 이름은 이노로 디오니소스의 이모다. 이노는 자매인 세멜레가 죽자 아타마스를 설득해 어린 디오니소스를 데려다 친자식들과 함께 키웠다. 이탈리아 바티칸 박물관 소장.

디오니소스, 그 현대적 의미의 계승

　탄생과 성장과정에서 짐작할 수 있듯이, 허무주의를 극복할 강한 생명력과 뜨거운 열정을 지닌 다분히 불완전하고 인간적인 특성을 지닌 신이 디오니소스이며, 이는 인간 중심의 휴머니즘이 싹튼 고대 그리스 사회와도 맞아떨어지는 부분이 있다. 신들의 세계마저 그러할진대 하물며 인간의 세계에서는 주어진 질서와 조화 속에서만 삶을 영위할 수는 없다. 우리가 속하는 우주에 생명을 불어넣기 위해서는 부조화와 파격, 새로운 창조를 위한 파괴, 끊임없는 자극과 운동이 절대적으로 필요하다는 것을 디오니소스는 일깨워준다.

　로마 시대에 들어와서도 이름만 바쿠스로 바뀌었을 뿐, 주신에 대한 인기는 여전했다. 특히 바쿠스를 추종하는 의식은 초기 기독교에도 큰 영향을 미쳤다. 오랜 박해 끝에 마침내 로마 제국의 국교로 인정되기 전, 당시 기독교인들은 로마 당국에 의해 바쿠스 추종자들로 간주되어 감시와 탄압의 대상이 되었다. 기독교 신학자들은 에우리피데스의 「바카이」를 재발견하게 되고, 이를 통해 초기 기독교인들이 받았던 박해와 디오니소스가 겪은 천대와 고통을 동일한 선상에서 해석하기에 이른다. 그리고 그들은 에우리피데스가 기독교에 길을 열어주기 위해 선구자적으로 영감을 받은 것으로 간주했다. 콘스탄티노플의 주교였던 나지안조스의 그레고리st. Gregory of Nazian- zus(329~390)는『그리스도의 열정』이란 비극에서 에우리피데스의 「바카이」를 많은 부분 그대로 인용하고 있는데, 이런 점에서도 바쿠스 추종자들과 초기 기독인들이 동일시된 적이 있음을 짐작할 수 있다.

　오늘날까지도 사람들은 디오니소스적 혹은 바쿠스적 축제란 표현을 자주 쓴다. 질펀하게 마시고 어느 정도 광기도 부리며, 성적으로도 자유분방한 그런 회합이나 축제를 일컫는 말이다. 인간의 삶이 긍정적이고, 활기차고, 창조적이기 위해서는 이런 파괴와 일탈이 분명 필요하다는 것을 디오니소스는 갖은 박해를 받으면서도 몸소 실천하며 보였던 신이다. 예술가들에게만이 아니라 인간은 누구나 나름의 혼돈과 일탈 혹은 '창조적 취기'가 필요한 모양이다.

그런 이유인 듯 이런 바쿠스적 전통은 유럽의 거의 모든 와인 산지에서 계속 이어지고 있다. 일부 지역에서는 기독교적인 종교 행사와 뒤섞여 성속의 축제로 벌어지기도 한다. 그중에서도 스페인의 리호하 지역의 하로 축제와 독일 라인 지역의 바쿠스 축제는 그 규모나 분장과 의상, 행사 진행의 독특함 때문에 많은 사람이 몰려드는 대표적 축제다. 주말 홍대 근처의 클럽에서 벌어지는 젊은이들의 행위도 한국적 바쿠스 축제로 볼 수 있지 않을까 싶다.

나지안조스의 그레고리.

성경 속 와인:
구원의 길이자 죄악의 근원

기독교에서는 와인이 곧 그리스도의 피이자 생명을 상징한다. 따라서 성경에는 특히 창세기부터 요한복음에 이르기까지 와인이 넘쳐흐른다고 해도 과언이 아니다. 『와인의 역사L'Histoire du Vin』의 저자인 장프랑수아 고티에J. F. Gautier에 따르면, 성경에는 무려 443번에 걸쳐 포도와 와인에 대한 기록이 나오며, 예수가 행한 24번의 잠언 중에 4번이 와인에 관한 것이다. 『성직자의 책Le livre de l'Ecclésiastique』에는 수차례에 걸쳐 "와인은 인간을 위해 생명 같은 것"이며, "와인은 사람의 마음을 가볍게 해주고, 영혼에 기쁨을 가져다 준다"라고 와인을 한껏 예찬하고 있다. 포도나무와 와인이 없었다면 성경의 부피도 상당히 줄어들었을 것이 분명하다.

성경의 창세기를 들춰보면 와인에 신성성을 부여하고 있을 뿐만 아니라, 와인을 신(하느님)의 선물로 간주하기도 한다.(창세기 27, 28장) 또, '노아의 방주'에는 농부였던 노아가 방주 직후 처음으로 이 땅에 포도나무를 심었다고

나오며, 와인을 마시는 일이 빈
번했음을 시사하는 대목이 곳
곳에 보인다. 그는 와인을 마시
고 900세 넘게 장수한 인물로
도 유명하다.

19세기 프랑스에서 널리 유
행했던 대중가요 중에는 이 같
은 성경 속의 역사를 세속적으
로 재미있게 풍자하면서, 최초
로 포도나무를 심은 노아를 찬
양한 것도 있다.

포도주를 마시고 취한 노아.

노아, 우리의 족장
과연 방주 때문에 유명할까?
아니야, 그의 가장 고귀한 행위
그건 바로 포도나무를 심었다는 거야
익사하지 않은 그를 찬양하세

한마디로 인류에 대한 복음처럼 포도나무를 전파한 노아에 대한 진한 애
정의 표현이며, 깊은 감사이고 찬양이라 할 것이다.

성경에 넘쳐나는 와인 이야기

무엇보다도 예수가 행한 첫 번째 기적도 물을 와인으로 바꾸는 것이 아니었던가! 『와인 레슨 20 Le vin en 20 leçons』의 저자 레몽 담블리Raymond Dambly는 이 책에서 예수에게 헌사를 바친다. "가나의 혼인잔치에서 물을 와인으로 바꾸신, 그리고 그 반대가 아닌 훌륭한 생각을 하신 예수 그리스도께 이 책을 바친다. 만약 그가 와인을 물로 바꾸셨다면 아무도 '기적이야'라고 외치지 않았을 테며, 인류의 모습도 달라졌을 것은 자명하다." 예수를 위해서도 와인 애호가를 위해서도 그리고 인류의 문명을 위해서도 정말 다행한 일이 아닐 수 없다.

선택받은 이스라엘 백성은 '야훼의 포도나무'로 비유되고 있으며, 요한복음에는 "나는 포도나무요, 너희는 가지다"라는 대목도 나온다. 그리고 요한복음에서 예수는 말한다. "너희가 인자의 살을 먹지 아니하고 인자의 피를 마시지 아니하면 너희 속에 생명이 없느니라. 내 살을 먹고 내 피를 마시는 자는 영생을 가졌고 마지막 날에 내가 그를 다시 살리리라."

베네치아 두칼레 궁전의 기둥에는 포도주에 취한 노아가 부조되어 있다. 두칼레 궁전은 과장된 고딕 양식을 갖춘, 14~15세기에 최종 완성된 건축이다.

가톨릭에서 영성체란 그리스도의 몸인 빵과 피인 와인을 받아먹는 상징적인 의식이다. 옛날에는 글을 읽는 것이 성직자나 귀족 등 일부의 사람에 한정된 특권이었다. 그래서 성당은 무식한 일반 백성을 위해 성경의 주

최후의 만찬을 그린 14세기 소리주에로라의 장인maître de Soriguerola의 작품.

요 내용을 수많은 부조나 스테인드글라스로 표현해 그들에게 성경의 내용을 전하고 신앙심을 고양했다. 그러니 성당은 그 자체가 형상화된 형태의 성경이나 다름없었다. 그런 이유로 유럽의 수많은 성당 건물에서는 모자이크나 부조를 통해 포도나무나 포도나무를 심는 노아의 모습을 흔하게 볼 수 있다.

기독교에서 포도나무는 부활과 영생은 물론 다산과 부를 상징하기도 한다. 그리고 마지막 성찬에서 성찬식에 와인의 사용을 의무화하고 그 상징성을 규정한 것도 예수다. 마태복음 26장에 나오는 '최후의 만찬'을 한번 살펴보자.

그들이 음식을 먹을 때 예수께서 빵을 들어 축복하시고 제자들에게 나누어주시며 "받아먹으라. 이것은 내 몸이다" 하시고, 또 잔을 들어 감사의 기도를 올리시고 그들에게 돌리시며 "너희는 모두 이 잔을 받아 마셔라. 이것은 나의 피다. 죄를 용서해주려고 많은 사람을 위하여 내가 흘리는 계약의 피다. 잘 들어두어라. 이제부터 나는 아버지의 나라에서 너희와 함께 새 포도주를 마실 그날까지 결코 포도로 빚은 것은 마시지 않겠다" 하고 말씀하셨다.

기독교 속 와인의 양면성

와인이 일상생활과 기독교 의식에 자주 사용되다보니 당연히 과음으로 인한 불상사도 생겼을 것이다. 그래서 성경에는 과음을 경계하는 대목도 여러 군데 눈에 띈다. 『신약성서』의 묵시록에는 와인을 신의 노여움으로 해석하고 있으며, 과음에 대해 살벌할 만큼 엄중한 경고를 하고 있다. 뿐만 아니라 창세기 10편과 19편 역시 과음으로 인한 노아와 롯의 무서운 재앙을 적나라하게 묘사한다. 그러니 성경은 인류 역사상 최초로 과음을 경고하는 일종의 조약 같은 의미를 지니기도 한다.

기독교 성인들도 과음에 경종을 울리기는 마찬가지다. 6세기 프랑스 남부 아를르의 주교였던 세제르Césaire는 연회의 마지막에 산 자, 죽은 자, 성인, 천사의 이름으로 건배를 드는 것을 금지하는 내용을 '백성에게 하는 설교Sermons au peuple'에 담고 있다. 성 바오로 사도의 편지 중에도 노아와 롯의 지탄할 행위를 예로 들면서, "절제하며 와인을 마시는 사람만이 와인이

파올로 베로네세, 「가나의 혼인 잔치」, 루브르 박물관 소장, 1562~1563.

좋다는 것을 안다"라고 주장하며, 과음하지 말 것을 엄중히 경고하고 있다.

이처럼 성경 속에 비친 와인은 최상과 최악의 양면성을 모두 지니고 있다. 포도나무가 부활과 영생으로, 와인이 그리스도의 피와 생명으로 상징되는가 하면, 만취해서 알몸으로 잠든 노아의 추한 모습이나 딸들이 권하는 와인에 취해 두 딸과 차례로 근친상간을 자행하는 롯의 패륜적 행위처럼 모든 죄악의 근원으로 묘사되기도 한다. 그러니 와인은 구원의 길이자 동시에 죄악의 근원이기도 하다. 특히 와인 자체가 문제시된다기보다 과음에 대한 경종을 울리고 있다고 해야겠다. 성경의 내용이 이러하니 오늘날까지도 기독교의 종파에 따라 와인이나 술에 대한 해석과 입장이 분분한 모양이다.

문학작품에 등장하는
와인

　호메로스의 서사시에서부터 계층 간의 갈등이나 현대인의 자아상실감 등 복잡한 여러 사회상을 다루는 최근 작가의 작품에 이르기까지, 시대와 더불어 와인은 다양한 사회적 현상과 풍속을 만드는 주도적인 역할을 했으며, 동시에 그러한 양상을 반영하는 문학작품의 주요 소재로 등장하고 있다.

　노팅엄의 셔우드 숲을 배경으로 부자들을 약탈하여 가난한 이들을 돕는 전설의 의적 로빈 후드를 다룬 『로빈 후드』, 작가 자신을 포함한 30명의 순례자들이 사우스워크의 한 여관에서부터 런던 교외의 캔터베리 대성당까지 가는 순례의 여정을 서술한 초서Chaucer의 『캔터베리 이야기』, 특히 라블레의 『가르강튀아와 팡타그뤼엘』 등에 등장하는 주인공들은 하나같이 와인을 두주불사斗酒不辭하는 성격이 화통하고 괄괄한 주당들이다. 이 책들은 그들의 활동을 통해 와인이 지닌 사회성을 사회정의나 세속에 대한 날카로운 풍자와 해학의 차원에서 잘 보여준다. 와인이 부침하는 역사와 시대를 관통

" He did swim in deep waters, on his belly, on his back, sideways with
all his body, with his feet only, with one hand in the air."

프랑수아 라블레의 초상화와 『가르강튀아와 팡타그뤼엘』에 나오는 귀스타브 도레의 삽화.

하며, 사회와 문학에 엄청난 영향력을 미쳤다는 것을 보여주는 증거다.

와인이 존재한 이래, 수많은 저술은 와인이 선사하는 영감과 호기 어린 취기는 물론 건강 음료로 와인을 찬양하고 있다. 소크라테스는 와인을 "꺼져가는 인생의 불꽃에 기름과 같은 것"이라 격찬했고, 플라톤은 "노후의 쓸쓸함에 대한 치유제"라 하여 와인이 인간 정신과 감정에 중요한 역할을 하는 것으로 판단했다.

1200년경 파리의 신학 대학생들이 즐겨 부르던 작자 미상의 노래를 보자.

> 맛나고 감미로운 와인……
> 세상의 환희여!
> 너의 매혹적인 색깔에 경의를
> 너의 고혹적인 향기에 경의를
> 너의 감미로운 맛에 경의를……

이는 거의 향락의 수준이다. 11세기 페르시아 최고의 수학자, 천문학자, 시인으로 꼽히는 오마르 카이얌Omar Khayyam도 자유분방하게 노래했다.

> 그대 취했어, 그대 사랑에 빠졌어?
> 기뻐하라고
> 애무와 와인이 그대를 탕진해? 후
> 회하지 말라고……
> 마음은 꽃처럼 화사한 얼굴로 향
> 하고

오마르 카이얌 초상화.

팔은 잔으로 뻗네

······봄에 하늘의 처녀가

나에게 잔에서 노래하는 이 와인을 따르면

나를 욕하는 가련한 자들이 있어도 할 수 없지!

내가 천국을 걱정한다면 개만도 못하리라

우리가 흔히 알고 있는 상식과는 달리 이슬람 세계에서도 와인을 즐겼던 적이 있었음을 보여준다. 이슬람의 창시자인 모하메드도 당시 대추야자 열매로 담근 술을 제자들과 자주 마셨다고 전한다.

종교성이 사라진 와인, 세속의 음료가 되다

그러나 시대와 더불어 와인의 사회성은 바뀐다. 19세기 이전까지 와인은 세속성, 즉 생활의 여흥을 돋우는 알코올음료이기도 했지만, 동시에 종교성과 신성성을 간직한 상징성을 갖춘 음료였다. 한마디로 신성성과 세속성이 공존했다. 유대교와 기독교에서 포도나무나 와인은 오랫동안 서구사회에서는 밀(빵)과 더불어 가장 상징성이 높은 산물이었다. 와인과 빵, 즉 그리스도의 피와 살이었다. 동시에 포도가 주렁주렁 열리고, 넝쿨이 뻗어나가는 포도나무는 지상에서의 다산과 부귀를 염원하는 상징이기도 했다.

와인에 대한 탈신성화 작업은 우선 종교개혁과 18세기 계몽주의를 통해 점진적으로 진행되며, 특히 19세기에 이르러 포지티비즘과 마르크시즘이 등장하면서 절정에 이른다. 복잡한 사회관계를 이성과 유물론의 입장에서 분석할 때 드러나는 당연한 결과일 것이다. 니체가 '신은 죽었다'고 선언했을 때, 어떤 의미에서 와인도 함께 죽었다. 와인이 세상에서 사라졌다는 것이

에두아르 마네, 「에밀 졸라의 초상」, 오르세미술관, 1868.

아니라, 오랫동안 그리스도의 피와 생명으로 간주되었던 기독교의 와인, 즉 와인의 상징성과 신성성에 사형선고가 내려졌다는 말이다.

동시에 산업사회의 발전과 현대사회로의 이행은 와인이 지니고 있던 상징 성의 거의 대부분을 복잡한 이해관계가 얽힌 냉혹한 현실이란 바다에다 희 석시키는 결과를 가져온다. 그리고 많은 문학작품은 이 같은 새로운 사회현 상을 반영하고 있다. 어떤 의미에서 와인의 상징성이 새로운 시대 발전에 맞 게 변형되었다는 것이 보다 정확할 것이다. 즉 와인의 종교성이나 신성성이 비워놓은 자리에 세속성이 들어선 것이다.

19세기의 문학과 예술작품에 등장하는 와인을 살펴보면, 크게 두 가지 대조적인 인식이 공존함을 알 수 있다. 하나는 와인의 폭음에 따른 폭력과 인간성 파괴 그리고 그 결과로 나타나는 여러 사회적 병폐이고, 다른 하나 는 와인의 창조적 취기다. 산업혁명과 더불어 인구의 도시 집중 현상이 두드 러지면서 새로운 계급, 즉 부르주아와 프롤레타리아가 역사의 전면에 등장 한다. 그리고 이 같은 사회의 거대한 변혁과 그에 따른 진통은 동시대의 예 술가들에게는 색다른 영감과 작품을 위한 훌륭한 토양을 제공해주었다. 특 히 노동자 계급의 열악한 노동환경과 척박한 삶이 묘사되는 작품 속에는 언제나 와인과 술주정뱅이가 등장한다.

에밀 졸라의 소설 『제르미날』과 『목로주점』은 갓 시작된 자본주의 사회, 개인주의, 도시화, 물질주의, 도구주의를 주요 주제로 설정하고 있으며, 새로 운 사회 내에 상충하는 두 계급, 즉 술주정의 노동자 문화와 절제의 자본주 의 문화를 대조적으로 리얼하게 그리고 있다.

그리고 어떤 예술가들에게 와인은 인간의 세속적 고난과 고뇌에 함께하 고, 환희를 불러일으키며, 미적 감각을 일깨우고, 예술적 창조를 고양하는 마술적 음료가 되었다. 와인을 '태양의 신성한 아들'로 묘사한 보들레르의 「악의 꽃」의 한 구절을 음미하며 와인이 지닌 마술적 매력에 잠시 젖어보자.

원한을 익사시키기 위해 그리고 무관심을 흔들어 깨우기 위해

침묵 속에 죽어가는 이 모든 늙은 저주받은 자들에 대해

마음 아파진 신은 수면(잠)을 만들었다

인간이 와인을 첨가했다

태양의 신성한 아들

빅토르 위고는 한술 더 뜬다. 보들레르는 인간이 와인을 '첨가했다'고 어느 정도 겸손을 보이는 데 비해, 위고는 "신은 물을 만들었을 뿐이지만, 인간은 와인을 만들었다"라고 인간의 위대한 창조성을 자랑스러워했다. 단순히 물을 만든 신보다 와인을 주조한 인간의 능력과 창의력에 찬사를 보낸 것이다. 그리고 20세기 들어 로맹 롤랑의 소설에 등장하는 와인은 작가가 평화주의자였던 것처럼 제1차 세계대전이 발발하기 직전 유럽의 하늘에 전운이 감도는 것을 심히 걱정하며, 평화와 우정의 상징으로 묘사되기도 한다.

이태백이나 두보의 시에서도 술은 대단히 중요한 위치를 차지한다. 우리의 옛 시나 현대 문학작품에서도 마찬가지다. 그러니 술과 문학은 동서고금을 막론하고 불가분의 관계다. 인간이 술을 발견하고 그 맛을 알아버린 이후, 술은 인간사의 최상과 최악을 위해 존재해왔다. 와인도 술이니 당연히 그런 역할을 수행했다. 그리고 시대가 변하면서 그에 맞게 새 옷을 갈아입고 작가의 손에서 계속 다시 태어나는 것이다.

마시고, 취하고,
읊고

동서고금을 막론하고 술에 얽힌 사연이나 이야기는 헤아릴 수도 없을 정도다. 세상을 떠들썩하게 만든 일화도 많다. 요즘말로 하면 술로 인한 스캔들이다. 자고로 술이란 마시면 취하고, 취하면 객기가 올라 혀가 널뛰기 시작한다. '주체할 수 없는 인생의 가벼움'을 느끼는 황홀한 경험이다. 마시고, 취하고, 읊고…… 피할 수 없는 트릴로지trilogy 속으로 비틀거리며, 그러나 흥겹게 들어가볼까 한다.

우선 '마시다boire/drink/trinken'와 관련된 표현들을 살펴보자. 프랑스어로 마구 마셔댄다고 할 때, '스폰지처럼' '구멍처럼' '단추가 풀린 배처럼' '바스켓처럼' '우물처럼' '얼간이처럼' '거위 새끼처럼' '소금 제조인처럼' '물고기처럼' 마신다고 한다. 좀 이상하게 들릴지 모르지만, 같은 뜻으로 '음악가처럼' '소방관처럼' 마신다는 표현도 있다. 예전엔 음악가와 소방관이 대단한 주당들이었나 보다.

일찍이 프랑스의 작가 라블레는 "마시는 것은 인간의 고유한 속성이다"라고 했고, 부알로Boileau(1636~1711)는 "마실 줄 모르는 사람은 아무것도 모른다"고 주장하며, "잘 마실 때 인간은 교양 있는 사람이 된다"고 목소리를 높였다. 『피가로의 결혼』의 작가인 보마르셰Beaumarchais(1732~1799)는 "목마르지 않을 때도 마시고, 언제나 섹스를 할 수 있는 유일한 동물이 인간"이라 했다. 그리고 바로 이 점이 인간을 다른 동물과 구별하는 가장 중요한 척도란다. 프랑스의 현대 작가 블롱댕Blondin(1922~1991)은 "나는 술을 마시는 작가가 아니라, 글을 쓰는 술꾼이다"라고 스스로를 정의했다. 중국의 이태백이나 소동파, 한국의 천상병이나 김수영 같은 작가들에게 술이 없었다면 어땠을까 궁금해진다. 그들도 술을 즐기는 시인이 아니라 시를 쓰는 술꾼에 가까웠을까?

술은 마시면 취한다. 취하면 나오는 모습은 각양각색일 테지만, 프랑스에서는 취한 모습을 '당나귀처럼' '돼지처럼' 취했다고 표현한다. 또한 '술독이 가득 찼다' '후추를 가득 쳤다' '기름을 가득 채웠다' 등의 표현도 있다. '후추를 가득 쳤다'는 표현은 우리가 말하는 '맛이 갔다'와 좀 닮은 데가 있는 듯하다. 그 밖에도 '오크통처럼' '구슬처럼' '공처럼 둥글다'라는 표현도 있는데, 술에 취해 제대로 몸을 가누지 못하는 모습을 이렇게 표현하지 않았을까 싶다.

술이란 마실 때는 같이 마시지만 취할 때는 홀로 취한다. 같은 자리에 앉아 있다 해도, 각자의 주량에 따라, 성향이나 술버릇에 따라 취해가는 모습이 다르다. 프랑스의 철학자 디드로Diderot(1713~1784)는 지나치게 취하지 않도록 경고한다. "취기는 이성의 모든 빛을 앗아간다. 취기는 인간을 다른 동물과 구별지어주는 이 입자, 이 성스러운 섬광을 완전히 말살시킨다." 『좁은 문』의 작가 앙드레 지드André Gide는 자신의 경험을 고백한다. "나도 취한 적이 있는데, 취기는 당신으로 하여금 보다 훌륭하고, 보다 위대하고, 보다

에드바르 뭉크, 「이튿날」, 오슬로국립미술관, 1895.

존경받을 만하고, 보다 고결하고, 보다 부유하고…… 등등을 믿게 한다. 실제로는 아닌데." 이래서 술 마실 때 하는 말은 믿지 말라고 하나 보다.

그러나 다행히도 술을 좋아하는 사람들의 편을 드는 작가도 많다. 와인과 취기를 대표하는 시인 보들레르Baudelaire가 총기 발랄하게 그들의 손을 들어준다. 그는 『인위적 낙원Les paradis artificiels』에서 이렇게 이야기한다. "내가 아는 어떤 사람은 시력이 약해졌는데, 취기 속에서 원시적 날카로운 시력의 원천을 되찾았다. 와인이 두더지를 독수리로 바꾸어놓았다."『파리의 우울Le spleen de Paris』에서 그는 한 걸음 더 나아가 인간은 늘 취해 있어야 한다고 주장한다. "항상 취해야 한다. 모든 것은 거기에 있다. 그것이 유일한 질문이다. 우리의 어깨를 짓누르고 땅으로 기울게 하는 무시무시한 시간의 무게를 느끼지 않기 위해, 당신은 간단없이 취해야 한다. 그러나 무엇에 취할 것

프란츠 루드비히 카텔, 「로마 술집에서 스페인 와인을 즐기는 루드비히 왕태자」, 뮌헨 노이에 피나코
테크 미술관 소장, 1824.

인가? 와인에, 시에 혹은 덕목에, (그건) 당신의 뜻에 따르라. 그러나 취하라."
어딘가에 열정을 쏟으며 미쳐 살아야 한다는 시인의 외침으로 들린다. 프랑
스의 시인 베를렌Verlaine는 솔직히 털어놓는다. "아! 나는 술을 마실 때 취
하려고 마시지 마시려고 마시지 않는다." "퐁뇌프Pont-Neuf 다리 밑으로 센강
이 흐르고, 우리 사랑도 흐른다"고 낭만적으로 읊었던 시인 아폴리네르Apol-
linaire는 참을 수 없는 취기를 우주의 질서처럼 인식하기도 한다. 그는 제목
부터 예사롭지 않은 「알코올」이란 시에서 노래한다. "나는 온 우주를 다 마
시고 취했다……/ 잘 들어라, 나는 파리의 목구멍이다/ 그리고 나는 우주가
나에게 즐거우면 다시 마시리라/ 우주적 취기의 내 노래를 들어보라."

끝으로 취하면 혹은 취해야만 제대로 잘 읊을 수 있다. 구체적으로 증명된 것은 아닐지 모르지만, 동서양을 막론하고 취기와 예술 사이에는 미스터리한 어떤 관계가 존재하는 것 같다. 많은 작가에게 취기는 단어와 문장에 새로운 향과 질감을 가져다주는 촉진제 역할을 해왔다. 취기가 사라지면 말라버린 만년필촉처럼 정신이 황폐해지는지도 모른다. 프랑스의 작가 기 드 보르Guy Debord의 변을 한번 들어보자. "글이란 아주 드물어야 한다. 훌륭한 글을 찾기 전까지 오랫동안 마셔야 하기 때문이다."

그러나 취기에 우리의 소중한 몸과 마음을 너무 쉽게 맡기지 않도록 조심하자. 취기나 예술은 모두 여행과 닮았다. 미지로의 여행이 그러하듯 예상치 못한 위험이 도사리고 있을 수도 있다. 지나치게 기분에 기대 미지로 가다 보면 완전히 길을 잃고 돌아오지 못할 수도 있으니까. 특히 취기는 혀를 가볍게 한다. 가끔 하지 말아야 할 말들이 술김에 튀어나와 문제를 일으키기도 한다. 그래서인지 몽테뉴Montaigne는 경고한다. "와인은 지나치게 마시면 가장 깊숙한 비밀들을 봇물 터지듯 쏟아지게 한다." 그러나 우리의 용감한 보들레르는 즉시 반격한다. "물만 마시는 자는 가까운 사람에게 뭔가 감출 것이 있는 사람"이라고. 어떤 사람과 동반해서 한잔할 것인지, 선택은 각자 알아서 해주기 바란다.

이태백,
와인을 사랑한 시인

　몇 년 전 경주 국립박물관을 방문했다. 한 가지 숨은 의도가 있었는데, 와인을 마셨을 만한 유리잔을 찾아 나섰던 것이다. 그리고 페르시아나 로마에서 건너왔음직한 채색된 유리잔 두 개를 발견하고는 야릇한 흥분감에 사로잡혔다. 물론 그 잔에다 정말 와인을 마셨는지는 알 수 없지만 기회가 되면 그 유리잔에 무엇을 담아 마셨는지 과학적 분석을 꼭 한 번 해보고 싶다. 어쨌든 당시 신라와 당나라는 인적·물적 교류가 매우 왕성했을 테고, 당나라 수도 장안(현재의 시안)에서는 사람들이 와인을 즐겨 마셨다고 하니, 혹 일부 특권층에 속하는 신라인들도 와인을 마시지 않았을까 하는 궁금증을 지울 수가 없다.

　기록에 따르면 640년에 당나라는 고창국을 정복하고, 그 왕을 포로로 잡아 장안으로 압송하는 한편, 이곳에 안서 도호부를 두어 직접 통치했다. 이때 그 유명한 투루판 포도와 포도 양조법이 당에 널리 전파되었다. 그래

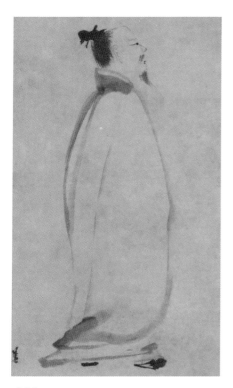
이태백.

서 중국에서는 1300여 년이 넘는 장구한 세월 동안 포도를 재배하고 와인을 주조했던 것이다.

여러 문서에 의하면 이태백은 와인 마니아였다고 한다. 사실 달에서 온 신선이라 불리는 이태백(701~762)은 측천무후 치세 말년에 지금의 중앙아시아의 쇄엽(현재의 키르키스스탄 북부 지역)에서 태어나, 다섯 살 때 부친과 함께 쓰촨성의 강유 지역으로 이주한 것으로 알려졌다. 그리고 천보 원년(742) 42세 때 장안으로 상경해서 현종을 알현하고 장안에 머물렀던 3년이 그의 인생의 황금기였다. 그의 음주시 명작 「장진주」가 바로 이 무렵에 나왔다.

중앙아시아에서는 키르기스스탄 일부를 포함, 2500만 명 이상의 타지크인Tadzhik들이 지금도 페르시아어를 쓰고 있으며, 이란 동부의 코라손주와 더불어 중앙아시아의 페르시아어권을 합해 대코라손 권이라 부르며, 이태백은 당시 코라손 출신이라 한다. 중국으로 건너온 이태백의 부친이 왜 굳이 이씨 성을 택했는지는 알 수 없다. 다만 그의 부친이 당나라 왕실의 성을 고려한 게 아닌가 추측할 뿐이다.

당시 당나라 수도였던 장안은 실크로드의 출발지다. 서역에서 들어오는 온갖 교역품의 관문이자 무척 번성한 도시였다. 동서양의 상인들이 북적대던 장안에는 당연히 식당과 여관을 비롯한 주막들이 성업했다. 그중에서도 페르시안계 여인들이 운영하는 일종의 와인 바bar가 즐비했는데, 이태백은 자신의 출중한 능력을 몰라보는 세상과 황제에 대한 원망으로 신세를 한탄하며 뻔질나게 동향 여인들이 운영하는 술집을 들락거렸다. 이태백의 시에는 호희(혹은 호녀)리 불리는 와인(술)을 파는 페르시아 여성이 등장한다. 그는 페르시아의 무희와 어울려 와인을 마시며 본향의 그리움과 자신의 불운한 처지를 함께 삭였던 것으로 보인다. 이태백은 와인 바의 가장 큰손님이기도 했지만, 동시에 외상값이 가장 많은 골칫거리이기도 했다. 또한 호상혹은 호남으로 불리는 페르시아 상인들에 대한 언급도 눈에 띄는데, 그런 내용을 담은 「소년행」을 보자.

오릉의 젊은이들 금시 동쪽에서
온 안장 흰말 타고 봄바람에 건듯대네
떨어지는 꽃잎 밟으며 어디로 가는 걸까
킬킬 웃어대며 호녀 술집 찾아가네

여기서 오릉은 당나라 때 유곽이 있던 거리를 일컫는다. 오릉공자란 술집을 들락거리며 방탕한 생활을 하는 젊은 귀공자를 지칭한다. 그리고 금시는 수도, 즉 장안을 가리키며, 호녀 술집은 와인을 비롯한 술을 판매하는 곳으로 추정된다.

이태백이 와인을 마셨다는 기록은 여러 군데 나오지만, 그중에서도 특히 그의 시 「청평조」와 관련된 내용이 있다. 「청평조」는 당 현종이 한혈마를 타고 양귀비, 궁중악사 이구년과 함께 궁중에서 모란 꽃구경을 하다가 현종이 이태백에게 부탁하여 지은 시다. 현종의 명을 받을 당시 이태백은 만취해 몸을 가누지 못해 얼굴에 물을 퍼붓고 일으켜 세워 붓을 잡게 했는데, 즉석에서 시 3수를 지었다고 전한다. 이 시에 크게 만족한 현종이 양귀비를 시

켜 서량(한혈마와 실크로드 교역품을 진상하는 곳)에서 진상한 포도주를 칠보잔(로마 귀족들이 와인을 마실 때 사용했던 유리 세공 잔)에 담아 상으로 내렸다고 한다.

당시 로마의 채색 유리인 칠보는 엄청나게 귀한 보물이었고, 경주의 신라 유물에서도 칠보 유리구슬과 잔이 발굴되기도 한다. 하지만 「청평조」의 내용에 양귀비를 한 무제가 총애했던 조비연(품행이 바르지 못했다고 함)과 비교해 양귀비가 노여워했고, 결국 양귀비의 미움을 사 궁중에서 축출당했다는 설도 있는 것으로 보아, 「청평조」는 이태백의 개인사에 있어서 희비가 엇갈리는 운명의 장난 같은 시라 할 수 있다. 문제가 된 「청평조 2」의 내용이다.

당나라의 이른바 색목인이 와인이 가득 찬 가죽부대를 안고 있다.

한 떨기 작약화 이슬에 향기가 엉긴 듯
운우무산 얘기에 부질없이 애태우며
물어보자 한궁엔 누구 있어 이 같은고?
어여쁜 조비연을 새로이 화장시켜 그 옆에다 세워볼까?

이태백은 살아생전에 1059수의 시를 지었으며, 그중 무려 6분의 1에 달하는 183수가 술에 관한 시이니, 과연 주선이라 칭할 만하다. "주정이 이백의 배 속으로 들어가면 시름을 삭이는 묘약이 되고, 시가로 숙성되어 나왔다"고 「도연명과 이백의 음주 시」에서 장창호는 분석한다. 그래서인지 동양은 물론 서양에서도 이백의 음주 시를 찬미하는 이가 많다. 저 유명한 샤토 페트뤼스Pétrus를 비롯해 여러 종류의 와인을 생산하는 크리스티안 무에Christian Moueix는 한시에 표현된 술의 멋이 와인의 멋과 매우 통한다고 고백한다. "흠뻑 취할 정도로 마시고 들판에 누워 별을 바라보니 세상에 그보다 더한 행복은 없네"란 이백의 시구를 개인적으로 특히 좋아한다면서, "그가 지금 살아 있어 와인을 맛보았다면 와인에 대한 시를 썼을지도 모르지요"라고 아쉬워했다. 아마도 무에는 이백이 와인을 마셨다는 사실을 모르고 있나 보다.

이백의 음주 시 중에서도 백미로 치는 「장진주」에는 이런 구절이 눈에 띈다.

> 한번 마셨다면 삼백 잔은 마셔야지
> 잠선생아 원단구야! 술을 들거나, 자네들 잔 놓지 말고
> 자네들 한 곡조 하리니 자네들 날 위해 귀 기울여 들어보소
> 성대한 연회 음악 풍성한 산해진미 다 소용없고
> 늘 취한 채 술 깨지 않길 바라노라

이 대목은 어딘가 보들레르를 연상시켜 흥미롭다. 시대는 다르지만 이백처럼 불운하고 불행한 삶을 보낸 보들레르는 '언제나 취해서 살아야 한다'고 주장했다. 이백에게 술이 창작의 영감에 불을 지피는 도구였듯이, 보들레르에게 술은 '창조적 취기'를 불러일으키는 매개체였다. 뿐만 아니라 두 사람에게 술은 창작을 위한 도구이고 매개체인 동시에 예술적 승화를 견인하는 역할도 했다. 또한 술은 마음처럼 움직이지 않는 세상에 대한 원망을 달래주는 진정제이자 유한한 인생에 대한 무상을 견디게 해주는 치료제이기도 했다.

결론적으로 이백이 와인을 자주 마셨다는 것은 분명한 사실로 보인다. 그

렇다면 이런 질문을 비켜갈 수 없다. 지금껏 우리는 이백이 백주에만 취했을 거란 가정 하에 그의 음주 시들을 번역했다. 경험자들은 알듯이 백주와 와인이 주는 취감은 매우 다르다. 그렇다면 앞으로 이백의 음주 시를 와인의 취감으로 번역하는 새로운 작업이 필요하지 않을까? 그 결과가 자못 궁금해진다. 경주 국립박물관에 소장된 두 개의 유리잔의 용처가 궁금하듯이.

보들레르,
불온한 향기에 취하다

　샤를 보들레르Charles Baudelaire(1821~1867)는 1857년에 출간한 시집 『악의 꽃』으로 너무도 유명한 프랑스 천재 시인이며 프랑스 문학사에서 독보적인 위치를 차지하고 있는 문인이다. 그와 동시대를 살았던 또 다른 프랑스의 문호 빅토르 위고는 그의 시를 몇 편 읽고 난 후 보들레르에게 보낸 편지에서 "당신은 새로운 전율을 창조하고 있다"라고 격찬했다. 또한 "생각한 대로 살지 않으면, 살아온 대로 생각하게 된다"는 유명한 말을 남겨 우리에게도 잘 알려진 시인이자 철학자인 폴 발레리Paul Valéry(1871~1945)는 "우리 시인들 중에서 보들레르만큼 위대하고 엄청난 재능을 지닌 시인은 아무도 없다"라고 그의 특출한 능력을 재확인시켜준다. 그리고 보들레르는 베를렌Verlaine, 말라르메Mallarmé, 랭보Rimbaud 등 수많은 시인에게 지대한 영향을 미쳤다.

보들레르가 1866년 발표한 시집 『잔해Les Épaves』의 표지.

보들레르는 감수성이 극히 풍부할 뿐만 아니라, 마치 촉각동물처럼 모든 감각의 안테나가 고루 발달한 시인이었다. 우선 청각이다. 그는 음악에 엄청난 애정과 열정을 쏟았다. 음악은 그를 사로잡았으며, 그의 표현에 따르면 "마치 바다처럼 그를 들어 올렸다." 그리고 베버, 베토벤, 바그너를 특별히 선호했으며, 그중에서도 바그너에 대한 그의 찬양은 광적이었다. 1861년 파리에서 공연된 바그너의 낭만적 오페라 「탄호이저Tannhäuser」를 관람하고는 흥분을 가라앉히지 못한 채 "아직도 나의 머릿속은 하모니로 윙윙거리며, 우리는 지구상에서 재정립되었다"라고 적었다. 이미 자살을 한 번 시도했고, 여전히 자살의 유혹에서 벗어나지 못했던 이 시기의 시인에게 음악은 어쩌면 생명줄 같은 것이기도 했다.

시인의 청각은 외부의 소리뿐만 아니라 내부의 소리를 듣는 데도 뛰어났으며, 이는 그의 몇몇 시가 음악적 멜로디를 지닌 것과 무관하지 않다.

> 들어보라, 사랑하는 이여, 은은한 밤이 걸어가는 소리를 들어보라
>
> Entends, ma chère, entends la douce Nut qui marche

발레리에 따르면 보들레르는 "육감적으로 태어났다il est né sensual." 그리고 이런 육감적 성향은 그의 아버지인 프랑수아 보들레르로부터 받은 유산이다. 그의 아버지는 예순이 넘은 나이에 스물여섯 살의 젊은 카롤린 아르쉼볼뒤페이Caroline Archimbault-Dufays와 재혼하는데, 바로 이 여인이 보들레르의 어머니다. 보들레르가 불과 여섯 살 때 아버지는 세상을 떠났기에 그는 어머니의 손에서 성장한다.

이런 환경에서 어린 보들레르는 여성적 아름다움과 성적 감각에 눈을 뜨

기 시작한다. 타고난 감각은 어머니와의 스킨십을 통해 자연스럽게 촉각을 더욱 발달시켰으며, 이는 그에게 뭇 여성과 사랑하는 데 매우 중요한 도구가 된다. 말년의 보들레르는 일기장에 이렇게 고백한다. "여자에 대한 이른 관심goût, 나는 여자의 냄새와 모피의 냄새를 혼돈했다. (…) 결국 나는 어머니의 우아함élégance을 사랑했다." 그러나 보들레르는 머지않아 향에 대해 아주 예민한 반응을 보이며, 여러 다른 향을 제대로 구별하지 못하는 혼돈의 시기를 지나, 향에 대해 정확히 식별할 수 있는 경지에 이른다. 이런 과정에서 향은 그의 작품 곳곳에 스며들어 작품을 읽을 때 코로 향을 맡는 듯한 느낌을 갖게 해준다. 그는 거장의 재능으로 향을 작품 창작에 반영한 유일무이한 작가다.

다른 예술가들이 주로 시각과 청각의 자극으로부터 영감을 얻었다면 보들레르에게 그런 역할을 한 것은 후각이었다. 보들레르의 코앞에서 여성의 머리칼이나 향수를 뿌린 손수건을 흔드는 것만으로도 그의 시적 영감을 자극하기에 충분했다. 향은 그에게 후각을 확장하는 것 이상으로 영혼을 확장했다. 「산문시Le poème en prose」라는 산문을 한번 읽어보자.

너의 머리칼을 오랫동안 냄새 맡게 해줘. (…) 만약 네가 내가 보는 모든 것을 알 수 있다면! 내가 느끼는 모든 것을! 네 머리칼에서 내가 듣는 모든 것을!

Laisse-moi, respire longtemps, l'odeur de tes cheveux. (…) Si tu pouvais savoir tout ce que je vois! Tout ce que je sens! Tout ce que j'entends dans tes cheveux!

보들레르에게 후각은 가장 중요하고도 발달한 감각으로 그 밖의 다른 감각들을 앞서고 지배하는 최고의 감각임을 이해할 수 있는 대목이다. 길게 들이마신 이 여인의 머리칼 향은 우선 그의 눈을 뜨게 하고, 촉각을 깨우고, 끝으로 귀를 열게 한다. 후각은 그를 가장 멀고도 신비한 꿈의 길로 인도한다. "나의 영혼은 다른 사람들의 영혼이 음악 위로 그러하듯이 향 위로 여행을 한다." 그가 여인의 머릿결 속에 얼굴을 묻을 때, 그는 동시다발적으로 호흡하고, 보고, 듣고, 느낀다touché. 후각으로 촉발된 여러 다른 감각의 깨어남은 결국 보들레르에게는 저항할 수 없는 인위적 취감l'ivresse artificielle으로 귀결되고, 이는 곧 그의 존재의 갈망이자 목표가 된다.

보들레르.

보들레르에게 삶은 대충 살기에는 너무 무료하고 의미 없는 것이다. 그는 어딘가에 미쳐야만 한다고 강조하며, 만약 그럴 만한 것을 찾지 못한다면 일부러라도 만들어야 한다고 목소리를 높인다. 지상에 존재하지 않는다면 '인위적 천국le paradis artificiel'이라도 만들어야 한다는 것이 보들레르가 생각하는 삶의 방식이었다. 이런 메시지가 간결하지만 가장 직설적이고 명료하게 드러나 있는 시는 「취하시오Enivrez-vous」다.

항상 취해야 한다. 모든 것은 거기에 있다. 그것이 유일한 질문이다. 우리의 어깨를 부수고 땅으로 기울게 하는 무시무시한 시간의 무게fardeau를 느끼지 않기 위해, 당신들은 간단없이 취해야만 한다. 그러나 무엇에 취한단 말인가? 와인에, 시에 혹은 덕목vertu에, 당신이 원하는 것에. 그러나 취하시오.

에두아르 마네, 「보들레르의 연인 잔 뒤발」, 1862.

보들레르에게 지혜나 중용의 길 따위는 관심 밖이었으며, 그의 삶은 자신과 타인을 위해 시적 음료를 주조하는 데 흠뻑 취한 삶 그 자체였다.

보들레르의 와인 찬가

이제 와인에 대한 보들레르의 관점에 접근해보자. 그가 '취하라'고 권유하면서 제일 먼저 든 예는 시가 아니라 바로 와인이다. 와인은 그의 작품과 삶에서 특별히 중요한 위치를 점하고 있다. 물론 그가 와인을 자극제나 시적 영감을 얻기 위한 근원으로 사용한 유일한 시인은 아니다. 그러나 보들레르는 단순히 와인이 주는 취감의 즐거움을 노래하거나 혹은 알코올의 번

브릴라사바랭과 그의 책 『맛의 물리학』.

쩍이는 칼날로 정신을 연마하는 데 만족하지 않았다. 그는 와인을 통해 더 멀고 깊은 곳으로 모험을 떠났다. 그는 눈을 더욱 밝게 하고 귀를 더욱 맑게 하는 와인이란 알코올음료가 지닌 비밀의 영역을 발굴하려 했다. 그는 와인이 무엇인지를 알고자 했을 뿐만 아니라 와인이 인간에 제공하고 첨가하는 것이 무엇인지를 알고자 했으며, 또한 그 자신에게 미치는 와인의 황홀한 euphorique 영향에 대해 오랫동안 관찰하기도 했다.

「개인성의 확장 수단으로서의 와인과 대마초에 대한 비교」라는 글에서 와인에 대한 그만의 독창성을 엿볼 수 있다. 20여 쪽에 달하는 이 에세이에서 보들레르는 브릴라사바랭Brillat-Savarin이란 사반세기 전의 유명 요리사의 『맛의 형체Physiologie du goût』란 저서를 비판하는 것으로 포문을 연다. 심지어는 와인을 거의 다루지 않은 브릴라사바랭을 '멍청이'로 취급하기까지 한다. 게다가 브릴라사바랭은 식사에서 "와인은 꼭 필요한 음료가 더 이상 아닌데, 그 이유는 점심식사에는 차가 와인을 충분히 대신할 수 있기 때문"이라고 주장했다. 그러나 보들레르를 진정 화나게 한 것은 브릴라사바랭이 그의 저서에서 와인을 소략하게 다룬 것 때문도, 와인에 대한 관심이 적은 것 때문도 아니었다. 사실 보들레르는 이 저명한 요리 전문가의 저서에서 와인에 대한 유익한 정보를 많이 얻을 수 있을 것이라 기대했는데, 실망했기 때문이다. 결국 실망은 비아냥으로까지 확산되었다.

반면 보들레르는 「호프만 이야기」의 작가인 독일인 호프만Hoffmann(1776~1822)의 「와인의 음악성에 관한 설명」이란 글이 매우 유용했다고 고백했다. 이 글에서 호프만은 이렇게 충고한다. "코믹 오페라를 작곡하고 싶은가? 그러면 샹파뉴를 마셔라. 종교 음악을 작곡하고 싶다면 라인 혹은 쥐랑송 Jurançon(프랑스 서남부에서 생산되는 천연 스위트 와인) 와인을 마셔라. 서사곡을 원한다면? 부르고뉴 와인을 마셔라."

사실 보들레르에게 와인은 단 한 번도 미각적 분석의 대상이 된 적이 없다. 그에게 있어서 와인은 단지 인간에게서 도망칠 수 있는 수단을 제공할 뿐이다. 따라서 질이 빼어나고 값이 나가는 와인을 음미하는 것은 그의 관심사가 아니었다. 그에게는 싸고 알코올 도수가 높아 빨리 취할 수 있는 와인이 필요했던 것이다. 이를 뒷받침해주는 것이 와인에 대한 일련의 시들이다.

『악의 꽃』에는 「와인의 넋L'âme du vin」 「넝마주이의 와인le Vin des Chiffon-niers」 「살인자의 와인le Vin de l'Assassin」 「고독자의 와인le Vin du Solitaire」 「연인들의 와인le Vin des Amants」 등 총 다섯 편이 수록되어 있다.

위의 시들을 읽어보면 와인에 대한 보들레르의 관점이 어디에 집중되어 있는지 쉽게 이해할 수 있다. 그에게 와인의 섬세한 맛이나 다양한 향과 같은 미식가적 접근은 관심 밖이다. 일상의 권태로움과 삶의 무게에 짓눌린 사람들이 이런 굴레에서 일탈하고자 싸구려 술집에서 취하기 위해 마시는 와인이 그의 시의 주제를 이룬다. "어느 날 저녁, 와인의 넋이 병 속에서 노래할 때"라며 제법 서정적으로 시작되는 「와인의 넋」이란 시는 결국 노동에 지친 노동자들의 목구멍을 적셔주는 은혜로운 알코올음료로서의 와인을 노래할 뿐이다. 「넝마주이의 와인」은 거지, 노숙자, 부랑자 등 사회 최하층민들의 애환을 달래주는 슬픈 와인의 노래다.

> (…) 고달픈 삶에 들볶인 이 사람들
> 일에 지치고 나이에 시달리고
> 거대한 도시 파리의 너저분한 토사물
> 산더미 같은 쓰레기 아래 맥이 빠지고 구부러진 (…)

「살인자의 와인」은 술을 못 먹게 말리는 자신의 아내를 살해하는 고약한 술주정뱅이를 묘사하고 있는데, 신과 악마의 경계마저 분명하지 않은 처참한 내용을 담고 있다. 「고독자의 와인」은 자신의 섦음을 연장하기 위해, 희망을 되살리기 위해 그리고 오만을 보호하기 위해 안달하는 시인의 가슴을 적시는 시다. 끝으로 「연인들의 와인」에서는 커플이 와인이란 말을 타고 그들의 꿈속에나 존재하는 파라다이스로 도피하려고 안간힘을 쓰는 안쓰러움이 진하게 녹아난다.

보들레르에게 와인은 취하기 위해 말술로 마시는 술이기에, 색도 향도 맛도 없는 무미한 것이다. 심지어 어딘가 죽음의 냄새가 배어 있기까지 하다. 「와인의 넋」에는 '잔의 감옥' '부드러운 무덤' '차디찬 지하'와 같은 표현이 나오는데, 소름이 끼칠 지경이다. "신은 잠을 만들었고, 인간은 와인을 추가했다"고 보들레르는 말했다. 잠과 와인은 인간의 쇠잔한 기력을 회복시키기 위해 그리고 도덕적 흠집을 덮기 위해서뿐만 아니라 특히 망각으로부터 벗어나기 위해 그리고 '환상적이고 신성한 하늘'로 그를 데려가기 위한 것이다.

보들레르의 글을 통해 와인의 미학적·미각적 차원을 기대했다면 큰 오산이다. 그에게 와인은 단순히 피로, 노쇠, 삶의 공포를 극복하게 해주는 처방전에 다름 아니다. 와인 자체가 주제가 된 적은 없고, 와인은 단지 취기에 이르기 위한 도구에 지나지 않는다.

같은 에세이의 마지막 부분에 이르러 보들레르는 와인에 대해 "나는 당신들에게 아무것도 가르쳐주지 못했다"라고 고백하면서, 이 주제를 제대로 다루지 못했음을 솔직히 인정한다. 그러면서 못다 한 과업을 후세에 떠넘기고 있다. "언젠가 진정한 철학자-의사가 나오면, 그는 와인에 대한 훌륭한 연구, 즉 와인과 인간이 두 주제를 구성하는 일종의 '이중적 심리학psychologie double'을 제대로 연구할 수 있을 것이다."

보들레르가 사랑한 와인

어쩌면 보들레르는 소위 말하는 '좋은 와인les bons vins' 즉 부케가 너그럽고, 강하고, 오묘한, 여인의 몸에서 느낄 수 있는 그런 향이 나는 좋은 와인을 마셔보지 못했을지도 모른다. 추억을 간직한 오래된 와인, 그런 와인을 열 때 피어나는 꽃과 과일 향이 감미로운 와인, 즉 유명 크뤼 와인을 시음할 기회를 결코 갖지 못했을 거라는 의심을 하게 한다.

이에 대한 보들레르의 대답은 간단하다. "나는 자주 '도수가 높은capiteux' 와인을 주문했다." 도수가 높은 와인은 향이 빼어나고 섬세한 와인은 결코 아니다. 그는 여인의 머릿결에 코를 박듯이 와인 잔에 코를 박았지만, 잔은 금방 비우는 대신 여인의 머릿결에는 오랜 시간 코를 묻었다. 그는 와인에서보다는 여인에게서 더 많은 부케(향)를 느끼고 음미했던 사람이었던 듯하다. 그럼에도 보들레르에게 와인은 대마초, 아편, 사랑과 마찬가지로 '인위적 낙원'으로 간주되었다.

보들레르는 와인을 주제로 삼은 시나 산문에서 어떤 특정한 와인의 이름을 밝힌 적이 거의 없다. 그에게 와인은 색, 향, 맛과 같은 구체적인 분석과 음미의 대상이 아니라 발효를 거쳐 주조된 알코올음료였다. 즉 고유명사로서의 어떤 와인이 아니라 보통명사였던 것이다. 그는 단 한 번 그의 유일한 단편소설 「라 팡파를로La Fanfarlo」에서 자신이 애호하는 와인에 대해 밝힌 적이 있는데, 이때도 어떤 특정한 와인이 아니라 부르고뉴 와인으로만 명시하고 있다. 보들레르가 스물세 살에 쓴 이 자전적 단편소설 속에는 와인에 대한 그의 취향이 잘 드러나 있다.

"샹파뉴는 아주 드물게 식탁을 불명예스럽게 한다. 가장 유명하고 향이 짙은 보르도 와인은 묵직하고 진한 부르고뉴 와인, 오베르느Auvergne, 앙주Anjou와 남프랑스 와인 그리고 독일, 그리스, 스페인 등의 외국 와인에 자리를 내준다. 소설의 주인공인 사무엘Samuel은 한잔의 진정한 와인은 적포도를 닮아야 하며, 그 속에는 마시는 것만큼 먹는 것이 들어 있어야 한다고 말하곤 했다."

이 구절을 통해 우리는 보들레르가 선호하는 와인을 엿볼 수 있는데, 그 중에서도 '묵직하고 진한 부르고뉴' 와인을 앞에 두고 있다는 사실을 알게 된다. 도대체 다른 수많은 와인 중 부르고뉴 와인을 좋아한 이유는 뭘까? 사무엘의 입을 통해 말했듯 '마시는 것만큼 먹는 것'이 들어 있기 때문이다. 와인은 음료이고 동시에 음식이다. 프랑스에는 '일꾼에게 와인을 먹이면 황소 두 마리보다 일을 잘한다' 혹은 '와인은 늙은이의 우유'라는 속담이 있다. 이병주는 막걸리에 대해 얘기하면서 "가난한 나라의 가난한 백성이 마시는 술이다. 왜냐하면 취감과 동시에 만복감을 주기 때문이다"라고 했다. 술이란 동서고금을 막론하고 '마실 것'과 '먹을 것'을 모두 한 몸에 간직하고 있나 보다.

보다 전문적으로 분석해보면, '묵직한'은 풀 바디를 그리고 '진한'은 와인이 걸쭉해 포도를 씹어 먹는 듯한 느낌을 주는 와인이다. 그리고 이런 와인은 '도수가 높고 센capiteux' 와인이기도 해서 취기가 빨리 오르고, 과음하면 머리가 아프다. 보들레르는 이 카피퇴capiteux라는 형용사를 매우 좋아하고, 자주 사용하기도 한다. 그에게 있어서 카피퇴는 와인의 특성 혹은 질을 결정하는 중요한 한 가지 요소임에 분명하고, 이런 파워풀한 와인을 마시고 빨리 취해서 서둘러 혼돈과 문학적 상상력 속으로 들어가길 바랐던 것 같다. 그러기에 아무리 향이 빼어나고 훌륭한 샹파뉴나 보르도조차 그에게는 너무 가볍고 약해서 원하는 만큼 빠르게 그를 창조적 혼돈의 상태로 이끌지 못했다. 반면에 부르고뉴는 그에게 흥분제이자 강장제였다.

그러나 보들레르가 특별히 선호했던 부르고뉴는 와인 전문가들이 이 와인을 좋아하는 이유와는 거리가 있어 보인다. 부르고뉴 와인은 일반적으로 루비 색에 섬세하고 향이 짙고 풍부한 것이 특징이다. 묵직하면서도 진하고 알코올 도수도 높은 와인이라면 부르고뉴에서 찾기보다는 론le Rhône 남쪽에서 생산되는 스파이시하고 색깔이 아주 짙으며 진한 샤토네프 뒤 파프 Châteauneuf-du-Pape가 제격일 터인데, 보들레르는 이 와인을 섭할 기회가 없었던 걸까?

와인의 향에 대한 보들레르의 관심과 묘사가 지극히 적고 실망스럽다고 해서 그의 후각이 발달하지 않은 것은 결코 아니다. 그의 코는 매우 예민하고 언제나 향에 취하기를 갈망한다. 다시 그의 단편소설에 등장하는 주인공 사무엘 크라메Samuel Cramer(보들레르의 분신)의 묘사를 살펴보자.

> 어느 봄날 사무엘이 창문을 열자 들어오는 바깥 공기는 온화하고 좋은 냄새들이 배어 있어 그의 코를 열게 한다. 그리고 그 향의 일부는 뇌로 올라가고, 환상과 욕망을 채우고, 다른 향은 심장, 위, 간을 뒤흔든다.

단순히 창문을 열고 길고 깊게 공기를 들이마신 것뿐인데, 보들레르는 이미 취기의 전단계인 몰아의 경지로 빠져든다. 이는 "숨쉬고, 꿈꾸고, 무한감각에 의해 시간을 연장"하는 이상적 조건이다. 보들레르가 섬세하면서도 과일 맛이 나고 우아한 와인보다 묵직하고 도수가 높은 와인을 선호하듯이, 그가 좋아하는 향 또한 진하고 강한 것이었다.

보들레르가 거의 병적으로 찾아 헤맸던 이 취기는 도대체 무엇일까? 마치 병을 낫게 하기 위해 어떤 치료라도 마다하지 않는 절박한 환자처럼 온갖 방법을 동원해 그가 들어가고자 발버둥쳤던 이 상태는 무엇일까? 스스로 만든 이 '인위적 낙원'에서 그는 어떻게 살았던가? 그리고 이 취기의 상태, 이 낙원을 보들레르는 어떻게 묘사하고 있을까? 그는 이런 상태를 '뇌의 축제fêtes du cerveau'로 표현하며, 시의 부케bouquet랄 수 있는 그의 시집 『악

의 꽃』에는 이런 정황을 포착할 만한 표현이 곳곳에 있다. 비록 '악의 꽃'일
지언정, 그 고혹적인 혹은 불온한 향기에 취해 일상의 무료함과 우울함에서
탈피해보면 어떨지!

음악,
와인을 찬미하다

재즈 관련 CD를 뒤적이다 우연히 재미난 타이틀에 눈길이 끌렸다. CD 재킷에 와인 한 잔과 코르크 마개 하나로 디자인 된 「와인타임 재즈Winetime Jazz」였다. 두 장의 CD에 각 20곡이 수록되어 있으며, 마일스 데이비스, 쳇 베이커, 사라 본, 오스카 피터슨, 루이 암스트롱 등 재즈 역사에 큰 족적을 남긴 유명 음악가들이 연주한 스탠더드 곡들이었다. 오래전부터 와인과 음악에 대한 글을 하나 쓰려던 차라 마음과 귀가 더욱 솔깃했다.

급한 마음에 들어보니 하나같이 듣기 편하고 감미로운 곡들로만 짜여 있

「와인타임 재즈」.

었다. 「로맨틱하지 않니?Isn't It Romantic」「난 너무 빨리 사랑에 빠졌어I Fall in Love Too Easily」「텐들리Tenderly」「칙 투 칙Cheek To Cheek」「왓 어 원더풀 월드What A Wonderful World」 등 잘 알려진 곡들이었다. 와인이 재즈 뮤지션들의 작곡이나 연주에 어떤 영향을 미쳤는지는 모르겠지만, 와인을 마실 때 그 분위기를 살리는 곡들을 골라놓았으리란 것은 의심의 여지가 없어 보인다. 그렇다면 와인에 대한 일반의 느낌은 감미롭고 부드러우며 로맨틱한 것으로 각인되어 있나 보다.

일찍이 플라톤은 『향연』에서 "약간의 취기는 철학을 하는 데 도움을 준다"라고 했다. 적당한 취기는 철학뿐만 아니라 예술과 음악의 창작에 새로운 길을 열어주는 촉매제라 여겨져, 취기를 '종교의 신비로운 필요'로 간주하기도 했다. 음식을 먹는 것이 단순한 육체적 필요라면 와인을 마시는 것은 영혼을 위해 필요하다고 주장한 사람도 여럿 있었다. 19세기 프랑스의 의사였던 클로드 틸리에Claude Tillier는 이렇게 말했다.

먹는 것은 위장의 필요다. 마시는 것은 영혼의 필요다. 마시는 것은 시인들에게는 유쾌한 아이디어를, 철학자들에게는 고귀한 생각을, 음악가들에게는 아름다운 선율을 불러일으키게 해준다. 먹는 것은 그들에게 소화 불량일 뿐이다.

와인에서 영감을 얻은 음악가들

예술적 영감을 얻는 데 술이 하는 역할은 시대와 사회에 따라 당연히 논란의 대상이 될 수 있을 것이다. 동서고금을 막론하고 예술을 논할 때 술은 자주 거론된다. 이태백이나 소동파도 술이 없었다면 그토록 훌륭한 시문을 짓지 못했을 것이다. 역사적으로 볼 때, 그리스의 주신 디오니소스 이래 시와 음악이 바늘이라면 와인은 실처럼 그들을 동반했다. 포도 수확 때나 와인 생산지의 축제 때가 되면 주변에는 언제 어디서나 와인이 넘쳐 났고, 그와 함께 그 지역의 전통 음악과 춤이 축제의 흥을 돋웠다. 그러니 와인의 영광을 찬미하는 민속적인 노래나 춤의 종류는 헤아릴 수 없이 많다.

니체는 『비극의 탄생』에서 예술적 충동의 유형을 아폴론적인 것과 디오니소스적인 것으로 나누었다. '태양의 신'인 아폴론이 조화와 질서, 균형을 이루고 있는 인간 문명을 상징한다면, '와인의 신'인 디오니소스는 야생과 광기, 자연 등을 상징한다. 어떤 예술 형태에도 양쪽의 특성이 공존하고 있을 것이다. 예술가의 취향이나 개인적 성품에 따라 디오니소스적인 면이 더욱 두드러지거나 그 반대일 경우도 있을 것이다.

야생과 광기를 드러내는 디오니소스적인 성향의 수많은 오페라의 아리아, 발레곡, 코믹 오페라 등은 와인을 주제로 혹은 와인을 위해 작곡되었다. 몬테베르디Monteverdi(르네상스 말기 이탈리아의 작곡가로 당시 새로운 음악 장르인 오페라를 개척함)의 「오르페우스Orpheus」, 모차르트의 유명 오페라 「마적」과 「돈 조반니」, 중세 신화를 바탕으로 작곡한 바그너의 마지막 악극 「파르시팔Parsifal」, 베르디의 「라 트라비아타」, 오펜바흐Offenbach가 작곡한 다수의 소규모 코믹 오페라 등, 일일이 열거하기가 힘들 정도다. 밤마다 와인과 향연에 젖어 살던 라 트라비아타는 "와인은 가장 뜨거운 키스를 불러일으킨다"고 열창하지 않는가!

와인은 대중음악이든 클래식이든 음악적 영감을 얻는 데 영향을 주며, 그로 인해 음악가들로부터 사랑을 받는 게 아닐까. 와인의 취기가 음악에 흥을 더하고, 멜로디와 리듬감을 불러일으키는 것은 아닐까. 그래서인지 모르지만, 음악을 표현하는 단어와 와인을 표현하는 단어에 유사한 것들이 의외로 많다. 어택attack, 복잡한complex, 조화로운harmonious, 신선한fresh, 활기

아풀론의 리라.

찬sharp, 구조가 탄탄한structured 등을 예로 들 수 있다. 또한 재즈에는 블라인드폴드 테스트Blindfold Test라는 것이 있는데, 연주자를 알려주지 않고 곡을 들려준 다음 그 연주가를 알아맞히게 하는 테스트다. 레이블을 보여주지 않고 시음하게 한 후, 그 와인의 이름과 빈티지를 추측케 하는 블라인드 테이스팅과 흡사해 재미있다.

앞서도 언급했지만 보들레르는 「와인과 마리화나에 대하여」란 글에서 와인과 음악의 궁합을 매치해놓았는데, 샹파뉴는 코믹 오페라에 잘 어울리고, 라인 와인은 종교 음악에 적합하며, 서사적인 음악은 부르고뉴 와인 없이 들을 수 없다고 했다. 샹파뉴는 사람의 마음을 들뜨게 하며 끊임없이 솟아오르는 기포와 톡 쏘는 싱그러운 맛과 참을 수 없는 가벼움으로 코믹하며 빠르고 유쾌한 음악에 안성맞춤이다. 그리고 라인 와인은 (그의 시절엔) 어딘가 소박하고 근엄한 느낌을 주기에 엄숙한 종교 음악에 어울린다는 의견에 쉽게 공감이 간다.

그러나 지금 상황에서 봤을 때 부르고뉴 와인이 서사적이고 영웅적인 음악과 어떻게 매치가 되는지에 대해서는 선뜻 이해가 안 간다. 보르도 와인이 남성적이고 파워풀하다면, 부르고뉴 와인은 어딘가 여성적이고 섬세한 것이 특징이니 더욱 그렇다. 개인적인 생각으로는 실내악에 잘 어울리는 와인이 부르고뉴 와인이 아닐까 한다. 보통 사람이 근접하지 못하는 천재 시인만이 지닌 특별한 감각인지 모르지만, 언제 기회가 있거든 부르고뉴 와인을 한잔하면서 베토벤의 교향곡 「영웅」이나 「운명」, 오페라 중에서 베르디의 「아이다」 아니면 바그너의 「니벨룽겐의 반지」를 들어보라고 권하고 싶다.

재즈와 와인은
통한다

　요아힘 에른스트 베렌트는 재즈의 기념비적 저작으로 꼽히는 저서 『재즈 북The Jazz Book』에서 재즈는 항상 소수의 관심사였으며, 심지어 1930년대 스윙의 시대에도 재즈를 이해하는 사람들은 극소수에 지나지 않았다고 평가한다. "그러나 재즈에 적극적인 관심을 갖는다는 것은 결국 다수를 위한 것이다. 오늘날의 대중음악이 재즈의 영향을 받고 있기 때문이다. TV 시리즈와 라디오 인기 프로그램, 호텔 로비, 엘리베이터, 영화, 그리고 찰스턴에서 록, 펑크, 힙합에 이르기까지의 모든 댄스 음악, 우리를 삼켜버리는 일상 속의 소리들, 이 모든 음악이 재즈에서 왔다.(비트가 재즈를 통해서 서양 음악에 도입되었기 때문이다.)"

　재즈에 대한 관심은 곧 '우리 주변의 소리'의 가치를 향상시키는 것이며, 우리 주변의 소리는 우리의 삶에 다방면으로 영향을 미친다. 따라서 재즈에 대한 적극적 관심은 그것 자체로 재즈가 지닌 힘, 열정과 깊이를 삶 속으로

18세기 후반의 작품 「오래된 농장The Old Plantation」에서 아프리카계 미국인들이 밴조와 타악기에 맞춰 춤을 추는 장면. 재즈의 출발점이다.

끌어들이는 것이며, 이를 통해 삶은 새로운 지평을 열어갈 수 있다.

재즈와 마찬가지로 한국의 와인 문화도 이런 맥락에서 설명이 가능하지 않을까? 소수의 사람들만이 와인을 즐기던 시대에서 오늘날 어느 정도 와인의 대중화가 이루어진 시대가 되었다. 그러나 대중화만큼이나 와인에 대한 이해가 깊어졌다고 속단하기는 어려워 보인다. 마트에 가면 너무나 다양한 와인의 종류와 가격에 놀란다. 어떤 상황에서 어떤 와인을 선택하는 것이 좋은지도 난감하다. 이런 관점에서 볼 때, 와인은 여전히 '가까이 하기엔 너무 먼' 느낌이다.

그러나 와인도 어느새 재즈처럼 우리 일상에 알게 모르게 깊숙이 들어와 새로운 음주문화를 형성해가고 있기도 하다. 일단 와인을 마시면 목소리가 낮아진다. 그리고 서로의 눈을 쳐다보며 다양한 주제로 소통한다. 무엇보다도 사람들이 이성적으로 소통할 수 있는 시공간을 만들어준다. 이 점이 와인의 큰 매력이다.

아직은 조금 낯설지도 모르지만, 이처럼 재즈와 와인은 생각 이상으로 가까이 와 있다. 일상과 문화를 조금씩 그러나 확실하게 바꿔간다.

와인엔 재즈의 솔soul이 흐른다

1959년 마일스 데이비스Miles Davis는 전 세계 많은 재즈팬의 기대 속에 「카인드 오브 블루Kind of Blue」라는 괄목할 만한 음반을 세상에 선보인다. 재즈 역사에서 가장 아름다운 음반 중 하나로 꼽히는, 그리고 이후 모든 모던 재즈에 영감을 준 획기적 작품으로 독보적인 재즈맨의 감동적인 음악 세계로 단번에 빨려들게 하는 매력이 있다. 섹스텟이 연주하는 「카인드 오브 블루」는 피아노와 베이스로 비교적 잔잔하게 시작한다. 어택은 그리 두드러지지frank 않고, 다소 단조롭기monotonus까지 하지만, 도입부부터 예사롭지 않은 느낌을 지울 수 없다.

마일스 데이비스의 혁신적이고 복잡한 음악 세계를 어떤 한 종류의 와인에 비교하기는 어려울 것이다. 조금 무리를 해서 상상력을 발휘하자면, 도입부는 잔을 들고 찬찬히 와인의 다양한 색깔과 뉘앙스를 음미하는 단계일 테다. 와인의 색을 관찰하면서 이 음악이 우리 내면에서 불러일으킬 음색을 상상해보는 즐거움도 빼놓을 수 없을 것이다.

시작 부분의 부드럽고 단조로운 리듬은 마일스 데이비스의 조금은 냉소적이고 차가운 그러나 격렬한 트럼펫의 음색에 자리를 내주는 급격한 전환을 맞는다. 눈으로 확인한 와인이 어떤 향을 드러낼지 궁금해하며 잔을 돌린 후 천천히 그리고 편안한 마음으로, 그러나 얼마간의 집중력을 발휘하며 잔에다 코를 들이박고 와인이 내뿜는 다양한 향을 즐길 시간이다. 꽃, 과일,

흙, 시가, 후추 등 주조 방식이나 사용한 포도 품종 그리고 빈티지에 따라 아주 다양하고 복잡한 향을 감지하는 기쁨을 맛볼 수 있을 것이다.

이제 데이비스가 연주하는 트럼펫은 흐느끼듯 격렬해지면서 다른 연주자들과는 아무런 상관도 없다는 듯, 자기만의 속도와 톤을 유지한다. 잔을 들고 한 모금 머금고 입안 여러 부위로 천천히 와인을 굴릴 때다. 와인이 입안의 여러 부위를 스쳐 지나가면서 전해주는 다양한 느낌과 감동을 만끽해보라. 질감, 타닌, 산도, 당도는 물론 와인의 몸체를 형성하는 구조structure 그리고 밸런스를 평가하는 기준이 되는 매우 복잡한 현상이 동시다발적으로 일어나는 결정적 순간이다.

섹스텟의 금관악기들이 폭발하듯 터져 나오며 귀를 요란하게 뒤흔들기 시

마일스 데이비스의 동상.

작한다. 입에 머금은 와인이 입안 가득 꽉 차오르는ample 느낌을 전해줄 것이다. 동시에 입안에서 급격하게 온도가 상승한 와인은 코에서는 감지할 수 없는 새로운 향을 분출하며, 삼킨 후에만 느껴지는 역후각retro-olfaction을 준비할 것이다.

후반부에는 타악기들이 피날레를 향해 역동적으로 질주한다. 입안에 머금었던 와인을 천천히 삼켜보자. 음악이 끝나도 얼마간 감동의 여운은 남듯이, 삼킨 와인이 주는 여운을 음미하면서 와인의 여운이 긴지 짧은지 평가해보자.

와인과 마찬가지로 음악도 만드는 사람의 가슴에서 나온다. 그리고 와인

이 향과 맛으로 자신을 드러낸다면, 음악은 작곡가와 연주가들의 음악성으로 표현된다. 이제 연주는 끝났다. 첫 잔의 시음도. 다시 한 잔의 와인을 따르고 마일스 데이비스의 말을 음미하며 편하게 한잔하자!

"진정한 음악은 침묵이며, 모든 음표는 이 침묵을 받치는 것일 뿐이다."

재즈와 와인은 닮았다

다른 음악과 구별되는 재즈만의 특이한 요소를 꼽으라면, '스윙'으로 정의되는 특별한 리듬 관계, 임프로비제이션으로 비롯되는 음악의 자발성과 활력, 연주하는 뮤지션의 개성을 반영하는 프레이징 방식과 사운드를 들 수 있다. 그리고 이런 재즈만의 본래적 특성은 신선하고, 간단없는 등락을 거듭하면서 계속적인 텐션tension을 연출하며, 이를 통해 재즈를 듣는 사람들에게 반복적 긴장감과 함께 다른 음악에서는 느낄 수 없는 독특한 즐거움을 선사한다. 재즈 사운드와 재즈 프레이징은 변증법적 상반관계에 위치하며, 극단적인 경우 이 둘은 서로 배타적인 관계를 형성하기도 한다. 그리고 스윙과 임프로비제이션 사이에도 이와 유사한 대립적 긴장관계가 형성되기도 한다.

스윙은 박자의 층위를 마찰시키거나 겹쳐놓으면서 열정을 만들어낸다. 임프로비제이션은 뮤지션이 소리를 내는 과정이 어떤 음악적 산물보다 단축되어 있고 직접적이라는 사실을 통해 열정을 창출한다. 사운드와 프레이징의 경우, 특출한 인간의 개성이 사운드에 즉각적이고 직접적으로 투시되는 과정에서 열정이 분출한다. 그리고 이러한 열정이 재즈의 가장 큰 매력인 활력의 근원이며, 바로 이런 특성으로 재즈는 모든 형식주의로부터 가장 자유로운 음악 장르다.

이러한 재즈의 고유한 특성을 와인에 대입, 비교해보면 어떨까? 가능하기나 할까?

훌륭한 포도를 재배하기 위해서는 자연의 특별하고도 변화무쌍한 리듬(강수량, 일조량, 온도의 차이, 바람 등)이 필수적이다. 또한 생산한 포도를 수확하고, 으깨고, 발효하고, 숙성시키는 데도 여러 다른 조건을 최적화하기 위한 적절한 리듬이 필요하다. 스윙과 닮은 점이 분명 존재하고, 박자의 층위를 마찰시키거나 겹쳐놓으면서 열정을 생성해내듯이, 여러 다른 조건과 상황을 결합하고 섞는 과정이 열정을 거쳐야만 한다.

와인의 주조 과정은 어떤 정해진 플랜을 답습하는 것이 결코 아니다. 수확한 포도의 상태, 발효의 조건 등에 따라 상상도 할 수 없는 변화가 발생하기도 하며, 그때마다 적절하고 자발적인 임기응변의 대처 능력이 절대적으로 필요하다. 훌륭한 와인의 주조는 열정과 지속적인 긴장감을 지니고 임프로비제이션을 제대로 할 때에만 가능하다.

모든 와이너리는 그들만의 고유한 방식으로 와인을 주조한다. 다시 말해 와인메이커의 개성이 와인을 통해 드러날 수밖에 없다. 그리고 이러한 개성은 결국 와인메이커의 와인에 대한 해박함과 열정으로 가능하다. 재즈 뮤지션들이 프레이징과 사운드를 통해 그들의 개성과 열정을 드러내듯이.

끝으로 텐션에 주목해보자. 재즈에서는 스윙, 임프로비제이션, 프레이징 방식과 사운드 이 세 가지 특성이 지속적인 텐션의 분위기를 만들어낸다면, 와인에서는 산도, 당도, 타닌이 텐션을 만들고 유지시킨다. 이 세 가지 요소가 신선함을 유지하면서 적당히 대립하고 동시에 균형을 찾을 때 비로소 훌륭한 와인이 탄생한다.

보들레르의 멋들어진 시구처럼 "어느 날 저녁 와인의 넋이 병 속에서 노래할 때" 재즈에 흠뻑 취해서 와인의 넋에 빠져보면 어떨까!

재즈 연주와 와인 주조의 유사점

와인과 재즈 그리고 보다 광범위한 의미에서 예술 사이에는 묘하고도 재미난 유사점이 많아 흥미롭다. 와인의 경우 주조에 사용한 포도 품종, 토양, 재배 방식, 주변 환경에 의해 와인의 특성이 결정되듯이, 예술가도 자신이 속한 민족, 국가, 문화 그리고 주변 환경에 영향을 받을 수밖에 없다.

만약 동일한 주제를 열 명의 작가에게 주고 작품을 쓰라고 하면 우리는 열 개의 다른 작품을 읽게 될 것이다. 와인의 주조도 이와 같다. 같은 품종, 지역, 기후에서 생산한 포도로 와인을 주조해도 와인메이커에 따라 판이한 특성의 와인이 만들어진다. 다시 말해서 근본 혹은 원료는 같지만 스타일이 각기 다른 것이다. 파스칼의 말처럼 두 사람이 같은 공으로 플레이하지만 한 사람이 다른 한 사람에 비해 공놀이를 더 잘하는 것과 같은 이치랄 수 있다.

이런 현상은 재즈에서 더욱 극명하게 드러난다. 동일한 작곡가의 동일한 곡을 누가 연주interpretation하느냐에 따라 전혀 다른 곡으로 재탄생한다고 해도 과언이 아니다. 스탠다드 곡을 연주하는 경우에도 연주자에 따라 독창적이고 자유롭게 재해석된다. 와인도 같은 재료와 조건에서 주조된다고 해도 와인메이커의 개성과 경험에 따라 전혀 다른 특성의 와인이 만들어진다. 재즈의 임프로비제이션은 와인메이커의 성격이나 개성을, 스윙은 발효과정의 테크닉을, 그리고 프레이징은 숙성과정과 닮았다고 한다면 지나친 상상일까?

"재즈 뮤지션의 연주가 솔직하고, 소박하고, '원초적'이라는 의미에서 '진실'인 것이기 때문에, 미학적 기준과 모순될 때조차 그것에는 아름다움이 있을 수 있다. 재즈의 아름다움은 미학적이라기보다 실천적인 것이라고 말할 수도 있다. 재즈를 감상하려면 우선 이런 아름다움을 느낄 수 있어야 한다."

『재즈 북』에서 이야기하는 재즈 뮤지션의 연주는 와인메이커의 행위와 유사하다. 자연의 산물인 포도로 주조하는 것이 와인이다. 자연의 관대함 앞에 와인메이커는 솔직하고, 소박한 태도를 견지해야 하고, 나아가 어떤 '원초적' 진실에 접근하려는 절박함과 숭고함을 지녀야 한다. 그리고 그 결과물인 와인은 미학적 아름다움의 추구라기보다는 실천적이고 일상적인 아름다움의 추구에 가깝다. 재즈 연주와 와인 주조 사이에는 뭔가 묘하게 통하는 것이 있어 보인다.

와인의
사회학

제 3 장

"부자는 좋은 와인을,
빈자는 많은 양의 와인을 원한다"

와인에 다양한 등급과 특성이 존재하듯, 어떤 와인을 마시는가는 그 사람의 개인적인 성향은 물론 사회적 지위까지 엿볼 수 있게 해준다. 우리처럼 와인이 지닌 고유의 가치를 즐기기보다는 레이블을 마시는 경향이 있는 사회 분위기에서는 와인의 레이블은 곧 마시는 사람의 경제적·사회적 레이블이 된다.

사실 와인은 시대와 지역, 문화와 유행에 따라 애호하는 종류나 마시는 방식이 변해왔다. 또한 사회계층에 따라서도 선택하는 와인이나 마시는 방식이 크게 다르다. 고대 이집트에서 와인은 신들에게 바치는 신성한 넥타였고, 왕족과 귀족들이 마시는 고귀한 음료였다. 그리고 포도밭을 얼마나 많이 소유하고 있는가가 사회적 지위를 나타내는 한 척도가 되었다. 로마 시대에는 엄청난 양의 값비싼 고급 와인을 저택에 저장해놓고 즐겼던 귀족들과 선술집에서 싸구려 와인에 취하던 병사와 일반인들이 확연히 구분되었다.

중세시대의 모든 와이너리는 왕과 영주, 교회에 속했다. 왕자의 탄생이나 전쟁 승리 기념 등 나라의 중요한 행사에, 왕이나 교회의 고위 성직자(교황이나 주교)가 방문할 경우, 도시에는 이를 기념하기 위해 소위 '영예의 와인 vin d'honneur'으로 접대가 이루어졌고, 일반 백성은 도시 곳곳에 마련된 '와인의 샘fontaine de vin'에서 왕이 베푼 공짜 와인을 마음껏 즐기면서 축하에 동참했다.

센강이 흐르듯 와인이 흘러넘치다

근대로 들어오면서 귀족·부르주아로 구성된 사회 엘리트층과 노동자·농민 계층이 확연히 정립되었고, 이들이 마시는 와인의 종류 또한 분명히 달라졌다. 이와 더불어 와인의 등급도 세분화되어, 고급·중급·하급으로 확연히 나뉘었다. 괴테는 "부자는 좋은 와인을, 빈자는 많은 양의 와인을 원한다"고 당시 와인에 대한 사회상을 분석했다.

19세기 초까지 농민들에게 와인은 여전히 고가품이었으며, 일상의 음료가 아니었다. 19세기 후반에 들어서면서 주로 저급 와인이 농부들의 일상 음료가 되었다. 집에서는 물론 들판에서 일할 때, 동네 주점이나 카바레에서, 마을 축제나 포도 수확기에 와인은 도처에 넘쳐났다. 20세기 중반까지 프랑스 일부 지역에서 성인 남자가 하루에 마시는 와인의 양이 평균 4~12리터나 되었다고 한다. 언제 어디서나 편하고 안전하게 마실 수 있는 상수도 시설이 보편화되기 전까지 와인은 물을 대신하는 가장 위생적인 음료였기에, 말 그대로 물처럼 와인을 마셨다.

비슷한 시기, 노동자들도 임금이 향상되면서 와인에 심취하기 시작한다. 산업화로 인한 인구의 도시 집중화는 주로 이농한 노동자들 덕분에 가능했

윌리엄 호가스, 「진 골목」, 1751.

기에 노동자들에게 와인은 이미 낯선 음료가 아니었고, 게다가 열악한 노동
현실에서 일탈할 수 있는 피란처가 되었다. 1826년 프랑스 노동자의 일인당
연평균 소비량이 123리터였는데, 제2차 세계대전 직전에는 200리터에 육박
했다. 도시 노동자들이 모여 사는 지역에는 주점이 우후죽순처럼 문을 열었
다. 파리 근교의 노동자 집단 거주 지역에는 노동자 400명꼴로 주점 하나가
성업할 정도였다고 하니 놀라울 뿐이다. 에밀 졸라의『목로주점』에는 이 같
은 도시 노동자의 생활상이 매우 사실적으로 묘사되고 있는데 "테이블 주
변에 와인이 센강에 물이 흐르듯 흘러넘친다"라고 했을 정도다.

19세기 중엽까지 '알코올 중독alcoholism'이란 어휘는 존재하지 않았다.
1849년 스웨덴의 의사인 망누스 후스Magnus Huss가 처음으로 알코올 중독
이란 단어를 한 의학 논문에 게재해 프랑스를 비롯한 주요 유럽 국가에 번
역되면서 커다란 반향을 불러일으켰다. 사실 이 단어가 나오기 훨씬 전부터
이미 중독자는 수두룩했다. 다만 급속한 산업화로 인한 인구의 도시 집중화
라는 새로운 사회 현상 속에서 주정뱅이와 알코올 중독자에 대한 사회적인
인식이 크게 달라졌다. 이제 알코올 중독은 농민이나 노동자들 사이에 흔히
있는 일상사 정도로 치부되지 않고, 사회를 위협하는 골치 아픈 문젯거리로
사회 전면에 부각되었다. 불과 30여 년 사이에 알코올 중독은 결핵, 매독과
더불어 '동시대의 페스트'로 전락해버린 것이다.

와인, 고급 취향의 문화로 자리 잡다

반면 새로운 사회의 주역으로 화려하게 역사의 전면에 등장한 부르주아
는 절제를 미덕으로 삼았다. 고급 와인만을 구매해 집의 지하창고에 저장해
두고, 손님을 초대하면 격식을 갖춰 대접하는 것이 풍습이 되었다. 그리고

에두아르 마네, 「라티유 씨의 레스토랑에서」(와인 부분 확대), 투르네 미술관 소장, 1879.

이때부터, 즉 19세기에 들어서서 오늘날 같은 소위 코스요리가 본격적으로 발전하기 시작했다. 당연히 와인과 음식의 마리아주에 대한 관심도 높아지기 시작했다.

또한 부르주아는 시내 중심에 생기기 시작한 고급 카페에서 수준급의 와인이나 샹파뉴를 즐기면서 담소를 나누고 비즈니스를 논하게 되었다. 새로운 유행처럼 등장한 파리 중심가의 카페는 젊은 애인을 유혹하는 장소로도 안성맞춤이었다. 예술가나 혁명가들도 카페로 몰려들어 와인 잔을 기울이며, 시간 가는 줄 모르고 예술과 철학과 사회문제에 대해 열띤 논쟁을 벌이기 일쑤였다.

최근 들어 여성의 사회적 지위가 상승하면서, 오랫동안 남성의 전유물이었던 와인에 대한 여성의 영향력이 커지고 있다. 프랑스의 미트에서 판매되는 와인의 60퍼센트 이상은 여성들이 구매한다. 훌륭한 여성 소믈리에나 와인메이커도 많이 나오고, 와이너리를 운영하는 여성들도 점차 늘어나고 있다. 이런 분위기에 맞춰, 여성의 취향에 맞는 와인에 대한 관심도 뜨거워지고 있다. 프랑스의 고급 식당에서도 여성들이 주로 즐기는 음식(다이어트 음식이나 해조류 등)에 맞게 와인 리스트를 바꾸고 있다고 한다. 그래서 주로 생선 요리에 맞는 화이트 와인의 비율이 높아지고 있다.

이제 웬만한 나라에 상수도는 보편화되었다. 그와 더불어 와인의 왕국 프랑스에서도 식탁에서 미네랄워터의 소비가 와인을 앞질렀다. 와인을 마시는 스타일도 양은 적게 그러나 생일과 같이 특별한 날, 특성 있는 고급 와인을 즐기는 것이 주류가 되었다. 이를 위해 점점 많은 사람이 시음회 등에 참석하며, 와인에 대한 지식과 견문을 넓히려고 노력한다. 이처럼 와인에 대한 대중의 관심과 지식이 급속히 늘어나는 것과 반대로 와인의 소비량이 지속적으로 감소하는 기이한 현상도 나타나고 있다.

사회의 발전과 더불어 와인도 많이 민주화되었다. 여전히 비싼 와인은 돈 있는 사람들이 주로 소비하지만, 취향과 상황에 따라 다양하게 선택해서 마실 수 있는 기회가 그만큼 많아졌다. 그럼에도 우리는 언제까지 레이블만 고집할 것인가?

와인은 단순한 알코올 음료인가,
문화적 산물인가?

　로마 신화에 등장하는 야누스는 두 얼굴을 가진 신이다. 선한 면과 악한 면의 양면성을 가졌다는 점에서 와인도 어딘가 야누스를 닮았다.

　와인의 사회적·경제적·문화적·종교적 역할에 대해서는 오랜 역사를 통해 다양한 접근과 분석이 진행되었다. 반면에 와인과 건강에 대한 본격적이고 과학적인 논의는 최근의 일이다. 물론 고대 그리스 이후 와인은 소량을 규칙적으로 마시면 건강에 유익하다는 것이 일반적으로 받아들여진 정설이었다. 이는 의학적인 진실이라기보다는 오랜 세월 경험을 통해 사회문화적으로 받아들여지고 공유된 진실이었다.

　『프랑스의 정체성L'identité de la France』으로 유명한 프랑스의 역사학자 페르낭 브로델Fernand Braudel은 이 책에서 "만약 밀이 오랜 역사에서 산문이라면 포도나무, 특히 와인은 시이며 국토의 경치를 밝히고 고귀하게 한다"고 주장한다. 와인이 지닌 문화적 상징성을 그야말로 예술적으로 잘 정리하고 있

다고 하겠다. 얼마 전 스페인 의회가
와인을 다른 알코올과 분명히 차별되
는 '문화적 산물'로 제정한 것도 맥을
같이한다. 그러나 의사들의 주장은 경
치를 밝히고 고귀하게 하는 양지보다
햇빛이 들지 않는 음지를 드러내는 경
우가 흔하다. 와인이 문화적 산물이 아
니라 단순히 알코올의 한 종류에 지나
지 않으며 와인이 알코올 의존증과 암
을 유발시킨다는 것이다.

『프랑스의 정체성』을 쓴 페르낭 브로델.

와인에 대한 의학적 관심은 최근에
야 떠오르기 시작했다. 그 본격적인 시
작은 1990년대 초반으로 르노Renaud 박사가 프렌치 패러독스french paradox
를 주장하면서부터다. 이와 더불어 와인과 건강에 대한 본격적인 연구가 여
러 나라에서 동시다발적으로 진행되었다. 와인이 심혈관계 질병, 알츠하이머
등에 예방 효과가 있다는 주장과 더불어 와인은 여느 다른 알코올과는 성
격과 특성이 다르다고 주장하는 학자들이 있는 반면, 와인도 다른 알코올
과 다를 바 없이 건강에 해롭다고 주장하는 학자들도 있다. 그리고 이들의
논쟁은 날이 갈수록 뜨거워지고 있다.

와인 대 의학, 뜨거운 논쟁을 불러일으키다

2009년 2월 프랑스 국립암연구소INCA가 배포한 브로슈어에는 시한폭탄
이 하나 장치되어 있다. 내용인즉 한 방울의 알코올(와인 포함)이라도 마시는

순간부터 암에 걸릴 위험이 높아진다는 것이다. 수천 년 이상 지속된, 하루에 한두 잔 정도의 와인은 건강에 좋다는 믿음과 신화가 무참히 깨지는 순간이었다. 국립암연구소의 발표는 곧바로 거센 반발과 논쟁을 촉발시켰으며, 뜨거운 감자는 지금까지 식지 않고 있다. 전문가들 사이에서 진행되고 있는 때로 거칠기까지 한 논쟁은 일반 소비자들을 더욱 어리둥절하게 한다. 소비자의 입장에서, '소량의 와인도 암을 유발시키는가?'라는 가장 단순한 질문에 확실한 답이 존재하지 않는다니 말이다.

일인당 연평균 와인 소비량이 54리터나 되고, 450여 AOC를 자랑하며, 6000만 헥토리터를 생산하며, 100억 유로의 매출(이는 단일 상품으로는 곡물류 다음으로 중요한 지표)을 기록하는 주요한 경제적 산물이 바로 프랑스 와인의 현주소다. 게다가 사회문화적으로 와인 소비가 권장되는 분위기이며, 와인 관련 업자들의 막강한 로비가 존재하는 상황에서 이 같은 내용은 가히 충격이었고 마른하늘에 날벼락 같은 것이었다. 프랑스 국립암연구소의 발표는 국내의 일부 언론에도 보도되었다.

이제 거칠고 뜨거운 논쟁에서 조금 비켜나 여러 전문가의 상반된 주장을 차분히 한번 검토해보자. 이것만이 와인을 소비하는 사람들에게 나름대로의 판단 기준을 제공해줄 수 있는, 현재로서는 유일한 방안이라 생각된다.

우선, 와인은 화학적으로 보면 다른 여느 알코올과 같다. 모든 알코올음료처럼 와인도 에탄올 몰레큘라CH_3, CH_2, OH를 함유하고 있다. 그리고 모든 연구는 에탄올이 인체에 해롭다는 것을 명확히 증명하고 있다. 통계상으로 알코올은 프랑스에서 담배에 다음가는 '피할 수 있는 사망 원인'이란 불명예를 차지하고 있다. 직접적인 원인 외에도 알코올로 인한 교통사고, 폭력 등에 의한 사망을 합치면 더욱 심각하다. 공공 건강의 열렬한 수호자인 클로드 고트Claude Got 교수는 자신의 블로그에 다음과 같은 글을 올리고 있다. "알코올은 두 얼굴을 가진 제품이다. 그것을 마시는 즐거움 및 생산하는 자들 혹은 판매하는 자들의 경제적 부라는 측면과 개인적이고 집단적인 재앙이란 측면이다. 그리고 후자는 중독, 사고, 폭력, 간경화, 정신질환, 암 등을 의미한다."

그렇다면 한 잔의 와인도 건강 걱정 없이 마음 편하게 즐길 수 없다는 말인가? 절박하면서도 핵심적인 질문을 하지 않을 수 없다. 와인은 알코올음료임에는 분명하지만, 다른 알코올음료와 확연히 구별되는 아주 특별한 알코올음료다. 그 이유는 와인을 구성하는 화학적·생물학적 성분이 다른 알코올과 비교할 수 없을 만큼 복잡하고 다양하기 때문이다.

한 잔의 와인 속에는 수백 가지의 몰레큘라가 들어 있으며, 그중에서도 특히 포도 껍질과 씨 속에 다량 함유된 강력한 항산화성 물질인 폴리페놀이 주목을 끌고 있다. 폴리페놀의 특성 중 일부는 나쁜 콜레스테롤의 형성을 막아 심혈관계 질병 예방에 효력이 있으며, 어떤 경우에는 체중 감소에도 영향을 미친다고 알려졌다. 또한 최근의 연구에 따르면 와인은 알츠하이머 등에 예방 효과가 있다고 한다. 하지만 어떤 메커니즘에 의해 이런 효과가 나타나는지에 대해서는 아직 밝혀지지 않았다.

그렇다면 와인의 효과를 최대한 누리기 위해 적절한 양은 어느 정도일까. 이 점에 대해서도 전문가들의 의견은 상충하고 있다. 소량을 규칙적으로 마실 때 일부 성인병에 대한 예방 효과가 있다 해도, 한번 마시기 시작하면 상황이나 분위기, 개인적 성향과 알코올 분해 능력, 성별, 유전자 등에 따라 그 증상은 천차만별이기에 적당한 양만 소비하기가 무척 어렵고, 특히 젊은 층에게는 권유하지 말아야 한다고 주장한다.

또한 간에서 알코올 분해 효소를 관장하는 유전자가 다르다. 아시아인의 50퍼센트는 알코올 분해 효소가 활동하지 않으므로 구토, 붉은 반점의 출현, 어지럼증 등의 현상이 나타나 알코올화 진행이 중단되는 반면, 유럽인들에게는 이런 예방적 현상이 전혀 없다고 한다. 알코올 중독 예방에 관한 한 동양인은 서양인에 비해 유전적으로 유리한 입장을 타고났다고 여겨진다.

그렇다면 와인의 적절한 소비량에 대한 기준은 존재하는가? 대답은 '없다'다. 프랑스의 건강을 위한 국립 예방 및 교육 연구소나 세계 암연구기금 WCRF이나 프랑스 국립암연구소의 결론은 와인 소비의 적절한 양을 결정할 수 없다는 것이다.

이런 혼란스러운 상황에서 건강을 생각하며 와인을 마시는 사람들에게 유일하게 권장할 수 있는 충고는 규칙적(매일 혹은 거의 매일)으로 소량(2~3잔)을 식사 중에 마시라는 것이다. 그리고 누구에게도 공격당하지 않고 확실하고 안전하게 추천할 수 있는 방법은 알코올이 함유되지 않았지만 와인 이상으로 폴리페놀을 함유하고 있는 다른 음식이나 음료를 즐기라는 것이다. 예를 들어 커피, 녹차, 초콜릿 등에는 와인보다 많은 폴리페놀이 들어 있다. 그러나 이들이 와인이 주는 독특한 즐거움과 분위기는 결코 제공하지 못할 것이다. 와인은 여전히 두 얼굴을 가진 야누스의 신비를 간직하고 있다. 바로 그것이 와인의 진정한 매력이 아닐까?

맛을 지배하는 자가
세상을 지배한다

마오쩌둥은 "권력은 총구로부터 나온다"고 했다. 난세엔 맞는 말일지 모르지만, 평화의 시대에 권력은 맛taste/goût에서 나온다고 하는 것이 맞을 것 같다. 사람이 살아 있는 한, 마시는 것을 포함한 식욕, 수면욕, 성욕에서 결코 자유로울 수 없을 것이다. 그중에서도 식욕은 일상생활에서 가장 빈번히 부딪히고 해결해야 하는 피할 수 없는 문제다. 그러니 맛을 지배하면 세계를 지배할 수 있다.

태어나서부터 우리는 원하든 원하지 않든 지속적으로 이런저런 맛에 익숙해지고 길들여진다. 어머니가 해주는 음식에서부터, 다국적 거대 식료품 기업의 수없이 많은 종류의 제품에 이르기까지, 우리는 때로 자신의 의사에 관계없이 다양한 새로운 맛에 길들여지면서 살고 있다. 오늘날의 다섯 살짜리 꼬마는 자신의 증조할아버지가 전 생애 동안 섭취했던 당분보다 더 많은 당분을 이미 섭취했다니, 격세지감을 느낄 뿐이다. 맛은 끊임없이 변하고, 그 변화의 이면에는 식료품산업 분야의 거대 다국적 기업의 이윤과 그 이윤을 바탕으로 한 막강한 권력의 논리가 맞물려 있다. 그들은 끊임없이 우리의 맛을 길들여 노예로 만들려 하며, 맥도날드나 코카콜라를 예로 드는 것만으로도 충분하리라.

맛이란 좀더 넓은 의미에서 정치적 성향이나 예술적 취향이라고도 할 수 있다. 어떤 정당의 정치적 성향이나, 어떤 유명 작가의 작품에 드러난 취향은 우리의 생활에 엄청난 영향을 미친다. 자신의 맛 혹은 성향을 드러내는 행위는 곧 자신이 지닌 권력을 표현하는 것과 같다. 맛을 소유한 자에겐 자연스럽게 권력이 다가온다. 일찍이 칸트는 주창했다. "맛에 대한 분별력은 인간의 독립성과 도덕적 자유의 상징에 대한 한 표현"이라고.

이런 관점에서 볼 때, 어떤 와인을 마시는가 혹은 대접하는가는 그 사람이 지닌 사회적 지위와 권력의 일면을 드러내 보이는 행위다. 과거 고 김대중 대통령의 방북 당시 김정일 위원장이 향으로는 세계 최고라고 평가받는 보르도의 일등급 와인인 샤토 마고로 건배를 제의했다는 사실은 여러 면에서 시사하는 바가 크다.

지도자의 권력과 국가의 위상을 드러내는 와인

권력이 일인에게 집중된 독재 국가에서 최고 지도자가 먹고 마시는 것은 그 자체가 곧 권력의 상징이 된다. '최고 지도자＝최고 와인'이라는 등식이 자연스럽게 성립하는 것이다. 또한 음식과 더불어 와인은 가장 개인적이고 은밀한 차원의 접촉이며, 이를 통해 외부 세계가 우리의 육체와 만날 수 있다. 가장 눈에 띄는 가시적인 물체이면서 동시에 개인적인 은밀함과 친근감을 표현하는 것이 또한 와인이다. 김정일 위원장이 와인을 통해 김대중 대통령과 개인적인 차원에서 보다 편하고 친밀한 관계로 나아가기를 원했는지도 모를 일이다. 어쨌든 자신의 위상을 드러내고, 상대방에게 친밀감을 표현한 것은 분명하다고 여겨진다.

프랑스 대통령 관저인 엘리제궁, 국회, 상원 등에는 당연히 환상적인 와인 셀러와 와인만 담당하는 전문가가 있으며, 매년 와인 구매에 엄청난 예산이 책정된다. 그들 자신의 권력과 이미지에 부합하는 와인을 구매해서 국빈 영접을 비롯한 주요 행사에, 프랑스의 위대함과 남다른 삶의 예술l'art de vivre 을 유감없이 과시하는 것이다.

『와인과 외교』의 저자인 일본의 유명 언론인 니시카와 메구미는 이 책에서 "향연은 외교의 중요한 도구" 혹은 "형태를 바꾼 정치"라 전제하며, "향연에는 다양한 정치적 시그널과 메시지가 가끔은 명시적으로, 묵시적으로 포함된다"라고 주장하는데, 쉽게 공감이 가는 지적이다. 아들 조지 부시 대통령 시절에는 그의 목장에까지 초대받은 국빈만이 부시 대통령과 친분이 두터운 혹은 정말 두텁기를 바라는 파트너였다고 한다. 젊은 시절 알코올 중독자로 고역을 치른 경험이 있는 부시 대통령은 와인은 물론 어떤 술도 입에 대지 않았다고 하는데, 와인 대신 개인 목장으로의 초대에 정치적으로나 인간적으로 어떤 메시지를 담으려 했던 것은 분명하다.

프랑스에서 주요 국빈을 맞을 때 대통령 궁에서 연회가 벌어지면 어떤 와인이 나올까? 한 예로, 1994년 6월 7일 미테랑 대통령 부부가 엘리제궁에서 국빈 방문 중인 미국의 클린턴 대통령 내외를 맞아 만찬에 제공한 와인은 다음과 같다. 부르고뉴의 화이트인 몽라쉐 마르키 드 라귀쉬Montrachet Marquis de Laguiche 1986년산(생산자 J. Drouhin), 포므롤의 샤토 라 크루와Château La Croix 1970년산(생산자 J. Janoueix), 샹파뉴 돔 뤼나르 로제Dom Ruinart Rosé 1985년산. 짐작했겠지만, 가히 환상적인 와인들이며 선택한 빈티지도 모두 나무랄 데 없다. 이때 등장한 모든 와인은 함께 나오는 식사와의 조화

프랑스 외무성 케도르세.

에 남다른 신경을 쓴 것이라는 데 의심의 여지가 없다. 반면에 어떤 와인이 어떤 상황에서 어떤 정치적 의미가 있는지는 분명하지 않다. 엘리제궁에서 클린턴 부부의 개인적인 와인 취향에 대해 사전 조사가 있었는지도 모르겠다.

프랑스의 외교를 총괄하는 외무성은 그 위치 때문에 케도르세Quai d'Orsay라고도 한다. 그 임무의 특성상 케도르세의 와인 셀러는 유명하기로 소문나 있다. 프랑스의 맛과 멋과 힘을 전 세계에 홍보하는 역할도 중요한 외교의 한 축이리라. 특히 외무성의 셀러에는 환상적인 최상급 빈티지 샹파뉴가 다량 보관되어 있다고 한다. 외교라는 게, 나라 간에 서로의 이익을 위해 밀고 당기는 골치 아픈 머리싸움과 권모술수가 난무하지만, 일단 해결이 나면 축하를 위해 샹파뉴를 들어 건배를 하는 모양이다.

사르코지 전 대통령은 여자 문제로 스캔들에 휘말리는 것으로도 세인의 입에 자주 오르지만, 물만 마시는 것으로도 유명하다. 와인과 브랜디의 천국인 프랑스에서 대통령의 이런 개인적인 취향은 당연히 사람들의 주목을 끌게 되고, 비스트로bistro나 카페의 대화에서 안줏거리가 되기도 한다. 대통령의 개인적인 취향이 프랑스 와인 판매에 구체적으로 어떤 악영향을 미치는지 조사된 바는 없지만, 물만 마시는 대통령을 와인 생산자들이 고운 눈으로 보지는 않으리라. 그는 취임 후 엘리제궁의 와인 구매 예산을 단번에 44퍼센트나 격감시켜, 와인 애호가들은 물론 와인 생산자들로부터 빈축을 사기도 했다. 와인에게 배분된 권력을 자신이 가져와 모두 독차지하려던 것이었는지, 전천후 대통령omni-président이란 별명으로 일부 언론의 놀림을 받기도 한다.

고대 이집트에서부터 와인은 언제나 권력을 상징했다. 초대한 손님들에게 자신의 포도밭을 자랑스럽게 보여주는 벽화들이나, 피라미드 속에서 발견된 와인을 담은 많은 옹기가 이를 증명한다. 그리스와 로마 시대에는 점령 지역에다 포도나무를 심고 와인을 주조함으로써 그들 문명과 제국의 우위를 과시했다. 중세시대에는 왕과 영주들의 부와 권력을 상징하는 대표적인 산물 중 하나가 와인이었다. 오늘날까지도 와인은 여전히 엄청난 권력을 행사하고 있다. 단지 그 권력을 사용하는 방법이 고대 제국과 다를 뿐이다. 오늘날 와인의 권력은 세계를 무대로 와인 교역을 하는 거대 네고시앙négociants(자신들이 일부 직접 포도를 재배하기도 하고, 아니면 다른 사람이 재배한 포도로 주조해 혹은 발효가 끝난 와인을 구입해 블렌딩한 후 자신들의 이름으로 판매하는 직업, 혹은 이에 종사하는 사람), 와인을 평가하는 유명 인사인 파커나 주요 와인 전문잡지의 손에 좌지우지된다. 그들에 의해 맛이 평가되고, 값이 정해진다. 파커가 좋은 점수를 준 와인은 금방 값이 뛰어 사람들은 무턱대고 구매에 열을 올린다. 맛을 지배하면 세계를 지배한다는 공식이 잘 맞아떨어지는 대목이다.

황홀한 프랑스 공화국의
와인 셀러

상상하기 어렵지 않겠지만, 프랑스 공화국의 주요 기관(엘리제궁, 국회, 상원, 헌법재판소, 외무성을 비롯한 각 부처, 감사원 등)은 모두 전통적으로 고급스럽고 다양한 종류의 와인을 대량으로 갖춘 환상적인 셀러를 가지고 있다. 각 기관의 와인 셀러는 어떤 의미에서 프랑스 공화국의 얼굴이고 자랑이며 위엄이고 전통이다. 그리고 매해 이 셀러를 보충하기 위해 적지 않은 예산이 책정되며, 당연지사 새 와인을 선정 구매하고 셀러를 관리하는 전문 소믈리에들이 전속 배치되어 있다.

국회의장을 지냈으며, 자크 시라크 전 대통령(와인보다 맥주를 선호한다)과 가장 가까운 사이로 알려진 장 루이 드브레Jean Louis Debré는 와인 애호가로 알려져 있다. 2007년 헌법재판소장을 역임하면서 이 기관의 셀러에 샤토 카르보니외Château Carbonnieux(그라브 클라세) 레드와 화이트 그리고 여러 종류의 퓔리뉘 몽라쉐Pulygny Montrachet 그랑 크뤼 등을 구매하면서 다음과 같이 말했다. "장기 보관 와인으로 나의 후임자들이 나를 생각하며 이 훌륭한 와인을 마실 것이다."

보르도 레드, 특히 샤토 베이쉬벨Château Beychevelle을 선호하는 드브레는 국회의장 당시 주요 외빈들에게 국회 방문 기념으로 고급 와인 한 상자를 선물한 일화로도 유명하다. 일부 외빈들은 선물로 받은 와인을 자신들이 직접 찾으러 가기 위해 프랑스 방문 일정을 반나절 앞당길 정도로 대단한 열정을 보이기도 했을 만큼 이 선물의 인기와 위력은 대단했다.

프랑스 최고의 와인 셀러를 보유한 엘리제궁과 상원

프랑스 공화국의 와인 셀러 중에서도 으뜸은 역시 엘리제궁의 셀러다. 1만 5000병 정도가 소중히 보관된 이 셀러는 프랑스 최상급 와인의 전시장이기도 하다. 샤토 오존Château Ausone, 페트뤼스Pétrus, 피작Figeac, 샤토 뒤켐 Château d'Yquem 등 보르도와 소테른의 최상급은 물론 부르고뉴와 빈티지 샹파뉴도 최상급만 저장되어 있다. 그리고 엘리제궁의 셀러는 보안상의 이유로 그 누구에게도 방문이 허락되지 않는 것으로도 유명하다. 단지 대통령으로부터 필요한 와인을 꺼내오라는 명을 직접 받은 사람만이 들어갈 수 있다. 우연인지 모르지만 이 셀러는 주피터Jupiter(엘리제궁 지하에 위치한 프랑스 핵무기를 총괄 지휘하는 벙커의 이름)와 가까운 곳에 위치하고 있단다.

대통령이 거주하고 집무하는 곳이기에, 엘리제궁에서 공식, 비공식 방문자들의 식사 때 제공되는 와인은 언제나 최상급이었다. 그러나 2007년 니콜라 사르코지 대통령이 엘리제궁의 주인이 되면서 예산 절감이라는 미명하에 손님의 등급에 따라 제공되는 와인의 등급도 엄격하게 구분했다. 예를 들어 외국의 왕이나 대통령에는 최고급 특별 와인, 장관급에 해당하는 방

화려한 엘리제궁의 만찬장.

문자에게는 보르도의 3등급 혹은 4등급 와인을 제공하는 식이었다.

다음으로 유명한 셀러는 프랑스 상원Le Sénat의 셀러다. 상원 의원들의 평균 연령이 높아서인지, 주로 클래식한 와인들이 셀러를 채우고 있다. 샤토 탈보Château Talbot, 린치-바지Lynh-Bages, 레오빌 바르통Léoville Barton 등. 하지만 상원의 셀러 관리자인 스테판 리비에르Stéphan Rivière에 따르면 일반에게 잘 알려지지는 않았지만 독특한 와인인 디디에 다그노Didier Dagueneau, 앙리 마리오네Henry Marionnet, 도멘느 생 니콜라Domaine Saint Nicolas 등과 헝가리의 도멘느 디스뇌쾨Disnoekoe도 있다고 한다. 애국심이 남달리 강한 상원이 외국 와인을 마신다고 할지 모르겠지만, 도멘느 디스뇌쾨는 사실상 프랑스 자본이 투자한 와이너리다.

국무총리 공관을 마티뇽Matignon이라 부른다. 셀러가 없을 수 없고, 공식

마티뇽.

셀러 관리자도 있다. 어떤 이유인지는 모르지만, 왕조시대부터 마티뇽의 셀러는 언제나 파견 근무로 나온 해군 장교가 관리를 맡는다. 한때 관리장교를 맡았던 클로드 블뤼제Claude Bluzet는 총리실을 공식 방문한 영국의 엘리자베스 2세 여왕에게 예상을 뒤엎고 전혀 유명세가 없는, 투렌에서 생산되는 프로비냐주 Provignage라는 화이트 와인을 제공해 세상을 놀라게 했다.

매우 특이하고, 또한 19세기 말 필록셀라에서 살아남은 몇 안 되는 포도밭이란 독특한 역사를 지니고 있다고는 하지만, 시중에서 병당 40유로(6만 원)도 채 나가지 않는 와인을 영국 여왕을 모신 식사에 감히 내놓았다는 사실만으로도 세간의 화제가 되었다. 총리 공관이라 해서 예산 절감의 방침에서 벗어날 수는 없겠지만, 너무 지나치지 않았나 싶다.

프로비냐주.

프랑스 외교를 상징하는 쇼룸, 외무성의 와인 셀러

외무성은 그 업무의 성격상 프랑스를 대외에 드러내는 쇼룸이고 특히 격식을 깍듯이 갖추는 곳으로 유명하다. 프랑스의 외무성은 위치한 길 이름을 따서 케도르세Quai d'Orsay라고도 부르는데, 오르세 박물관이 있는 센 강가의 바로 그 길이다. 케도르세의 셀러에는 1만여 병의 최상급 와인이 전문 셀러 관리인에 의해 세밀하고도 철저하게 관리되고 있다. 그중에서도 특히 외국 손님을 많이 영접하기 때문에, 빈티지 샹파뉴와 부르고뉴의 유명 최고급 화이트들을 가장 잘 갖춘 곳으로 유명하다. 외무성의 한 대변인은 "와인은 우리의 (외교) 메시지 전달을 용이하게 해주는 데 도움이 된다"고 설명한다. 프랑스 와인의 위력은 외교 분야에도 미치는 것이다.

프랑스의 외교를 총지휘하는 화려하고 자존심이 강한 외무성이라 할지라도, 세월의 변화와 자본의 힘 앞에서는 어쩔 수 없나보다. 2007년 11월 12일 케도르세는 유명 샹파뉴 제조사인 돔 페리뇽Dom Périgon의 프로모션을 위해 주요 살롱을 대여했다. 돔 페리뇽은 우리에게 루이비통으로 너무도 잘 알려진 LVMH 그룹(프랑스의 최대 명품 그룹으로, 루이비통, 모에상동을 비롯한 여러 종류의 샹파뉴, 헤네시 코냑, 샤토 라투르, 샤토 슈발 블랑, 구찌 등을 거느린다)의 자회사다. 엄선된 유명인사 500명을 초대한 이 행사에서 돔 페리뇽은 병당 가격이 1150유로(200만 원)나 하는 '특별 큐베cuvée 'Dom Pérignon oenothèque 1993'의 출고식을 성대히 거행했다.

돔 페리뇽.

많은 외교관의 거센 저항에도 아랑곳없이, 돈이 되면 그리고 필요하다고 판단되면 공화국의 살롱도 대여할 수 있는 평등한(?) 혹은 황금만능의 시대에 우리는 살고 있는 것이다. 아니면 세계적 명성의 샹파뉴인 돔 페리뇽의 위력을 외교에 활용해보려는 나름대로의 계산이 있었는지도 모르겠다.

1848년 프랑스에 다시금 혁명의 기운이 감돌 때, 개혁파들은 지방을 돌면서 방케Banquets를 열었고, 이를 통해 7월 왕정을 뒤엎고 새로운 혁명을 준비할 수 있었다. 그 이후부터 '공화국은 식탁 위에서 자신의 힘을 과시하는 습관을 갖게 되었다.' 선거나 기관의 행사 등에는 의례 '공화국 방케'가 베풀어졌다. 하지만 이런 시절은 이제 역사가 되고 말았다. '나온 배'가 사회적으로나 문화적으로 지탄의 대상이 되는 시대에, 많이 먹고 마시는 행위는 야만적이고 몰상식한 것으로 규정하는 '유일 사상'이 지배하는 세상이 되었다. 와인과 음식은 이제 더 이상 풍요로움이나 감흥을 나누는 정치적 상징이 아니라, 공직자의 발목을 잡는 요물이 되어버렸다. 배가 나오고 후덕하게 보이는 이웃집 정 많은 아저씨 같은 정치인이 아니라, 오바마처럼 날씬하고 스포티한 정치인이 대중의 인기를 누리는 시대다.

문화를 와인 병에 담은 나라,
프랑스

　프랑스에서 와인은 단순한 알코올음료를 넘어, 영국의 차나 네덜란드의 치즈처럼 일종의 '토템 음료'(롤랑 바르트)의 자리를 차지하고 있다. 영국인들이 날씨로 대화를 시작한다면, 프랑스인들에게는 와인이 빈번한 대화의 주제가 된다. 그러니 프랑스인들과 친해지려면 와인을 대화의 주제로 삼으란 충고가 그리 과장되게 들리지 않는다. "와인을 마시는 것은 천재를 마시는 것"(보들레르)이라 흥분하며, '와인이 와인 이상'(폴 엘뤼아르)으로 간주되는 나라가 바로 프랑스로, 프랑스 사람들의 와인에 대한 자부심은 지나칠 정도다.

　이와 같은 거의 종교적 차원의 와인 예찬으로 미루어 보아, 그리고 일반적으로 받아들여지는 상식에 근거해볼 때, 프랑스 와인이 세계 최고의 명성을 누리고 있다는 데는 별다른 이의가 없을 것으로 믿는다. 그러나 조지아, 그리스, 이탈리아의 와인은 프랑스보다 훨씬 오랜 역사를 지니고 있다. 생산량으로 보아도 프랑스는 스페인과 이탈리아의 뒤를 이어 세계 3위에 그치고 있다. 최근 들어서는 뉴 월드 와인의 공격적인 마케팅 전략에 중하위급 와인이 심각한 위기를 맞고 있는 것도 부인할 수 없는 현실이다. 그럼에도 불구하고 프랑스 와인이 세계적인 명성을 이어가는 이유는 무엇일까?

프랑스 와인이 와인의 대명사로 자리 잡은 이유

첫째, 역사와 전통이다. 20세기 이상 단절 없이 와인을 생산하고 발전시켜온 저력이다. 2000년이 넘는 장구한 세월 동안 프랑스 와인은 모든 분야에서 꾸준히 발전해왔다. 포도 재배기술, 새로운 품종개발, 양조기술은 물론 판매와 서비스, 그리고 법제도에 이르기까지 와인에 관한 한 프랑스는 언제나 앞서왔다. 그리고 와인의 사기 행각을 막기 위한 노력의 일환으로 제정된 AOC 제도도 프랑스가 원조이며, 다른 와인 생산 국가에서 이 제도를 모방하고 있다. 병입이나 레이블 분야에서도 프랑스는 선구자적인 역할을 했다.

둘째, 포도를 재배하기에 적합한 천혜의 자연조건이다. 다시 말해 테루아의 독특함과 우수함이다. 가나안이 '젖과 꿀이 흐르는' 선택된 이스라엘의 땅이라면, 프랑스는 '최고의 와인을 주조할 수 있는' 선택된 포도 재배의 땅이다. 게다가 와인 주조에 사용되는 주요 포도 품종(세파주)도 거의 전부 프랑스가 원산지다. 현재 뉴 월드에서 생산되는 주요 세파주 와인들의 면면을 보는 것만으로도 충분하리라. 카베르네 소비뇽, 메를로, 시라, 샤르도네, 소비뇽 블랑 그리고 심지어 아르헨티나에서 주로 경작되어 그곳이 원산지인 것처럼 인식되기도 하는 말백malbec까지도 알고 보면 프랑스가 원산지다. 카베르네 소비뇽과 메를로 하면 보르도의 유명 와인이 자연스레 연상될 것이고, 시라하면 코트 뒤 론côtes du Rhône 북부의 빼어난 코트 로티côte rotie나

코트 로티의 포도밭.

레르미타주L'Hermitage가 당연히 떠오를 것이다. 그리고 와인을 조금 아는 사람이라면 누구나 샤르도네 하면 부르고뉴의 최상급 화이트 와인을 생각하지 않겠는가! 그러니 뉴 월드의 세파주 와인은 이런 프랑스 와인의 오랜 명성을 직간접적으로 누리고 있다 해도 지나치지는 않을 것이다.

셋째, 최상의 와인을 만들려는 프랑스 사람들의 부단한 노력과 열정, 그리고 뛰어난 창의력과 천재성을 간과해서는 안 된다. 최초로 오크통을 제작하고, 새로운 양조기술을 앞서 개발한 것도 프랑스 사람들이다. 오늘날 세계의 와이너리를 내 집 드나들 듯 누비며 와인의 질적 향상을 위해 양조기술을 고가로 컨설팅하고 있는 소위 세계적 플라잉 와인메이커(포도의 수확 시기가 다른 북반구와 남반구를 오가는 와인메이커를 이르는 말)들도 거의 프랑스 출신이다. 그중에서도 특히 미셸 롤랑(전 세계 11개 와이너리를 경영하는 와이너리 대표이며, 13개국 130여 와인 산지를 누비며 400여 개 와인에 대한 컨설팅과 제조자의 역할을 병행하고 있는 와인 전문가)의 영향력은 오대양 육대주에 걸쳐 가히 놀라울 정도다.

끝으로 프랑스 와인에 최대한의 부가가치를 부여하며 전 세계를 무대로 마케팅과 판매를 주도하는 교역상과 네고시앙négociants들의 능력을 간과해서는 안 된다. 오늘날 많은 프랑스 와인의 명성이 있기까지는 그들의 역할이 절대적이었다. 뿐만 아니라 '보졸레

테일러 빈티지 포트 1945.

누보'나 샹파뉴의 눈부신 상업적 성공은 그들의 뛰어난 상상력과 훌륭한 마케팅 전략이 없었다면 절대 불가능했을 것이다.

이와 같이 프랑스는 와인 종주국으로서의 역할을 지금껏 꾸준히 수행해 오고 있다. 세계적으로 명성을 얻고 있는 이탈리아의 슈퍼 토스칸super to-scans, 스페인의 리베라 델 두에로Ribera del Duero, 미국 나파밸리의 오푸스 원 Opus One 등도 알고 보면 보르도 와인의 전통과 양조기법은 물론, 사용하는 포도 품종마저 거의 비슷하다는 사실은 프랑스 와인의 영향력을 그대로 보여주는 단적인 예다.

물론 프랑스 와인도 여러 도전에 직면해 있다. 최상급 와인이야 나오기가 무섭게 팔려나가지만, 보통의 일반 와인과 AOC 와인은 뉴 월드 와인에 밀려 판로를 찾기가 어렵다. 1935년 이래 프랑스 와인의 질을 보증해왔던 AOC 제도도 운영상의 문제와 남용으로 심한 비판에 직면해 있다. 프랑스인들의 와인 소비가 급격히 감소하고 있다는 현실도 프랑스 와인의 장래에 먹구름

을 드리운다. 글로벌 시대에 복잡한 테루아 와인만을 고집할 것이 아니라 보다 쉽게 고객에게 다가갈 수 있는 세파주 와인으로의 전향을 외치는 목소리도 있다. 그러나 프랑스 와인은 고유의 전통과 질을 고수할 때만 본래의 종주국 자리를 고수할 수 있다는 주장도 힘을 얻고 있다. 새로운 도전의 귀로에 선 프랑스 와인의 장래가 자못 궁금해진다.

프랑스의 창의력은
식탁에서 나온다

흔히 "프랑스 사람들은 먹기 위해서 살고, 독일 사람들은 살기 위해서 먹는다"고들 한다. 프랑스를 여행하면서 프랑스 사람들과 같이 식사를 해본 사람들은 알 것이다. 그들은 식사 시간이 굉장히 길고 또 이 시간을 무척 즐긴다는 사실을. 여독과 시차로 힘든 사람들에게 그들의 식사 방식은 즐거움보다 괴로움에 가까울 수도 있다. 그래서 가끔 "무슨 식사를 이렇게 오래 하는지"란 볼멘 불만을 터뜨리는 사람들도 있다.

프랑스에서 식사는 신성한 것이라는 인식이 지배적이다. 공식적으로 점심 시간이 두 시간이고, 비즈니스를 위한 저녁이나 주말의 가족 식사는 서너 시간을 훌쩍 넘길 때도 허다하다. 그리고 식사 시간 동안 전화를 거는 것과 같이 식사를 방해하는 행위는 예의가 없는 무례한 행위로 간주된다. 프랑스 유학 초기에는 나도 이런 프랑스의 식사 습관이 못마땅해 내심 짜증이 났던 적이 많았다. 저렇게 먹고 마시고 즐기면서 도대체 일은 언제 할까

오귀스트 르누아르, 「보트 파티에서의 오찬」, 1880~1881, 필립스 미술관 소장.

하는 의문이 생기지 않을 수 없었다. 속도와 무한 경쟁을 전쟁터의 구호처럼 외쳐대는 글로벌 시대를 조롱하듯 프랑스 사람들은 식탁에 둘러앉아 느긋하게 음식을 즐기고, 와인을 음미하며 다양한 얘깃거리를 식탁 위에 올리기를 마다하지 않는다. 그래서 '프랑스적 삶의 기술'이라는 특별한 표현까지 있는 모양이다.

우리나라에서는 얼른 먹어치우고 일을 하는 것이 미덕일지도 모른다. 몇 분 이내에 초고속으로 식사하는 일부 기업 회장님들에 대한 얘기가 마치 대단한 무용담이나 되는 것처럼 언론에 보도될 때가 있다. 우리는 세계 10대 경제대국에서 살고 있다. 다이어트가 주요 관심사가 된 물질적 풍요의 시대에 살고 있다. 경제적인 관점에서도 양적인 팽창이 절실했던 과거와는 달리 질적인 심화가 필요하다. 창의력을 최대한 발휘한 부가가치가 높은 제품이 아니고서는 우리의 경제 상황과 임금 등 여러 여건을 감안할 때 의미가 없다.

그렇다면 창의력은 어떻게 형성되는가? 지나친 경쟁 위주의 입시 교육도 창의력과는 거리가 멀어 보인다. '창의 교육'이란 구호를 학교 앞에 걸어둔다고 되는 일도 물론 아니다. 그래서 프랑스의 식탁에 주목한다. 생뚱맞게 들릴지 모르지만, 먹고 마시느라 헛되이 시간만 낭비하는 것으로 여겨졌던 프랑스의 식탁 문화에 어쩌면 해답의 실마리가 있지 않을까.

뇌를 자극해 창의력을 키우는 음식의 맛과 향

우리가 생각하는 것과 달리 먹고 마시는 것은 단지 생물학적 필요만을 위한 것은 아니다. "사람은 자동차에 주유하듯 먹고 마시면 안 된다"고 강력히 그리고 줄기차게 주장하는 사람으로서, 창의력 교육도 먹고 마시는 행위가 단순히 살기 위해 필요한 에너지를 공급받는다는 것 이상의 중요한 행위임을 깨닫는 것부터 시작해야 한다고 믿는다.

우리는 음식과 음료의 섭취를 통해서 일차적으로 배고픔과 갈증을 해소할 수 있다. 그러나 음식과 음료에는 다양한 맛과 향뿐만 아니라 질감과 색감이 있다. 바로 이런 요소들이 오감을 자극하고, 창의력은 오감의 발달과 절대적 상관관계가 있다. "향은 맛을 지배하고, 맛은 뇌를 지배한다." 음식이나 음료를 통해 느끼는 맛과 향은 뇌를 자극해 창의력을 키우는 데 없어서는 안 될 요소인 것이다.

한 연구에 따르면 엄마의 요리 솜씨가 좋을수록 아이들의 머리가 좋아진다고 한다. 맛과 향 그리고 뇌의 발달에 분명한 인과관계가 있음이 과학적으로 입증된 셈이다. 그러니 아이들을 학원에 보내는 것보다 엄마나 아빠가 해주는 다양하고 맛난 음식이 아이의 뇌와 창의력을 위해 더 중요할지도 모른다.

이제 다시 프랑스의 식탁으로 돌아오자. 알다시피 밥상머리 교육은 필요한 만큼 중요하기도 하다. 어쩌면 현대인이 직면한 인간관계의 많은 사회적 문제와 갈등은 가족이 둘러앉아 함께 밥을 먹는 기회가 적어진 데서 비롯된 것인지 모른다. 프랑스의 식탁 교육은 나름 엄격하다. 어릴 때부터 테이블에 단정히 앉는 것부터 시끄럽게 소리를 내지 않고 점잖게 식사하는 것 등을 세심하게 가르친다. 같이 식사하는 다른 사람에 대한 배려를 배우는 최초의 사회성 교육이자 맛과 향에 눈뜨는 교육이 바로 식탁 교육인 것이다.

식탁은 다른 어떤 곳보다 먹고 마시는 것을 여러 사람과 나누는 공간이고, 또한 그 나누는 방식이 매우 친근하고 은밀하게 진행되는 독특하고 소중한 경험이다. 우리는 식탁을 통해 나눔의 미덕을 몸으로 배우고 실천한다. 대체로 프랑스의 식사는 이런 목적에 부합한다. 한마디로 음식과 와인을 나누고 즐기고 음미하며 대화하고 소통하는 일상의 세리머니다.

이같이 훌륭한 프랑스의 밥상머리 교육에다 맛과 향을 향유하고 즐기는 식탁 문화 덕분에 프랑스는 세계에서 가장 창의적인 국가 중 하나가 된 게 아닐까. 흔히 유럽에서는 "프랑스가 창조하고, 독일이 생산하고, 영국이나 네덜란드가 판매한다"고 말한다. 그리고 프랑스의 뛰어난 창의력은 통계 수치나 여러 정황으로 확실히 입증되고 있다. 세계적인 예술가나 문인을 수도 없이 배출했고, 노벨상 수상자만 해도 69명에 이르며(세계 4위), 수학의 노벨상이라 불리는 필즈상에서 미국과 선두를 다투고 있다. 뿐만 아니라 패션, 향수, 와인, 코냑, 요리, 명품 등 다양한 분야에서 선망의 대상이 되고 있는데, 이 모두가 식탁으로부터 시작된 창의력의 산물이라 믿어 의심치 않는다.

맛있고 다양한 음식을 차려놓고 이와 어울리는 와인을 즐기며 천천히 진행되는 프랑스의 식탁 문화는 언뜻 호사가들이나 누리는 특권이나 단순히 시간 낭비라고 치부해버릴 수도 있겠지만, 절대 그렇지 않다. 경우에 따라서는 편의와 속도를 위해 자동차에 주유하듯 허겁지겁 한 끼를 때울 수도 있나. 속도는 효율일지 모르지만, 속도에는 생각이 없다는 치명적인 결함이 있다. 맛과 향을 느끼고 음미하는 데는 시간이 필요하다. 그리고 그런 과정 자체가 감각을 깨우는 최상의 훈련이고, 이는 곧바로 창의력을 키우는 훌륭한 과정이 된다. 여기에다 식탁에 둘러앉은 사람들 간의 대화나 토론은 소통을 배우는 훌륭한 연습이자 동시에 가족이란 울타리 밖의 더 넓은 세상에 대한 관심과 호기심을 불러일으키는 자극제가 된다.

우리는 태어나면서부터 이런저런 맛과 향을 접한다. 어머니의 품속에서 맡았던 향에서부터 자라면서 어머니 손맛을 거쳐 여러 다양한 음식을 맛보게 된다. 때로는 자신의 의사와 상관없이 맛의 규격화를 앞세우는 거대 다국적 식료품기업이나 프랜차이즈 기업의 식음료로부터 자유롭기 어려운 시대에 살고 있다. 편리성과 속도, 효율성이 가치의 척도가 되어버린 패스트푸드 전성시대에, 인간의 근원적 자유와 창의력을 위한 맛의 본질과 의미에 대한 성찰은 다른 어떤 사회적 담론이나 철학적 주제 못지않게 중요하다. 일찍이 주희도 『근사록』에서 "가장 가까우면서도 가장 중요한 의미를 가진 것 가운데서 언어와 식음 이상의 것은 없다"고 음식의 중요성을 설파했다.

학교 급식이 보편화된 요즘, 창의성 교육을 밥상에서부터 시작해보면 어떨까? 아이들에게 필요한 영양분을 공급해주는 것도 중요하지만, 이 시간을 통해 함께 나누는 것을 배우고, 맛과 향에 대한 관심도 높일 수 있다면 일석이조가 아닐까? 1년에 하루 정도를 '맛의 날'로 정해 셰프들이 직접 학교를 방문해 아이들과 함께 요리하고, 먹고 마시면서 맛과 향에 대해 얘기해보는 기회를 가져보면 어떨까?

와인 소비가 줄어들면
신경안정제 소비가 늘어난다?

　사람들이 술을 마시는 이유는 수도 없이 많을 것이다. 그중에서도 일상의 스트레스를 날려버리는 가장 간단하고 손쉬운 수단으로 술잔을 기울이는 일이 많을 것이다. 프랑스는 수면제를 비롯한 신경안정제 복용이 세계에서 가장 많은 나라다. 프랑스 국립 통계국의 자료에 따르면, 1960년부터 2007년 사이 신경안정제의 소비는 거의 제로에서 6000만 케이스로 기하급수적으로 늘어났다. 이는 프랑스 사람 한 명당 한 케이스 분량이다! 같은 기간 프랑스인의 와인 소비량은 127리터에서 54리터로 격감했다. 통계 수치로 보면 와인 소비량과 신경안정제 소비량은 반비례한다.

　과연 이 두 사건 사이에 어떤 인과관계가 있을까? 소위 '행복의 알약'으로 불리는 신경안정제 복용의 급증은 비단 프랑스뿐만 아니라 지속적인 스트레스에 시달리는 산업화된 국가에 거주하는 현대인들에게 나타나는 일반적인 현상일지도 모른다. 게다가 프랑스인들의 지극히 예민한 성격과 훌륭

한 의료보험 제도도 신경안정제 시장의 폭증에
크게 기여했다.

역사적으로 와인은 '문화적 산물'이자 최
상의 '진정제'로 간주되있다. 신경안성제가
개발되기 이미 2500년 전 그리스의 비극 시
인 에우리피데스는 「바카이」에서 인간을 위
해 핵심적인 두 가지 신성divinités이 존
재하는데, 첫째는 인간을 먹여 살리는
대지이고, 둘째는 포도를 주조해서 만
든 와인이라 전제하면서, 와인은 "가련
한 인간을 고뇌로부터 해방시킨다"고 주

에우리피데스.

장했다. 사실 고대 그리스 시대부터 현대에 이르기까지, 와인이 인간의 정신
과 육체의 건강에 미치는 영향에 대한 언급은 헤아릴 수 없을 정도로 많다.
현자 중의 현자로 칭송받는 소크라테스는 와인에 대해 "사람의 성격을 부드
럽고 점잖게 해주며, 걱정을 덜게 하고, 기쁨을 증가시켜주기 때문에 꺼져가
는 인생의 불꽃에 기름과 같은 것"이라 했고, 그의 수제자 플라톤은 "늙음
의 쓸쓸함에 대한 치유제"인 와인 덕분에 "젊음을 되찾을 수 있고, 절망을
잊을 수 있다"고 했다. 히포크라테스는 환자의 치료를 위해 자주 와인을 처
방하기도 했다.

20여 년 전부터 프랑스의 많은 정치인은 알코올이 건강에 미치는 악영향
에 대해 매우 과민 반응을 보이고 있다. 해석에 따라 결론이 달라질 수 있
는 여러 통계 수치(사망 원인, 교통사고율 등)를 앞세워, 사회 전반적인 분위기
를 안티 알코올 쪽으로 몰아가고 있다. 물론 여기서 알코올은 와인을 포함
한다. 2003년 스페인 의회가 와인을 다른 알코올과 구분해 '문화적 산물'로
격상시킨 것과는 사뭇 대조적이다.

그렇다면 와인은 다른 알코올과 다른가? 이에 대한 하나의 답으로, 1990년 9월 독일의 프라이부르크에서 개최된 '유럽 와인 생산지 대표자 회의'에서 프랑스 대표단이 제안한 「와인헌장」의 전문을 참고해보자.

> 　와인의 역사는 인류의 역사와 분리될 수 없다. 포도원과 인간 작업의 결실인 와인은 단순한 소비재로 간주될 수 없을 것이다. 수천 년 전부터 인간의 동반자인 와인은 신성성이자 세속성이기도 하다. 와인은 문명의 가치이고, 삶의 질의 기준이다. (…) 와인은 유럽과 세계 여러 지역에서 경제 발전뿐만 아니라 기술과 과학 발전을 위한 하나의 필요조건이다.

　와인 생산자들의 헌장이니 당연히 자신들의 이익을 최대한 대변하려는 의도가 눈에 띈다. 하지만 상당한 역사적·문화적 사실을 내포하고 있기도 하다. 세상에 수도 없이 많은 알코올이 존재하지만, 와인처럼 다양하고 많은 상징성, 문화성, 역사성, 경제성을 지닌 알코올은 없다. 그리고 최소한 유럽에서 항생제가 발명되기 전까지 와인처럼 오랜 세월 치료제로 사용된 알코올도 없을 것이다.

　소량을 규칙적으로 즐기면서 마신다는 전제 하에, '태양의 신선한 아들'(보들레르)인 와인은 '인간을 기쁘게 해주고, 기쁨은 모든 미덕의 어머니'(괴테)가 될 수도 있다. 사람의 기분이 좋을 때, 저항력이 높아져 병에 걸릴 확률이 낮아진다는 것은 의학적으로도 검증된 사실이다. 끝으로 페니실린을 발명해 처칠 수상을 비롯한 수많은 인명을 질병으로부터 구한 알렉산더 플레밍의 말에 잠시 귀 기울여보자. "페니실린은 병을 낫게 할 뿐이지만, 진정 인간에게 기쁨을 주는 것은 와인이다." 오늘 밤, 누군가와 느긋하게 와인을 한잔 나누면서, 신경안정제는 잠시 잊어버리면 어떨까!

프렌치 패러독스의
미스터리

달팽이 요리를 즐기는 나라, 그러나 시속 300킬로미터가 넘는 테제베가 달리는 나라 프랑스. 여러 내용을 횡설수설하는 것 같아도 귀담아 들어보면 앞뒤 논리가 잘 맞는 기막힌 사람들이 모여 사는 곳이 프랑스다. 친절한 것 같으면서도 조그마한 일에 신경질을 내며 말다툼을 스포츠 즐기듯 하는 사람들. 연간 수백만 명의 외국 관광객이 몰려드는 에펠탑 부근에 결코 맥도날드의 개점을 허용하지 않는 자존심이 무척 강한 나라. 세계의 유행과 패션을 이끌어 가지만, 보통 사람들은 유행이나 패션에 별 관심이 없는 나라. 수많은 명품을 생산하지만 실제 거리에서 명품을 보기는 힘든 나라. 모든 게 느리고 엉성한 것 같지만 또 모든 것이 정상적으로 돌아가는 이상한 나라. 담배를 많이 피우기로 유명하며, 운동은 별로 즐기지 않지만 세계에서 가장 장수하는 나라 중 하나도 프랑스다. 이쯤 되면 패러독스의 국가라고 해도 될 성싶다.

프렌치 패러독스가 아닌 지중해 패러독스

　오랫동안 프랑스인들의 건강과 장수의 비결은 미스터리로 남아 있었다. 이에 착안해 1991년 11월 미국의 CBS 방송은 이 주제로 「60분」을 꾸며보기로 결정하고, 리옹에 있는 국립보건의학연구소의 세르주 르노Serge Renaud 박사의 연구소를 방문한다. 그 목적은 지방이 많은 음식을 즐겨 섭취하고 흡연도 많이 하는 반면, 운동은 미국인에 비해 적게 하는 프랑스 사람들의 심장병 사망률이 미국에 비해 현저하게 낮은 이유와 장수하는 까닭 등 간단하게 증명하기 어려운 주제를 알아보기 위해서였다. 그때까지 이러한 미스터리는 과학적으로 전혀 밝혀지지 않은 상태였다.

　인터뷰 중에 르노 박사는 조심스럽게 하나의 가정을 내세운다. 이 미스터리를 푸는 데 와인이 중요한 역할을 하지 않을까? 더불어 그는 소량의 와인

고지방, 고열량의 음식을 섭취하고도 병에 덜 걸리는 데는 지중해의 느긋한 삶이 한몫하는 게 아닐까.

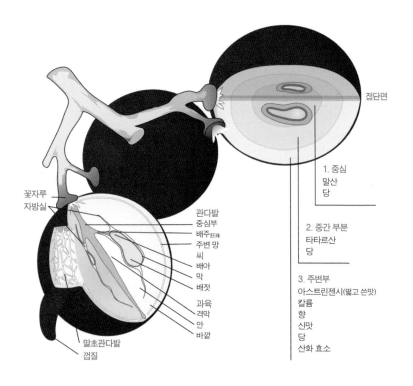

절단면

1. 중심
말산
당

2. 중간 부분
타타르산
당

3. 주변부
아스트린젠시(떫고 쓴맛)
칼륨
향
신맛
당
산화 효소

꽃자루
자방실

관다발
중심부
배주胚珠
주변 망
씨
배아
막
배젖

과육
격막
안
바깥

말초관다발
껍질

을 규칙적으로 마시는 것이 심혈관계의 질병 예방에 효과가 있으리라 전망
했다. 이 방송은 전 미국을 열광케 했다. 1993년부터 1996년 사이 미국인의
와인 소비는 두 배 이상으로 급증했다. 더불어 이 분야에 대한 연구를 증폭
시키는 효과도 가져왔다.

1970년대에 이미 와인과 건강에 대해 10만 명이 넘는 사람들을 대상으로
광대한 임상실험—당시 의학계에서 가장 많은 컴퓨터를 동원한 것으로도
유명하다—을 행한 캘리포니아 오클랜드의 카이저 퍼머넌트Kaiser Perman-
ente 병원 심장전문의 아서 클라츠키Arthur Klatsky 박사가 이 방송이 나간 이
후 다시 새로운 연구에 착수하기도 했다. 그의 결론은 심장병 환자 중 와인
을 마시는 사람이 마시지 않는 사람에 비해 사망률이 낮다는 것이었다. 비

슷한 시기에 하버드 의대 공공보건대학The School of public health의 림Rimm 교수는 하루에 한두 잔의 와인을 마시면 심장질환 사망률이 무려 25~45퍼센트나 줄어든다는 연구 결과를 발표했다. 몇 해 전에는 『뉴욕타임스』가 포도껍질에 들어 있는 폴리페놀의 일종인 레스베라트롤resveratrol 성분이 암 유발 세포를 억제하는 것으로 보인다는 발표를 해 세상을 떠들썩하게 했다. 그러나 와인이 일부 암의 유발 위험을 높인다는 새로운 학설이 최근 영국에서 제기되기도 했다. 물론 하루에 두세 잔 이상 과음할 때라는 조건이 붙어 있다.

그럼 과연 프렌치 패러독스는 존재하는 것일까? 프랑스 북부에 거주하는 사람들의 심장병 사망률과 평균 수명은 유럽 여느 나라의 평균과 비교해볼 때 크게 차이가 없다. 그러니 프렌치 패러독스는 프랑스 하고도 남부 지중해 연안의 사람들에게만 적용된다. 남쪽 사람들의 느긋한 생활 태도, 신선한 과일과 야채의 다량 섭취, 온화한 기후 등이 규칙적인 와인 음주와 함께 복합적으로 영향을 미치는 것이다. 그러니 프렌치 패러독스보다는 지중해 패러독스가 더 정확할 것 같다.

적당히 즐겁게, 건강을 위해 바람직하게 와인을 마시는 방법

앞서도 살펴봤지만 와인을 구성하고 있는 생물학적·화학적 성분은 놀랄 만큼 다양하고 복잡하다. 지금까지 밝혀진 성분만도 800여 가지가 넘는다. 그리고 구성 성분이 다양한 만큼 각각의 함유량도 크게 다르다. 물(80~90퍼센트), 에틸알코올(7~10퍼센트)을 제외한 나머지 성분들은 극소량이다. 그러니 와인을 마시는 것은 무엇보다도 신선하고 깨끗한 수분을 섭취하는 행위다. 그 밖에 와인에 함유된 성분에는 산acid, 포타슘, 칼슘, 소듐, 철, 황산염,

인 등이 있다.

와인 속의 산은 인간의 위액과 아주 흡사하여, 소화 촉진을 돕는 것으로 알려졌다. 포타슘과 황산염은 이뇨 효과가 있다. 와인에는 질소 함유물과 20여 종의 아미노산도 들어 있다. 아미노산 중 일부는 인간의 피 속에 들어 있는 것과 비슷한 농도를 지니고 있다는 사실이 밝혀지면서 최근 의학계의 주목을 받고 있다. 와인에는 지용성 비타민만 들어 있는데, 그중에서도 비타민 P는 모세혈관을 강화시켜주며, 출혈(일혈)과 수종(부종)을 막는 데 효과가 있다고 한다.

와인에 함유된 또 다른 성분으로는 산화제, 환원제와 셀레늄, 크롬, 아연, 동, 마그네슘, 불소, 요오드, 비소 등의 금속 촉매와 효소 촉매들이 있는데, 이는 생명의 근원인 세포 번식에 필요한 화학적 작용이 가능하도록 해주는 요소들이다. 뿐만 아니라 와인에는 지금까지도 상당 부분 신비의 베일에 싸여 있는 향을 구성하는 여러 물질과 다양한 종류의 페놀이 들어 있다. 특히 페놀은 강력한 산화 방지 효과가 입증되어 중요한 의학 연구의 주제가 되고 있다. 최근 들어서는 레드 와인에 함유된 타닌도 많은 연구자의 지대한 관심을 받고 있다.

이처럼 와인에 포함된 성분 중에는 인체에 반드시 필요한 것들이 많기 때문에 와인이 건강에 좋다는 결론에 이를 수도 있다. 오랜 역사를 통해 보나 현대의 첨단 연구 결과를 보나, 와인이 건강에 영향을 미치는 것은 분명해 보인다. 그러나 주의하라! 많은 연구가 진행 중이라 섣부른 속단에 소중한 건강을 담보하기엔 아직 이르다. 또한 와인 속 수많은 성분이 섭취 후 정확히 어떻게 상호 작용하는지에 대해서는 아직 알려진 바가 없다. 마시는 사람의 체질에 따라 알코올 분해 능력이나 흡수력이 다르다는 것도 문제다. 그뿐만 아니라 각자의 생활 습관이나 식습관 등이 다르기에 와인이 건강에 미치는 영향만을 따로 증명하기는 어렵다. 끝으로 와인이 어떤 경우에도 치료

약은 아니며, 일정한 조건에서 마실 경우 일부 성인병 예방에 효력이 있다는 점에 유의해야 한다.

무조건 와인을 마신다고 성인병 예방에 도움이 되는 건 결코 아니다. 이 점에 한해서는 연구자들의 의견이 일치된다. 와인이 성인병 예방에 도움을 주기 위해서는 규칙적으로 소량을 마셔야 하며, 하루에 두세 잔을 식사 중에 마실 때만 가능하다고 한다. 와인이 무슨 처방약도 아니고, 이렇게 마시다가 오히려 스트레스가 더 심해질 수도 있다.

그러니 알랭 쉬프르Alain Schiffres의 말을 음미해보는 것이 좋겠다. "우리는 와인이 여러 질병을 예방한다는 그런 시대에 살고 있는 행운을 누린다. 나는 심장을 위해 한 잔을 마신다. 두 번째 잔은 암을 막기 위해 마신다. 세 번째 잔은 건강한 내 몸을 위해 마신다. 그리고 그 이상은 기쁨을 위해 마신다."

와인이 건강에 좋다는 설이 난무하면서 이에 영향을 받아 와인을 마시는 사람도 없지 않을 것이다. 그러나 굳이 건강을 위해서라면 몸에 이로운 안전한 것들도 얼마든지 있다. 기분이 좋을 때 엔도르핀이 높아지므로 우리의 면역 체계는 자연적으로 강화된다는 사실을 상기하기 바란다. '적당히 그리고 즐겁게', 이것이 질병 예방을 위해 가장 바람직하게 와인을 마시는 방법이다.

모든 와인은 법 앞에
평등하지 않다

아이러니하게 들릴지 모르지만, 와인의 등급 설정은 사기와 직접적인 연관이 있다. 많은 와인 생산자가 엉터리 와인을 생산지나 이름을 바꿔 고급 와인으로 둔갑시켜 소비자를 현혹시키고 시장을 흐려놓는 상황이 빈번하게 벌어지자, 이를 방지할 법적 조치의 필요성에 대한 목소리가 높아졌다. 특히 정직하게 우수한 와인을 주조하던 사람들의 불평이 심했으며, 마침내 훌륭한 와인의 명성을 보존하고, 소비자를 보호하기 위한 차원에서 정식으로 법적 와인 등급이 규정된다.

와인에 관한 한 거의 모든 분야에서 그렇듯이, 와인의 법적 등급도 프랑스가 시조다. 1919년과 1927년 두 차례의 시도를 거쳐, 1935년에 AOC 관련 법안이 통과되고 다음 해에는 최초로 AOC 지역이 선정된다.

우리에겐 조금 생소한 주라Jura 지역의 아르부아Arbois, 프로방스 지역의 카시스Cassis, 코트 뒤 론의 타벨Tavel, 랑그도크 루시용Languedoc-Roussillon 지역의 몽바지야크Montbazillac가 처음으로 AOC에 선정된 네 지역이다. 이와 동시에 AOC의 선정 기준 설정과 지정, 관리를 위한 '프랑스 와인 원산지명 국가 위원회Comité National des Appellations d'Origine des vins de France'가 설립되었으며, 이 위원회는 1947년에 국립원산지명연구소Institut National des Appella-tions d'Origine des vins et eaux de vie로 명칭이 바뀌었다. 흔히 INAO란 이름으로 더 잘 알려져 있다.

AOC의 뒤를 이어 그 아래로 3개의 다른 등급, 우등한정와인AOVDQS(Ap-pellation origine vin de qualité supérieure), 뱅 드 페이vin de pays, 테이블 와인vin de table이 첨가된다.

테이블 와인은 현존하는 등급 중에서 가장 낮은 것으로 법적 규제나 제한도 가장 적다. 유럽에서 일반적으로 소비되는 와인으로, 샤토château나 도멘domaine 등을 레이블에 명기할 수 없어 'Vieux Pape' 'French Rabbit' 등과 같은 상표 와인으로 판매된다. 여러 다른 지역에서 재배된 포도로 주조할 수도 있고, 유럽의 다른 국가에서 생산된 와인을 섞을 수도 있다. 테이블 와인 중에서 이탈리아의 수퍼 토스칸super toscans이라 불리는 와인은 그 지역에서 재배가 허용된 상조베즈나 네비올로를 사용하지 않고 카베르네 소비뇽 등으로 주조되는데, 사시카이아sassicaia나 세계적 명성의 안티노리Anti-nori가 생산하는 티냐넬로tignanello는 웬만한 최상급 AOC 와인보다 더 유명하고 가격이 비싸기로 유명하다.

뱅 드 페이는 AOC처럼 선정 기준이 엄격하지는 않지만, 재배 지역, 사용 세파주, 단위 면적당 수확량 등에 제한을 받는다. 주로 프랑스의 서남부 랑그도크에서 생산되고 있으며, 세파주 와인으로 판매되는 경우가 많다. AOC보다 포도 재배나 주조 특히 세파주 선택에 보다 큰 자유를 누릴 수 있기에, 일부러 뱅 드 페이를 고집하는 사람들도 있으며, 심지어 AOC를 스스로 포기하고 떠나는 사람들도 있다. 수퍼 토스칸과 비슷한 철학을 지닌 이들이 주조한 와인은 주변에서 생산되는 AOC 와인보다 월등히 비싸게 판매되는 경우가 허다하며, 도멘느 마스 드 돔므-가삭Domaines Mas de Daumes-Gassac이 생산하는 라 그랑주 데 페르La Grange des Pères가 대표적이다. 우등한정와인은 AOC로 들어가는 대기실 격인데, 이미 대부분이 AOC로 승격되었고 약 20여 개만 존재하다가 이제는 사라지고 없다.

AOC 등급 제도가 직면한 위기

AOC 와인은 기존의 법적 와인 카테고리 중에 가장 높은 것으로, 토질이나 기후 같은 여러 까다로운 테루아의 조건을 갖추어야만 선정되며 그 밖에도 세파주의 선택, 재배 방식, 단위 면적당 재배 나무 수와 수확량, 포도나무의 크기, 포도의 질 등에 대해 엄격한 규제를 받는다. 게다가 1974년부터 매해 생산한 와인에 대한 성분 분석과 전문가의 블라인드 테이스팅을 통과해야만 계속 AOC를 유지할 수 있으며, 이러한 제반 조건을 충족시키지 못하면 AOC에서 축출된다. 한마디로 AOC 제도는 족보처럼 세습적인 것이 아니라 매해 여러 테스트를 거쳐 리뉴얼되는 살아 있는 제도다.

그럼에도 현재 프랑스의 AOC 제도는 이 제도가 실시된 1935년 이래 가장 큰 도전에 직면해 있다. 다시 말해서 현행 AOC 제도의 여러 문제점이 속속 드러났고, 이에 따른 비판이 와인업계 안팎으로 날로 더 거세지고 있기 때문이다.

우선 가장 큰 문제는 AOC의 선정 기준이 엄격함에도 불구하고, 실제로 그 선정 과정은 너무 관대하고 모호하다는 점이다. 보통 와인업계 종사자들 사이에서 선출된 조합원들이 AOC 선정위원이 되기 때문에 같은 마을의 누구는 주고 누구는 안 주기가 인간적으로 쉽지 않아 갈라먹기 식인 경우가

보르도의 포도밭.

허다하다. 게다가 한번 AOC에 선정되면 결격 사유가 드러나도 축출되는 경우는 '굴 속의 진주보다 흔치 않다.' AOC에 선정된 와인은 매해 블라인드 테이스팅을 거치지만 처음에 통과하지 못하면 2차, 심지어는 3차까지 테이스팅을 요청할 수 있다. 그리고 3차까지 오면 이미 누가 생산한 와인인지 다 알기에 블라인드 테이스팅의 본래 의의도 사라지게 된다. 뿐만 아니라 그 지역 출신 정치인들도 AOC 선정을 위해 압력을 행사하는 경우가 많다. 결국 너무 많은 엉터리 와인이 이런 여러 가지 이유로 버젓이 AOC 등급을 유지하게 되는 것이다.

현재 프랑스의 AOC 와인은 전체 생산량의 46퍼센트 정도를 차지하고 있으며, 보르도는 무려 97퍼센트가 AOC 와인이다. 그래서 보르도의 경우 네고시상과 도매상을 포함한 와인업계 종사자들이 자체적인 컨트롤을 위한 '퀄리 보르도Quali Bordeaux'란 조합을 형성했으며, 다른 와인 생산지도 이 같은 조합을 만들어 지역의 AOC 방어를 위해 목소리를 내고 있다.

또 다른 문제는 AOC로 선정된 수많은 와인 내부의 등급이 명확하지 않다는 점이다. 같은 지역의 AOC라 해도 생산자에 따라 와인의 질과 가격이 천차만별이다. 얼마 전부터 AOC 내부에도 질의 등급을 설정하자는 측과 반대하는 측 사이에 긴장이 감돌고 있지만, 아직 결론을 내리지 못한 상태다. 따라서 사기 예방적인 측면에서의 효과는 이루었지만 와인 질의 보장이라는 AOC 시스템의 본래 선정 목적이 희석되어, 단지 AOC 와인이라 해서 무조건 믿고 구매할 만큼 질이 보장되는 것은 아니다.

끝으로 AOC 제도의 관장 시스템이 지나치리만큼 민주적(?)인 것도 문제다. 이 제도의 가장 아래쪽에는 AOC별로 구성된 AOC 수호조합이 존재한다. 그 위에 지역별 위원회가 있고 가장 위쪽에 국가 위원회인 국립원산지명 연구소INAO가 있는 식으로 구성되어 있으며, 단계마다 자신의 이익과 주장을 관철시키기 위해 열성적이다. 물론 최종 결정은 INAO 소관이며, 최종적으로 농림부에서 인준하는 절차를 거친다. 그 결과 와인업계 종사자들의 조합에서 결정된 사항을 정부가 인준하므로 결국 사법(조합의 결정)이 공법으로 전환되는 희한한 성격도 지닌다.

1935년부터 와인의 질을 보장하고 부정행위로부터 와인을 보호할 목적으로 실시되어온 프랑스의 AOC 제도는, 다른 국가들에 와인 등급 설정을 위한 기본 모델이 되기도 했다. 하지만 정작 이 제도를 처음으로 도입한 프랑스는 앞서 열거한 여러 이유로 심각한 위기에 직면해 있는 실정이다. '아무도 자신의 나라에서는 예언자가 될 수 없다'고 했던가?

유럽 통합은 정치나 경제 영역만이 아니라 유럽 시민의 일상생활에까지 영향을 미치고 있다. 그중 하나가 와인의 법적 등급에 관한 것이다. 현재 유럽에는 세 가지 법적 등급이 통용되고 있다. 첫째는 AOP(Appellation d'origine protégée), 둘째는 IGP(Indication géographique protégée), 셋째는 VSIG(Vins sans indication géographique)인데, 각각 이전의 AOC, 뱅 드 페이, 테이블 와인에 해당된다. VSIG는 와인에 특정한 지리적 명칭을 명시하지 않고, 프랑스의 와인Vins de France 혹은 테이블 와인(이탈리아 Vino di Tavola, 스페인 Vino de mesa, 포르투갈 Vinho de mesa, 독일 Tafelwein)이라 부른다.

유럽의 새로운 기준에 따라 와인 등급을 정리하면 다음과 같다.

유럽의 새로운 기준에 따른 국가별 와인 등급

프랑스	이탈리아	스페인	포르투갈	독일
AOP	DOC/DOCG	DO/DOC	DOC	Qmp, QbA
IGP	IGT	Vino de la Tierra	Vinho regional	Landwein
Vins de France	Vino di Tavola	Vino de mesa	Vinho de mesa	Tafelwein

와인의
대중화를 위하여

한국의 와인 애호가들의 꿈은 양질의 와인을 적당한 가격에 부담 없이 즐기는 것이다. 이 꿈은 아직 요원한 걸까?

와인 문화가 제대로 자리 잡기 위해서는 먼저 와인이 대중화되어야 한다. 가능한 많은 사람이 와인을 쉽게 접하고 즐겨야만 엘리트층의 스노비즘적, 차별적, 배타적 문화가 아닌 일상의 보편적이고 건강한 와인 문화가 정착될 수 있을 것이다. 내 생각이지만, 와인에 관한 한 질이 양을 변화시킬 가능성은 희박해 보인다. 반면 양이 늘어나면 질(순수한 와인의 질뿐만 아니라 와인 문화 전반에 대한 질까지 포함한다)도 따라서 향상될 것이다.

그렇다면 와인 대중화의 가장 큰 걸림돌은 무엇일까? 크게 두 가지 접근성이 결여되었다고 본다. 첫째는 가격 접근성이고, 둘째는 문화 접근성이다.

우선 한국의 와인 가격을 한번 따져보자. 프랑스에서 병당 6유로(8000원) 정도 하는 와인을 한국에서 구매하려면 최소한 5~6배 이상을 더 줘야 할 때가 허다하다. 식당에서는 당연한 이치이기도 하지만, 그보다도 더욱 비싼 값을 지불해야 한다. 한마디로 현재 와인 가격은 터무니없이 비싸다. 강남의 웬만한 와인 바에서 와인 한 병과 치즈 몇 조각 나오는 안주까지 포함해서 10만 원대 이하는 마실 만한 와인을 찾기가 어려운 게 엄연한, 슬픈 우리네 실정이다. 종가제(와인 가격에 근거해 관세를 매기는 제도)를 실시하는 주류 수입관세제도의 문제와 여러 단계를 거치는 복잡하고 열악한 유통구조가 주요 원인일 것이다. 또한 이름은 알려지지 않았지만 괜찮은 수준의 독특한 와인을 찾아 싼 값에 들여오려는 수입상의 노력 혹은 능력 부족도 한몫을 한다. 혹은 그런 저가 와인을 들여와 판매하면 수지타산이 맞지 않는다고 판단하는지도 모르겠다. 원인과 이유야 어찌 되었든 아직도 한국에서 와인을 마시는 일은 주머니 사정을 생각하지 않을 수 없는, 마냥 즐겁고 편한 일만은 아니다.

다음으로 문화적 접근성이다. 최소한 그렇게 생각하는 사람이 많다. 와인 하면 우선 까다롭고 복잡하다고 느낀다. 아니면 그건 우리네 술이 아니니 아예 염두에 두지 않는 사람도 있다. 몇 번 마셔보지도 않고, 지레 '와인은 나에게 맞지 않아'라고 쉽게 선고를 내리는 사람이 의외로 많다.

사실 와인은 소주, 맥주, 막걸리 등에 비해 분명 복잡하고 까다로운 구석이 있다. 낯설고 길며 발음하기도 어려운 무슨 무슨 샤토의 이름들도 그렇고(예를 들어 우리말로 12자나 되는 '피숑 롱그빌 콩테스 드 랄랑드'), 빈티지나 기타 와인에 대한 매너도 그리 녹록하지만은 않다. 뿐만 아니라 맛과 향도 우리에게 익숙하지 않거나 아예 평소에 접해보지 못한 것도 많다(예를 들어 카시스). 그러하기에 와인에 대해 잘 모르는 사람이 와인 바나 레스토랑에 가서 와인을 주문할 경우 자신도 모르게 주눅이 들 때가 있는 것도 사실이다. 게다가 대개의 레스토랑이나 와인 바 등에서는 직원들의 복장에서 잔을 비롯해 모든 것이 너무 격에 맞지 않게 고급스럽고 부자연스러워 더욱 사람을 심리적으로 불편하게 하는 경우도 허다하다.

한국 와인 문화의 대중화를 위한 방안

그렇다면 한국에서 주머니 사정을 고려하지 않고, 복잡하고 까다로운 와인 이름을 꿰어 차지 않고도 와인을 편하게 즐길 수 있는 가능성은 전혀 없을까? 나는 분명 가능하다고 믿는다. 우선 위에 든 두 가지 문제점을 해결하는 것이 그 첫걸음일 것이다.

프랑스 와인을 예로 들어보면, 가격 대비 질이 우수한 와인이 많다. 마실 만한 보르도 AOC급 와인 1리터를 현지에서 2유로(2700원)에 구매 가능하다. 그 밖의 지역(론, 랑그도크 등)에도 지역적 특성이 있으면서도 가격이 저렴한 훌륭한 와인이 얼마든지 존재한다. 이런 와인을 벌크로 들여와서 0.5리터, 1리터 등의 용기에 따라서 제공한다면 리터당(참고로 한 병은 0.75리터다) 2만 원대에 충분히 마음에 드는 프랑스 정통 와인을 대중적인 와인 바에서 즐길 수 있다. 같은 양을 놓고 보면 소주 가격에 비교될 수준이다.

처음에 약 6종의 와인에 한정해 들여오면, 문화적인 접근성도 그리 문제될 것이 없다. 6종에 대한 간단한 설명으로 고객들은 초보자이든 애호가이든 상관없이 각자의 필요와 취향에 따라 마음껏 편안하게 즐길 수 있다. 이렇게 들여온 와인을 모양도 간단하고 값도 저렴한, 그러나 어떤 종류의 와인을 마시기에도 손색이 없도록 고안된 INAO 잔에 따라서 마시면 제격일 것이다. 그리고 와인의 종류는 고객의 요구에 따라 점차 다양하게 늘려가면 된다.

생각해보라. 프랑스 정통 와인을 소주 가격에 즐길 수 있는 와인 바가 존재한다면, 그리고 그 숫자가 늘어난다면 와인의 올바른 대중화에 기여하지

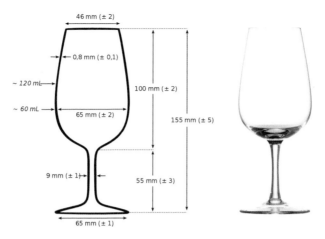

46 mm (± 2)

0,8 mm (± 0,1)

~ 120 mL

~ 60 mL

65 mm (± 2)

100 mm (± 2)

155 mm (± 5)

9 mm (± 1)

55 mm (± 3)

65 mm (± 1)

INAO 잔.

않을까? 특히 와인에 대해서 잘 모르거나 문외한인 사람들에게는 둘도 없는 와인 입문의 기회가 될 것이다. 이렇게 부담 없이 시작해서 와인을 마시다 보면 시간과 더불어 자연스럽게 와인과 친숙해질 수밖에 없다. 그리고 나머지는 그다음에 생각할 문제다. 보다 새로운 와인, 보다 특별한 와인을 마시고 싶으면 각자의 사정에 맞게 즐기면 된다.

물론 가격 대비 질이 우수한 프랑스 와인을 구매하기란 생각보다 간단하지 않다. 이런 와인을 생산하는 현지의 와이너리에 대한 사전 정보가 있어야 한다. 수많은 와인 중에서 가격 대비 품질이 우수한 와인을 찾기 위해서는 다양한 통로를 통한 사전 정보도 중요하지만 자신이 발품을 팔아 돌아다니면서 열심히 와인을 발굴해내려는 꾸준한 노력과 안목이 있어야 한다. 뿐만 아니라 그들과의 돈독한 인맥도 형성해야 한다. 가격 대비 특별히 우수한 와인을 찾았다 해도, 그런 와인은 이미 구매하고자 하는 사람이 많기 때문이다.

유감스럽지만, 나는 한국의 와인 수입업자들이 이러한 노력을 충분히 기울이지 않는다고 생각한다. 전문 인력이 모자라든지 아니면 없든지, 그것도 아니면 그런 와인은 상업성이 떨어진다고 판단하는지 모르겠지만, 소비자의 입장에서 분명 애석한 일이 아닐 수 없다. 값싼 그리고 하찮것없는 질의 칠레 와인이 대거 쏟아져 들어오는 것으로 보아, 저렴한 가격대의 와인 시장이 없는 것은 아니라고 본다. 그렇다면 부담 없는 가격으로 프랑스 여러 지역의 정통 와인을 편안히 즐기고자 하는 소비자 측의 요구가 터져 나올 날도 머지않았을까?

와인의
경제학

제 4 장

'잠정적'이었기에 영구한
보르도 와인 등급 1855

　19세기는 보르도 와인의 황금기였다. 당시에는 보르도에 샤토를 하나쯤 소유하는 것이 상류층이 향유하는 첨단의 유행 정도로 치부되기도 했다. 특히 부유한 파리의 은행가들은 보르도의 유명 와이너리를 손에 넣기 위해 천문학적인 돈을 지불하는 것도 마다하지 않았다. 메도크 지역의 포도 수확기는 그야말로 부자들의 화려한 세속적 축제였다. 각지에서 유명 인사가 모여들어 혼잡을 이루었으며, 자신들의 부를 세상에 드러내 보이는 중요한 행사이기도 했다. 이 시기에는 최신 유행의 옷을 화려하게 차려입은 사람들이 패션쇼를 즐기기도 했다. 또한 보르도, 특히 오늘날 우리가 찬미하는 메도크 지역의 샤토들이 경쟁하듯 건축되기도 했다.

　게다가 1860년에 조인된 '영·프 교역조약'은 특히 보르도 와인의 수출에 새로운 전기를 가져온다. 200년 넘게 영국은 프랑스의 해상 무역을 전면 봉쇄하여 보르도 와인의 수출, 특히 영국 수출에 절대적인 타격을 입었다. 이

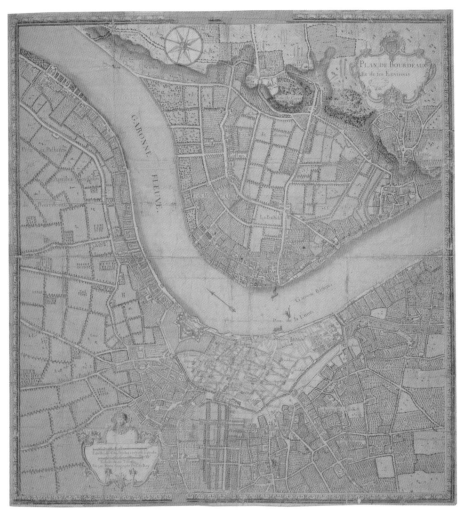

이폴리트 마티스가 그린 보르도와 그 주변의 지도(1716~1717). 가론강이 가로지르는 가운데 포도밭이 펼쳐져 있다.

는 영국인들이 포트와인으로 돌아서게 한 결정적인 계기가 되기도 했다. 영·프 교역조약과 더불어 프랑스 와인의 관세는 1815년 이래로 유지되어 왔던 것의 20분의 1로 크게 낮아졌다.

당시 영국의 재무상이었던 윌리엄 글래드스턴William Gladstone의 결정에 따라 다시 보르도 와인을 값싸게 마실 수 있게 된 영국인들은 보르도 와인을 '글래드스턴의 클라레claret'(영국에서는 보르도 레드를 그렇게 불렀다)라고 부르며 기뻐하기도 했다. 이 조약 덕분에 1860~1873년 사이 프랑스 와인의 대영 수출은 무려 8배나 증가했다. 더불어 보르도 와인의 생산량도 빠르게 증가되었다. 1858년에 190만 헥토리터, 1862년에 320만, 1869년에 450만, 1875년에는 500만을 넘어선다. 참고로 1헥토리터는 100리터를 말한다.

이와 더불어 보르도 와인의 명성도 날이 갈수록 높아만 갔다. 그 결과 고객의 구매 편의를 위해 와인의 등급을 선정할 필요도 절실해졌다. 포도밭의 가치에 따라 등급을 선정하는 것이 논리적이었을 테지만 보르도의 경우는 도메인, 즉 상표의 가치가 기준이 되었으며 이는 인간적인 요소도 필연적으로 포함할 수밖에 없다. 1855년 이전 시기에는 교역상들이 작성한 가격 리스트가 그대로 품질 보증서가 되었고, 가장 대표적인 것으로는 1770년에 작성된 로턴Lawton과 1787년의 토머스 제퍼슨 리스트가 있다. 그리고 1846년 찰스 콕스Charles Cocks가 영국에서 발간해 큰 성공을 거둔 『보르도, 그 와인과 클라레의 나라』를 들 수 있다.

이 책에서 콕스는 지금껏 작성된 적이 없는 가장 세밀하고 완벽한 보르도 와인 등급을 제안하고 있다. 그리고 등급을 선정하는 최상의 기준으로 "나에게는 가격이 각 와인에 존재하는 것으로 여겨지는 질을 측정하는 최상의 방법처럼 보인다"고 주장하며, '와인의 가격=와인의 질'이란 등식을 더욱 확고히 했다. 콕스가 1년만 더 살았어도 1855년 등급이 자신이 설정한 것과 거의 유사하다는 사실에 매우 만족했을 텐데 안타깝다.

로턴은 보르도에 정착한 영국의 거대 와인 교역상으로 보르도 와인이 세계적 명성을 얻는 데 지대한 공헌을 했다. 잘 알다시피 제퍼슨은 미국의 제3대 대통령이 되며, 벤저민 프랭클린의 뒤를 이어 주 프랑스 미국 대사를 역임했다. 이 기간 그는 와인 교역 상을 겸하기도 했는데, 1787년 5일간 메도크와 그라브Graves 지역을 방문한 후 보르도 레드 와인 등급 리스트를 작성 했다. 교역상과 네고시앙들이 건네준 가격표에 근거하고 있 는 이 리스트는 1855년의 리스트와 매우 유사해, 1855년 등 급의 시조로 간주되기도 한다. 같은 해 필라델피아로 돌아 온 제퍼슨은 보르도 방문 길에 처음 접한 샤토 뒤켐Château d'Yquem에 대해 "내가 프랑스에서 맛본 어떤 와인보다 미국 인의 입맛에 맞는 훌륭한 와인"이라 감탄하며, 조지 워싱턴 당시 대통령을 위해 360병, 그리고 자신을 위해 120병을 서 둘러 주문했다. 한때 워싱턴 대통령이 소유했던 것으로 추정 되는 샤토 뒤켐 한 병이 옥션에서 무려 2억 원이 넘는 가격에 낙찰되기도 했다.

샤토 뒤켐, 1999.

한 국가가 헌법을 제정하거나 조약을 맺을 경우, 우리는 그것이 일정 기 간 유효할 것이라 확신한다. 그러나 '잠정적provisional'이란 단서가 붙은 채 세상에 나온 보르도 등급처럼 오랜 세월 변함없이 지대한 영향을 미친 문 서는 역사적으로도 매우 드물 것이다.

1855년 파리 국제박람회를 앞두고, 잠정 구매자들의 편의를 도모해 상업 적 성공을 거둘 목적으로 서둘러 보르도 와인의 등급 리스트를 작성해야 했다. 보르도 상공회의소의 요청에 의해 '보르도 교역상 협의회'가 1855년 4월 18일 작성 발표한 이 리스트는 어디까지나 박람회 기간만을 위한 일시 적이고 '잠정적'인 것이었다. 믿기 어렵겠지만 바로 이 '잠정적'이란 단서가

파리 국제박람회(1867)에서의 나폴레옹 3세와 거대한 행사장 조감도.

붙었기에 당시 리스트에 들지 못한 많은 샤토의 거센 반발을 무마할 수 있었다.

그러나 160여 년이 지난 지금까지 바뀐 것이라고는 딱 두 개밖에 없다. 리스트가 발표되고 얼마 지나지 않아 샤토 캉트메를르Château Cantemerle가 5등급에 첨가된 것, 거의 120년이 지난 1973년에 무통 로칠드Mouton-Rothschild가 2등급에서 1등급으로 격상한 것이 전부다

세월과 더불어 여러 차례에 걸쳐 크뤼 클라세Bordeaux Crus Classés(1855년 등급에 선정된 61개의 와인)의 개정을 위한 시도가 있었고, 특히 1961년에는 거의 성공할 뻔했지만, 이미 등급에 이름을 등재한 샤토들의 격렬한 반대에 부딪혀 끝내 무산되고 말았다. 그만큼 상징적이고 무엇보다도 상업적 가치가 대단하다는 것을 증명한다. 크뤼 클라세에 선정되었다는 사실만으로 예나 지금이나 세계적인 명성을 누리며, 그 결과 판매와 가격에 절대적인 영향을 미치기 때문이다.

종이 위에 적힌 크뤼 클라세의 등급 자체에는 전혀 변화가 없었지만, 실제 시장의 영향을 받는 상황에서는 그나마 다행히도 많은 변화가 일어났다. 클리마climats(소규모로 극세분화된 특정 테루아)에 등급을 부여하는 부르고뉴와는 다르게 보르도의 등급은 상표인 샤토에 주어진 것이지 특정 테루아에 부여된 것이 아니기에, 결과적으로 같은 이름의 와인이라 할지라도 질에 상당한 변화를 초래했다. 5등급에 선정된 샤토 린치-바주Château Lynch-Bages가 웬만한 2등급 와인보다 비싸게 거래되는 반면, 2등급 중에는 시장에서 그에 합당한 대접을 받지 못하는 것들도 있다.

1855년 보르도 등급은 최고 테루아의 선정이란 관점에서 보면 매우 정확했다는 것이 입증되었다. 즉 최고의 와인을 생산하기 위해서는 최고의 테루아가 필수적이란 뜻이다. 문제는 그 테루아를 관리하는 사람인데, 등급과 무관하게 가격이 설정된다는 것은 결국 어떤 크뤼를 관리하는 사람의 정성

1855년 보르도 와인 등급 분류표.

과 능력에 기인하는 것이다.

로스차일드가는 대은행가 가문이다. 당시 프랑스 대통령이었던 퐁피두도 로스차일드 은행에서 근무한 적이 있었다. 지난날 자신을 고용해준 집안에 대한 일종의 보은이랄까? 1960년부터 1등급으로 승격하기 위해 남다른 노력을 기울였음에도 번번이 퇴짜를 맞았는데, 결국 그 꿈을 이루고 만다. 가히 '포도밭의 혁명'이라고 할 만큼 대단한 사건이었다. 1855년 리스트의 1등급에 들지 못한 울분을 삭이기 위해, 그리고 무통의 자존심을 위해 정한 가훈이 재미있다. "일등은 될 수 없고, 이등은 승낙하지 않고, 무통은 무통이다." 그리고 1973년 마침내 1등급에 오른 후 이 가훈은 다음과 같이 바뀐다. "이제는 일등, 이등은 했고, 무통은 바뀌지 않는다."

메도크와 소테른Sauternes과는 달리, 생테밀리옹Saint-Emilion은 1855년 파리 국제박람회의 덕을 보지 못했다. 그 이유는 당시 생테밀리옹에서 생산된 와인이 보르도의 교역상이 아닌 리부른Libourne의 교역상에 의해 판매되고 있었기 때문이다. 당시는 그만큼 지역주의가 강했고, 다른 한편으로 보르도 교역상의 영향력이 절대적이었음을 알 수 있다. 1867년에 개최된 파리 국제박람회부터는 생테밀리옹도 출품이 허용되었다. 하지만 생테밀리옹이 파리의 하이 소사이어티로부터 인증받기 시작한 것은 1889년 이후였다.

이 '잠정적' 리스트가 160년을 넘기리라고 믿었던 사람은 당시 아무도 없었다. 이렇게 긴 세월 동안 많은 것이 바뀌고 달라졌다. 포도밭의 경작 면적도 달라졌고, 샤토의 주인이 수차례 바뀐 곳도 많다. 당연히 변화된 현실에 맞게 이 등급의 수정을 외치는 목소리가 높으며, 이는 와인 전문가들이나 관련 전문기자들이 가장 즐겨 하는 스포츠이기도 하다. 그러나 리스트가 지닌 상징성, 특히 상상을 초월하는 상업성 때문에 어떤 수정의 시도든 곧바로 '포도밭의 전쟁'을 유발할 위험을 내포하고 있기에, 다수가 내심 현상 유지를 원하고 있다. '잠정적'이라는 꼬리표를 달고 세상에 나온 리스트

프랑스 생테밀리옹의 아름다운 정경.

가 대리석에 새겨진 묘비명처럼 영원할 수 있다는 사실이 놀라울 뿐이다.

생테밀리옹의 크뤼처럼 등급을 일정한 시기를 두고 수정하는 것은 와인의 질의 변화를 반영할 수 있다는 점에서 바람직해 보인다. 문제는 10년에한 번씩 수정하는 생테밀리옹의 등급에 실제적으로 거의 변화가 없다는 사실이다. 그만큼 등급에 선정된 샤토들이 그 유지를 위해 부단한 노력을 한다는 의미로 해석될 수도 있고, 판매와 명성에 미치는 영향이 지대해 기득권을 잡은 사람들의 수신을 위한 저항과 로비가 드세다는 의미로도 볼 수있다.

아직 와인 초보인 사람들에게 와인의 등급은 큰 실수 없이 와인을 선택하는 가장 쉬운 방편일 수도 있다. 그러나 부르고뉴의 클로 드 부조의 경우처럼 똑같은 이름의 그랑 크뤼가 80개나 되니 결국 값과 질이 다른 80종의 같은 와인에 대해 모두 꿰차고 있지 않은 이상 선택이 매우 어렵다. 실제로 마을 단위 명칭의 뛰어난 와인이 그랑 크뤼보다 훌륭한 것도 많다는 사실을 기억해두면 유용할 것이다.

어떤 회사는 사장급은 몇 등급 와인에서, 이사급은 그보다 낮은 등급 와인에서 선택하라는 지침이 존재한다고 한다. 레이블에 특히 민감한 우리의 현 와인 문화를 알기에, 보르도든 부르고뉴든 그 밖의 와인이든 레이블의 이면에 숨어 있는 내용을 살펴보는 노력과 주의가 필요하다고 본다. 그것은 곧 좋은 와인을 적절한 값에 즐길 수 있는 최상의 방법이다.

선매도 와인:
모든 메달에는 이면이 존재한다

선매도vente en primeur란 무엇인가? 지난가을 수확한 포도로 주조한 와인을 그 이듬해 봄 아직 오크통 속에서 숙성 중인 상태에서 판매하는 아주 독특한 거래를 일컫는다. 구매자는 주문 시 일부를 선금으로 지불하고, 18개월 후 와인이 배달될 때 잔금을 치른다. 또한 선매도는 세계에서 보르도의 유명 크뤼를 판매하는 데만 적용되는 독특한 와인 판매 방식이다. 그리고 선매도는 시음에 이어 이루어진다. 매해 3월 말에서 4월 초 보르도에서는 선매도 시음을 위해 전 세계의 와인 전문가, 와인업계 종사자, 미디어들이 몰려든다. 이를 통해 선매도 와인의 시장 가격이 결정되는 매우 중요한 행사다.

선매도는 생산자들에게는 아직 병입도 하지 않은 와인을 판매해 미리 매출을 올릴 수 있고, 구매자들에게는 주요 크뤼를 비교적 싼 값에 구입할 수 있다는 장점이 서로 맞물려 대성공을 거두고 있다. 세계화와 더불어 보르도의 유명 크뤼를 확보하겠다는 구매자들이 급격히 늘어나면서 이런 현상은

2017년 보르드에서 열린 선매도 마켓.

해가 갈수록 더욱 성황을 이루고 있다. 이는 또한 유명 보르도의 명성을 한 층 높이는 데도 한몫을 한다. 파커에 따르면, "프랑스 와인은 훌륭한 와인을 생산하고자 하는 야심을 가진 모든 나라를 위해 세계적인 기준으로 남아 있으며, 보르도는 언제나 아주 훌륭한 크뤼를 생산하는 가장 변함없는 지역 이다."

그렇다면 과연 선매도 와인은 어느 정도 믿을 수 있는 것일까? 세계 최고 의 와인 전문가들의 시음을 거쳐 평가를 받으니, 눈감고 믿어도 되는 걸까? 그 내막을 한번 자세히 들여다보자. 선매도 시음은 지난가을에 수확한 포 도로 주조한 와인을 이듬해 봄에 시음하는 것이다. 발효를 거쳐 기껏 4~5 개월 오크통에서 숙성을 거친 것이다. 참고로 보르도 AOC는 주조 후 최소 18개월의 숙성을 거쳐야만 병입이 가능하다. 그러니 4~5개월 지난 와인은 아직 신생아에 지나지 않는다. 신생아를 보고 그 아이의 장래를 점친다는 것은 여간 어려운 일이 아닐 수 없다. 일종의 모험이고 점성술에 가깝다.

게다가 선매도 시음 때 내놓는 와인은 소위 '기자용 샘플'이다. 무슨 얘기 인가 하면, 선매도 시음을 위해 최상의 조건에서 나오는 소량의 와인을 별 도로 주조하는 생산자들이 많다는 사실이다. 어떤 샤토에 속하는 최고의 테루아에서 생산된 최상급의 포도로 주조한 특별 와인으로 새 오크통에서 숙성을 시키며, 심지어 오크 나무토막을 넣기도 한다. 다시 말해서 와인의 주조에 필요한 모든 테크닉이 단시간 내에 집중적으로 적용되는데, 선매도 시음 때 최대한 숙성된 것처럼 맛과 향을 위장하기 위한 목적에서다.

전문 시음가들, 특히 파커에게는 새 오크통 향(나무 향이라 표현하는데, 실제는 바닐라와 구운 토스트 향에 가깝다)이 배어나야 수준급 와인으로 인정받기에 이를 위한 노력이 눈물겹다. 정상적이라면 12~24개월이 지나야 이와 같은 향이 와인에 스며드는데, 선매도 시음은 주조 후 5개월 정도 지난 다음에 진행되기에 나무 향을 내기에 적합한 특수 오크통에서 급속 숙성을 거치는 경우가 허다하다. 그러다 보니 아무리 전문가가 시음한다고 해도, 이 신생아의 장래에 대해 정확히 내다보기는 힘들며, 일종의 '가정'에 그칠 수밖에 없는 것이 엄연한 사실이다.

'기자용 샘플'이라 불리는 와인은 생산자에 따라 차이는 있지만, 보통 2000~3000병 정도 소규모 생산되며, 이는 전체 생산량의 5퍼센트에도 못 미치는 경우가 대부분이다. 그리고 이 같은 사실을 밝히는 경우는 절대 없다. 나머지 95퍼센트의 와인이 시음에 사용된 와인보다 질이 떨어질 것이라 쉽게 짐작할 수 있는 대목이다.

오랫동안 『르피가로』의 와인 전문 기자를 하다 지금은 랑그도크에서 와인 생산자로 변모한 샹탈 르쿠티Chantal Lecouty는 와인 생산자들이 암암리에 자행하는 이런 비신사적 행위에 대해 "와인 주조 통마다 경찰을 동원해 감시할 수도 없고, 기자들은 생산자들이 제공하는 와인만 시음한다"고 지적하면서, 파커의 기호에 맞추기 위해 인위적으로 소위 '파커 와인barrique Parker'을 주조하는 생산자가 있는가 하면, 아예 주변의 유명 와인을 복사하려고 시도하는 생산자에 이르기까지 양심적이지 못한 이들이 많다고 개탄한다.

그 밖에도 선매도 시음에 대해 여러 의문점이 남는다. 도대체 무엇 때문에 이처럼 엉터리 시스템임에도 그토록 엄청난 영향력을 발휘하는 것일까?

아무리 전문가의 시음을 거친 와인이라 해도 18개월 후에나 병입될 와인과 질이 동일하리라는 보장도 없지 않은가?

프랑스의 저명한 와인 전문가이며, 수십 권의 와인 관련 책을 저술한 미셸 도바즈Michel Dovaz는 다음과 같이 강조한다. "만약 보르도 와인을 몇 개월 만에 생산할 수 있고 병입하여 판매할 수 있다면 벌써 오래전부터 그렇게 해왔을 것이며, 실제 보졸레 누보에서 그렇게 하고 있다. 하지만 보르도의 유명 와인은 약 18개월 정도 오랜 기간 동안 오크통 안에서 숙성이 필요하다."

50년 전만 해도 보르도의 어떤 샤토도 자신이 생산한 이처럼 어린 와인을 외부 전문가들에게 시음하게 할 생각조차 하지 못했던 것이 사실이다. 하지만 파커의 생각은 다르다. 그는 6개월 된 와인이나 20개월 된 와인이나 "정말 훌륭한 와인은 처음부터 확연히 다르다"고 주장한다. 아주 어린 와인의 장래를 예견할 수 있는 파커만의 독특한 능력인지 모르겠다. 어쨌든 상황이 이렇다 보니, 선매도 와인에 대한 전문가들의 비판이 점점 거세지고 있다는 것 또한 부인할 수 없는 사실이다.

또 한 가지 지적해야 할 대목은, 거의 모든 주요 샤토들이 세컨드 와인을 생산한다는 사실이다. 최상의 주조통cuvees에 든 와인으로 정품을 만들고, 나머지로 2등급을 주조하는 것이다. 하지만 이에 대한 아무런 법적 기준이 없기에 어떻게 하는지는 각 샤토만의 비밀이다. 예를 들어 대규모 주문이 들어올 경우, 원래 세컨드 와인을 위해 주조된 것이 정품 주조통과 섞여 판매될 가능성은 얼마든지 있다. 정품과 세컨드 와인의 가격 차이가 3~4배 이상 나니, 그럴 만도 할 것이다. 그렇기에 선매도 와인 시음이 와인의 질과 빈티지에 대한 일반적인 평가를 가능케 해준다면, 가장 믿을 만한 시음 방식은 병입 후의 시음일 것이다. 이 같은 혼란을 차단하기 위해 일부 유명 샤토에서는 정품에 사용하는 양을 공개하기도 한다.

예를 들어 하잘것없는 빈티지로 알려진 2007년의 경우, 라피트 로칠드,

린치 바지, 피숑 바롱 혹은 뒤크뤼 보카이유는 정품을 주조하는 데 사용한 것이 전체 생산량의 30~40퍼센트에 지나지 않았다고 발표했다. 보통 빈티지의 경우 50~60퍼센트를 정품 생산에 사용하고, 나머지 40~50퍼센트는 세컨드 와인을 만드는 데 사용하는 것에 비하면 차이가 크다. 때로는 엄청난 경제적 손실을 감수하면서 이렇게 철저한 품질관리를 할 때 유명 와인은 그 명성을 유지할 수 있다. 그리고 이러한 철저한 관리는 장기적인 안목에서 지속적인 성공을 보장해준다.

투기로 널뛰는
보르도 와인 가격

2007년 말경 프랑스의 미디어를 떠들썩하게 한 사건이 하나 있었다. 한 중국 갑부가 드골 공항의 면세점에서 무려 시가 6000만 원이 넘는 최고급 와인(페투리스, 마고, 슈발 블랑 등) 몇 병을 비행기 타기 직전에 서둘러 구매했는데, 이 공항 면세점 역사상 한 고객이 구매한 최고의 금액이란 내용이었다. 그전의 기록은 약 3500만 원 정도였는데, 이도 중국 사람이 최상급 와인을 구매하며 세운 기록이란다. 자기 나라 상품을 그것도 최고 비싼 것만 골라서 팔아주니 반가운 일이지만, 현지 언론의 보도 논조는 호기심에다 약간 의외라는 투가 덧붙어 다분히 냉소적이었다.

사실 2000년 이전 보르도의 크뤼 클라세(1855년 등급에 선정된 61개의 와인)의 가격은 어느 정도 합당했다. 그러다 2000년에 들어서면서 가격은 어지러울 정도로 폭등한다. 우선 빈티지 자체가 특별히 좋은 데다 새로운 밀레니엄의 시작을 알리는 2000년이란 상징적 의미까지 겹쳐 전 세계적으로

보르도의 크뤼 클라세.

집중적인 수집과 투기의 대상이 되었기 때문이다. 게다가 당시는 세계 경기가 투자 버블로 호황을 누리던 시기라 부르는 게 값이었다.

진정 와인을 사랑하는 사람들에게는 매우 불행스럽게도 언제부턴가 와인 투기가 전 세계 부자들이 애호하는 일종의 스포츠가 되었다. 스위스의 UBS 은행에는 와인 투기를 담당하는 전문 부서가 생겨날 정도다. 그도 그럴 것이 와인에 투자하면 수익률이 연평균 25퍼센트를 상회한다고 한다. 그 대상이 무엇이든 인간은 이윤 앞에서는 물불을 가리지 않나 보다.

그렇다면 보르도의 주요 와인 가격이 어떻게 널뛰기를 했을까? 이해를 돕기 위해 예를 하나 들어보자. 샤토 마고Château Margaux의 선매도 가격 변화를 살펴보는 것만으로 상황을 짐작하고도 남으리라. 샤토 마고의 가격은 병당 1993년에 23.63유로 하던 것이 1999년에는 70유로, 그리고 2000년에는 120유로로 급속히 오른다. 빈티지가 좋지 않은 2001년, 2002년, 2004년에는 가격이 일시 하락했다가(각각 85, 60, 80유로) 2005년에 다시 350유로로 급격히 치솟는다. 전년도 대비 자그마치 440퍼센트나 급등한 가격이다. 2006년에 270유로로 조금 주춤하긴 했지만, 여전히 엄청나게 비싼 가격이다.

샤토 마고.

2006년은 투기를 할 만큼 좋은 빈티지가 아니라 영국과 미국 시장에서 홀대를 받았는데, 아시아 시장이 기다렸다는 듯 높은 가격에 구매해준 덕분에 그만한 가격의 유지가 가능했다. 선매도 가격이 이 정도이니 일반 시장에서는 병당 1000유로를 호가하는 것이 예사였고, 최종 소비자가는 2500유로를 상회하기도 했다. 한마디로 와인 값이 투기에 놀아나 미쳐버린 것이다. 최상급 와인이라 해도 순수한 원가 차원에서 볼 때 병당 생산 가격은 12유로 정도라니, 상상을 초월하는 폭리다.

보르도의 크뤼 클라세는 부르는 게 값이고 없어서 못 파는 실정이라면, 그 이면은 매우 어둡다. 무슨 말인가 하면, 일반 AOC 보르도의 가격은 계속해서 하락하고 있지만 그럼에도 판로를 찾지 못해 난리다. 크뤼 클라세와 일반 AOC 간의 가격 격차는 해가 갈수록 심해지고 있다.

예를 하나 들어보자. 1990년 AOC 리스트락Listrac의 평판이 좋은 크뤼 부

샤토 사랑소 뒤프레.　　　　　　　　샤토 피숑 롱그빌 콩테스 드 랄랑드.

르주아인 샤토 사랑소 뒤프레Château Saransot-Dupré는 9유로로, 2등급인 샤토 피숑 롱그빌 콩테스 드 랄랑드Château Pichon-Longueville-Comtesse-de-Lalande는 27유로, 그리고 1등급인 샤토 마고는 37유로로 판매되었다. 현재 도매상 가격으로 사랑소 뒤프레는 여전히 10유로를 넘기지 못하고 있는 반면, 피숑 롱그빌은 90~150유로, 마고는 500유로에 거래되고 있다. 얼마 전 생테밀리옹의 한 와인 가게에서 생테밀리옹의 특등급 와인인 샤토 오존느Château-Ausone 한 병이 3500유로에 거래되었다고 한다. 그곳으로부터 겨우 20킬로미터 떨어진 곳에서 일반 보르도 AOC는 리터당 겨우 1유로에 거래되고 있는 것이 엄연한 현실이다.

턱없이 비싼 보르도 크뤼 클라세의 가격은 투기에 의해 조작된 것이라 결코 정당하다고 보기 힘들다. 유명 샤토들이 하나씩 거대 자본의 손에 넘어가는 것도 이 같은 추세를 부추기는 데 일익을 했으리라. 사실 샤토 라투르

Château Latour나 샤토 디켐Château d'Yquem 등이 프랑스의 최대 자본가들 손에 들어갔으며, 이러한 현상은 와이너리의 투자 가치가 존속하는 한 계속될 전망이다. 뿐만 아니라 레이블을 중시하는 러시아와 아시아 시장도 가격을 치솟게 하는 데 톡톡히 한몫을 하고 있다. 크뤼 클라세의 마구잡이식 선매도를 위해 마카오나 홍콩에 사무실을 개설한 유럽의 유명 와인 거래상에다 백지 수표를 맡겨오는 중국의 거부도 많다고 한다. 그러니 현지의 와인 애호가들 사이에서 아시아의 졸부들이 터무니없이 와인 가격만 올려놓았다는 볼멘소리가 터져 나올 만도 한다. 또한 진정한 와인의 가치에 기준을 두기보다 대외 전시용인 레이블로 마시는 경향이 두드러진 우리네 와인 문화에 대해서도 이즈음에서 한번쯤 성찰의 시간을 가져보는 것도 좋으리라.

부르고뉴 그랑 크뤼의
운명

'로마네 콩티!' 그 이름만으로도 모든 와인 애호가의 가슴을 설레게 하는 와인이다. 본 로마네는 부르고뉴의 한적한 마을 한편, 경사가 완만한 언덕에 특별히 눈에 띄는 것이라곤 찾아볼 수 없는 아주 작은 포도밭이다. 처음 방문하는 사람에게는 초라하다는 느낌을 줄 정도다. 세계에서 가장 '고귀한'('유명한'이 아니다) 와인이란 사전 정보를 가지고 큰 기대를 안고 방문한다면 더욱 그러하리라.

오래된 낡은 돌담이 있는 입구에 '로마네 콩티'란 작은 푯말을 발견하고는 혹 잘못 찾아온 게 아닌가 의아할 정도다. 그 규모도 고작 1.85헥타르로 정말 작다. 그런데 여기서 생산되는 와인이 장장 5세기 전부터 와인의 신화를 만들어오고 있는 바로 그 '로마네 콩티'다. 1512년 이래 경작 면적이 단 한 뼘도 변한 적이 없다! 연간 생산량은 약 6000병 정도에 불과하다. 당연히 엄청 비싸다. 2000년 빈티지가 6000유로 정도에 그리고 1990년 것은

로마네 콩티 2000년 빈티지와 1990년 빈티지.

9000유로로 거래되고 있다. 로마네 콩티를 한 잔 마신다는 것은 어떤 의미로 역사에 입술을 맞추는 일이기도 하다.

　로마네 콩티를 포함한 도메인 로마네 콩티DRC, Domaine Romanée-Conti는 재배 면적이 25헥타르이며, 코트 도르Côte d'Or 최고의 테루아로 이루어져 있다. 라 타쉬La Tâche(100퍼센트), 리쉬부르Le Richebourg(50퍼센트), 로마네 생비방La Romanée Saint-Vivant(9헥타르 중 5헥타르), 그랑 에세조Les Grands Echézeaux(3분의 1), 에세조Exhézeaux 일부, 몽라셰Montrachet 일부, 바타르 몽라셰Batard-Montrachet 약간을 포함한다. DRC는 빌렌Villaine과 르루아Leroy 양가의 소유이고, 총 주주는 30명이며, 40년 전부터 오베르 드 빌렌Aubert de Villaine이 세계적인 이 유산을 왕실의 근위병처럼 수호하고 있다. DRC의 값어치는 5~10억 유로 정도로 예상되지만, 실제 값을 매길 수 없다는 것이 전문가들의 견해다. 아이러니할지 모르지만, 세계에서 가장 비싼 땅은 부르고뉴의 시골 한 구석에 보석처럼 숨겨져 있는 것이다. 그리고 오베르 드 빌렌은 이 와이너리가 거대 자본가의 손에 넘어가는 것을 앞장서 막고 있다.

잘 알다시피 로마네 콩티는 돈만 준다고 살 수 있는 와인이 결코 아니다. 로마네 콩티를 '마실 만한 자격이 있는' 애호가들에게만 철저히 선별해서 판매한다는 것이 드 빌렌의 철학이고 철칙이다. 그리고 로마네 콩티 한 병을 구입하기 위해서는 11~13병의 다른 DRC 와인을 함께 구매해야 한다.

고급 와인의 투기를 막기 위해 누구보다 열성인 드 빌렌은 수천 명에 해당하는 구매자의 리스트allocataires, 보다 정확히는 수혜자의 리스트를 작성해 직접 발송하며, 각 병에는 고유의 일련번호가 붙어 있다. 이후 와인의 행적을 추적해 만약에 투기자의 손에 넘어갔다는 증거가 밝혀지면, 그자는 영원히 구매자 리스트에서 지워진다. 실제로 이베이에 나온 로마네 콩티의 고유 일련번호를 추적해 판매자를 가려내기도 하는데, 추적을 피하기 위해 아예 일련번호를 삭제해서 내놓는 사람도 있다고 한다.

구매하기가 하늘의 별 따기인 데다, 구매 후 바로 재판매를 해도 구매 가격의 3~4배는 쉽게 받을 수 있기에, 온갖 조처에도 이런 유혹에 넘어가는 사람이 있다. 사실 로마네 콩티 한 병만 팔면 나머지 DRC 11~13병은 매년 공짜로 얻는 거나 다름이 없다. 그래서 '매년 구매자 리스트에서 지워지는 고객들이 있다'고 드 빌렌은 전하고 있으며, 그는 이런 몰지각한 행위를 '죄'라고 표현하는 데 주저하지 않는다.

비록 DRC가 아니라 할지라도 부르고뉴의 유명 그랑 크뤼는 많은 경우 이 같은 투기 시장의 희생자가 되고 있다. 코쉬-뒤리Coche-Dury, 콩트 라퐁 Comtes Lafon, 르루아Leroy, 조바르Jobard 등이 이 경우에 속한다. 예를 들어 루미에Roumier가 생산하는 그랑 크뤼인 뮈지뉘Musigny의 경우도 병당 80유로에 팔린 것이 불과 몇 주 사이에 1000유로를 호가하기도 한다. DRC와 더불어 이들 와인은 와인의 행적을 추적하고 투기를 예방할 목적으로, 모두

로마네 콩티 포도밭과 오베르 드 빌렌.

고유 일련번호를 병에 부착하고 있다. 부르고뉴 그랑 크뤼는 보르도와 달리 (참고로 보르도의 5대 샤토는 평균 25만 병 정도 생산한다) 크뤼당 수천 병, 많을 경우에 1만5000병 정도 소량을 생산하기에 희귀성이 매우 높기 때문이다.

드 빌렌을 비롯한 주요 부르고뉴 그랑 크뤼 생산자들의 힘겨운 노력에도 규칙을 어기고 투기자들에게 고가로 판매하는 몰지각한 사람들을 완전히 배제할 수가 없는 것이 쓸쓸한 현실이기도 하다. 익명을 요구한 한 네고시앙에 따르면, "투기자들은 언제든 프랑스와 영국의 어디에서 로마네 콩티를 구매할 수 있는지 알고 있다"고 한다. 로마네 콩티의 구매 리스트에 오른 레스토랑들이 구매한 것 중에서 한두 병이 나오기도 하며, 심지어 12병짜리 박스로 꾸며져 아시아의 거부들에게 상상을 초월하는 가격에 팔려나가기도 한다. 이런 거래를 주로 하는 것으로 알려진 회사로는 프랑스의 뱅 라르Vins rares와 영국의 파이니스트 와인스Finest Wines가 유명하다.

그랑 크뤼로 태어난다는 것은 자랑스러운 일이다. 그러나 케네디가를 비롯한 유명 집안의 내막을 들여다보면 생각 이상으로 그들의 운명이 순탄치만은 않듯이, 그랑 크뤼의 운명도 그리 순탄하지만은 않다. 우선 투기의 대상이 되기 쉽다는 것에서부터 세계 도처의 거부들과 투기꾼들이 경쟁하듯 찾는 와인이기에, 그랑 크뤼로 태어나면 대륙을 옮겨 다니는 긴 여행을 하는 경우가 많다. 유럽에서 미국과 아시아 대륙으로, 또 수십 년이 지나서 다시 유럽 대륙으로 되돌아오는 경우도 있다. 일단 투기의 대상이 되면 아무리 귀하고 고상한 그리고 특히 쉽게 손상을 입을 수 있는 와인이라 할지라도 단순한 상품으로 전락하고 만다. 그리고 그 많은 거리를 어떤 조건으로 여행했는지, 또 도착지마다 어떤 조건에서 보관되었는지 알 수가 없다. 바로 여기에 와인의 투기에 따른 빈번한 판매상의 문제가 발생한다.

미국의 한 실험실에서 와인은 30도가 넘어가면 색깔이 탁해지고, 보관 가능성을 높여주는 SO2의 양이 줄어들며, 무엇보다도 암을 유발시키는 요소로 알려진 카보나이트-에틸carbonate-ethyl의 양이 급증한다는 결과를 내놓아 많은 사람의 간담을 서늘하게 했다. 뿐만 아니라 와인의 맛도 크게 손상을 입는다고 한다. 세계화와 더불어 이제 프랑스의 고급 와인은 명품의 히나로 자리 잡았다. 그럼에도 와인은 어디까지나 와인이다. 즉 살아 있는 생명체로 꾸준히 변화를 거듭한다.

게다가 와인 자체가 투기의 대상이다보니, 와인의 궁극적 목적인 마시는 즐거움을 주지 못하고 상품으로 이 사람 저 사람의 손을 거쳐 팔리고, 교환되는 사나운 운명을 맞게 된다. 너무도 유명한 생테밀리옹의 일등급 A인 샤토 오존느의 소유주인 알랭 보티에Alain Vauthier는 "우리가 생산한 와인의 80퍼센트는 더 이상 마셔지지 않는다"고 한탄 섞인 불평을 털어놓았다. 마시는 와인에서 투기와 컬렉션을 위한 와인으로 변해버린 것이다. 이는 부르고뉴의 유명 그랑 크뤼의 경우에도 마찬가지일 것이다. 진정 와인을 사랑하는 애호가들에게는 정말 안타까운 일이지만, 한편으로는 어쩔 수 없는 현실이기도 하다.

거부들이
와이너리로 몰려드는 까닭은?

　프랑수아 피노François Pinault, 베르나르 아르노Bernard Arnault, 다소Dassault, 푸조Peugeot, 부이그Bouygues, 베르타이메르Wertheimer, 몽메자Momméja, 뱅상 볼로레Vincent Bollroré, 미카엘 슈마허Michael Schmacher! 그리 익숙한 이름이 아닐지도 모른다. 그러나 내막을 조금만 들여다보면, 금방 고개를 끄덕일 것이다. 그렇다면 이들의 공통점은 뭘까? 답은 억만장자에다 슈마허를 제외한 모두가 주요 와이너리를 하나 혹은 여러 개 소유하고 있다는 점이다.

　피노는 프렝탕 백화점을 비롯해 여러 대규모 유통망을 거느린 거대 그룹이다. 1993년엔 와인 애호가라면 누구나 꿈에 그리는 샤토 라투르Château La-tour를 손에 넣었다. 정확한 거래액은 비밀에 부쳐져 있지만, 당시 500~600만 프랑(90만 유로) 정도에 매입한 것으로 추정되며, 현 시가는 600만 유로 정도로 감정되고 있다. 불과 15년 사이에 무려 6~7배가 뛴 것이다! 와인 가격도 천정부지로 치솟았다. 2000년산 마그넘 한 병이 3588유로(600만 원 이

샤토 라투르.

상)에 거래되고 있다. 훌륭한 빈티지로 소문난 2005년산은 선매도에서 병당 매우 높은 가격인 350유로(45만 원)에 팔려나갔다. 2007년도에 병입된 이 와인은 현재 인터넷에서 1300유로에 거래되고 있다.

아르노는 루이비통, 모에샹동을 비롯한 주요 샹파뉴, 헤네시 코냑 등을 소유한 LVMH 그룹의 회장으로, 말 그대로 명품의 세계 일인자다. 그는 1998년 오랜 지인인 알베르 프레르Albert Frère와 함께 생테밀리옹의 특일등급premier grand cru classé 'A'인 샤토 슈발 블랑을 사들였다. 선매도에서 병당 1993년에 120프랑(18유로), 2001년에 130유로 그리고 전문가들에 의해 예외적인 빈티지로 꼽히는 2005년산은 무려 400유로로 가격이 하늘 높은 줄 모르고 치솟았다. 2000년대 들어 아르노는 일찍이 토머스 제퍼슨의 언급으로 더욱 유명해진 샤토 뒤켐을 보르도의 정통 와인 명가인 뤼르 살뤼스Lur

Saluces가로부터 힘든 공략 끝에 마침내 손에 넣는 데 성공했다.

프랑스 최대 타이쿤들인 피노와 아르노는 디올Dior과 구찌Gucci의 소유자로 이미 명품 시장에서 칼날선 전투를 벌여왔는데, 이제는 최상의 포도밭과 와인으로까지 전선이 확장되었다. 그리고 이런 현상은 프랑스의 다른 거부들에게도 영향을 미친 것으로 보인다. 샤넬Chanel의 소유자인 베르타이머가는 마고에 위치한 2등급 와인인 샤토 로잔 세글라Château Rausan Ségla를 이미 소유하고 있었는데, 1996년 생테밀리옹 1등급인 샤토 카농Château Canon을 구입했다. 세계 최대의 건설 회사인 부이그 그룹은 또한 프랑스 최대의 TV 방송인 TF1과 이동통신 회사를 거느리고 있기도 하다.

이 그룹은 현재 생테스테프에 위치한 환상적인 2등급 와인인 샤토 몽로즈Château Montrose를 소유하고 있다. 에르메스Hermès 그룹의 소유주인 몽메자가는 리스트락Listrac에 샤토 푸르카 호스텐Château Fourcas Hosten을 소유하고 있으며, 이 샤토는 그들의 지기인 로스차일드가(에드몽계)의 소유인 샤토 클라크Château Clarke에 인접해 있다.

자동차 그룹으로 유명한 푸조가는 소테른의 일등급premier grand cru classé 와인인 샤토 귀로Château Guiraud의 소유자다. 이 와인은 나폴레옹의 패망에 충격을 받아 레이블을 조기처럼 검정색으로만 붙인 것으로도 유명하며, 지금도 여전히 같은 레이블을 사용하고 있어 한눈에 구별이 쉽다.

볼로레는 언론과 금융의 거부로, 사르코지 대통령과 가장 가까운 사람으로도 유명하다. 대통령 당선자가 지중해에서 볼로레 소유의 거대한 요트 위에서 휴가를 보내는 사진이 공개되면서 여론의 지탄을 받기도 했으며, 이후 블링블링bling-bling 대통령이란 달갑지 않은 별명을 얻기도 했다. 볼로레는 다른 프랑스 거부들과는 달리, 보르도가 아닌 프로방스 지방의 라 크루아 발메La Croix Valmer를 소유하고 있다. 어쩌면 그의 화려한 요트 위에서 자신의 와이너리를 감상하는 호사를 누리고 싶었는지도 모르겠다. 그밖에 라팔

샤토 카농.

샤토 귀로.

전투기 등 군수산업의 일인자인 다소 그룹은 동명의 샤토 다소Château Das-sault를 소유하고 있다.

페라리를 몰면서 여러 해에 걸쳐 포뮬러 원(F1)의 챔피언이었던 슈마허의 경우는 약간 동정심을 자아내게 한다. 그는 20여 년 전에 프랑스 남부의 유명 휴양도시인 생라파엘Saint Raphaël 근처에 15헥타르에 달하는 도메인 드 테르 오트Domaine de Terres Hautes를 사들였다. 자신의 유명세를 앞세운 와인을 생산하겠다는 확실한 신념과 함께. 불행히도 양조장 건물을 건설하는 데 필요한 허가를 얻지 못해, 생산한 포도를 다른 양조장에 팔아넘기는 것으로 만족해야 했다. 하지만 운 좋은 사람에게는 불행도 행운이 되는지, 그 사이 그가 구매한 토지의 가격이 천정부지로 치솟았다고 한다.

그렇다면 도대체 무슨 이유로 거부들이 앞다투어 유명 포도밭으로 몰려드는 걸까? 스위스 UBS 은행의 자회사인 와인 뱅킹Wine Banking의 사장인 장뤼크 쿠페Jean-Luc Coupet에 따르면, "매입은 각기 독특한 논리를 따른다"고 한다. 성주처럼 살면서 자신의 와이너리에서 생산한 와인을 마신다는 자부심이 가장 큰 동기라고 한다. 그리고 유명 와인의 유명세를 통해 인맥을 넓히고, 자신들 그룹의 이미지 홍보에도 활용한다. 이런 현상은 이미 19세기부터 있어왔고, 대표적인 예로 로스차일드가를 들 수 있다.

이것만이 거부들이 경쟁하듯 와이너리를 사들이는 이유의 전부는 아니다. 와이너리를 매입하는 것은 새로운 형태의 투자다. 게다가 부자들에게 부과하는 높은 세금ISF을 피할 수 있는 좋은 기회이기도 하다. 포도 경작이란 농업 분야에 투자함으로써 적지 않는 세금 혜택을 받기에, 부자들에 대한 세금 부과가 프랑스에 비해 상대적으로 낮은 벨기에나 영국으로 사회적 지탄을 감수해가며 무리하게 이주하지 않아도 되는 좋은 방편인 것이다. 한 거대 투자자본가의 말을 빌리면, "세금을 분산시킬 수 있는 한 방편이며, 증권의 수치를 쳐다보는 것보다 (포도밭을 쳐다보는 것이) 유쾌하다." 즉 현실적이익에다 어느 정도 낭만성도 가미된 절묘한 선택이니 그야말로 일석이조인 셈이다.

하지만 가장 큰 이유는 유명 와인의 상상을 초월하는 수익성이다. 빈티지에 따라 매해 가격의 차이는 있지만, 전반적으로 보르도의 유명 와인 가격은 부르는 게 값이다. 보르도 일등급 와인을 한 병 생산하는 원가는 10~15유로 정도로 추산된다. 높게 잡아 15유로라 해도 2000년 빈티지는 선매도에서 병당 343유로에 거래되었다. 병당 이윤이 자그마치 328유로다! 예를 들어 100헥타르의 재배 면적을 가진 샤토 라피트 로칠드의 경우 선매도 가격만으로 1억180만 유로의 판매 이익을 챙길 수 있다는 계산이 나온다. 모두 선매도로만 판매하지 않으니, 실제 수익은 이보다 훨씬 높을 수밖에 없다. 수익성이 이 정도니 돈 냄새를 누구보다 잘 맡는 거부들이 유명 와이너리로 몰려드는 것은 너무도 당연해 보인다.

플라잉 와인메이커

플라잉 와인메이커Flying Wine-Makers, 낯선 단어일 수 있다. 1990년대 이후 등장한 새롭게 각광받는 직업으로, 전 세계의 주요 와이너리를 돌면서 보다 양질의 그리고 해마다 질의 변화가 적은 와인을 생산하기를 바라는 와인 생산자들에게 전문적인 컨설팅을 해주는 와인 주조 전문가를 말한다.

2004년 조너선 노시터Jonathan Nossiter가 제작한 「몬도비노Mondovino」라는 와인 관련 다큐멘터리 영화가 화제가 된 적이 있었다. 자본주의화, 스탠더드화 되어가는 글로벌 시대의 상표 와인에 대한 나름대로의 날카로운 비판과 장인정신으로 주조되는 테루아 와인에 대한 열렬한 변호를 주제로 한 다큐 영화였다.

이 영화에는 운전기사를 거느리고 고급 벤츠 승용차로 이동하면서 보르도의 주요 샤토를 돌며 와인 주조에 대한 컨설팅을 하는 사람이 나온다. 그의 이름은 미셸 롤랑Michel Rolland이다. 자타가 공인하는 세계 최고의 플라잉 와인메이커다. 그의 부모는 포머롤Pomerol과 생테밀리옹 사이에 위치한 소규모 와이너리인 샤토 르 봉 파스퇴르Château Le Bon Pasteur를 소유하고 있었다. 한마디로 와인 속에서 태어나고 자란 사람이다.

와인 테이스팅에 로버드 파커가 있나년, 와인메이커에는 미셸 롤랑이 있다. 공교롭게도 두 사람은 모두 1947년생이다. 우연인지 모르겠지만 1947년은 1세기에 한 번 나올까 말까 하는 보르도 최고의 빈티지가 생산된 해이기도 하다. 뿐만 아니라 두 사람은 개인적으로도 매우 가까운 사이로 알려져 있다. 그리고 롤랑이 자문하는 와이너리의 와인은 거의 언제나 파커로부터 좋은 점수를 받는다. 그들이 지향하는 와인의 질에 대한 기준이나 취향(새로운 오크통에서 숙성해 구운 토스트 향이 나고, 파워풀하면서도 특성이 분명히 드러나는 와인 등)이 비슷하기 때문일 것이다. 그러나 둘의 개인적 친분이 두터운 것도 완전히 배제할 수는 없을 것이다.

롤랑은 1985년 생테밀리옹의 랑젤루스L'Angélus와 트로롱 몽도Troplong Mondot의 주조를 성공적으로 컨설팅하면서 이 분야에 두각을 나타내기 시작했다. 그는 그의 와인 주조 기술을 보르도 지역의 주요 샤토는 물론 미국과 인도에까지 고가의 컨설팅 비용을 받고 팔고 있다. 예를 들어 캘리포니아의 최상급 와인 중 하나인 할런 에스테이트Harlan Estate에서 생산하는 특별 큐베cuvée인 플루리버스Pluribus 주조를 컨설팅하고 있다. 특히 인도 최대의 와이너리인 그루버Groover(연 200만 병 생산)의 최상급 와인인 라 레제브La Réserve의 레이블에는 다음과 같은 특별한 문구가 새겨져 있다. "미셸 롤랑과의 협력으로 생산된Made in the collaboration of Mr. Michel Rolland, Bordeaux, France."

다음으로 소테른 출신인 드니 뒤부르디외Denis Dubourdieu를 들 수 있다. 와인 주조 전문가이자 보르도 대학 와인학 교수이며, 자신이 샤토 레이농Reynon 등의 와인 생산자이기도 한 뒤부르디외도 보르도 지역을 비롯해 전

미셸 롤랑.

세계 주요 와인 생산지에 고객을 확보하고 있다. 뿐만 아니라 바롱 필립 드
로칠드와 로버트 몬다비가 합작으로 생산하는 캘리포니아 레드 와인의 최
상급 중 하나인 오푸스 원Opus One은 그의 제자인 미셸 실라키Michel Silacci
가 주조를 맡고 있다. 또한 스페인에서 가장 유명한 와인메이커 중 한 명이
자 스페인 최고의 화이트 중 하나인 컬렉션 125Collection 125를 주조한 페르
난도 쉬비트Fernando Chivite도 그의 제자다. 그는 와인 주조에 관한 한 반신
으로 추앙받기도 한다.

위의 두 사람이 와인 속에서 태어나고 자랐다면, 스테판 드르농쿠르Sté-
phane Derenoncourt의 경우는 매우 예외적이다. 그는 와이너리가 전혀 없는 프
랑스 북부의 블로느Boulogne에서 태어났으며, 와인 주조에 대한 전문적인
교육도 받지 않았다. 단지 생테밀리옹 지역에서 견습생으로 일하면서 배운
지식으로 세계적으로 유명한 플라잉 와인메이커가 된 케이스이며, 현재 약
50여 개 와이너리를 컨설팅하고 있다. 하지만 그의 명성은 대단해 이탈리아
의 전설적인 와이너리인 안티노리Piero Antinori와 영화 「대부」 「지옥의 묵시

드니 뒤부르디외.　　　　　　　　　　　스테판 드르농쿠르. © Patrick Loubet

록」 등의 감독으로 유명한 프랑시스 코폴라 감독의 캘리포니아 와이너리(약 100헥타르)의 최상급 큐베인 루비콘Rubicon의 주조를 컨설팅하고 있다. 루비콘은 병당 가격이 무려 300달러에 이르기도 한다.

　그 밖에도 세계 도처에서 프랑스의 뛰어난 와인 주조 기술을 전파하는 플라잉 와인메이커가 많다. 로랑 메쥐토팽Laurent Metge-Toppin은 동남아 최대의 와이너리인 태국의 시암 와이너리Siam Winery의 와인 전문가이고, 베르나르 장장Bernard Jeanjean은 25년 전부터 중국에 진출해 와인을 주조하고 있으며, 생테밀리옹 출신이다. 샤토 클라크의 전임 디렉터였던 제라르 콜랭Gérard Colin은 1990년 후반부터 중국에 진출해 중국 최초의 고급 와인으로 간주되는 그레이스 비니어드Grace Vineyard를 생산하고 있다. 2007년 중국은 재배 면적 기준으로 세계에서 다섯 번째로 큰 와인 주조용 포도 생산국이 되었으며, 현재는 첫 번째 와인 생산국의 자리를 넘보고 있다.

　현재 스페인의 최고 스타 와인메이커로 각광을 받고 있는 이냐시오 미구엘Ignacio Miguel도 프랑스, 특히 보르도의 영향을 받았다. 또한 스페인 최고의 레드 와인 중 하나로 꼽히는 베가 시실리아Vega Sicilia를 생산하는 자비에 오자스Xavier Ausas는 보르도에서 건너왔으며, 스페인의 유명 와인 생산지 다섯 곳(La Rioja, Ribera del Duero, La Mancha, Priorato 등)의 주요 와이너리를 컨설팅하고 있는 30대의 젊은 떠오르는 별인 스테판 뵈레Stéphan Beuret는 현재 그의 고객의 거의 대부분을 보르도 대학에서 와인학을 공부하는 동안 만났다.

호주를 비롯해서 그 밖의 다른 아시아 국가의 플라잉 와인메이커들도 등장할 만큼 이 직업의 인기는 높아지고 있다. 하지만 전 세계 와인 생산과 질의 향상에 미치는 프랑스 플라잉 와인메이커의 영향력은 단연 가장 막강하다. 게다가 레드와 화이트의 주요 세파주가 모두 프랑스에서 건너갔다는 것을 감안하면, 사실 세계 와인에 미치는 프랑스의 영향은 누가 뭐래도 가히 절대적이다. 케베르네 프랑, 카베르네 소비뇽, 피노 누아, 시라, 메를로, 샤르도네 등이 모두 프랑스가 원산지인 세파주다. 아르헨티나에서 주로 재배되는 레드 세파주인 말베크malbec(쓴 입이란 뜻으로 프랑스에서는 주로 카오르에서 재배)도 프랑스가 원산지다.

전 세계 와인 생산지에서 생산되는 와인은 프랑스의 세파주, 프랑스의 플라잉 와인메이커들이 전수하는 주조 기술, 혹은 프랑스의 직접 투자나 현지인과의 합작으로 생산되는 경우가 허다하다. 생산지가 어디든 간에 와인에 있어서 프랑스의 영향을 벗어나기가 쉽지 않다. 게다가 생산 국가를 막론하고 고가의 주요 와인은 거의 예외 없이 프랑스에서 생산한 오크통을 사용하고 있다.

플라잉 와인메이커들의 컨설팅 비용도 만만치가 않다. 보통 연간 계약인데, 적게는 2만 유로에서 많게는 10만 유로를 받는 것으로 알려졌다. 1년에 몇 번 컨설팅해주고 받는 비용치고는 대단히 고가라 할 수 있다. 그런데도 유명 프렌치 플라잉 와인메이커를 데려가려고 경쟁이 치열하다. 글로벌 시대에 걸맞게 플라잉 와인메이커들의 역할은 대단하다.

이들은 거의 전부가 보르도 출신이든지 아니면 보르도에서 와인 전문 교육을 받은 사람들이다. 그러니 보르도 와인의 세계화라는 것이 더 정확하겠다. 이들 덕분에 와인의 질이 전반적으로 향상된 것은 부인할 수 없는 사실이다. 반면 와인의 맛이 지역적 특성, 즉 테루아에 상관없이 서로 유사해진 것도 부인할 수 없는 사실이다. 모든 승리의 뒤편에는 어두운 이면이 있기 마련이다.

짝퉁 와인에
주의하라

　정말 상상조차 하기 싫은 가정을 한번 해보자. 여러분이 많은 노력과 비싼 돈을 들여 구입한 최상급 프랑스 와인이 혹시라도 가짜라면? 이런 기분 나쁜 상상 자체를 하고 싶지 않은 사람도 있을지 모르겠다. 와인을 다른 명품들처럼 짝퉁으로 만든다는 게 가능할까? 그러나 현실은 가끔 상상을 초월하기도 한다.

　지금까지도 와인 위조품에 대한 얘기는 여러 이유로 상당히 터부시되고 있다. 하지만 세계화와 더불어 명품의 반열에 올라선 프랑스의 거의 모든 유명 그랑 크뤼(로마네 콩티, 샤토 뒤켐, 무통 로칠드, 페트뤼스 등)는 어디에선가 그리고 누군가에 의해 모조품이 만들어져 판매되고 있다고 봐야 한다. 특히 일부 아시아 국가에서 이런 지탄받아야 할 불법행위가 가장 빈번히 자행되고 있다는 것도 알려진 사실이다.

　2년마다 홍콩에서 개최되는 빈엑스포 아시아Vinexpo Asia에 따르면, 와인 소비가 급성장하고 있는 아시아 지역의 2008년 와인 시장의 규모는 약 50억 달러로 추정되며, 특히 유명 그랑 크뤼의 소비가 매우 많다고 한다. 월등한 빈티지로 알려진 2005년산 그랑 크뤼를 주문하겠다며, 싱가포르, 마카오, 홍콩 등지에 진출한 유럽의 와인상들에게 우편으로 백지 수표를 보낸 사람들도 더러 있었다 한다.

샤토 무통 로칠드.

가격에 구애받지 않고 프랑스의 최상급 그랑 크뤼를 구매하겠다는 아시아의 졸부들이 넘쳐나는 우스꽝스러운 상황은 수단과 방법을 가리지 않고 돈을 벌어보겠다는 위조범들에게는 그야말로 사기를 위한 최상의 테루아를 형성해준다. 가장 간단한 위조는 적당한 수준의 와인을 레이블만 살짝 바꾸어 일등급 그랑 크뤼로 둔갑시키는 것이다.

눈을 감고 마셔도 어떤 와인인지 식별할 수 있을 정도로 전문가가 아닌 이상, 이렇게 장난을 친들 누가 쉽게 짝퉁이라 분별할 수 있겠는가! 게다가 한 병에 수천만 원을 호가하는 샤토 무통 로칠드 1945년산과 같은 아주 귀한 와인은 마셔본 사람이 거의 없을 것이기에, 1980년산을 레이블만 1945년으로 바꿔 붙인들 그것을 식별할 수 있는 능력을 지닌 사람이 이 지구상에 몇 명이나 될까! 무통 로칠드의 경우, 중국에 처음 판매를 시작했을 때 너무도 가짜가 많다는 사실을 확인하고, 고유의 판매망을 새로 조직한 후 다시 중국 시장을 공략해야만 했던 뼈아픈 경험도 가지고 있다.

최상급 와인의 위조는 비단 중국을 비롯한 아시아 국가만의 전유는 아니다. 미국의 경우, 1990년대 초부터 이미 시작되었다. 이미 비워진 그랑 크뤼의 빈 병에 다른 와인을 채워 사기를 치는 일이 빈번해지자, 미국의 일부 유명 고급 식당들은 손님들이 마신 그랑 크뤼 빈 병을 모두 깨버리기로 결정하기에 이르렀다. 이유는 간단하다. 빈 병이 위조 그랑 크뤼를 만드는 사람들 손에 넘어가는 것을 사전에 방지하자는 것이다.

이는 역으로 생각 이상으로 많은 짝퉁 그랑 크뤼가 시장에 유통되고 있다는 것을 입증해준다. 2007년 말에 페트뤼스 한 병이 이베이에서 600유로에 팔렸다! 믿기지 않을 만큼 가격이 저렴하다. 그러나 이 값은 빈 병 하나의 값이었다. 로버트 파커의 지적처럼, 와인은 여느 명품과 달리 레이블과 코르크를 제외하면 아무런 보증서도 없는 유일한 명품이기에 그만큼 쉽게 사기에 노출되어 있는 것이다.

테이스팅을 통해 와인의 품질과 가격의 결정을 쥐락펴락하는 파커도 가짜 그랑 크뤼에 대해 주의와 경고를 게을리하지 않는다. 저서 한 단락을 자신이 테이스팅을 통해 직접 발견한 모조 와인에 할애하고 있을 정도다. 그 리스트를 보면, 명품 와인의 위조가 어느 정도인지 짐작할 수 있다. 무통 로칠드 1975, 러 펭Le Pin 1989와 1982, 라플레르Lafleur 1982와 1975, 페트뤼스 1982, 슈발 블랑 1947, 르플레브Leflaive가 생산한 몽라쉐 1992, 자크 레이노Jacques Reunaud가 주조한 샤토 라야스Rayas 1990, 라투르 1928, 마고 1900까지 가짜가 있었다고 한다. 그 밖에도 레이블에는 오-브리옹 1961과 라투르 1970(이 두 해는 모두 보르도의 훌륭한 빈티지로 유명하다)이라 적힌 것을 테이스팅한 경험을 언급하면서, 오-브리옹은 1967, 라투르는 1978인데, 빈티지를 속였다는 사실을 발견했다.

이들 사기 와인은 모두가 암시장에서 거래되는 것들인데, 그 중심이 런던이다. 한때 전 세계 언론을 떠들썩하게 했던 라피트 1784와 브란-무통

Brane-Mouton(무통 로칠드의 옛 이름) 1787의 일화는 와인 사기의 극치를 보여준다. 토머스 제퍼슨이 소유했던 와인으로 알려진 이 환상적인 두 병의 와인은 미국의 억만장자 윌리엄 코흐William Koch의 소유물이 되었다. 그는 이 와인이 진품이라는 것을 입증하기 위해 치열한 법정 투쟁도 불사했지만, 결국 모조품으로 결론이 나는 해프닝이 있었다.

그러나 불행히도 그랑 크뤼의 사기는 이 정도로 그치지 않는다. 4~5년마다 한 번씩 대규모 와인 스캔들이 계속해서 터지고 있다. 일반 AOC가 페트뤼스로 둔갑하는가 하면, 아르헨티나에서 주조된 최상급 부르고뉴도 있고, 쿠바에서 위조한 모에샹동도 시장에 나돌아다니는 것이 현실이다. 1992년엔 수백 병에 달하는 가짜 마고와 라피트 1900년산이 시장에 나돌아 세상을 떠들썩하게 만들었다. 벨기에의 한 네고시앙이 장난을 친 것이었고, 그는 결국 구속되었다.

수사 과정에서 그는 보르도의 가장 유명한 20개 샤토에서도 자체적으로 사기를 치고 있다는 정보를 검찰에 불었다. 요는 아주 오래된 빈티지에다 최근의 빈티지 와인을 섞는다는 것이었다. 와인을 수십 년 이상 오래 보관하다보면 일정 부분이 코르크를 통해 증발되어 양이 눈으로 확인 가능할 정도로 병목 아래로 내려간다. 이를 보충하기 위해 같은 빈티지 와인을 따서 채우는 것이 정상인데, 실제로는 거의가 최근의 빈티지 와인으로 채운다는 것이다. 이를 소위 '다시 가다듬은retapés'이라 일컫는데, 특히 메도크와 생테밀리옹에서는 아주 흔하게 있는 일이다.

노르망디 상륙작전 50주년을 기념해 엘리제궁전에서 초대받은 귀빈들에게 내놓은 와인은 역사상 최고의 와인 중 하나로 일컬어지는 무통 로칠드 1945년산이었다. 그런데 이 와인이 최근 빈티지로 '다시 가다듬은' 것이라고 언론에 발표되면서, 경찰이 보르도의 주요 와이너리(페트뤼스, 라피트, 슈발 블랑, 무통 등)를 전격 압수수색하여, 아주 오래된 빈티지를 압수하는 역사상 유례없는 사건이 벌어지기도 했다. 하지만 오래된 와인을 잘 보관하기 위해 새로운 코르크로 갈아 끼우는 것을 제외하면, '다시 가다듬는' 행위에 대한 아무런 법적 규정이 존재하지 않기에, 이는 전적으로 각 샤토가 알아서 결정한다.

그동안 일반인에게는 철저히 베일에 싸여 있던 이 같은 사실이 세상에 밝혀지면서 경찰이 개입하는 사태까지 벌어졌지만, 결과는 그 누구에게도 만족스럽지 못했다. 벨기에 네고시앙 한 명만 구속되었고, 보르도의 유명 와인은 그 명성에 커다란 흠결이 생겼고, 여전히 수백 혹은 그 이상의 가짜 최상급 와인들이 인터넷과 경매 등을 통해 버젓이 세상에 돌아다니고 있다. 우리 모두가 파커가 아닌 이상, 최상급 와인을 어렵게 구입했다 해도, 그 진위 여부를 가려야 하는 어려운 숙제에서 완전히 자유로울 수 없다는 현실이 안타까울 뿐이다.

승리의 V자가 새겨진 샤토 무통 로칠드 1945년 빈티지.

지구 온난화와
와인의 미래

　공상과학 소설 속 얘기처럼 들릴지 모르지만, 2050년경에 생산될 와인은 현재 우리가 알고 있는 와인과는 분명 크게 다를 것이다. 여러 이유가 있을 수 있지만, 그중에서도 지구 온난화의 영향이 클 것으로 보인다. 전문가들에 따르면, 2000~2029년 사이 북반구의 평균 기온은 1도 상승할 것이라 한다. 평균 기온이 겨우 1도 오르는데 무얼 그리 호들갑을 떠느냐고 의아해할 사람도 있을지 모르겠다. 하지만 문제는 생각보다 심각하다.

　프랑스 아비뇽 국립농산물연구소 소장이자 기후변화와 온실 효과 연구 책임자이기도 한 베르나르 스갱Bernard Seguin에 따르면, "1도의 차이는 엄청난 것이며, 거리로 환산하면 북으로 200킬로미터 정도의 지리적 차이"라고 한다. 즉 2029년엔 부르고뉴 북부의 샤블리Chablis의 온도가 현재의 부르고뉴 남부의 마콩Mâcon과 같아진다는 것이며, 보르도는 아비뇽의 기후와 유사해진다는 것이다.

오늘날 전 세계적으로 와인 생산에 가장 양호한 지역의 연평균 온도는 12~22도 사이다. 서던오리건 대학 지리학과 교수인 그레고리 존스Gregory Jones의 예상에 따르면, 지금 추세로 지구 온난화가 계속될 경우, 2099년에 이르면 현재 와인 생산지는 거의 대부분 사라질 것이며, 남아프리카와 오스트레일리아의 와이너리는 지도에서 자취를 감출 것이라 한다. 다시 말해 현재의 유명 와인 생산지는 존재하지 않을 것이며, 보다 기온이 낮은 북부 지역에 현재는 알려지지 않은 새로운 와이너리가 형성될 것이다. 다른 어떤 작물보다 포도나무는 기후의 변화에 민감하게 영향을 받기 때문이다.

전문가들의 분석에 따라 2100년의 예상 기온 상승은 최저 3도에서 최고 5도까지 차이를 보인다. 이런 예상이 맞아떨어진다면, 캘리포니아는 질이 낮은 평범한 와인 생산에 만족해야 하는 반면, 미국 북부 지역(오리건, 뉴욕)이 최고급 와인의 생산지가 될 전망이다. 프랑스의 경우, 현재 주로 화이트 와인을 생산하는 알자스 지역에서 질이 뛰어난 레드 와인이 생산될 것이고, 유명한 부르고뉴의 화이트 와인은 더 이상 생산이 어려울 것으로 보인다.

그렇다면 기온의 상승은 훌륭한 와인의 생산에 무조건 걸림돌이 되는가? 기온의 상승 폭이 크지 않다는 조건 하에, 반드시 그런 것은 아닌 모양이다. 포도가 일찍 잘 익고, 당분을 비롯한 여러 요소의 집중도 높아지며 따라서 알코올 농도도 높아져, 특히 레드 와인 생산자들에게는 희소식으로 여겨진다. 게다가 기온의 상승은 포도 수확량의 증가도 불러온다. 샤토네프 뒤 파프Châteauneuf-du-Pape의 유명 와인인 클로 데 팝Clos des Papes을 생산하는 폴 뱅상 아브릴Paul-Vincent Avril에 따르면, "지금까지는 기온 상승이 부정적이라고 말할 수는 없을 것"이라며, 2003, 2004, 2005, 2006년의 샤토네프 뒤 파프의 빈티지가 매우 훌륭했다고 전했다.

하지만 기온의 계속적인 상승이 포도밭에 마냥 이로울 수만은 없다. 나파 밸리의 경우 온화한 겨울은 포도나무에 곤충으로 인한 여러 가지 질병을 유발시킬 위험을 높이기에, 이 지역 와인 생산자들은 벌써부터 긴장하고 있다. 또한 기온의 상승은 잦은 가뭄을 유발하기 때문에 포도밭의 급수에도 심각한 문제를 야기한다. 프랑스에서는 포도밭에 급수하는 것을 법으로 엄격히 금지하고 있다. 하지만 프랑스 남부 지역의 와이너리는 가뭄이 심한 해에 관련 기관의 특별 허락을 받아서 급수를 하는 실정에 이르렀다. 따라서 기온 상승이 야기하는 가장 중요한 당면 과제는 바로 수원 문제이며, 포도밭을 위해서 급수는 적절한 해결책이 아니라고 전문가들은 판단하고 있다.

기온 상승은 당연히 와인의 특성에도 영향을 미친다. 그중 가장 눈에 띄는 것이 알코올 농도의 증가다. 하지만 이 역시 현재까지는 문제라기보다는 장점으로 받아들여지고 있다. 알코올 도수가 높으면 대체로 전문가들의 평이 좋고, 그 결과 판매도 늘어나는 것이 최근의 추세다. 1960년대에 와인의 알코올 도수는 10~12도가 주를 이루었다. 하지만 최근에는 13도는 보통이고, 14도와 그 이상도 흔하다. 생테밀리옹의 그랑 크뤼인 샤토 벨에르Château Belair의 소유주인 파스칼 델백Pascal Delbeck은 이 점에 주의를 요한다. 그는 기온 상승의 결과 알코올 도수가 높아지면 타닌과 알코올 사이의 균형이 깨져 더 이상 훌륭한 와인을 주조할 수 없을 것이란 비관적인 전망을 내놓고 있다.

와인 전문가들은 기온이 1도 이상 상승할 경우 뾰족한 대책이 없다고 고백한다. 기온의 상승은 당분의 집중을 가져오는 대신 산도를 낮춘다. 산도는 와인의 신선도를 가늠하는 핵심적인 요소다. 더 이상 피할 수 없는 기온 상승에 직면해 여러 방안이 논의되고 시험되고 있다. 와인에 산도를 높이는 방법의 연구, 높은 온도에 적합한 새로운 포도 품종의 개발, 동남쪽보다는 햇빛을 덜 받는 북쪽 방향에서의 포도 재배, 고지대에서의 포도 재배 등 다양한 시도를 하고 있지만, 만족할 만한 결과는 아직 나오지 않고 있다.

산도를 인위적으로 높일 경우 와인의 맛과 특성에 변화가 생기며, 이런 현상은 특히 와인이 나이가 들면서 더욱 두드러진다. 북쪽 방향 재배나 고지대 재배는 현존하는 유명 테루아를 유명무실하게 만들어버릴 위험이 도사리고 있다. 유전인자의 변형을 통한 고온 재배에 적합한, 즉 익는 기간이 긴 새로운 포도 품종의 개발은 이미 시작되었지만, 확실한 검증을 거치려면 아직도 많은 시간이 걸릴 것으로 보인다.

지구 온난화에 직면한 와인 제조업자들 앞에는 새로운 상황에 적응하기 위한 쉽지 않은 도전 과제가 기다리고 있다. 보다 서늘한 다른 지역으로 옮기든, 새로운 품종을 심든, 어느 하나 가벼이 결정할 수 있는 성질의 것이 아니다. 포도나무는 수령이 40년 정도 되기에 한번 잘못 심으면 막대한 손해를 감수해야 한다. 새로운 환경의 변화에 따라, 와인도 가까운 장래에 심한 변화를 거듭할 것이기에 소비자들도 이에 적응할 준비를 해야 할 것이다. 특히 와인의 주요 특성이자 구성 요소인 산도는 낮아질 수밖에 없는 것이 자연의 엄중한 이치다.

산도를 감싸 보다 부드럽게 하기 위해 오크통 속에서 발효를 시키는 부르고뉴의 최상급 화이트 와인은 앞으로도 이 같은 방식으로 주조될 수 있을까? 없다면, 맛과 특성은 어떻게 달라질까? 아니면 나파 밸리에서처럼 와인의 도수를 낮추기 위해 5퍼센트까지 물을 첨가할 수 있도록 허용하는 것이 보편화될 것인가?

환경 문제는 크게는 인류의 존속 문제와 상관있지만, 작게는 와인의 생산은 물론 소비에 이르기까지 많은 변화를 초래할 것이 분명하다. 와인의 장래가 걱정스럽지만, 새로운 환경에 적응하는 인간의 능력에 일말의 기대를 건다면 지나친 낙관일까?

와인 한 잔의 사색

제 5 장

"어느 날 저녁, 와인의 넋이
병 속에서 노래할 때······"

한 잔의 와인을 따르자. 그리고 잠시 와인이 전해주는 이야기에 귀 기울이는 여유와 낭만을 가져보자. 1년 내내 훌륭한 와인을 생산하기 위해 절대 필요조건인 최상의 포도를 생산하고자 땀을 쏟으며 온갖 정성을 다한 농부의 숨결이 서사시처럼 잔하게 전해온다.

포도가 충분히 땅의 기력과 태양의 따스함을 받으며 당도와 향을 형성하기 위해서는 자연의 너그러움이 필요하다. 인간의 주조 기술이 아무리 발전해도 시작점에 최고 품질의 포도가 없으면 훌륭한 와인은 절대 만들어지지 않는다. 그만큼 와인은 우선 자연의 산물이자 선물이다. 여기에 인간의 간단없는 노력이 첨가된 것이다. 자연과 인간이 하나로 어우러져 연주하는 이 합주곡에 한 번쯤 겸손한 마음으로 귀 기울여보는 것이 어떨까? 모든 것이 바쁘고 팍팍하게 돌아가는 현대 사회를 살아가는 우리에게 남다르고 소중한 쉼표가 될 것이다.

빈센트 반 고흐, 「붉은 포도밭The Red Vineyard」, 푸시킨 미술관, 1888.

다시 한 잔의 와인을 따르자. 그리고 잠시 숨을 돌리자. 그 한 잔의 와인 속에는 오랜 인간의 역사와 문화가 비밀스러운 코드처럼 속삭이고 있다. 물론 그건 어디까지나 우리와는 상관없는 서양의 역사와 문화라고 치부한다면 어쩔 수 없지만, 역사도 문화도 새롭고 낯선 것들이 서로 만나고 상충하며 상호 보완적으로 발전하는 것 아니겠는가! 각자의 경험과 상상에 따라 무수한 얘기가 들려올 것이다. 그리스도의 피로 상징되는 와인, 최후의 만찬에 예수가 제자들과 나누어 마셨던 와인, 방주 이후 처음으로 포도나무를 심고 와인을 주조해 무척이나 즐겨 마시며 900살이 넘도록 장수한 노아, 그리스의 밤 와인 향연이었던 심포지엄, 로마의 광란적인 바카날리아, 와인의 주신인 디오니소스나 바쿠스, 루이 16세가 단두대로 끌려가기 전에 조금이나마 마음을 진정시키려고 마셨던 한 잔의 와인, 프랑스 혁명의 불씨를 지폈던 와인, 위장병으로 고통받았던 나폴레옹이 애호했던 샹베르탱, 아비뇽 유수 이후로 교황의 와인이 된 샤토네프 뒤 파프 등등.

한 잔의 와인은 이처럼 우리에게 지난날의 무수한 이야기와 사건을 전해준다. 조금 지나친 표현일지 모르지만, 와인은 서구 문명을 떠받치는 주요한 하나의 축이다. 따라서 와인이 서구 문명이란 거대한 곳간을 열기 위해 필요한 열쇠라고 믿는다. 그러니 이제부터는 와인을 취감을 위한 단순한 알코올로 마시는 데 그치지 말고 와인이 수천 년 동안 간직해온 인간의 이야기에 귀 기울여가며 음미해보자.

다시 한 잔의 와인을 따르자. 그리고 와인이 발산하는 미묘한 색깔에 눈길을 멈추며, 잠시 환상에 젖어보자. 레드 와인의 경우 가장자리가 보라색을 띠는 검붉은 빨강에서 체리 빛이 도는 옅은 빨강까지 그 느낌과 뉘앙스가 다양하고 현란하다. 화이트 와인은 잔의 가장자리에 초록색을 띠는 옅은 노랑에서 짚 색을 거쳐 황금의 짙은 노랑까지 보는 이의 눈을 즐겁게 한다. 로제 와인은 옅고 투명한 빨강에서 잿빛이 감도는 분홍까지 보는 것만으로

가장자리가 보랏빛을 띤 보졸레 누보.

도 미각을 일깨우기에 충분하다. 샹파뉴라면 쉼 없이 치솟아 오르는 기포의 율무를 음미해보자. 몸의 일부가 간지러운 듯한, 혹은 가벼워지는 듯한 느낌을 받을 수 있을 것이다. 동시에 힘차게 솟아나는 기포는 잠자는 우리의 여러 감각을 뒤흔들어 깨울 수도 있다. 그리고 색상의 짙고 옅음과 투명함을 눈여겨 살펴보자.

다시 한 잔의 와인을 따르자. 잔은 3분의 1 이상을 채우지 말자. 황홀한 향들이 잔의 나머지 공간에서 자유롭게 발산되고, 그 안에 잠깐이나마 머무를 수 있도록 하기 위해. 이제 천천히 코로 잔을 옮겨 깊숙이 들이마시자. 그리고 지그시 눈을 감고 와인이 발산하는 향에 매료되어보자. 갓난아기가 엄마의 젖무덤을 찾아 젖꼭지를 빠는 것은 본능이지만, 그 본능을 인도하는 것이 바로 냄새다. 엄마의 고유한 체취가 갓난아기에게는 유일한 등대인 것이다. 어릴 때부터 지금까지 맡아온 여러 향에 대한 추억을 되새겨보자. 그리고 과일 향, 꽃 향, 미네랄 향, 동물 향 때로는 화약 향, 가죽 향, 시가 향까지 다양하고 오묘한 와인 향의 팔레트를 느껴보자. 이런 과정에서 기억의 지층 깊은 곳에 숨겨져 있던 어떤 기억들이 문득 기억의 표면 위로 떠오르는 색다른 경험을 할지도 모른다. 잠시 시간을 두었다가 다시 한 번 더 향을 맡아보자. 처음에는 느끼지 못했던, 기화성이 덜한 미묘하고 복잡한 향들이 드러날 것이다.

잠시 얘기를 돌려보자. 내가 알고 지내는 장피에르 빌렘Jean-Pierre Willem 이란 프랑스 의사가 있다. 아프리카 가봉에서 슈바이처 박사의 마지막 조수 생활을 했으며, 피비린내 나는 전쟁터에서 의사로 가장 많은 의료 활동을 해 기네스북에도 오른 사람이다. 지금은 '맨발의 의사회'를 창설해 가난한 국가의 의료봉사를 지원하고 있다. 몇 년 전에는 한국을 다녀가기도 했는데, 그는 특히 향 치료aroma-therapy에 관한 여러 저술을 남겼고, 이 분야의 세계적인 권위자이기도 하다. 그는 나에게 아프리카에서의 경험을 들려주며, 그곳에서는 정신 이상자를 치료하기 위해 향을 이용한다고 했다. 덧붙여 향은 인간의 뇌에 즉각적으로 작용하기에 가장 심오한 치료법이라고도 했다. 프랑스의 일부 병원에서 환자의 고통을 덜어주고 치료의 효능을 높이기 위해 향, 특히 바닐라 향을 이용하고 있다는 말도 해주었다. 미처 우리가 깨닫고 있지 못하지만 향이 일상생활에 미치는 영향은 매우 지대하고, 특히 와인은 향의 정원이랄 수 있다.

자, 이제 다시 와인을 한 잔 따르자. 그리고 한 모금 머금어보자. 정신을 가다듬고 보물찾기라도 하듯 와인이 간직한 신비의 베일을 한 겹 한 겹 벗겨보자. 삼키기 전에 와인이 전해주는 다양한 맛과 질감을 최대한 여유롭게 즐겨보자. 벨벳이나 실크처럼 부드러운 느낌을 주는 것도 있을 테고, 거친 타닌이나 높은 산도로 까칠하고 거칠게 느껴지는 것도 있을 것이다. 그리

슈바이처 박사와 함께한 젊은 날의 장피에르 빌렘.

고 이제는 과거의 추억이 아니라 미래로 생각의 물꼬를 터보자. 방금 마신 이 와인이 1년, 2년, 3년…… 10년 후에는 어떻게 달라져 있을까? 그렇게 세월이 지난 후 우리는 또 어떻게 변해 있을까? 훌륭한 와인처럼 시간과 함께 성숙하고 깊이와 조화를 더하면서도 결코 신선함을 잃지 않는 사람이 되어 있을까? 아니면 하찮은 와인처럼 향과 맛이 쇠약하고 보잘것없는 모습으로 변해 있을까?

끝으로 와인에 대한 총체적인 느낌을 솔직한 언어로 표현해보자. '이 와인 참 괜찮네요' '마시기에 편한 와인이네요' 정도로도 충분하리라. 이제는 더 이상 와인을 잔에 따라야 할 당위성 혹은 필요성은 없다. 이미 마실 만큼 마시지 않았나?

와인 시음은
독서와 닮았다

책을 읽는다는 것은 책 속의 지식을 얻는 것이지만, 오롯이 자기만의 시간을 갖는다는 데 더 큰 의미가 있을지도 모른다. 그런 의미에서 책은 마음 혹은 내면의 거울을 닮았다. 하지만 자신만을 비춰주는 거울에 비해 책이란 거울은 자신의 모습은 물론 책 속에 등장하는 인물이나 저자의 생각을 통해 나 자신을 다른 사람이나 상황에 대비해볼 수 있는 일종의 양방향의 거울이다. 즉 주관의 객관화를 가능케 해주는 거울이다.

어떤 점에서 와인을 마시는 행위도 책을 읽는 것과 닮았다. 와인 잔을 들여다보는 것은 거울을 보는 것과 유사하고, 함께한 사람들과 다양한 대화를 나누며 마실 때, 자아 즉 에고ego를 벗어나 다른 사람의 생각과 삶에 자신을 비춰볼 수 있는 기회가 된다.

책을 읽기 전 우리는 읽을 책을 꼼꼼히 선정한다. 물론 병원이나 공공장소에서 자신의 차례를 기다리는 동안 무료한 시간을 때우기 위해 비치된 책

오노레 도미에, 「독서하는 사람」, 로장베르컬렉션, 19세기 초반.

을 읽는 경우도 있다. 하지만 대개 지인의 자문을 구하든지, 서평 등을 통해 읽을 책을 고르든지 아니면 자신의 관심 분야 책을 일부러 찾아 읽는다. 와인도 마시기 전에 나름 선정 과정을 거친다. 와인 가이드나 전문가들의 평을 보고 선정하는 경우도 있고, 생산자의 이름이나 테루아를 기준으로 선정하기도 한다. 또한 그 순간의 기분이나 분위기도 선정에 영향을 미칠 수 있다. 물론 와인 한잔이 절실하던 참에 집에 있는 와인을 마시거나 초대를 받아 호스트가 제공하는 와인을 마실 때처럼 특별히 선택의 여지가 없을 때도 있다.

책은 단순히 글을 읽는 것만이 아니다. 저자의 의도나 전하고자 하는 메시지를 생각하며 읽어야 한다. 그리고 내용이 자신에게 어떤 지식이나 의미를 주는지에 대해 시간을 충분히 들여 읽어야 한다. 와인을 마실 때 우리는 그 와인에 대해 여러 가지를 상상해볼 수 있다. 누가 어떻게 포도를 재배하고 와인을 주조했을까? 테루아의 특성은 어떨까? 포도 품종은 무엇일까? 와인을 마시는 것은 단순히 취감을 위해 알코올음료를 마시는 것과는 다르다. 와인이 전하는 여러 이야기에 귀를 기울일 때만 와인은 스스로 베일을 벗으며 천천히 우리에게 다가온다.

책을 읽으려면 많은 시간을 들여야 한다. 아무리 급해도 책을 첫 페이지와 마지막 페이지만 읽고는 제대로 이해할 수 없다. 마찬가지로 와인을 제대로 마시기 위해서는 시간이 필요하다. 소주나 맥주를 따서 마시듯 서둘러서는 안 된다. 와인을 그냥 꿀꺽 삼키면 그 진가의 10분의 1도 느끼지 못한다.

와인을 잔에 따르고 색을 관찰하고, 일정한 시간을 두고 여러 차례에 걸쳐 향을 맡고, 그리고 한 모금 머금고는 입안 여러 부위로 와인을 굴리고 나서 삼켜야 한다. 그리고 삼킨 후의 여운과 역후각rétro-olfaction이 주는 어딘가 아련한 향의 느낌도 즐겨야 한다. 뿐만 아니라 한 병의 와인을 마실 때 시시각각으로 변하는 향과 맛도 즐길 수 있어야 한다. 책의 도입과 중간과 끝의 감흥이 다를 수 있듯, 와인도 첫 잔과 마지막 잔은 분명 온도도 다르고, 마시는 사람의 기분이나 취기에 따라서 다르게 느껴질 수밖에 없다.

존 레버리, 「오러스 양」.

첫 부분이 지루하고 재미가 없어 덮어버리고 싶은 책도 있다. 그러나 계속 읽다보면 점점 묘미와 깊이를 더해가는 책도 있듯이, 와인도 첫 잔은 아직 채 열리지 않아 실망스러울 수도 있지만, 시간과 더불어 조금씩 열리면서 맛깔스럽게 발전해나갈 수도 있다. 와인의 레이블이나 전문가 품평만으로 그 와인을 이해하고 음미했다고 할 수는 없다. 와인 선정에 도움이 되거나 특성에 대해 짐작케 해줄 수는 있겠지만, 와인은 보관 상태나 빈티지 등 여러 변수가 있기 때문에 마셔보기 전까지는 그 누구도 알 수 없다.

한 권의 책을 다 읽으면 책의 줄거리나 감동이 남을 테고, 기회가 되면 다른 이와 얘기를 나눌 수도 있다. 와인도 마신 후의 느낌을 표현하고, 함께 마신 사람들과 나누는 것이 시음의 백미라고 할 수 있다. 마신 와인에 대한 각자의 솔직한 느낌이나 평가를 표현하는 것은 와인에 대한 일종의 예의이자, 그 와인을 감각의 기억창고에 저장하는 최상의 방법이기도 하다. 책의 경우 혹 기억이 나지 않으면 그 책을 다시 꺼내 읽을 수도 있지만, 와인은 한번 마시고 나면 그것으로 끝이다. 그러기에 어딘가 덧없고, 절박하고, 애잔하여 더욱 짜릿하다.

독서와 와인 시음은 서로 닮은 점이 많다. 와인 한 잔을 옆에 두고 읽고 싶은 책을 읽는다면, 그 상상만으로도 황홀하지 않은가!

모든 것은
포도밭에서 시작된다

포도가 자라고 익으려면 사계절이 필요하듯, 와인의 특성이 갖춰지려면 네 가지 요소가 필요하다. 흙, 공기, 물, 불(알코올).

물은 포도나무에게 적이다. 비가 많이 온 해는 절대 좋은 포도를 생산할 수 없고, 따라서 좋은 와인을 주조할 수 없다. 반면에 가뭄이 든 해는 다소 어려움이 있더라도 거의 언제나 훌륭한 포도를 생산할 수 있다. 고대 그리스와 로마에서는 와인에 물을 타서 마시는 것이 문명의 상징이었지만, 이제 그런 시대는 술자리의 이야깃거리에 지나지 않는다.

포도밭을 경작하는 것은 농부의 임무이고, 와인을 잘 빚는 것은 장인의 임무다. 작은 와이너리의 경우 이 두 가지 임무는 같은 한 사람 혹은 가족에 의해 행해지기도 한다. 일상의 숨은 영웅들이 있듯이, 훌륭한 와인메이커는 수확이 나쁜 해에도 빼어난 와인을 생산할 때 그 진가를 드러낸다.

와인은 포도 품종, 토양, 재배법, 자연환경에 영향을 받는다. 마치 예술가가 그의 인종, 국가, 문화, 생활환경에 영향을 받듯이. 이 모두는 포도나무와 인간, 와인과 예술작품에 지대한 영향을 미친다.

"강나루 건너서/ 밀밭 길을/ 구름에 달 가듯이/ 가는 나그네"에서 밀밭을 포도밭으로 바꾸면, 프랑스와 유럽의 주요 와인 산지의 풍경을 나름대로 연상해볼 수 있다. 신대륙의 와이너리는 강을 끼고 있지 않은 곳도 많지만, 구대륙의 와이너리는 모두가 강의 계곡을 따라 형성되어 있다. 강을 보면 와인 산지가 보인다.

와인메이커는 노예이자 주인이다. 그는 주어진 자연적 여건에 순종하고, 경우에 따라서는 적시에 필요한 조처를 취해야 하지만, 동시에 그런 상황을 관장하고 지배해야 한다. 발효가 진행되고 있는 용기는 용광로를 연상시킨다. 이 중요한 시기는 여러 요소가 융합하는데, 그 타이밍에 조금의 오차만 발생해도 결정적 결함의 원인이 된다. 하지만 용광로 관리자는 온도를 조정하면서 어느 정도 문제를 해결할 수 있지만, 와인메이커는 발효 용기 앞에서 기도할 수 있을 뿐 손쓸 수 있는 게 거의 없다.

와인 주조는 일종의 예술이다. 그러나 회화나 조각처럼 혼자서 하는 예술이 아니라, 영화처럼 팀이 만드는 예술이다. 같은 테루아와 품종으로 주조한 와인이라도 생산자에 따라 모두 다르다. 마치 같은 주제로 여러 작가에게 작품을 의뢰했을 때 작가의 수만큼 다른 작품이 나오는 것과 같다. 원료나 주제는 같아도 각자의 스타일이 다르기 때문이다. 같은 악기를 연주해도 훌륭한 연주자가 있는 반면 엉터리도 많다는 사실만 기억하자.

와인의 라이프 사이클은 사람의 그것을 닮았다. 포도가 자랄 수 있는 토양(자궁), 주조를 위한 와인메이커(산부인과 의사), 육아와 성장을 위한 가정과 학교(적절한 보관), 그리고 인증해주는 사람과 사회(와인 애호가)가 필요하다. 그리고 아무리 훌륭한 가문(좋은 테루아)에서 태어났다 할지라도 성장과정(보관)이 나쁘면 훌륭한 인간이 되기는 어렵다.

와인 제조에서 발효 공정.

포도 농사를 잘 짓는 농부는 많지만, 와인 주조를 잘하는 와인메이커는 드물다. 하는 일이 다르기 때문인데, 농부는 1년 내내 포도밭을 돌봐야 하지만, 와인메이커는 며칠 안에 일을 마무리해야 한다. 그러기에 와인메이커는 깊이 숙고할 시간이 없다. 감각과 순발력을 발휘해 즉각적으로 대응해야 한다. 생각보다 반사 신경이 더 중요하다. 한번 쓰고 나면 다시 고쳐 쓸 수 없는 시험 답안 같은 것이 와인 주조다.

와인메이커와 화가는 서로 닮은 점이 많다. 어떤 그림을 어떻게 그릴지는 전적으로 화가 개인의 개성과 능력에 달린 문제다. 어떤 와인을 어떻게 만들지는 와인메이커의 의도와 능력에 달렸다. 미술에 조예가 깊은 사람은 색감이나 붓의 터치로 화가를 알아볼 수 있듯이, 와인을 잘 아는 사람은 향과 맛으로 와인메이커를 알아볼 수 있다.

파스퇴르 이전까지는 발효를 단순히 포도가 썩는 현상, 즉 죽음이라 여겼다. 그러나 썩은 식물의 우연하고 행복한 결과물로서 새롭고도 경이로운 생명이 탄생(와인)한다는 사실을 파스퇴르 덕분에 알게 되었다.

맛의
신비에 대하여

　와인을 통해 우리가 궁극적으로 추구하는 것은 뭘까? 향을 비롯한 맛을 발견하고 즐기는 것일 테다. 물론 알코올을 포함하고 있는 음료이기에 마시기에 따라 취감이란 또 다른 감흥을 불러일으킨다. 그러나 우리에게 '맛'이란 단어는 친숙한 만큼 모호하고, 모호한 만큼 신비롭다. '맛이 있느니, 없느니' 등 일상적으로 입에 달고 사는 말이지만, 막상 좋은 맛과 나쁜 맛을 구별하는 맛의 정체가 뭘까 하는 구체적인 생각에 이르면 쉽게 감이 오지 않아 당혹스럽다. 맛에 대한 정의를 파악하기 위해 하는 수 없이 백과사전을 비롯한 여러 사전을 펼쳐본다.

　맛이란 우리가 보통 알고 있는 개념보다 훨씬 복잡하고 다양해서 심오한 철학과 미학적 영역까지 포함하고 있으며, 심지어는 신비로움마저 간직하고 있다는 사실에 문득 놀라게 된다. 게다가 미국의 작가 짐 해리슨Jim Harrison 은 『떠돌이 미식가의 모험』에서 "맛은 미스터리한데, 부정할 수 없이 그 최고의 표현은 와인 속에 들어 있다"고 했다. 와인의 맛을 느끼기 위한 그리고 보편적인 맛의 정체를 파악하기 위한 얼마간의 수고가 필요할지도 모르겠다.

와인을 앞에 두고 시상을 떠올리고 있는 짐 해리슨. ⓒ Michael Friberg

우선 국어사전에는 "물건을 혀에 댈 적에 느끼는 감각; 사물에 대한 재미스러운 느낌; 체험을 통해서 알게 된 느낌" 등으로 설명하고 있다. 맛에서 파생된 단어로는 미각, 미감, 감각 등이 언뜻 머리에 떠오른다. 미각은 "혓바닥을 자극하는 맛의 감각"이고, 미감은 "아름다움에 대한 느낌" 즉 미의 감각이며, 감각은 "감촉되어 깨달음" 혹은 "사물을 느껴 받아들이는 힘"으로 흔히 미적 감각이란 표현으로 사용된다.

맛을 프랑스어로는 구goût, 영어로는 테이스트taste, 독일어로는 게슈마크 Geschmack라 한다. 프랑스어 사전에는 맛을 "오감 중 하나를 통해 감지하는 느낌; 음식의 맛savor; 어떤 음식에 대한 끌림; 좋고 아름다운 것 등에 대한 판단이나 감정; 특별히 좋아하는 것" 등으로 정의하고 있다. 그리고 맛과 유사하게 사용하는 단어로 savor와 flavor를 들고 있다. 독일어로는 음식에 대한 맛은 게슈마크라 하고, 미적 감각이란 뜻으로 사용할 때는 쇤하이트진 Schönheitssinn이라 따로 구분하고 있다.

위의 사전적 정의를 보면, 맛이란 단순히 음식의 맛에만 한정되는 것이 아니라, 전반적인 미감을 표현하는 데 사용될 수 있다. 프랑스어로는 세련된 맛goût raffiné, 문학의 맛goût litteraire, 음악의 맛goût musical 혹은 넘치는 재치 ironie de plein goût 등으로 자주 표현하는데, 우리말로는 세련미, 문학적, 음악적 감각 혹은 풍자적 재치가 더 자연스러워 보인다. 맛이란 결국 인간의 감각기관을 통해 느껴지는 감정sentiment이고 감흥sensation인 것이다. 이성이나 논리의 영역이 아니라 반이성 혹은 감성의 영역에 속하는 대표적인 것이 맛이다. 하지만 맛은 직관을 통해 인간을 깨달음의 경지로 이끌기도 한다. 그리고 바로 여기에 맛의 미스터리가 존재한다.

맛이 인간의 생활에 미치는 영향이 심오하고 광대하기에, 라이프니츠(1646~1716) 이후 많은 철학자가 맛에 대한 철학적 접근을 시도하기에 이른다. 라이프니츠의 후학들은 '맛' 혹은 '맛의 비판'을 '미학esthetics'이란 이름으로 철학에 영입시킨다. 맛으로부터 미학이 탄생한 것이다. 그리고 맛의 철학은 칸트(1724~1804)에 이르러 새로운 전기를 맞게 된다.

칸트에 따르면 맛은 '감각의 맛goût de sens'과 '성찰의 맛goût de la réflexion'으로 구분된다. 전자는 순전히 감성에 의지하는 감각적, 말초적 즐거움, 즉 쾌락의 영역이고, 후자는 순수한, 정제된 즐거움이다. 그리고 순수한 즐거움은 탁월한 도덕적 상징이며, 이를 통해 인간의 진정한 존엄성이 결정된다. 정제된 음악이나 회화를 통해 군자의 고고한 도덕적 수련을 행했던 동양의 철학과도 어딘가 통하는 점이 있어 보인다.

이 같은 분석을 사색과 미의 창조라는 영역에 적용하기 위해서는 먼저 맛이 지닌 특수성을 파악해야 하는데, 칸트의 경우 맛은 결코 전적으로 비합리성 혹은 반이성의 영역이 아니다. 이런 관점에서 볼 때, 핵심은 나름대로 맛의 수수께끼를 푸는 것으로 귀착한다. 맛은 각자에게 고유한 영역으로 타인의 동의를 필요로 하지 않는다. 하지만 인간은 서로 다른 맛(미감, 취향)을 지녔기에, 서로 다른 맛에 대한 가치는 끊임없이 논쟁의 대상이 된다. 그리고 이처럼 분명한 논리적 모순에는 심오한 이유가 존재한다.

맛에 대한 판단은 개념에 근거하는 것이 아니기에, 인식의 논리적 판단과 동일한 객관성을 지닐 수 없다. 맛의 판단은 미학의 영역이고 감정에서 기인

칸트와 그의 친구들. 탁자 위에는 와인 디켄터decanter가 놓여 있다.

한다. 그리하여 맛의 판단이란 곧 아름다움(미)에 대한 판단이며, 아름다움
은 결국 도덕적 선행의 상징인 것이다. 이는 간접적으로 이와 같은 초지각적
원칙으로부터 이성이 형성된다는 것을 보여주는 대목이기도 하다. 칸트에
따르면, 도덕적 감성을 깨닫지 못하면 인간은 아무것도 아니다. 그리하여 맛
은 매력(유혹)에서 도덕적 관심, 자연에서 자유, 지적 능력에서 이성으로 나
아가는 길을 가능하게 해주는 매개의 역할을 하게 되는 것이다.

　맛에 대해 좀 거창하게 그리고 철학적으로 접근해보았다. 그렇다면 신비
로운 맛 중에서도 가장 신비롭다고 여겨지는 와인의 맛은 칸트식으로 분류
하면 어느 지점에 위치할까? 고대로부터 와인은 그것을 즐기는 예술가들에
게 무수한 영감을 불러일으켰다. 와인을 마시는 행위와 그 결과 가질 수 있
는 느낌인 취감은 결코 논리적이고 이성적이라 할 수 없을 것이다. 감성적

즐거움이다. 그러나 와인을 매개로 예술가들이 얻는 영감은 분명 순수한 즐거움이고 정제된 즐거움에 속한다. 감성적 즐거움이 예술가의 정신이란 필터를 통해 정제된 즐거움으로 승화되는 것이다.

와인은 감각적 즐거움과 순수한 즐거움 모두를 간직하고 있는 것은 아닐까. 와인을 마시는 사람의 상태에 따라 단순히 감각적 즐거움에 머물 수도 있고, 정제된 즐거움으로 승화될 수도 있는 연금술 같은 것 말이다. 어쨌든 와인 맛의 신비는 여전히 베일에 가려져 있는 듯하며, 따라서 맛의 가장 심오한 표현인 와인에 대한 우리의 호기심도 식지 않는 것처럼 보인다.

우리는 맛으로부터
자유로운가?

　하늘 아래 모든 것은 변한다. 자연도 변하고, 사람도 변한다. 특히 호기심이란 지칠 줄 모르는 무기로 무장한 인간은 끊임없이 변화를 추구하고 바란다. 그리고 자신이 변화시킨 환경의 영향을 받는다. 일종의 인과법이다. 이런 논리는 와인의 소비 경향에도 적용 가능하다. 굳이 멀리 그리스나 로마 시대로까지 거슬러 올라가지 않아도 와인에 대한 인간의 태도는 최근 수십 년 사이에 급변했다. 그와 함께 와인의 주조 방식도 혁신적으로 발전했다. 한편으로는 보다 나은 와인을 주조하려는 간단없는 노력의 결과이고, 다른 한편으로는 시대에 따라 문화에 따라 변하는 소비자의 까다로운 입맛을 맞추어야 하기 때문이다. 변덕스러운 사람의 입맛에 적응하고, 심지어는 앞서 새로운 맛을 만들어 리드하지 않으면 치열한 경쟁에서 밀려나고 만다.

　여기서 중요한 문제를 하나 제기해보자. 우리는 과연 맛으로부터 자유로운가? 독립적인가? 우리가 어떤 음식을 먹은 후 혹은 어떤 음료를 마신 후

맛있다 혹은 맛없다 할 때, 그 기준은 과연 뭘까? 딱 잘라 정의할 수는 없지만, 오랜 세월에 걸쳐 각자의 기억에 새겨진 어떤 기준이 존재할 것이다. 어릴 때 어머니가 해주신 음식 맛, 무수한 외식의 영향, 사는 지역이나 환경에 따른 영향, 타고난 입맛, 나이의 영향 등. 게다가 식음료와 관련해서 홍수처럼 넘쳐나는 광고의 영향도 크다고 본다. 알게 모르게 우리는 이런 다양한 내외부적 영향을 쉼 없이 받으면서 맛에 대한 기준을 강요당하거나 혹은 형성해가는 것이다.

현대인들은 이런저런 핑계로 거대 식료품 기업의 규격화된 음식을 구매해서 먹는 일이 급격하게 증가하고 있다. 집집마다 김치 맛이 다르고, 간장, 된장 맛이 다르던 시대는 불행히도 역사에 가깝다. 음료도 몇몇 대기업이 좌지우지한다. 언뜻 선택지가 다양해진 것 같지만, 우리는 지속적으로 맛의 규격화에 길들여지기를 강요당하고 있는 것이다. 그리고 와인의 세계에서도 이런 경향은 최근에 두드러지고 있다. 세파주를 앞세운 뉴 월드 와인, 파커의 기준에 맞게 주조된 소위 '파커화된 와인', 전 세계를 돌며 와인 주조에 지대한 영향을 미치는 플라잉 와인메이커들의 역할, 유명 와인을 흉내 내려는 그 밖의 와인 주조자들……. 글로벌화는 와인의 세계에도 급격하게 불어닥치고 있다.

하지만 글로벌화에도 불구하고 다양성과 지역적 특성이 가장 잘 유지되는 분야 또한 와인이다. 언뜻 하찮게 여길 수도 있겠지만, 맛은 신비로운 만큼 우리의 생활에 중대한 영향을 미친다. 어떤 의미에서 맛의 표현은 가장 원초적이고 심오한 개인적 자유의 표현이다. 칸트에게 맛에 대한 판단은 인간적 자립autonomy의 표현이자 도덕적 자유의 상징이다. 와인과 음식은 가장 개인적이고 은밀한 접촉이며 그를 통해 외부 세계가 우리의 육체와 접촉할 수 있다. 그리하여 맛에 대해 표현하는 행위는 가장 원초적이면서도 기본적인 개인의 자유에 속한다. 우리가 민주주의에서 선거를 포기할 수 없듯 어

쩌면 그보다 더 고유한 이 자유를 쉽
게 포기해서도, 남의 손에 전적으로 의
탁해서도 안 된다.

다시 한번 자문해보자. 우리는 진정
맛으로부터 자유로운가? 기원전 6세기
그리스의 여류 시인이었던 시모니드 드
세오스Simonide de Céos는 부자로 태어
나는 것이 나은지 천재로 태어나는 것
이 나은지 묻는 한 여왕에게 다음과
같이 명쾌하게 대답한다.

"부자죠, 왜냐하면 부잣집 근처에는
언제나 천재가 모이니까요."

시모니드 드 세오스.

그렇다, 맛은 언제나 권력의 시종이었다. 권력을 가진 자가 즐기면 시간과
더불어 다수 대중도 따라가는 것이다. 하지만 극적인 아이러니는 매번 맛이
진정으로 자유롭게 표현될 때마다 권력은 전복의 위기를 맞았다는 것이다.
따라서 맛에 대한 책임을 회피하거나 혹은 그 판단을 제3자에게 맡긴다는
것은 자신의 고귀한 자유를 유기하는 것과 같다. 그러나 우리는 늘 이러한
유혹과 위험에 노출되어 있다. 맛의 규격화를 통해 엄청난 부와 권력을 축
적한 식음료 분야 다국적 기업들이 우리의 가장 은밀하고 개인적인 맛의 영
역에까지 침투해 지대한 영향을 미치고 있기 때문이다. 그들이 설정한 맛의
기준에서 벗어난 것은 심판의 대상이 된다. 왕따를 자초하는 위험이 도사리
고 있다. 규격화된 맛을 앞세운 이들 다국적 기업이야말로 중세의 종교재판
관과 같은 절대적 맛의 심판관이 되었다.

와인 역시 몇몇 세계적 전문가가 맛을 좌지우지하고 있다. 로버트 파커
Robert Parker가 점수를 매기면 그것이 절대적 가치로 받아들여지는 것이 엄

연하고도 불행한 현실이다. 이들은 스스로 원하든 원하지 않든 와인 맛을 평가하는 절대적 심판관의 자리에 올라서게 되었다. 그러나 명심하자. 맛의 심판관들에게 지나치게 의존하는 것은 와인의 즐거움을 망치게 하고, 심한 경우 문화를 파괴할 수도 있다. 따라서 맛에 대한 심판권을 회복하는 것은 자유를 회복하는 것만큼이나 중요하다. 맛을 느끼고 표현하는 것은 배를 채우는 단순한 동물적 필요를 넘어서는 일종의 문화적 행위이고, 개인의 지당한 권리 행사이며 때에 따라서는 자유의 획득과 향유를 위한 최후의 저항이기도 하다.

현대인들은 와인을 두 번 입으로 마신다. 한 번은 정말 입으로 와인을 마시고, 또 한 번은 말(마신 와인에 대한 표현)로 마신다. 이 말은 한편으론 와인이 단순한 알코올음료를 넘어 문화적 아이콘이 되었다는 것이고, 다른 한편으로는 마시는 와인의 양은 줄어든 반면 그만큼 잘난 체하기 좋아하는 사람들의 말잔치는 늘어났다는 냉소적인 의미를 담고 있기도 하다. 유럽 지역에서 와인의 소비는 지속적으로 감소하는 반면 와인에 대한 말 혹은 세리머니는 그에 반비례해 더욱 화려하고 복잡해지고 있다.

그렇다면 현대인과 와인의 관계는 어떨까? 한국과 중국을 비롯한 신흥 아시아 와인 소비국이나 최근 들어 신흥부자들의 와인과 샹파뉴 소비가 빠르게 늘고 있는 러시아 등에서는 최고급 와인에 대한 맹목적 선호가 두드러진다. 이런 경향은 예외로 치부하고, 오랜 전통을 지닌 주요 와인 국가의 와인 소비 경향에 대해서만 간략히 언급해보자.

첫째, 소량을 마시고, 마시는 횟수도 적다. 최근의 통계에 따르면 프랑스 사람 중 약 50퍼센트(43퍼센트의 남성, 57퍼센트의 여성)는 와인을 전혀 마시지 않으며, 식사 때 규칙적으로 와인을 마시는 사람은 25퍼센트에 지나지 않는다.

둘째, 질이 좋은 와인을 골라서 마신다. 와인을 물처럼 마시지 않는 대신,

가족 행사, 승진 축하 등 특별한 일이 있을 때에만 와인을 마시는 사람이 늘어났다. 이와 더불어 가능하면 추억에 남을 만한 독특하고 질이 좋은 와인을 골라 마시려는 경향이 두드러진다. 단순한 '목마름의 와인'이 아니라 '행사의 와인' '세리머니의 와인'이라 해야겠다.

셋째, 다양한 와인을 마시려는 호기심이다. 얼마 전까지만 해도 특히 프랑스 같은 와인 생산국에서는 자국 와인에 대한 선호가 거의 절대적이었지만, 이제는 뉴 월드 와인에까지 다양하게 가능성을 열어두고 즐기는 실정이다.

넷째, 음미하면서 즐기려고 한다. 이를 위해 필요한 공부를 하고 준비도 꼼꼼히 한다. 와인이 문화적 성격을 강하게 띠게 되면서 일반 소비자 수는 크게 줄어들었지만, 반면 와인에 관심을 보이고 공부하는 애호가의 숫자는 크게 늘어나는 역설적인 현상이 벌어지고 있다. 뿐만 아니라 여러 전문 잡지나 시음 행사 및 인터넷 등을 통해 다양한 와인 정보와 지식을 접할 수 있기에 와인을 잘 알고 음미하며 즐기는 소비자층이 늘어나고 있다. 하지만 얄팍한 스노비즘은 경계하자.

위에 든 네 가지 보편적 와인 소비 경향이 와인의 맛으로부터 우리를 얼마나 자유롭게 해주는지는 모르겠다. 민주주의 체제 하에서 내 한 표가 수백만 혹은 수천만 표 가운데 구체적으로 어떤 역할을 하는지 모르는 것처럼. 하지만 우리에게는 자신의 권리를 행사할 신성한 의무가 있다. 와인은 선거에 입후보한 출마자들과는 비교가 되지 않을 만큼 다양한 선택이 가능하다. 어느 와인을 선택하는지에 개인적인 만족 혹은 실망은 있을지 모르지만 국가의 장래에는 아무런 영향을 미치지 않는다. 때로 자신의 선택에 실망한다 해도 다양하게 시도하고 비교하면서 와인에 대한 자신만의 고유한 맛과 취향을 개발하려는 노력은 지극히 개인적인 즐거움의 영역일지 모르지만, 사실 그것은 각 개인이 숨겨진 내면의 자유를 찾아가는 부단한 노력이기도 하다고 믿는다.

마시는 것과
시음하는 것은 다르다

와인의 시음은 한 문장 한 문장 천천히 음미하며 독서를 하듯 하는 것이 좋다. 그래야 와인이 숨기고 있는 수많은 비밀이 조금씩 드러나니까. 와인의 시음은 클래식 연주회에 참석할 때처럼 차분한 마음으로 하는 것이 바람직하다. 그래야 와인의 속삭임을 들을 수 있으니까. 와인의 시음은 예술작품을 감상하듯 하는 것이 좋다. 그래야 와인 혹은 작품이 주는 감동의 물결에 자신을 몰입할 수가 있으니까. 간단히 말해 와인의 시음을 즐길 줄 아는 사람은 인생을 즐길 줄 아는 사람이라 해도 지나치지 않으리라.

맛에 관한 한 누구도 부인할 수 없는 객관적이고 확실한 표현은 존재하지 않는다. 따라서 와인을 마시고 그 느낌을 표현하는 것은 결코 쉬운 일이 아니다. 하지만 이는 와인 시음의 백미이기도 하다. 와인의 맛을 표현하는 형용사들을 보면 실제적이고 구체적인 것(산미가 높은, 입안이 마르는 듯한 등)보다 차라리 은유적인 것(부케, 부드러운, 풍만한 등)들이 더욱 자주 사용됨을

펠릭스 나다르가 촬영한 공쿠르 형제.

알 수 있다. 그리고 맛은 주관성에서 완전히 자유로울 수 없기에, 자신의 느낌을 솔직히 그리고 자신의 단어로 표현하는 것이 중요하다.

입맛은 주관적이다. 따라서 시시각각으로 그리고 몸과 마음의 상태에 따라 변화무쌍할 수밖에 없다. 그러기에 아무리 뛰어난 소믈리에라고 해도 같은 와인에 대한 평가가 여러 요인에 의해 달라질 수 있다. 그래서인지 다행스럽게도 맛은 신의 영역이 아니라 인간의 고유한 영역으로 남아 있는 것이다.

와인 품평은 예술품 품평과는 사뭇 다르다. 와인은 시간에 따라 변하는 생물이고, 일단 마시고 나면 와인에 대한 아련한 느낌만 남을 뿐, 물리적으로는 완전히 사라진다. 반면에 예술품은 보고 싶을 때 그 자리에 있기에 언제든 다시 볼 수 있다. 와인 품평은 마시는 그 순간에만 가능하다는 측면에서 예술 품평보다 어려운 점이 있다. "보고, 맡고, 표현하다―모든 예술은 여기에 있다!"라고 공쿠르 형제는 주장했다. '표현하다' 앞에 '마시고'만 첨가하면 완벽한 와인 시음 절차가 된다.

심리학자와 소설가는 사람의 마음을 읽는다는 점에서 동일할지 모르지만, 선택한 방법은 전혀 다르다. 심리학자는 현상을 분석하고 반응의 정도를 가늠하지만, 소설가는 사람의 복잡하고 변화 가능한 감정의 흐름을 감지하고, 그것들 간의 연결고리를 찾으려 한다. 그런 점에서 와인 시음가는 심리학자보다는 소설가에 가깝다고 하겠다.

눈, 코, 입은 모든 사람이 지닌 소중한 감각기관이다. 그것들이 우리 삶에 어떤 역할을 하고, 또 어떤 영향을 미치는지 깨닫는 것이 중요하다. 그리고 이 기관들은 지속적인 관심과 훈련을 통해 더욱 예민해지고 발전한다. 평소에 보고, 맡고, 마시고, 먹는 것들에 대한 호기심을 유지할 때만, 이런 감각들의 퇴화를 막을 수 있다. 청각은 와인 시음과 아무런 상관이 없다고 생각할 수도 있다. 그러나 시끄러운 소리는 여러 감각에 훼방을 놓는다. 시끄러운 곳에서 와인을 시음하는 것은 코를 막고, 입맛을 잃은 상태에서 음식을 먹는 것과 같다.

흔히들 '향은 맛을 지배하고, 맛은 뇌를 지배한다'고 한다. 향과 맛은 우리의 뇌를 직접 자극하므로 창조적인 뇌를 만드는 데 절대적으로 필요하다. 향을 잘 감지하기 위해서는 후각이 발달해야 된다. 그리고 뛰어난 기억력을 지녔다면 금상첨화다. 이미 맡은 향을 기억하고, 그것이 어떤 향인지 알아맞힐 수 있는 기억력은 와인의 시음을 위해 매우 유용하다. 또한 향의 여러 요소를 분석하고 강약과 좋고 나쁨을 판단할 수 있는 지적 능력도 요구된다. 후각은 타고나지만, 향에 대한 지적 능력은 오랜 연습과 관심을 통해 얻어지고 발전한다. 이런 능력이 없다면 와인을 제대로 알 수 없다.

와인을 제대로 시음하려면 레이블이나 주변 사람들을 신경 쓰지 않는 것이 바람직하다. 잔에 담긴 와인에만 집중하며, 와인이 불러일으키는 감흥에 온전히 충실하라. 그리고 눈을 감고 코와 입으로 보라!

와인 시음은 겸손의 시험장이다. 우리의 판단이 어떠하든 절대적 진실에 도달할 수 없음을 깨우쳐주는 과정이다. 우리의 많은 판단과 결정이 늘 올바른 것이 아니라는 사실은 경험적으로 알고 있다. 게다가 와인의 평가는 과학적 검증이 불가능한 지극히 주관적이고 불완전한 감각기관에 의지할 뿐이니 더욱 겸손해야 한다. 병에서 따른 한 잔의 와인은 한 단어로 시 전체를 이해하는 것만큼이나 부분적이고 어렵다.

시각과 청각은 가장 예술적인 감각이다. 이를 통해 모든 시각예술과 음악을 창조하고 즐길 수 있다. 그러나 시음에 있어서는 무엇보다 후각이 중요하다. 눈보다 와인을 더 잘 보는 것이 코다. 입안에 와인을 머금고 천천히 여러 부위로 굴리면, 와인은 자신의 이야기를 조금씩 들려준다.

와인을 평가하기 위해서 분석 능력을 갖춰야 할 필요는 없다. 전문적인 용어를 일부러 습득할 필요도 없다. 마시는 와인에 집중하고 자신의 느낌에 충실하면 된다. 와인 초보자들이 어떤 와인을 마시고 내리는 판단이 전

탄산가스

폴리페놀 혹은
그 합성물

물

알코올

산

단맛

향

짠맛

와인을 구성하는 요소들.

문가들에 비해 빼어날 때도 가끔 있다. 내 아들이 열 살이 채 되지 않았을 때, 와인을 손가락으로 찍어 맛본 후 너무도 자연스럽게 "무슨 향, 무슨 맛"이라 표현해 나를 놀라게 한 적이 여러 번 있었다. 전문가들의 차갑고 딱딱한 표현보다 훨씬 생동감 있고 감동적일 수 있으니, 선입견을 갖지 말고 편하고 솔직히 표현하면 된다.

시음과 마시는 것은 두 개의 다른 기능이고 다른 행위다. 시음은 마시는 와인에 대한 나름 공정한 평가를 위한 절차와 격식이 있는 행위나 이를 직업으로 삼는 전문가들의 밥벌이 수단이고, 마시는 것은 자유롭고 편하게 즐기는 행위다.

와인을 마시다보면 보통 세 부류의 그룹이 있다. 첫째는 아마추어들로 스스로 엄청난 재능이 있다고 믿으며, 스노비즘에 젖어 마시고, 유행에 따라 평가하며, 자주 허영심에 사로잡혀 있다. 둘째는 전문가들로 항상 어딘가 묘하고 신비로운 태도를 취하며, 절대 확신을 갖고 말하지 않는다. 그리고 때로는 와인에 사형 선고를 하듯 잔인하기도 하다. 셋째는 와이너리 주인들로 그들은 자신들이 생산한 와인만이 최고라고 떠벌린다. 혹 당신은 이 세 부류의 어느 곳에도 들지 않고, 그냥 와인이 좋고, 친구가 좋아서 마시는 부류라면, 좋다! 와인이 지닌 사회성을 고려할 때, 나름 와인을 즐기는 사람임에 의심의 여지가 없지만, 이 경우 대화의 주제는 와인이 아닌 것이 바람직할 것이다.

마시는 즐거움은 각자 다르다. 그리고 각자의 성격에 따라 그것을 드러내는 방식에도 차이가 있다. 실용주의자들은 레이블과 빈티지를 확인하고 마실 건지 말 건지를 결정하는 경향이 있다. 정통파들은 와인의 밸런스와 와인이 주는 느낌의 정도를 중시한다. 낭만주의자들은 햇볕 내리쬐는 황금 포도밭과 포도 따는 처녀의 한숨 소리를 꿈꾼다. 열정주의자들은 와인 속 알코올의 뜨거움과 맛에 민감하다. 그러니 마시는 즐거움에 대해 합의점을 찾는다는 것은 나무에서 물고기를 찾는 것만큼 어렵다.

와인을 마실 때 당신이 찾는 즐거움은 어떤 것일까? 알코올이 주는 열기에 몸이 전율하는 즐거움, 앞에 앉아 같이 마시는 사람의 촉촉한 눈빛을 보는 즐거움, 먹는 음식과 궁합이 맞아 맛을 배가시키는 즐거움, 망각의 즐거움 혹은 기억의 언저리에서 추억을 끌어내는 즐거움, 취기에 행동이 거침없고 자유로워지는 즐거움, 괴로움을 익사시키는 즐거움! 즐거움으로 끝나는 한 어떤 즐거움이든 상관있으랴.

뛰어난 미술 작품 앞을 무관심하게 지나칠 수 있을까? 위대한 음악을 그냥 흘려들을 수 있을까? 마찬가지로 아주 훌륭한 와인에 대한 가치를 모르고 물처럼 마신다면 정말 안타까운 일이다. 모든 것이 그러하듯, 맛은 관심과 예술적 소양 없이는 제대로 음미할 수 없다.

와인의 색깔이 우리의 눈을 어루만지게, 향의 파노라마가 코를 어지럽히게, 다양한 풍미가 입을 감미롭게 하도록 오감을 활짝 열어두기를. 그리고 이 모든 감각을 깨우는 행위는 결국 우리를 보다 창조적인 인간으로 그리고 와인의 넋으로 인도할 것이다.

좋은 와인과
나쁜 와인을 구별하다

　포도 재배나 와인 주조에 대한 기술은 날이 갈수록 발전하고 있다. 이런 기술의 발전에 거부감을 가질 이유는 없다. 다만 기본과 원칙을 지킬 때, 새로운 기술은 더욱 진가를 나타낼 것이다. 기본과 원칙은 포도 농사에서 시작한다. 포도 농사를 정성껏 그리고 정직하게 지을 때에만 좋은 와인을 만들 수 있다. 그래서 "와인에 문제가 있으면, 먼저 포도밭부터 살펴보라"는 격언이 있나 보다.

　나는 정직한 와인을 좋아한다. 와인의 원료는 100퍼센트 신선한 포도즙이기에, 인간이 아무리 노력한다 해도 자연의 은혜가 없으면 좋은 포도를 수확할 수 없다. 좋은 포도가 없으면 결코 좋은 와인을 주조할 수 없다. 그런데 인간은 이런저런 기술 혹은 눈가림으로 자연에 기인하는 결함을 없애려 한다. 어느 정도는 와인 질의 향상을 위해 도움이 되기도 하지만, 정도가 지나치면 소위 내 표현으로 '성형한 와인' '화장한 와인' '정직하지 못한 와인'이 된다. 첫 모금에는 전문가라도 속아 넘어갈 수도 있지만, 몇 모금 마시다보면 자신도 모르게 짜증이 나기 시작한다. 반면에 포도 수확이 좋지 않은 해라 할지라도 정직한 와인은 처음에는 약간 얼굴을 찡그리게 할지 모르지만, 마시다보면 어딘가 감동적인 구석이 있다. 정직한 와인은 우리에게 넌지시 자연에 대한 겸손의 미덕을 가르쳐준다.

포도 농사와 와인 주조를 함께 하는 사람을 프랑스어로 뷔느롱le vigneron이라 한다. 뷔느롱은 와인 병에다 자신이 재배한 포도, 포도 재배에 바친 노고와 땀, 기상 상황이나 병충해 때문에 생기는 이런저런 걱정, 주조 기술, 테루아, 자부심 등 그야말로 자신의 전부를 담는다고 할 수 있다. 그러니 혹 와이너리를 방문했을 때, 뷔느롱이 지나치게 자신의 와인에 찬사를 늘어놓아도 그리고 그 와인이 비록 마음에 들지 않더라도 너그럽게 들어줄 일이다.

내가 만났던 수많은 뷔느롱은 얼굴 생김새도, 성격도, 말투도 다 달랐는데, 그런 만큼 그들이 만드는 와인도 달랐다. 그러나 한 가지 공통점이 있었다. 자신들이 생산하는 와인에 대한 한없는 자부심과 열정이다. 가끔 지나치다 싶을 때도 있지만, 요즘 세상에 자신이 하는 일에 대한 이 같은 자부심과 열정을 지닌 사람들이 있다는 것만으로도 행복하다. 만약 어떤 과학자가 와인의 등급을 정확하게 매길 수 있는 시약이나 기구를 발명했다면, 어떨까? 기뻐해야 할까, 슬퍼해야 할까? 누가 나의 사람됨이나 능력을 정확히 판단할 수 있는 기계를 만들었다는 소식을 접할 때와 비슷한 심정이 아닐까?

한 국민의 특성이 그러하듯 와인도 토양, 기후, 일조량, 숙성 등 지역성에서 자유로울 수 없다. 그러나 프랑스의 역사학자 미슐레가 주장했듯이 좋은 이유로든 나쁜 이유로든, 역사는 가끔 지리적 여건을 배반하기도 한다.

와인의 주조와 숙성의 과정은 완벽을 향한 지난한 길이다. 이를 위해 온갖 정성과 기술을 쏟아붓지만 이것만으로는 부족하다. 루소가 에밀의 교육에 대해 말했듯이, "완벽에 이르기 위해서는 행복이 있어야만 한다." 인간의

주베르

교육과 와인의 숙성에는 닮은 점이 많다. 충분한 시간이 필요하고, 인간이 인류의 덕목을 배워야 한다면, 와인은 자연의 덕목을 배워야 하고, 잘 늙는 것을 익혀 멋지고 성숙하게 나이 들어야 한다.

"지혜는 빛 속의 휴식이다"라고 조제프 주베르Joseph Joubert(1754~1824, 프랑스의 모럴리스트)가 말했는데, 철학자에게는 어울리는 말이지만 와인에는 적용되지 않는다. 와인의 지혜는 어두컴컴한 곳(지하 셀러)에서 휴식할 때에만 얻어지기 때문이다.

와인은 초보자들을 놀라게 할 만한 요소가 다분하다. 한 지역이나 마을에서 생산되는 와인의 종류가 너무 많고 다양하다는 것도 그중 하나다. 동일한 포도 품종에다 동일한 지역(밭의 위치는 각자 다르지만)에서 생산되는데 말이다. 글짓기 대회를 상상해보라. 시라는 장르와 어머니란 주제를 정해주지만 참가하는 인원만큼 다른 작품이 나올 것이다.

유럽에서 와인의 레이블이 화려해지기 시작한 것은 1990년대 초반부터다. 여성들이 마트에서 팔리는 와인 10병 중 6병을 구매하기 시작하면서다. 그전까지만 해도 전쟁이 그랬듯이 와인 역시 남성의 전유물이었다. 화려한 레이블은 와인에 대한 지식이 남성보다 부족했던 여성 고객들의 눈길을 사로잡을 목적이었다.

무조건 명품을 선호하는 사람들이 있다. 그보다 훨씬 싼 가격에 질이 좋은 제품이 허다한데도 그렇다. 와인도 마찬가지다. 유명 사토만 고집하는 사람들이 있다. 하지만 이름이 알려져 있지 않고 가격도 저렴한 와인 중에 놀

문장紋章으로 화려하게 꾸며진 2013년산 포트와인.

라운 와인이 많다. 레이블이나 명성에 현혹되지 말고, 가격이 착하면서도 좋은 질의 와인을 찾아 마실 수 있는 사람이 진정한 와인 애호가라 할 것이다. "의복이 신부를 만드는 것은 아니다"란 프랑스 속담처럼, 사람의 성품이나 인격이 중요하지 그 사람의 외모가 중요한 것은 아니다.

와인의 시음은 눈, 코, 입 순으로 진행한다. 이 중에서 시각만 객관적이고, 후각과 미각은 지극히 주관적이다. 따라서 후각과 미각은 각자의 취향뿐만 아니라 자라온 환경과 문화에도 영향을 받을 수밖에 없다. 버터를 주로 먹고 자란 사람과 된장을 주로 먹고 자란 사람은 똑같은 향 앞에서 분명 다른 반응을 보일 것이다.

많은 아마추어가 나쁜 와인과 취향에 맞지 않은 와인을 동일시하는 경향이 있다. 비록 내 취향에는 맞지 않을지라도, 얼마든지 좋은 와인일 수 있다는 가정을 열어둬야 한다. 나는 홍어 삭힌 것을 좋아하지 않지만, 결코 나쁜 음식이라 생각하지 않는다. 자신의 입맛에 맞지 않은 와인이라 해서 무조건 나쁜 와인이라 단정하는 것은 올바른 태도가 아니고, 와인에 대한 예의도 아니다.

어떤 와인을 마시고 나쁜 기억을 갖게 되었더라도, 그 와인을 몇 번은 더 마셔보라고 권한다. 와인에 대한 평가는 단 한 번의 시음으로 결정하기 어렵다. 마실 당시의 여러 내외적 조건으로 공정한 평가를 내리지 못할 때가 가끔 있기 때문이다. 그리고 사람의 입맛은 시간에 따라 변한다는 것도 염두에 두어야 한다. 특정 와인만 좋아하는 것은 편식만큼이나 좋은 습관이 아니다. 세상에 얼마나 많은 종류의 와인이 존재하는지 알게 되면, 인생이 턱없이 짧다는 것을 실감할 것이다.

볼테르는 숄리외Chaulieu 신부에게 편지를 쓴다. "훌륭한 책 한 권을 저술하기 위해 당신과 함께 네다섯 번 와인을 마시는 걸로 족하다고 믿습니다." 와인을 즐기면서 담소를 나누는 것만으로도 영감을 줄 수 있는 친구가 있다면 얼마나 다행일까? 그들이 마셨던 와인이 어떤 것일까 궁금해진다!

와인은 욕망이다

　와인은 기호품이고 고급 와인은 값으로 쳐도 명품 반열에 오르는 사치품일 수 있다. 와인을 마시지 않는다고 해서 일상의 삶을 영위하는 데 불편함을 겪는 것도 아니다. 그러나 문학, 음악, 미술 혹은 커피나 담배가 없는 삶을 상상할 수 있을까!

　화가에게 캔버스가 있다면, 뷔느롱에게는 포도밭이 있다. 화가는 최고의 그림을 그리기 위해 부단히 노력하고, 뷔느롱은 최상의 포도를 생산하기 위해 열과 성을 다한다. 화가의 작품은 한번 완성되면 그대로 영원히 가지만, 뷔느롱의 작품(와인)은 매년 새롭게 탄생한다. 사람의 명성처럼 와인의 명성도 세월과 더불어 부침한다. 영원한 것도 확실한 것도 없다.

　문학이나 회화를 감상할 때는 시각만 있으면 충분하다. 음악을 들을 때는 청각이 중요하다. 그러나 와인을 시음할 때는 최소한 세 가지 감각, 즉 눈, 코, 입이 동시에 필요하다. 오감을 모두 동원해도 좋다. 코르크를 딸 때,

안니발레 카라치, 「와인 마시는 소년」, 1582~1583. 이탈리아 화가 안니발레는 느슨한 붓질로 욕망에 충실한 일상 속 사람들을 사실적으로 그려 17세기 바로크 회화의 기초를 마련했다.

첫 잔을 따를 때, 잔을 부딪힐 때, 샹파뉴를 터뜨릴 때 나는 특별한 소리들이 있다. 그리고 혀 위로 와인을 굴릴 때 느껴지는 촉감이 있다. 와인 시음만큼 오감이 총동원되고 또 오감을 깨워주는 예술은 존재하지 않는다.

김수환 추기경은 말년에 "사랑이 머리에서 가슴으로 내려오는 데 30년이 넘게 걸렸다"고 고백했다. 머리와 가슴의 거리는 얼마 되지도 않는데, 의식이 실천으로 발전하는 과정의 지난함을 가슴 저리게 말씀하신 것 같다.

그러나 와인을 마실 때는 이와 반대인 듯도 하다. 먼저 가슴이 데워지고, 다음으로 정신이 열리기 때문이다.

독일의 극작가이자 예술비평가 레싱(1729~1781)은 "눈에서 팔을 거쳐 붓에 이르는 머나먼 길 위에서 얼마나 많은 것을 잃는지!"라고 한탄했다. 와인이 잔에서 우리 입으로 들어오는 짧은 과정에서 잃어버리는 것은 없을까? 19세기 프랑스의 대표적 낭만주의 화가 들라크루아는 "그림의 첫 번째 덕목은 눈을 위한 축제"라 했다. 그렇다면 와인의 덕목은 눈, 코, 입을 위한 축제가 되어야 할 것이다.

루벤스의 그림을 보면 등장인물들에서 힘이 느껴지고, 색채가 강렬하다.

뉴욕 메트로폴리탄미술관의 스트라디바리우스 바이올린.

와인으로 치면 풀 바디에 파워풀하면서도 첫 인상이 강한 와인을 연상시킨다. 그에 비해 보티첼리의 그림은 섬세하고 선과 색채에서 신선함과 우아한 느낌을 받는데, 밸런스가 빼어나면서도 향이 미묘한 와인의 이미지를 떠오르게 한다.

음악가는 청각이 발달하지 않고는 불가능하다. 특히 지휘자의 귀는 보통 사람의 상상을 초월할 정도다. 그러나 모든 사람이 이렇게 발달한 청각을 지닐 수도 없기에, 어느 정도만 되면 음악을 듣고 즐기는 데 전혀 문제가 없다. 와인 시음가도 특별한 후각이 필요하다. 그러나 모든 사람이 로버트 파커가 될 수도, 될 필요도 없다. 후각이 마비되지 않았다면 와인을 즐기는 데 큰 문제가 없다. 청각과 후각의 차이는, 청각은 완전히 상실해도 내적으로 음악을 들을 수도 있지만, 후각은 완전히 상실하면 와인을 시음할 수 없다는 점이다.

프랑스의 외교관이자 시인인 폴 클로델Paul Claudel은 최고의 바이올린 스트라디바리우스Stradivarius를 언급하면서 "말랑말랑하고 드라이한 나무"라고

프랑스 남부 푸이 퓌세의 와인 재배지.

했다. 얼핏 두 수식어는 상반되어 하나의 동일한 대상을 묘사하는 데 적합하지 않아 보인다. 부르고뉴의 유명 화이트 와인에 대해서도 이런 묘사가 가능하다. 뫼르소le Meursault, 주네브리에르les Genévrières, 샤르므les Charmes, 페리에르les Perrières 등이 그렇다. 이들 화이트는 아주 드라이해서 단 1그램의 잔여 당분이 없음에도, 일단 입안에 머금으면 놀랍게도 꿀 같은 부드러움을 선사한다. 상반된 요소들이 극적인 조화를 이룰 때 파격적인 위대한 작품이 탄생하는 것이며, 이는 빼어난 와인에도 그대로 적용된다. 음양의 조화라 해도 무관하리라. 그리고 뫼르소는 화이트 와인의 스트라디바리우스다!

보르도 와인이 모차르트의 음악처럼 고전적이라면, 부르고뉴 와인은 리스트의 음악처럼 낭만적이다. 전자를 이해하기 위해서는 지적 능력이 우선시되어야 하고, 후자를 이해하기 위해서는 가슴이 먼저 열려야 한다. 나의 기준으로 최상의 화이트 와인은 모두 부르고뉴에서 생산된다. 하나같이 샤르도네를 사용하지만, 그 다양함이 경이롭다. 예를 들어 북부의 샤블리Chablis와 남부의 푸이 퓌세Pouilly Fussé는 완전 다르다. 두 지역 간의 거리가 250킬로미터로 제법 멀기도 하지만, 두 지역에서 생산되는 화이트의 특성을 거리로 나타내면 1만 킬로미터도 더 될 것이다. 샤블리가 오보에라면, 푸이 퓌세는 플루트다. 그러나 최상의 부르고뉴 화이트는 코트 도르Côte d'Or에서 생산된다.

대개의 예술은 원하면 두고두고 되풀이해서 감상할 수 있다. 그러나 와인은 마시는 순간에 느끼지 못하면 그것으로 끝이다. 비정한 순간의 예술이다. 대신에 그 영원에 입맞춤하는 감동적인 경험도 이따금 존재한다. 책을 펴는 마음으로 와인을 열고, 모든 감각을 살려 와인을 읽어라!

"와인 한 병을 열려는 단순한 동작은 역사상 그 어떤 정부보다 인류에게 더 큰 행복을 가져다주었다."(짐 해리슨)

와인으로 깨우는
오감

　사람은 누구나 오감을 지니고 있다. 시각, 청각, 후각, 미각, 촉각이 바로 그것이다. 그리고 오감이 정상적으로 두루 작동할 때에만, 인간은 균형 잡히고 창조적일 수 있을 거라 믿는다. 그러나 현대인들은 시각에 너무 의존하고 그 밖의 다른 감각을 상대적으로 덜 사용하는 듯하다. 컴퓨터, 휴대전화, TV 등과 같은 시각매체의 급속한 발달로 우리는 언제부턴가 눈으로 본 것만 믿으려는 경향이 있다.

　"향은 맛을 지배하고, 맛은 뇌를 지배한다"는 말이 있다. 뇌가 말랑말랑해져 창조적으로 작동하려면 일종의 뇌 마사지가 필요하다. 이를 위해서는 평소 오감을 깨우는 훈련이 필요하다. 몸의 유연함과 균형을 위해 헬스, 요가를 하듯이, 창조적인 뇌를 개발하기 위해서는 오감을 깨우는 지속적인 훈련을 해야 한다. 우리는 더 이상 자동차에 주유하듯 먹고 마시면 안 된다. 즉 천천히 음미하며 즐기는 여유를 되찾아야 한다. 창조적인 뇌는 생존을 위한 필요조건을 충족시키는 것만으로는 절대 만들어지지 않는다.

이제 오감을 깨우는 구체적인 훈련을 해보자. 앞에 와인이 한 병 놓여 있다고 상상해보자. 와인에는 우리의 오감과 상상력을 깨워줄 모든 요소가 두루 내재해 있다.

와인의 소리를 듣다

먼저 와인에서 듣고 상상할 수 있는 소리에 귀 기울여보자. 누구나 쉽게 생각할 수 있는 소리로는 코르크를 딸 때 나는 소리, 와인을 잔에 따를 때 나는 소리, 잔을 부딪힐 때 나는 소리, 에어레이션을 위해 와인을 입안에서 굴릴 때 나는 소리, 목을 타고 넘어가는 소리 정도일 것이다. 와인이 너무 맛나서 자신도 모르게 쏟아내는 '아!' 하는 감탄의 소리. 그리고 첫 잔을 따를 때만 들을 수 있는, 마치 얼음이 언 개울물 밑으로 흐르는 물소리를 연상시키는 소리도 마냥 귀를 즐겁게 해준다. 물론 샹파뉴를 터뜨릴 때 '뻥' 하는 유쾌한 소리도 빼놓을 수 없다. 자세히 들어보면 들릴 듯 말 듯 잔에서 기포가 올라오면서 귀를 간지럽게 하는 소리도 일품이다. 마치 백사장 위로 파도가 밀려왔다 나갈 때 들리는 '쏴아' 하는 소리 같다.

하지만 와인에서 들을 수 있는 소리는 이게 전부가 아니다. 약간의 상상력을 동원한다면 그 소리의 종류와 범위는 상상을 초월할 만큼 다양하고 풍부하다. 먼저 자연의 소리다. 포도가 자라는 동안 바람 소리, 비 소리, 천둥번개 소리, 새 소리, 풀벌레 소리, 봄날 힘차게 포도나무 줄기를 타고 오르는 수액의 소리……. 다음은 인간의 소리다. 포도 농사가 잘되어 기쁨에 넘쳐 자신도 모르게 터져 나오는 소리부터 작황이 좋지 않아 내쉬는 한숨 소리, 고된 노동을 달래려는 노동요나 일하면서 함께 나누는 이런저런 얘기들. 포

15세기 이탈리아 화가 도메니코 기를란다요의 프레스코화 「세례 요한의 탄생」(부분). 갓 수확한 포도를 쟁반에 이고 걸어가는 여인의 모습에서 바람과 향기가 느껴진다.

도 농사가 잘되기를 바라는 농부들의 유무언의 기도 소리도 있었을 것이다.

세 번째로 수확의 소리다. 포도 수확기는 지역에 따라 다르고 해마다 다른 여러 기상 조건에 따라 얼마간 차이는 있지만 보통 8월 하순에서 10월 초순까지이며, 1년 포도 농사 중 가장 중요하고 바쁜 시기이기도 하다. 수어진 기간 내에 포도를 수확하려면 집약적 노동력이 필요하기에 포도밭이 있는 마을에는 평소와는 다르게 이른 아침부터 사람들이 북적거린다. 포도나무 골을 따라 사람들이 배치되면 포도 수확이 시작된다. 포도를 수확하기 위해 필요한 도구는 간단하다. 절단 가위와 바구니가 있으면 충분하고, 바구니가 찼다고 소리치면 등에다 큰 통을 메고 포도나무 골 사이를 다니는 사람이 수거해 간다. 그리고 이 통이 다 차면 포도밭 언저리 길 위에 세워둔 트랙터나 트럭에다 쏟아붓는다.

포도송이를 자를 때 나는 가위 소리, 포도를 수확하는 사람들의 수군거림과 바스켓이 찼을 때 비워달라고 외치는 소리, 그리고 와인을 곁들여 새참을 먹으며 나누는 일꾼들의 진한 농담과 정담, 가끔씩 터져 나오는 박장대소는 포도 수확기에만 경험할 수 있는 아주 특별한 풍경이고 소리들이다. 그리고 저녁이 되면 마을은 축제 분위기로 들뜨기 시작한다.

네 번째로 발효의 소리다. 포도밭에서 수확한 포도는 곧바로 와이너리로 운송되어 얼마간의 선별 작업(잎사귀, 줄기, 이물질 등을 제거하는 작업)을 거쳐 바로 파쇄 작업에 들어가며, 이렇게 얻은 신선한 포도즙은 큰 용기로 옮겨져 발효라는 극적인 과정을 거쳐 드디어 물(포도즙)이 불(알코올)을 품은 와인으로 재탄생하는 것이다. 그리하여 술酒을 '물에 간힌 불'이라 표현하기도 한다.

발효란 포도가 죽어 와인이라는 새로운 생명으로 부활하는 매우 극적이고 긴장감이 고조되는 순간이며, 포도 속의 당분이 효모의 작용에 의해 알코올로 바뀌는 화학적·생물학적 과정이다. 그리고 이 기간 동안 엄청난 양

포도나무를 묶어주고 잡초를 뽑는 수도사들.

의 이산화탄소가 발생한다. 마치 벌떼가 윙윙거리는 듯하기도 하고, 팥죽이
나 호박죽을 끓일 때 나는 소리 같기도 하다. 발효의 소리에는 흥분과 긴장
감, 미래에 대한 기대가 깃들어 있다.

끝으로 숙성의 소리다. 포도 재배, 수확, 발효와 병입을 거친 와인은 지극
히 일부 와인을 제외하면 오랜 숙성의 시간을 거쳐야 한다. 지하의 어두컴컴
하고 조용한 저장고에서 자신만의 고유한 향과 맛을 발전시키기 위한 침묵
과 인내의 시간을 반드시 거쳐야만 한다. 와인의 숙성을 위해 가끔 예외적
으로 음악을 들려주는 경우도 있다. 대부분 클래식이나 종교 음악을 틀어주
지만, 락이나 하드락 같은 장르를 선호하는 와인메이커도 있다. 그리고 어떤
음악을 들려주느냐에 따라 와인의 특성이 달라진다고 주장하는 사람들도
있는데, 글쎄. 어쨌든 숙성의 소리는 소리 중의 소리, 즉 '침묵의 소리'다. 그
리고 모든 위대한 창작은 침묵 속에서 잉태된다.

와인의 종류를 색으로 구분하면 크게 세 가지다. 레드, 화이트, 로제가 전부다. 와인의 색을 영어로는 일반적인 것과 특별히 구별하지 않고 컬러라고 하지만, 프랑스어로는 로브la robe라는 색다른 표현을 선호한다. 로브는 여성의 '외출복'이란 뜻인데, 어딘가 낭만적이고 약간 섹시함마저 느껴지는 표현이다.

하지만 와인의 색깔은 그 뉘앙스도 상상을 초월할 만큼 다양하지만, 동시에 와인이 지닌 많은 비밀을 품고 있기도 하다. 우선 와인

비뉴 베르다 농장에서 높은 나무에 달린 포도를 따기 위해 사다리를 올라가는 전통적인 방식으로 포도를 수확하고 있다.

의 색이 투명하지 않고 흐리거나, 와인의 표면이 빛을 반사하지 않으면 주조나 보관상의 문제로 치명적인 결함이 있기에 마시기에 부적합하다고 판단해도 무방하다. 즉 투명도limpidity와 휘도brilliance가 떨어진 와인을 일컫는다.

둘째로 와인을 주조하는 데 사용된 포도 품종을 짐작하게 해준다. 포도는 품종에 따라 모양과 크기 등이 다를 뿐만 아니라 껍질의 색깔도 다르기 때문이다. 예를 들어 체리색을 띤 레드는 피노 누아, 보라색을 띠며 검붉은 색은 시라, 루비색은 카베르네 소비뇽이나 메를로 혹은 두 종류를 어셈블리해서 주조한 와인이라 짐작해볼 수 있다.

셋째, 와인의 나이를 가늠할 수 있다. 와인 잔의 가장자리에 보랏빛 혹은

푸른빛이 감돌면 아주 젊은 와인이니 기다렸다 마시는 것이 바람직하다. 반면에 오렌지빛이나 특히 양파껍질 빛이 돌면 나이가 오래되어 기력이 쇠잔한 와인이니 가급적 빨리 마시는 것이 좋다. 그 밖에도 와인의 색을 통해 주조 기법, 수확한 해의 기후(여름이 무더우면 무더울수록 와인의 색이 짙어진다), 숙성에 사용한 용기(스테인리스, 오크, 시멘트) 등을 추측해볼 수도 있다.

와인의 다양한 색의 뉘앙스와 차이는 생각 이상으로 미묘하고 복잡하다. 레드 와인의 경우, 그 색의 스펙트럼은 옅은 체리에서 거의 먹물색에 가까운 짙고 검붉은 색까지 다양하다. 그리고 이런 색상이나 뉘앙스는 위에서 본 여러 요인에 의해 끊임없이 변화해간다. 이는 화이트 와인의 경우도 마찬가지다. 초록빛을 띤 옅은 노랑에서 오래된 금색이나 짚 색을 띠기도 한다. 포르투갈에서 생산되는 비노 베르다vinho verda(초록 와인)는 그 이름처럼 노랑보다는 옅은 초록에 가깝다.

로제의 경우는 조금 특이하다. 레드에다 화이트를 적당히 섞으면 로제가 만들어지는 걸로 아는데(실제로 그런 경우도 있다), 제대로 된 로제는 적포도로 주조하며, 단지 몇 주씩 걸리는 레드 와인과는 달리 껍질과 즙의 접촉 기간을 48시간 정도로 짧게 하여 껍질의 붉은색이 옅게 즙에 배어들게 해서 얻어지는 와인이다. 그럼에도 불구하고 로제의 뉘앙스는 미묘하게 다르다. 그중에서도 가장 색이 옅은 로제를 프랑스어로는 그리gris(회색, 잿빛)라 한다.

물론 와인의 독특한 색이 형성되기까지는 여러 다른 외부적인 요인이 개입한다. 햇볕 쬐기의 정도, 토질(화강암, 석회질, 찰흙 등), 배수, 수확 시기 등에 따라 같은 포도 품종이라도 색이 달라질 수 있다. 그리고 굳이 와인의 색과는 무관하지만, 와인과 떼려야 뗄 수 없는 색들이 있다. 겨울의 칙칙한 포도나무 등걸의 색, 새싹이 돋아나는 이른 봄의 연두색 봉오리들, 한여름의 무성한 녹색 잎사귀들, 포도가 익어가면서 갈아입는 여러 다른 색도 상상해볼 수 있다. 특히 유럽의 와이너리는 하나같이 강을 끼고 형성되어 있어, 계절에 따라 강물에 비친 포도밭의 모습도 장관이다. 그리고 포도 수확이 끝난 후, 마치 우리네 가을의 황금 들판을 연상시키는 황금물결의 포도밭을 보는 것도 빼놓을 수 없는 즐거움이다. 참고로 포도 잎은 수확을 하고 나야만 초록에서 황금색으로 변하며, 이로부터 부르고뉴의 황금언덕côte d'Or이란 지명이 유래했다.

위에서 살펴본 것처럼 와인의 색, 특히 그 색의 뉘앙스는 다양한 만큼 와인이 질투하듯 감추고 있는 많은 비밀을 벗겨줄 소중한 열쇠가 되기도 한다. 다양한 뉘앙스를 지닌 와인을 잔에다 따르고 이를 쳐다보는 것은 마치 화가의 팔레트를 쳐다보는 것 같은 즐거움과 황홀감을 준다. 시간에 따라 같은 와인의 색이 변화하는 것을 보는 즐거움 혹은 애잔함 같은 것도 있다. 와인의 색에다 상상력을 입히고 알코올이 주는 취감에 슬쩍 편승할 수 있다면, 그 누구도 그려보지 못한 당신만의 채색화를 탄생시킬 수 있을지도 모를 일이다. 평생을 두고 감상할 수 있는 일반 그림과는 달리 와인에서 연상해 그린 그림은 일회성으로 그 시간이 지나면 사라진다. 그래서 더욱 값지고 애잔하다. 이런 걸 두고 '영원에 닿은 순간'이란 표현을 사용하기도 한다. 그리고 색을 통해 와인의 숨겨진 여러 특성을 찾아내는 과정은 마치 실험실에서 과학자들이 시험관을 관찰하는 집중력과 세심함을 필요로 한다. 여느 알코올음료와는 달리, 와인은 이미 눈으로 마시기 시작하는 알코올이라 해도 지나치지 않다.

와인의 향기를 맡다

어쩌면 와인은 코로 마시는 술이다. 그만큼 와인에 있어 향은 절대적이다. 게다가 향과 맛은 떼려야 뗄 수 없다. 향을 맡지 못하면 맛도 느끼지 못한

와인에서 느낄 수 있는 다양한 색과 향.

다. 코감기가 심하게 걸렸을 때, 똑 같은 음식을 먹어도 맛을 느끼지 못한다는 것을 누구나 경험을 통해 이미 알고 있다.

그러나 와인에서 향이 중요한 만큼 설명이 어려운, 아니 거의 불가능한 영역도 없을 것이다. 향은 한편으로는 상당 부분 문화적 영역과 깊숙이 관련되어 있고, 다른 한편으로는 지역의 특수한 산물과도 상관이 있기 때문이다. 어릴 때 된장 냄새를 맡고 자란 사람과 버터 냄새를 맡고 자란 사람은 같은 냄새를 맡고도 전혀 다르게 반응할 수 있는 소지가 다분하다.

향은 문화적인 만큼 주관적이기도 하다. 지역적 특수성이란 우리가 모르는 과일이나 꽃 등과 같은 향을 말한다. 보르도 와인을 비롯한 많은 레드 와인에서 느낄 수 있는 카시스cassis 향을 예로 들어 보자. 우리 중 카시스를 아는 사람이 얼마나 될까? 그러니 말이나 글로는 설명이 불가능하다.

뿐만 아니라 같은 과일이나 꽃이라도 재배 지역이나 나라에 따라 그 맛과 향이 다르다. 게다가 향에 대한 반응이 색에 비해 훨씬 주관적이라는 점을 감안하면 향은 정말 글로 설명하기엔 적합하지 않은 분야라는 절망감마저 든다. 그럼에도 와인에서 향은 결코 빼놓을 수 없는 요소다. 와인의 향은 정말이지 다양하고 복잡해 그야말로 향의 정원을 이룬다. 그런 만큼 와인의 향은 여러 가지 요인에 의해 그리고 시간과 더불어 단계적으로 형성된다.

와인의 향을 감지하는 방법은 대체로 세 단계로 진행된다. 우선 와인을 잔에다 따르고 잔을 돌리지 말고 향을 맡는 것이 1단계다. 이때는 무엇보다도 와인에 코크드corked(불어로는 bouchonné)와 같은 역겨운 냄새가 배어있는지 확인하는 단계다. 가끔 역겨운 냄새가 올라오기도 하는데 이는 오랜 시간 병 속에 갇혀 있던 와인이어서 기화성volatility이 가장 높은 가스가 올라오는 것으로, 잔에 따른 후 금방 사라지니 안심해도 된다.

다음으로 와인 잔을 부드럽게 돌려 공기와 접촉을 시킨 뒤 향을 맡는 것이 2단계다. 이는 향의 성질을 감지하는 단계로 개별적 향의 종류를 찾으려는 노력보다는 향의 강도intensity, 깊이density, 풍부함complexity을 확인하면 된다.

끝으로 3단계는 잔에서 공기와 충분히 접촉하면서 와인이 열리는 시간이다. 이때는 와인의 다양한 향을 식별해보고, 시간과 더불어 와인의 향이 어떻게 열려가는지를 감지해보고 또 와인의 향의 길이persistence와 강도를 판단하는 최종적 단계다.

와인의 향은 시간을 두고 세 단계를 거쳐 형성된다. 1차 향은 주조에 사용한 포도 품종의 고유한 특성이 드러나는 프루티fruity한 향이 이에 속하며, 주로 꽃 향, 과일 향, 식물 향, 미네랄, 스파이시한 향을 말한다. 이런 향은 아주 젊은 와인, 그중에서도 스테인리스 통에서 숙성시켰을 때 두드러지게 나

자스민 꽃.

타난다. 2차 향은 발효 과정에서 형성되는 향이라 발효 향이라고도 한다. 주로 화학적 향이 주를 이루는데, 바나나나 매니큐어 향 혹은 효모나 빵 속 향 아니면 버터, 우유나 크림 향으로 드러난다. 3차 향은 특히 오크통에서 숙성을 시킨 후 최소 몇 년을 병 속에서 숙성시켰을 때만 형성되는 향으로, 주로 탄 혹은 그을린 향을 이루며, 이에 더해 동물 향, 스파이시향, 식물 향에다 부싯돌 향 등과 같이 다양하고 복잡한 최고의 향을 이룬다. 그리고 이럴 경우에 한해서만 와인의 향을 부케bouquet(꽃다발)라 높여 부른다.

와인 향의 정체를 파악할 때, 특히 초보자에게는 그렇지만, 어떤 특정한 향을 개별적으로 구별하기보다는 향의 군family으로 접근하는 것이 쉽고 올바른 접근 방식이라 하겠다. 즉 베리 향이나 제비꽃 향처럼 구체적으로 감별하기보다는 (붉은) 과일 향 혹은 꽃 향, 이렇게 접근하는 것이 편하고 바람직하다.

와인의 색이 그 와인이 지닌 여러 비밀을 감추고 있듯이, 와인의 향도 우리가 마시려는 와인에 대한 소중하고도 비밀스러운 여러 정보(포도가 익은 정도, 재배 지역, 와인의 나이)를 담고 있다. 그리고 그것을 아는 사람만이 그 비밀의 문을 열 수 있다. 먼저 주조에 사용한 포도의 익음 정도를 판단할 수 있다. 포도의 익음 정도에 따라 포도껍질의 질이 결정되고, 와인의 향은 바로 이 껍질의 질에 따라 결정된다.

예를 들어 소비뇽 블랑의 경우, 충분히 익지 않고 단위 면적당 수확량이 과다한 포도로 주조하게 되면, 옅은 레몬 향이 감도는 풀 향이 느껴진다. 심할 경우에는 소위 '고양이 오줌 냄새pipi de chat'가 나기도 한다. 반면에 충분히 잘 익고 단위 면적당 수확량도 적은 포도로 주조하면, 파인애플이나 자몽 껍질 같은 고급스럽고 복잡한 향이 난다.

다음으로 재배 지역을 가늠해볼 수 있다. 예를 들어 샤블리Chablis에서 재배한 샤르도네는 상큼함이 강하며 미네랄과 흰 꽃 향이 독특한 데 비해, 부르고뉴의 뫼르소Meursault에서 재배하면 향이 보다 농염하며, 주로 아몬드, 토스트 향과 같이 매우 독특하고 고급지며, 더 남쪽인 랑그도크Languedoc에서 재배하면 농익은 과일 향처럼 조금 무거운 향이 감지된다.

끝으로 와인의 나이를 점쳐볼 수 있다. 아무리 훌륭히 주조된 와인이라 할지라도 시간이란 요소가 가미되지 않고서는 절대로 와인이 지닌 다양한 특성을 발휘할 수 없다. 와인은 시간과 더불어 향과 맛이 발전하는 것이다. 젊을 때엔 주로 단순하고 프루티한 향이 주를 이루지만 세월과 더불어 더욱 복잡하고 풍부하고 깊은 향으로 발전해가면서 부드러워진다. 그러나 와인도 사람처럼 라이프 사이클이 존재하기에 무조건 오래된 와인이 좋은 것은 절대 아니라는 것을 알아둘 필요가 있다.

와인을 느끼다

그렇다면 입안에서 어떻게 와인의 맛을 제대로 느낄 수 있을까? 와인을 한 모금 머금으면 눈과 코에서와는 다른 여러 복잡한 느낌과 현상들이 동시다발적으로 일어난다. 입안에서는 와인의 맛savor, 질감texture, 구조structure, 균형balance을 파악하려는 노력을 해야 한다. 향과 맛은 떼려야 뗄 수 없는 상관관계를 이루고 있음을 기억해두자. 그리고 입안에서의 판단은 이미 앞에서 실시한 색과 향에 대한 검색을 통해 얻은 사전 판단을 더욱 공고히 하는 절차이기도 하다.

입에서는 혀, 잇몸, 입천장 등이 두루 맛을 결정하는 기준으로 참여한다. 그리고 와인의 느낌은 열 요인(온도), 촉각적 요인(점액성의 고저나 질감), 화학적 요인(타닌에 의해 입안이 마르는 느낌)과 향 요인(입안에서 와인의 온도가 급상승할 때만 느낄 수 있는 향과 기화된 향이 코로 올라가는 역후각) 등 다양하면서도 동시다발적이다. 그리고 바로 이 같은 이유로 맛과 촉각을 함께 다루는 것이다.

입안에서 와인에 대한 평가를 제대로 하려면 세 단계를 거쳐야 한다. 첫 번째는 어택attack이다. 와인을 입안에 머금는 순간의 느낌으로, 거침없고 frank, 특징이 뚜렷하며net 정확한precise 와인이 좋은 와인이다. 반면에 특별한 특징이나 신선함이 떨어지고 물같이 약하게 느껴지면 질이 낮은 와인이다.

두 번째는 중간 단계middle로 와인을 입안에 머금은 채로 몇 초 동안 공기를 흡입하며 입안 여러 부위로 굴리는 과정인데, 이때 와인이 가장 활짝 열려 정점에 이른다. 이 과정을 통해 와인이 지닌 온갖 맛, 향, 질감, 구조를 파악한다. 그리고 와인의 특성과 질을 결정하는 이와 같은 여러 요인이 서로 영향을 미치면서 뒤섞여 작용한다.

마지막 단계를 피날레finale라 한다. 와인을 삼킨 후 향의 여운을 재는 과정이며, 향의 길이가 길수록 질이 좋은 와인이다. 향의 길이는 초second 혹은 코달리caudalie(cauda는 라틴어로 꼬리란 뜻)로 표현하며, 둘은 같은 표현이지만, 전문가들은 주로 후자를 사용한다. 이 과정에서 가장 중요한 것은 와인의 향과 나머지 요소들(알코올, 산도 혹은 타닌)을 혼동하지 않는 것이다. 초보자들에게는 타닌의 떫은 느낌이나 알코올의 뜨거운 느낌이 향을 덮는 역할을 하기에 가끔 향의 길이와 이들을 혼동하게 된다. 이런 혼돈에서 벗어

수도사가 와인을 시음하는 장면. 안토니오 카사노바 에스토라흐의 1886년 작품. 브루클린 박물관 소장.

나는 좋은 방법은 가장 확실하고 강하게 느껴지는 한 가지 향만을 끝까지 따라가보는 것이다.

끝으로 눈, 코, 입을 거쳐 느끼고 수집된 여러 요소를 총체적으로 평가하는 종합 과정synthesis이 남았다. 이는 마신 혹은 시음한 와인을 최종적으로 평가하는 매우 중요하고도 결정적인 과정이다. 그리고 마시는 와인의 종류에 따라 평가에 필요한 기준이 다르다. 예를 들어 드라이한 화이트의 경우는 알코올과 산도, 그리고 스위트한 화이트의 경우는 이 두 기준에 당분이란 제3의 축을 고려해서 평가를 내려야 하고, 레드일 경우는 알코올, 산도, 타닌이 평가를 위한 세 축을 구성한다. 이 부분은 매우 기술적이어서 여기서는 다루지 않고, 다른 장에서 자세히 다루겠다. 다만 와인으로 깨우는 오감을 통해 우리가 지닌 오감의 중요성을 제대로 인식하는 계기가 되기를 바라며, 이를 위해 와인이 매우 적절하고 유용한 훈련 도구가 될 것이라 믿는다.

와인의
기쁨

제 2 부

와인의
재발견

제 6 장

와인이 뭐기에

　역사를 들먹이는 수고스러움을 차치하고, 와인이 도대체 무엇이기에 그 토록 오랜 세월 수많은 사람에게 호기심과 선망의 대상이 되고 있는가? 게 다가 다른 어떤 알코올음료와는 비교가 되지 않을 만큼 신화와 성경과 역 사 속에 다양하고 풍부한 모습과 상징으로 등장하는가? 또한 문학, 회화, 음 악에 와인을 주제로 삼은 것들이 상상 이상으로 많은 것은 무슨 까닭인가? 알다시피 세상에는 헤아릴 수 없이 많은 종류의 알코올음료가 존재한다. 와 인도 그중 하나일 뿐이지 않는가! 전혀 틀린 말이 아니다. 하지만 우리는 곧 바로 새로운 질문에 부딪히고 만다. 그렇다면 왜 와인은 장구한 세월을 통 과하며, 다른 알코올음료와 비교할 수 없을 정도로 많은 사람에게 관심과 열정을 불러일으키고 있는가? 이에 대한 대답은 간단하지 않다.

　대답의 실마리를 찾기 위해 먼저 와인의 정의부터 한번 살펴보자. '100퍼 센트 신선한 포도즙만을 발효시켜 만든 천연 알코올음료.' 참 간단하지 않는가! 문제는 이 간단함 속에 너무나 많은 것이 복합적으로 숨겨져 있다는 사실이다. 옛날 어머니들이 집에서 포도에다 설탕과 담금 소주를 붓고 담그던 와인을 기억하는 사람이 있을지 모르겠다. 다량의 설탕과 소주를 첨가했으니, 진정한 의미에서 와인이라고는 할 수 없겠다.

와인이 특별한 여섯 가지 이유

첫째, 와인은 다른 어떤 알코올음료보다 그 구성 성분이 다양하고 복잡하다. 물이 80~90퍼센트로 가장 많고, 다음으로 에틸알코올과 여러 종류의 산acids이 10~20퍼센트를 이루고 있다. 문제는 와인 속에 아주 소량 들어 있는 수많은 생물학적·화학적 성분이다. 지금까지 밝혀진 것만도 1000여 종

카시스

이나 된다고 한다. 그중에서도 최근에 강력한 항산화 효력을 지닌 폴리페놀polyphenols의 효과가 건강과 관련해 의학계와 제약회사의 특별한 관심을 불러일으키고 있다.

둘째, 와인 주조에 사용되는 포도의 종류가 상상 이상으로 많다. 지구상에 서식하는 포도 품종은 자그마치 1만여 종이 넘는다고 한다. 그중에 약 300여 품종이 와인을 주조하는 데 주로 사용되고 있다. 300여 종에서 한 가지 혹은 여러 가지를 어셈블리해서 와인을 주조하니 가능한 콤비네이션이 적지 않다.

단일 품종의 와인으로는 피노 누아(레드)와 샤르도네(화이트)만 사용하는 부르고뉴, 가메이만 사용하는 보졸레와 뉴 월드에서 유행하는 세파주 와인(일부 다른 품종이 첨가되기도 한다)이 있고, 어셈블리 와인의 대표격으로는 보르도(주로 카베르네 소비뇽, 메를로 등), 특히 그르나슈grenache, 무르베드르mourvédre, 시라 등을 교묘히 섞어서 주조하는 샤토네프 뒤 파프Châteauneuf-du-Pape를 들 수 있다.(AOC 샤토네프 뒤 파프에서 재배를 허용하는 포도 품종은 모두 13종이나 된다.) 포도(나무) 품종을 통틀어 세파주cépage라 하고, 와인 주조에 사용하는 품종은 따로 비티스 비니페라Vitis vinifera라고 하여 구분한다. 그러나 일반적으로 세파주는 양조용 포도를 지칭한다.

샤토네프 뒤 파프 지역의 포도 수확 장면을 그린 그림.

셋째, 같은 품종의 포도라 해도 재배 지역에 따라 성질과 특성 즉 당도, 산도, 색, 향 등이 다르다. 이는 지역마다 토질, 기후와 지형을 비롯한 자연적

환경이 각기 독특하고 다르기 때문이
다. 뿐만 아니라 어떤 품종은 특정 지
역에서만 제대로 재배가 된다. 피노 누
아의 경우 원산지인 부르고뉴 지역에
서는 세파주 고유의 특성을 제대로 드
러내지만, 미국이나 남아프리카 공화
국에서 재배하면 전혀 그렇지 못하다.
한마디로 토착성이 강해 고향을 떠나
서는 제대로 성공할 수 없는 대표적인
세파주다.

반면 지역을 옮겨 재배해도 현지에
적응을 잘 하는 세파주들도 있다. 카
베르네 소비뇽이 그 대표적인 예로, 어

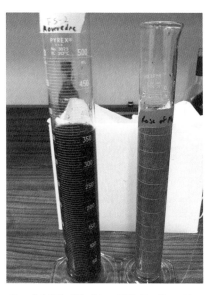

제조 과정에서 샘플 테스트 중인 무드베드르(왼쪽)
와 로제 드 쎄니에.

떤 것으로 와인을 주조해도 그 특성을 금방 알아차릴 수 있다. 호주에서 생
산되는 시라즈shiraz나 뉴질랜드에서 생산되는 소비뇽 블랑, 아르헨티나의 말
베크 등이 원산지인 프랑스를 떠나 다른 지역에서도 성공적으로 재배되는
세파주들이다. 이처럼 특정 세파주와 재배 지역의 총체적 에코 시스템eco-
system을 테루아terroir라 한다. 영어에서도 이에 적합한 단어를 찾지 못해 그
냥 테루아라고 사용하고 있다. 간단히 정의를 내리면, '포도를 재배하는 모
든 자연 조건의 총체'가 바로 테루아다. 쉽게 말해서 '나주 배' '진영 감' 이
런 식이다.

넷째, 지역마다 와인 생산자마다 주조 방식이 다르다. 포도 수확 시기에서
부터 발효시키는 온도나 기간에 차이가 있고, 숙성시키는 용기의 종류나 기
간도 다르다.

다섯째, 와인은 살아 변화하는 생명체이기에, 병입 후에도 운송이나 보관

상태를 비롯한 여러 조건에 따라 똑같은 와인이라 해도 얼마든지 다른 와인으로 발전할 수 있다. 운송에 문제가 있거나, 보관 상태가 양호하지 못한 와인은 비록 최고의 가문에서 탄생했다 해도 결코 훌륭한 와인으로 발전할 수 없다. 마치 같은 부모로부터 태어난 자식이라 할지라도 환경과 교육 등에 따라 얼마든지 다른 사람으로 성장할 수 있는 것과 같은 이치다.

위에 열거한 내용들을 종합해보면, 와인은 여느 다른 알코올음료와는 확연히 다른 요소를 여럿 지닌 넥타라고 할 수밖에 없다. 우선 그 복잡함과 다양함에 놀라지 않을 수 없다. 보르도 지역에만 7000여 개의 샤토가 존재하고, 지구상에서 생산되는 와인의 종류는 자그마치 40만 종 이상이나 된다. 다음으로 아무리 양조 기술이 뛰어나도 자연의 너그러움과 은총이 가미되지 않으면 결코 훌륭한 와인을 생산할 수 없다.

수확한 포도의 질이 좋지 않으면 어느 정도의 수정과 보완은 현대의 첨단 주조 기술로 커버할 수 있겠지만, 원하는 최상의 와인을 빚기는 불가능하다. 하여 와인 생산자들에게는 흔히 "와인에 문제가 있으면 먼저 포도밭에서부터 그 원인을 찾아라"라는 불문율이 전해져 내려온다.

여섯째, 와인은 1, 2, 3차 산업이 모두 하나의 산물에 집약된 보기 드문 예다. 우선 포도를 재배해야 하고, 다음으로 수확한 포도를 주조(발효, 숙성, 병입)해야 하고, 끝으로 이를 판매하기 위한 다양한 마케팅 전략과 서비스가 필요하다.

그 밖에도 와인은 지역적인 특성이 매우 강한 산물이다. 생산 지역의 지형과 토질, 기후 등에 크게 영향을 받기 때문이다. 그런 만큼 생산지의 문화와 경제생활 전반에도 밀접하고 지대한 영향을 미친다. 모든 와인 생산지에는 그 지역 나름의 독특한 춤과 노래와 축제가 있다. 전통 음식들도 오랜 세월 와인과의 마리아주를 유지하며 발전해왔다. 뭔가 호기심을 자극하고, 열정을 불러일으키기에 필요하고도 충분한 요소를 두루 지닌 신비로운 음료인 것이다.

한마디로 와인은 단순한 알코올음료 이상의 그 무엇이다. 변화무쌍함과 신비로움을 간직한 채 많은 사람으로부터 꾸준히 사랑받고 있는 일종의 '토템' 음료이자 문화적 아이콘이다. 와인의 어원인 산스크리트어 베나vena는 '사랑받는'이란 뜻이 아니었던가?

와인,
너 아직 살아 있니?

　와인은 살아 있는 생물체다. 위스키나 코냑과 같은 브랜디와는 다르게 병입 후에도 꾸준히 변화와 발전을 거듭한다. 그리고 모든 생물체처럼 태어나서 성장하고 절정기를 맞은 후 쇠퇴하다 결국은 죽는다. 사람도 나이가 듦에 따라 근력이나 피부색 등이 변하듯이, 와인도 색과 향과 맛이 시간과 더불어 바뀐다.

　또한 사람도 유전적 요인, 생활환경, 평소 관리에 따라 건강 상태나 수명이 달라지듯이, 와인도 테루아, 세파주, 빈티지, 주조 방식, 보관 상태 등에 따라 상태나 수명이 달라진다. 일반적으로 아주 심플한 와인은 주조 1~2년 후면 마시기에 적당한 상태에 이르고, 대부분의 와인은 3~5년 그리고 그랑 크뤼는 10~20년이 지나서야 절정에 이른다. 그리고 그랑 크뤼는 보관 상태가 양호하다는 가정 하에 훌륭한 유전인자를 물려받고, 건강관리가 잘된 사람처럼 절정기와 수명이 길다.

와인의 색, 향, 맛과 질감이 시간과 더불어 어떻게 변화하고 발전하는지 조금 구체적으로 살펴보자.

색깔의 경우, 젊은 레드는 푸른빛과 보랏빛이 내비치는 선명한 버찌색을 띠다가 세월과 더불어 오렌지색(와인을 잔에 따랐을 때 가장자리에 나타나는 색)에서 갈색으로 발전한다. 이는 색을 결정하는 폴리페놀의 한 종류인 안토시아닌에 미세한 산화작용이 일어나기 때문이다. 화이트 와인의 경우 창백한 노란색에 약간 초록빛이 도는 것은 젊은 화이트의 특성이며, 세월과 함께 짚 색에서 구릿빛이 도는 황금색으로 발전한다. 황갈색(호박색)이 나는 화이트는 천연 스위트 와인VDN을 제외하면 절정이 지난 지 오래되었다는 신호다. 간단히 말해 마실 시기를 놓쳐버린 노쇠한 와인이다. 로제는 색깔의 뉘앙스가 아주 다양한데, 노란빛 혹은 양파 껍질 색깔을 띠면 쇠약의 길로 접어들었다는 증거다.

향은 1, 2, 3차 향으로 구분되는데, 1차 향은 세파주-테루아 커플에서 형성된 것으로 꽃, 식물, 과일, 가끔 스파이스(후추), 미네랄(예를 들어 샤블리의 화약 향pierre à fusil) 향이 주가 된다. 2차 향은 발효 중에 형성되어 발효 향이라고도 하며, 브리오슈brioche, 빵의 속, 버터, 신선한 개암열매(헤이즐넛), 바나나, 영국 캔디(약간 신맛이 나는 캔디) 향이 특징이다. 3차 향은 오랜 숙성 기간을 통해 병 속에서 서서히 형성되는데, 말린 꽃, 말린 과일, 붉은 과일로 만든 잼, 가죽, 사냥 동물, 초목sous-bois, 송로truffe, 꿀, 아몬드 반죽(화이트에서) 등 깊으면서도 오묘한 향을 드러내며, 오크통에서 숙성시킬 경우 바닐라, 계피, 구운 빵, 카카오, 커피 혹은 새 나무 향 등이 첨가된다.

맛과 질감도 시간과 더불어 아주 서서히 진행되는 산화 덕분에 타닌과 안토시아닌의 중합polymerization을 통해 신선함을 유지한 채 유연함과 원숙함

주조 중인 샹파뉴.

을 얻게 된다. 그 결과 젊은 타닌에서 느껴지는 쏘는(떫은) 혹은 입안을 마르게 하는 거북한 느낌은 점차 줄어들고, 전반적으로 조화로움과 실크 같은 부드러움이 드러난다. 이를 와인에서는 '타닌이 녹은melted'이라고 표현한다. 그러나 절정기를 지나고 나면 타닌이 약해져 몸체가 허약해시고, 색깔도 희미해지며 따라서 맛도 밋밋해진다. 와인에 따라 어느 정도 차이는 나지만, 어떤 와인은 맛과 색깔은 떨어져도 향은 그대로 유지되는 경우도 있다.

세월과 함께 변화하는 와인의 모습을 지켜보면 어딘가 사람의 삶을 닮은 구석이 많다. 좋은 집안(우수한 테루아)에서 태어나, 훌륭한 교육(발효와 숙성)을 받고, 관리(보관)를 잘하면, 오랜 기간 젊음을 잃지 않으면서도 원숙미가 더해진다. 그러나 와인과 사람 사이에는 결정적인 차이가 하나 있다. 사람의 경우 생의 전성기에 다다르면 아직 한참을 더 살아야 하지만, 와인은 바로 그때 죽어야(마셔져야) 가장 아름답고 고귀한 죽음이 되는 것이다. 그런 의미에서, 와인에게서는 어딘가 극적인 장렬함이 느껴지기도 한다. 사람이나 와인이나 최후의 순간이 중요한 것은 마찬가지인가 보다.

모든 생명체는 탄생과 죽음이라는 큰 틀에서 벗어날 수 없다. 다른 상품과는 달리 와인은 병입 후에도 끊임없이 변화하고 발전하는 생명체다. 잉태를 위해 토양, 기후, 지형이 조화를 이루어야 하고, 이런 환경에 적합한 포도 품종을 선택해서 재배해야 한다. 자연의 너그러움에 인간의 정성과 노력이 가미되어야 비로소 원하는 포도를 수확할 수 있다. 그리고 수확한 포도를 세심하게 선별하고 으깨서 즙을 내고, 청결한 용기에 담아 적절한 온도를 유지시키면 포도 속에 함유된 효모의 작용으로 발효가 시작되고, 이 과정이 끝나면 비로소 와인이 탄생한다.

그러나 태어난 생명은 저절로 성장하고 발전할 수가 없다. 최적의 환경에서 정성을 다해 키우고 교육시켜야 한다. 사람마다 개성이 다르듯이, 와인도 모두 특성이 다르다. 따라서 각 와인의 특성에 맞게 키워야 한다. 오크통이 좋은지, 시멘트 통이 좋은지 아니면 스테인리스 통이 좋은지 그리고 얼마나 오랫동안 어떤 조건에서 통 안에서 숙성을 시켜 병입을 할 건지 등에 주의를 기울여 꼼꼼하게 선택해야 한다. 일단 병입이 끝나면 더 이상의 변화가 없는 브랜디나 위스키와는 달리, 와인은 병 속에서도 변화를 계속하니, 마시기 전까지 주의해서 보존하고 관리해야 한다. 여기까지가 와인의 숙성과 발전이다.

와인은 탄생의 목적이 하나밖에 없다. 죽음이다. 즉 언젠가 누군가에 의해 마셔지기 위해 태어났다. 그러나 행복하고 고상한 죽음이 있는가 하면, 비참하고 억울한 죽음도 있다. 우리는 와인의 행복하고 고상한 죽음을 위해 최소한의 노력과 예의를 갖추어야 하리라. 와인을 제대로 알고 즐기는 것만이 와인에 대한 최소한의 예의다.

다시 한번 강조하지만, 와인은 라이프 사이클을 따라 쉼 없이 변한다. 똑같은 와인이라도 어느 시기에 마시느냐에 따라 그만큼 느낌이 다르다. 과일을 예로 들어보자. 아직 익지 않은 떫은 감과 제대로 익은 감, 물러터질 정도로 지나치게 익어 식초 맛이 나는 감을 먹을 때 그 맛은 전혀 다를 것이다. 와인도 마찬가지다. 절정에 이르렀을 때 열어야 맛과 향을 제대로 느낄 수 있으니, 그때까지 진득이 참고 기다리는 인내심이 요구된다.

문제는 그냥 기다리기만 해서는 안 된다는 사실이다. 와인이 정상적으로 성장해 마시기에 최상의 상태에 도달하려면, 보관에 각별히 신경을 써야 한다. 적절한 온도와 습도의 유지는 물론 직사광선과 진동을 피해야 하며, 보관 장소에 다른 냄새가 배어들지 못하도록 지속적인 관심과 주의를 기울여야 한다.

와인은 마실 시기가 중요하다

"친구와 와인은 오래되면 될수록 좋다"라는 프랑스 속담이 있다. 친구에 관한 한 틀림없는 말일지 모르지만, 와인에는 그리 적절하지 못한 속담이란 생각이 든다. 대부분의 와인은 생산 후 3~5년 이내에 가장 마시기 적당한 상태에 이른다. 빈티지가 없는 샹파뉴나 로제 와인은 구매해서 가급적 빨리 마시는 것이 상책이고, 보통 화이트 와인은 2~3년 내에 그리고 레드 와인은 3~5년 정도가 되면 마시기에 알맞은 상태가 된다. 사실 10년 혹은 20년 이상 지나야 절정에 이르는 와인은 생각보다 훨씬 드물다. 10퍼센트 내의 고급 와인들만 이런 기다림을 견딤으로써 아름다움을 내재할 수 있는 능력을 타고나는데, 타닌이나 산이 풍부해 몸체가 탄탄하고 여러 복합적인 향이 오랜 시간과 더불어 서서히 형성되는 고급 와인뿐이다. 이런 와인은 너무 일찍 열면, 높은 타닌과 아직 채 열리지 않은 향으로 인해 차라리 얼굴을 찡그리게 할 수도 있다. 익지 않은 감이나 사과를 베어 무는 느낌을 연상하면 쉽게 이해가 되리라.

이처럼 고급 와인을 너무 일찍 마시는 행위를 프랑스에서는 '유아 살해'라는 조금 끔찍한 표현을 쓴다. 그만큼 와인을 마시는 시기가 중요하다는 것을 강조하는 게 아닌가 한다. 비참하고 억울한 와인의 죽음이란 이런 것이다. 반면에 절정에 이른 고급 와인은 타닌이 녹아 스며들어 알코올과 포옹하여 여전히 젊음의 신선함을 간직한 채 부드러움과 깊이가 더하고, 다양하고 신비로운 향들의 정원을 이뤄 황홀감을 준다. 마시는 사람에게 기쁨을 듬뿍 선사해주는 행복하고도 고상한 와인의 죽음이다.

반면에 마실 시기를 훨씬 넘긴 와인은 색깔이 옅고 흐릿하며 향과 맛도 심하게 떨어져 거의 느껴지지 않는다. 사람과 마찬가지로 기력이 쇠잔해진 와인은 정말이지 측은하고, 마시는 사람의 마음을 울적하게 한다. 이를 '노

잘 익은 쇼비뇽블랑 포도와 2012년산 쇼비뇽블랑 와인.

인 살해'라 해야 할까? 혹시라도 아주 오래된 와인을 마실 기회가 있거든, 병을 연 후 서둘러 마셔야 한다. 이런 와인은 일단 공기와 접촉하면 그야말로 시시각각으로 변하며, 불과 20~30분 내에 거의 몰라볼 정도, 즉 물처럼 변해버리기도 한다.

와인 가이드북의 도움을 받아라

하지만 와인이 마시기에 가장 적절한 시기에 언제 도달하는지를 일반 아마추어가 판단하기는 불가능하다. 태어난 지 얼마 지나지 않은(발효 후 약 5~6개월) 와인을 시음하고 그 와인의 앞날을 점친다는 것은 고도로 숙련된 기술을 지닌 전문가들에게만 허용된 특별한 영역이다. 그리고 점쟁이들과 마찬가지로, 전문가들의 예상도 가끔 빗나갈 때가 있다. 또한 같은 와이너리에서 생산된 와인이라 해도 빈티지에 따라 보관 기간에 큰 차이가 나기 때문에 더욱 복잡하다.

따라서 가장 손쉬운 방법은 제대로 된 와인 가이드북을 한 권 가까이 두는 것이다. 와인 가이드북은 와인에 대한 전반적인 평가, 관련 와이너리의 주소와 전화번호, 와이너리에 대한 간단한 소개(면적, 생산량, 주요 포도 품종 등), 가격대 등과 더불어 마시기 적정한 시기까지 다양하고 유용한 정보를 상세히 일러준다. 문제는 매년 새로운 와인이 나오기 때문에 이에 맞춰 매년 개정판을 구입해야 한다는 것이다. 하지만 와인을 제대로 즐기려면 이 정도의 투자와 수고스러움은 감내해야 하지 않을까. 아니면 2~3년에 한 번씩 구매하는 것도 하나의 방법이리라.

끝으로 와인은 문화다. 따라서 마시는 데 얼마간의 준비와 세리머니가 있어야 제격이다. 적절한 온도와 잔, 마시는 장소의 온도, 조명, 테이블보와 벽지의 색, 마시는 사람들의 분위기, 마신 와인에 대해 나누는 담소……. 그러니 세리머니는 와인에 대한 일종의 예의인 셈이다. 편하게 마음을 나눌 수 있는 지인들과 모여 와인을 한잔하면서 보들레르가 멋들어지게 읊었듯이 어느 날 저녁 '와인의 넋이 병 속에서 노래'하는 것을 들어보면 어떨까? 그리고 비워진 병의 넋은 그걸 마신 사람의 육체와 영혼 속으로 스며들어가 새롭게 태어나는 것이 아닐까. 폴 클로델의 말처럼 "와인은 미각의 선생이고 우리에게 내적 긴장의 실현을 가르쳐주기에, 와인은 정신의 해방자이고 지성의 등불"이 될 수도 있으니까.

어떻게
와인과 친해질까

와인 강연을 할 때마다 "와인 하면 가장 먼저 떠오르는 단어가 뭡니까?"라는 질문으로 시작한다. 일부러 시간을 내 강연에 참석한 사람들이니 와인에 관심이 많으리라는 것은 쉽게 짐작할 수 있지만, 와인에 대한 취향이나 수준을 알 수 없기에 나름대로 이를 감지하기 위함이다. 이렇게 진행된 여론조사의 결과는 대차대조표 형태로 기록된다.

놀라운 사실은 차변에 기록되는 항목이 약 70퍼센트 정도라는 점이다. 즉 와인 하면 우선적으로 연상되는 단어들이 '복잡하다' '스트레스를 준다' '어렵다' '잘 모르겠다' '비싸다' '맛이 그저 그렇다' '그 맛이 그 맛이다' 등 부정적인 것들이다. 대변엔 주로 '사랑' '낭만' '분위기' '작업 걸기 좋은 술' 등이 차지한다. 재미난 현상은 차변의 항목은 매우 구체적인 반면 대변의 항목은 추상적이란 점이다. 누군가는 '김치'라고 말해서 차변에 적을 것인지 대변에 적을 것인지 몰라 왜 그러냐고 되물었다. 언젠가 와인이 김치처럼 편안한 것이 되었으면 좋겠다는 바람을 담았다고 해, 참석자 모두가 한바탕 유쾌하게 웃은 적도 있다. 실제 그런 날이 오기를 기대해본다.

현장에서 즉흥적으로 행해지는 조사이긴 하지만 의외로 와인에 대한 우리의 현주소를 어느 정도 정확하게 보여주고 있는 듯하다. 삼성경제연구소가 2007년 404명의 CEO를 대상으로 실시한 와인에 대한 설문조사의 결과도 전체적으로 보면 큰 차이가 없다. 설문에 참여한 CEO의 자그마치 84퍼센트가 와인 때문에 실제 스트레스를 받는다고 한다. 와인 값이 비싸 받는 스트레스는 물론 아닐 것이다.

세부적으로 보면 33.9퍼센트가 주문할 때, 25.7퍼센트가 맛과 가격을 구분 못해서, 20.5퍼센트는 상대방이 사용하는 와인 용어를 잘 이해하지 못해서, 3.7퍼센트는 와인에 대한 매너 부족 때문이란다. 여기서도 명백히 드러나듯이 우리에게 와인은 다분히 복잡하고, 골치 아픈, 그래서 여전히 '가까이 하기엔 너무나 먼 당신'의 자리를 차지하고 있는 것 같다.

즐기려면 호기심과 관심부터 키워라

와인은 어떤 경우에도 기쁨과 나눔의 원천이 되어야 한다. '사람 나고 와인 났지, 와인 나고 사람 난' 것이 아니기 때문이다. 와인은 사람이 살아가는 데 기쁨을 주는 활력소가 되어야지 그 밖의 다른 어떤 것이 되면, 본래의 존재 이유에서 멀어진다. 와인도 다른 수많은 알코올음료 중 하나라고 일단 쉽게 생각하고 접근하면 어떨까? 주요 와인 생산국에서는 대부분의 사람이 편하게 와인을 마시고 있다.

사람에 따라 다르겠지만, 어떤 기회에 그리고 시간과 더불어 와인에 대한 관심과 열정이 높아지면 와인을 마시는 즐거움도 덩달아 높아질 것이다. 그러니 처음 시작 단계에서는 어떻게 호기심과 관심을 키워가느냐가 중요하다. 사실 인생에서 호기심과 관심이 없다면, 어떤 즐거움도 없으리라. 물론 지나친 호기심과 관심으로 고통에 빠지는 경우도 있지만, 와인에 관한 한 그런 일은 없을 것이라 감히 장담한다.

한때 국내 와인 붐을 일으키는 데 톡톡히 공헌한 『신의 물방울』의 저자 아기 다다시(필명)는 와인에 심취하게 된 동기를 다음과 같이 고백한다. "'이것은 단순한 술이 아니다.' 어떤 자리에서 DRCDomaine de la Romanée-Conti의 에세조Echezeaux를 마셨을 때 무심코 튀어나온 말이다. 너무나 맛있는 충격을 받음과 동시에 와인에 대한 생각이 180도 바뀌고 말았다. 그때부터 와인이 가진 심오한 세계를 좀 더 알고 싶어 계속해서 와인을 사고, 마시고, 조사하고…… 언제부턴가 와인의 포로가 돼 있었다." DRC 같은 최고급 와인이 아니더라도 우연한 기회에 마신 어떤 와인에 자신도 모르게 반해버릴 수 있다. 이런 계기를 통해 와인에 대한 숨겨진 열정을 발견하게 된다면 큰 행운일 것이다.

술을 마시는 첫 번째 목적이 취하기 위해서라면 위스키나 소주와 같은 독주가 제격일 것이다. 그것 자체로 술 마시는 의미가 충분히 있다고 믿는다. 그러나 여유를 가지고 즐기면서 술을 마시고 싶다면 와인이 제격이다. 와인이 주는 기쁨은 우리가 생활 속에서 순간적으로 막연하게 느끼는 기쁨과는 달리, 어딘가 '자각된 기쁨well-considered pleasure'이다. 각자의 상황이나 관심의 정도에 따라 얼마간의 사전 준비와 마음의 자세가 전제되어야 한다는 뜻이기도 하다.

에세조 2000년산.

와인과 친해지기 위해 즉, 와인을 와인답게 즐기기 위해 그리고 마시는 즐거움을 배가시키기 위해 일상에서 쉽게 실천할 수 있는 것들이 있다.

첫째, 일상생활 속에서 색, 향, 맛에 관심을 갖는 것이 중요하다. 오렌지주스와 콜라를 구별하지 못하는 사람은 없을 것이다. 하지만 와인마다의 차이는 이보다 훨씬 미묘하고 복잡하기에 평소 마시고 먹는 음료나 음식에 대해 관심을 가지고 대하면 감각기관의 훈련에 많은 도움이 된다.

둘째, 너무 강렬한 음식과 함께 와인을 마시는 것은 피하라. 김치, 젓갈, 고추장 등이 여기에 속하며, 특히 식초와 와인은 상극을 이루니, 식초가 든 음식과는 와인을 마시지 않는 것이 상책이다.

셋째, 마시는 와인에 맞는 적절한 잔을 선택하고, 3분의 1 이상을 채우지 마라. 와인 생산지마다 고유의 잔이 있지만, 너무 종류가 다양하여 일반 가정에서 모두 갖추기는 힘드니, INAO 잔으로 통일하라고 적극 권한다. 잔을 3분의 1만 채우는 것은 매우 중요하다. 와인에서 발산되는 향이 머무를 공간이 절대 필요하고, 공기와의 원활한 접촉을 위해 와인 잔을 돌릴 때 잔이 차 있을 경우 넘치기 때문에 곤란하다.

넷째, 각 와인의 특성에 맞는 적정 온도에서 마셔야 한다. 일일이 기억을 못하면 와인책을 참고하기 바란다. 같은 녹차라도 따뜻할 때와 차게 식었을 때 마시는 맛이 전혀 다른 것과 같은 이치다. 똑같은 와인을 여러 다른 온도에서 마셔보면 금방 수긍이 갈 것이다.

다섯째, 모든 감각을 열어놓고 천천히 음미하면서 마셔라. 와인은 '빨리빨리' 문화와는 상반되는 대표적 슬로 푸드다. 아무리 좋은 와인을 아무리 잘 준비해서 마신다 해도 급히 마시면 와인의 맛을 절대 음미할 수 없다. 여유를 가지고 색깔을 쳐다보고, 향을 맡고, 입안에서 서서히 굴려가면서 맛

일상에서 와인과 함께 하는 것이 중요하다.

과 터치와 강약을 즐겨야 한다. 물론 처음에는 약간 쑥스럽고 지루할 수도 있으며, 그렇게 해도 뭐가 뭔지 감이 오지 않을 수도 있다. 그러나 반복해서 하다보면 색다른 발견의 즐거움에 흐뭇한 미소를 지을 것이다.

여섯째, 좋은 사람들과 좋은 분위기에서 즐기면서 마셔라. 아무리 맛있는 음식이라 해도 기분이 언짢을 때나 함께 먹는 사람과 껄끄러운 사이라면 제 맛이 나지 않는다는 사실을 우리는 경험을 통해 익히 알고 있다. 우리의 뇌는 기억을 선택적으로 하는 경향이 있다. 예를 들어 사랑하는 사람과 평생 잊지 못할 로맨틱한 분위기에서 어떤 와인을 마셨다면, 우리 뇌는 그 기억을 오래 간직할 것이다. 그 와인의 객관적인 질이 어느 정도이든 그 와인은 좋은 와인으로 각인될 뿐만 아니라, 장래에 좋은 와인의 기준이 될 수도 있다.

끝으로 감각과 기억이 주관적이고 선택적인 한, 와인과 분위기는 대단히 중요한 상관관계를 이루고 있음을 기억해두기 바란다. 그리고 좋은 분위기를 위해서는 좋은 사람들이 필요하다. 여기에 훌륭한 와인이 함께한다면 기쁨을 배가하기 위한 최상의 조건이 될 것임은 두말할 나위가 없다.

와인 평가는
객관식 시험이 아니다

전문가들이 와인을 평가하는 방식은 크게 두 가지다. 하나는 점수(20점 혹은 100점 만점)를 매기는mark out of 시스템이고, 다른 하나는 등급을 분류하는classify 시스템이다. 전자는 로버트 파커(100점 만점)가 시작하여 전 세계적으로 유명해졌으며, 후자는 영국의 세계적인 와인 전문가 마이클 브로드벤트Michael Broadbent가 고안한 것으로, 별(*)이나 와인 잔( )을 하나에서 다섯 개까지 붙이는 방식이다. 언뜻 그게 그거 같지만, 이 두 시스템 사이에는 엄청난 차이가 존재한다.

우리가 객관식 시험을 칠 때, 20문제 중 10문제를 맞히면 50점을 받는다. 여기에 대해 이의를 제기할 사람은 없을 것이다. 점수에 모두가 공감하는 객관성과 수학적 정확성이 있기 때문이다. 그렇다면 와인의 경우도 이 같은 객관성과 산술적 정확성을 가지고 점수를 매길 수 있을까? 와인은 그 고유한 특성상 개별성과 개성이 매우 강한 상품이며, 감성의 영역이기에 부정

마이클 브로드벤트가 와인을 손에 비추어 보고 있다.

확성이 들어설 공간이 언제나 존재하며, 그게 바로 와인의 매력이기도 하다. 이런 점에서 와인은 냉철한 이성을 기반으로 하는 과학보다는 감정에 호소하는 예술에 더 가깝다. 뿐만 아니라 테루아가 모두 다르고, 주조 방식도 와이너리마다 다르기에 그 개성과 개별성은 더욱 독특하다. 시음하는 사람의 관점에서 보면 맛과 향에 대한 기준 또한 매우 주관적일 뿐만 아니라 환경과 시간에 따라 시시각각으로 변한다.

점수제는 와인의 본질에 맞지 않은 평가 방식

점수의 개념은 원하든 원하지 않든 어떤 확실성을 은연중에 소비자들에게 주입시킨다. 하지만 와인이야말로 이 같은 점수로 따지는 것과는 거리

타바스코의 토니 시몬스Tony Simmons CEO는 나파밸리와 보르도에서 생산된 보물급 와인 3200 병의 콜렉터다.『와인 스펙테이터』에 실린 사진. © Eric Wolfinger

가 먼 제품이다. 샤갈 90점, 마티스 95점, 피카소 90점 이렇게 점수를 매길 수 없는 것과 같다. 게다가 와인은 살아 있는 생명체다. 꾸준히 변화하고 발전해간다. 이런 와인에 시음을 하는 그 순간 다시는 번복될 수 없는 대법원의 최종 선고처럼 '몇 점'을 매긴다는 것은 아무래도 문제가 있어 보인다. 적절한 비교가 될지 모르겠지만, 겨우 한 끼 밥값 정도에 겨우 팔렸던 고흐의 작품이 요즘에는 천문학적인 가격으로 거래되고 있지 않은가!

와인의 점수제 평가는 오랫동안 100점 만점제의 객관식 시험에 익숙한 우리에게는 별 거부감 없이 받아들여질지도 모르겠다. 그래서인지 와인 광고에도 '파커가 몇 점을 준 와인'이라는 것을 강조하는 경우가 허다하다. 과연 파커가 90점을 주고『와인 스펙테이터The Wine Spectator』가 95점을 매긴 와인이라 해서 모두에게 90점과 95점이 될 수 있을까? 결코 그렇지는 않을 것이다. 사람마다 경험이 판이하고 감각 기능도 다르게 작용하기 때문이다.

그럼에도 점수를 매기는 시스템은 그 간단함에 따른 편리함이 있음을 부인할 수 없다. 복잡하게 생각할 것 없이, 파커가 몇 점이라고 했으니, 그렇게 믿고 마시면 된다. 최소한 파커의 추종자들에게는 그럴 것이다. 그리고 아마 추어들에겐 와인 선택의 중요한 기준이 될 수도 있다. 그 때문에 "나는 와인에 대해 전혀 모른다. 그러나 내가 좋아하는 와인이 뭔지는 안다"라는 말이 유행하기도 한다.

이제 사람들은 테루아, 세파주, 생산자를 비롯한 와인의 특성을 규정짓는 주요 요소에 대해서는 무관심하며, 그저 점수만 추종하는 맹신적 경향을 보이고 있다. "내가 어떤 와인을 마셨는데, 파커가 몇 점을 준 와인이야"라는 식이다. 파커의 위력이 하도 대단하다보니 사람들은 와인을 마시기 전에 이미 심리적으로 압도될 수도 있다. 파커가 좋은 점수를 준 와인은 무조건 좋게 느껴질 수밖에 없을 정도로.

몇 가지 무시할 수 없는 장점에도 불구하고 이 시스템은 와인의 고유한 속성이자 가장 큰 매력인 애매함과 복잡함을 근본적으로 외면하고 있다. 와인이 꾸준히 변화하는 살아 있는 생명체라는 것도 무시한다. 뿐만 아니라 같은 와인이라도 상황에 따라 얼마든지 다르게 평가될 수 있다는 불확실성에 대한 가능성마저 배제하고 있다. 점수 시스템은 와인이 지닌 불확실성과 애매함을 애초에 없애버린다. 사람들도 그것이 비록 가상의 혹은 가짜의 '확실성'이라 해도 믿기를 좋아한다. 그러는 것이 속 편하고 간단하기 때문이다. 사람들은 대부분 불확실성보다는 확실성을 선호하는 경향이 있다. 비록 그 확실성이 '꾸며진' 혹은 '가상적인' 것이라 해도 말이다. 어떤 상황에서는 꾸며낸 이야기나 신화가 사실보다 훨씬 더 큰 힘과 영향력을 발휘하기도 한다.

와인 시음에 관한 한 세계에서 가장 경험이 풍부하다고 알려진 브로드벤트는 와인을 어떤 상황에서 시음하느냐에 따라 평가가 달라지며, 동일한 와인이라도 시음할 때마다 다른 평가가 나올 수 있음을 꾸준히 강조한다. 이런 점에서 별이나 와인 잔으로 표기하는 등급 분류 시스템은 점수 시스템처럼 (가상의) 산술적 확실성은 주지 못하지만, 여러 가지 여운과 가능성과 불확실성에로의 문을 열어놓고 있다. 만약 별이 세 개일 경우 이는 다섯 개 중 세 개니까 60점이라고 산술적 추론을 하면 절대 안 된다. 그건 이 시스템의 본질을 모르거나 무시하는 행위다. 우선 별은 정확한 수치가 아니다. 별의 숫자는 와인의 전반적인 질이나 등급에 대한 (대략의) 평가다. 그리고 얼마든지 있을 수 있는 각자의 평가 차이에 대한 여운도 남겨둔다. 뿐만 아니라 각자 자신의 의견과 상상력을 보탤 수 있는 공간도 열어두었다.

개인적으로 등급 분류 시스템을 선호한다. 생각보다 자주 "세계 최고의 와인은 무엇인가?"라는 참 단순하면서도 엉터리 같은 질문을 받고 당황한다. 나는 되묻는다. "당신에게 최고의 요리는 무엇인가?" 사실 사람의 입맛은 그때의 상황이나 컨디션에 따라 얼마든지 달라진다. 나이와 더불어도 변한다. 그러니 맛의 영역에는 절대적 혹은 객관적 최고는 없다. 단지 최고 비싼 것이나 자신이 최고로 좋아하는 것은 존재할 수 있다. 그것도 다음에 더 좋아하는 와인을 만날 때까지만. 그만큼 맛은 주관적인 영역이라는 사실을 입증해준다. 그러니 '몇 점'이라는 절대적인 수치의 포로가 되어, 상상력의 날개가 잘리는 것보다, 조금은 귀찮고 성의 없어 보일지도 모르지만, 여러 가지 불확실성의 가능성에 대해 열어놓고, 우리를 보다 적극적인 참여와 상상력으로 초대하는 등급 분류 시스템을 추천하고 싶다.

파커의 점수에 따라 요동치는 와인 가격

와인에 조금이라도 관심이 있는 사람이라면 라투르, 마고, 무통 등의 이름만큼이나 로버트 파커란 이름에 친숙할 것이다. 한 세기에 몇 번 나오지 않을 정도로 빼어난 빈티지로 알려진 1947년에 그는 태어났다. 직업이 변호사였던 그는 스무 살이 되기 전까진 와인을 마셔본 적이 없다고 한다. 젊은 시절 프랑스를 방문하면서 와인과 첫 인연을 맺은 후, 그는 와인 평가에 관한 세계적인 대가가 되었다.(2019년 로버트 파커는 71세의 나이로 공식 은퇴를 선언했다.)

그의 점수에 따라 어떤 와인은 웃고, 어떤 와인은 울 정도다. 그의 평가에 따라 판매와 가격에 지대한 영향을 받기에, 점수에 불만을 품은 사람들로부터 1년에 10여 차례 살해 협박을 받기도 한단다. 너무도 대단한 성공과 유명세의 이면인 모양이다. 심지어 프랑스에는 와인의 특성을 묘사할 때, '파커식parkerisation' 그리고 '파커화된parkerisé'이라는 단어가 사전에 등장할 정도다. 파커가 세계 와인 시음 분야에서 가장 영향력 있는 인물임을 부인할 사람은 없을 것이다. 그런 만큼 그는 가장 많은 비판에 노출된 사람이기도 하다. 그는 타고난 능력뿐만 아니라 와인의 테이스팅에 영향을 받을까봐 마늘을 절대 먹지 않고 커피도 마시지 않을 만큼 시음 전문가로서 철저한 자기 관리를 하는 것으로도 유명하다.

매년 3월 말에서 4월 초 보르도에서는 그랑 크뤼 '선매도' 시음 행사가 성대히 열린다. 세계의 유명 와인 전문가들의 시음 평가에 따라 보르도 유명 크뤼의 값이 결정되는 중요하고도 결정적인 시기가 아닐 수 없다. 미국, 영국, 러시아, 오스트레일리아, 뉴질랜드, 칠레 등은 물론이고 일본, 중국, 한국 등 아시아에서도 와인 관련 주요 인사가 대거 몰려든다. 텔레비전을 비롯한 미디어들도 앞다투어 취재 경쟁에 열을 올린다. 세계 도처에서 모여든 와인 관련 유명 인사들을 위한 성대하고 화려한 연회도 곳곳에서 벌어진다. 그러나 가장 중요한 순간은 지난가을에 수확한 포도로 양조한 와인의 장래가 결정되는 시음 행사다. 세계 와인계의 내로라하는 인물을 모두 만날 수 있는 이 행사에 유독 파커만 모습을 드러내지 않는다! 왜 그럴까? 사실인즉, 파커만

2019년 이탈리아 와이너리 칸티네 바르베라Cantine Barbera가 『와인 애드보커트』로부터 받은 점수.

특별 대접을 받기 때문이다. 그는 북적대는 행사가 시작되기 2주 전에 홀로 와서 조용한 분위기에서 시음을 할 수 있는 특권을 부여받은 유일한 인물 이다.

세계 와인 시장에 미치는 파커의 영향력은 가히 절대적이다. 특히 보르도 와 일부 코트 뒤 론(특히 샤토네프 뒤 파프) 와인의 가격과 운명은 파커의 손 에 달려 있다 해도 지나치지 않다. 제임스 서클링James Suckling이 발간하는 『와인 스펙테이터』를 제외하면, 파커가 발간하는 『와인 애드보커트The Wine Advocate』의 영향력을 따라갈 만한 것은 아무것도 없다. 파커가 좋은 점수를 준 보르도 와인은 단번에 가격이 10배로 치솟기도 한다. 일반에게 잘 알려 지지 않은 와인이 90점 이상을 받으면 그건 곧 그 와인의 상업적 대성공을 의미하며, 곧바로 주문 쇄도로 이어진다. 1985년 파커는 1982년 빈티지 페 트뤼스Pétrus에 100점 만점을 매겼다. 곧바로 가격이 4배로 뛰었다. 소위 '파 커 효과'라는 것이다! 전문가들에 따르면, 심지어 낮은 점수를 받은 와인이 라 할지라도, 파커가 점수를 줬다는 것만으로도 최소한 15퍼센트 이상 가 격 상승효과를 가져온다고 한다. 그러니 무통 로칠드처럼 연 30만 병을 생 산하는 일등급의 경우, 파커의 점수 매김에 따라 경제적 손익의 차이는 천문학적일 수 있다.

파커의 '선매도' 와인 시음에는 거의 보르도 그랑 크뤼 협회가 제공하는 와인들이 쓰인다. 이 협회에는 보르도의 주요 크뤼 131개가 모여 있다. 그러나 그 밖의 수많은 와인을 파커가 모두 시음할 수 없기에, 어떻게 파커로 하여금 자신의 와인을 시음하게 하느냐가 관건이다. 동서고금을 막론하고 최상의 방법은 인맥을 동원하는 것이다. 세계 최고의 플라잉 와인메이커인 미셸 롤랑Michel Rolland과 같은 파커와 친한 지인을 알고 있을 경우 그를 통하는 것이 가장 용이하다. 보르도 지역에는 여섯 명 정도 파커와 친한 사람이 있으며, 이들은 파커에게 새로운 와인을 선보일 수 있는 특권을 지닌 드문 사람들이다. 생테밀리옹의 한 생산자는 파커와 친분이 있는 사람에게 자신의 와인을 소개해줄 것을 부탁해서, 자신의 와인이 파커로부터 점수를 받기 시작하면서 본격적으로 성공의 길로 들어섰다고 솔직히 고백한다.

블라인드 테이스팅으로 와인을 정확히 구별하는 파커

최상의 '코', 세계 최고의 '입'으로 불리는 파커의 시음 방법은 아직 많은 부분 베일에 싸여 있다. 그는 시음의 공정성을 최대한 유지하기 위해 와인 생산자를 직접 만나지 않는 것으로도 유명하다. 시음을 위해 와인을 들고 오면 그는 나오지 않고, 문 앞에서 비서가 받아 그에게 전달한다. 오랫동안 파커의 협력자였던 한나 아고스티니Hanna Agostini는 파커의 놀랄 정도로 뛰어난 시음 능력에 대해 다음과 같이 말한다.

"로버트 파커는 하루에 60~100종류, 심지어는 그 이상을 시음할 수 있다. 그리고 정말 놀라운 점은, 그 같은 한나절을 보낸 후, 저녁 식사 때 사람들이 그에게 블라인드 테이스팅으로 제공하는 거의 모든 와인에 대해 도메인도 빈티지도 틀리지 않고 구별할 수 있다는 것이다." 사실 하루에 수십 종류 이상의 와인을 시음하려면 엄청난 집중력과 체력은 물론 비범한 후각과 미각을 갖추어야만 가능하다. 파커에 따르면 그는 "1980년대 초부터 지금까지 모두 30만 종류의 와인을 시음했다"고 한다. 그런 파커도 나이는 어쩔 수 없는지, 지금은 자신을 보조할 전문가들로 구성된 팀을 이루고 있다. 자신의 유명 저서인『파커 프랑스 와인가이드Guide Parker des vins de France』의 저술을 위해 보르도, 샹파뉴, 코트 뒤 론만 자신이 직접 시음하고, 나머지 지역의 와인은 조수들에게 시음을 맡긴다.

하지만 파커의 채점 방식에 대한 비판도 날이 갈수록 거세지고 있다. 우선 그의 오랜 협력자였던 아고스티니는 저서『신화의 해부Anatomie d'un mythe』에서 파커의 채점 방식이 지닌 문제점들에 대해 조목조목 비판을 가했다. 「몽도비노Mondovino」란 와인 다큐 영화를 제작한 조너선 노시터Jonathan Nossiter도 파커의 시음 방식이 너무 상업적이고 기계적이라 비판하며, 와인은 무엇보다도 인간의 감성에 관련된 것이라 주장한다.

소위 '파커식 와인'에 대한 비판도 많다. 파워풀하고, 오크통에서 숙성시켜 바닐라와 구운 토스트 향이 나야만 파커의 취향에 맞기에, 많은 와인 생산자가 이런 전형적인 와인을 생산하려고 노력한다. 그 결과 와인의 맛이 전 세계적으로 규격화되고 유사해진다는 것도 문제로 지적되고 있다. 특히 충분한 발전 가능성이 없는 보통의 와인일 경우, 오크통과 조화를 이루지 못해 억지스러운 맛과 향을 내는 경우가 대부분이다. 사실 파커의 100점 제도를 보면 우리 시험제도와 유사하다. 개인(와인)의 개성과 특성이 고려되지 않은 채 일률적으로 등급이 결정되는 메커니즘이다. 그것 나름대로 편리함이 없는 것은 아니지만.

판독이 필요한
와인 레이블

와인에 있어서 레이블은 우리의 주민등록증과 비슷하다. 출생을 비롯한 정체에 대한 기본적인 정보를 담고 있다. 주민등록증을 마음대로 위조하거나 변경할 수 없듯이, 레이블에 기입하는 사항들도 엄격한 법적 규제를 받는다. 단지 차이가 있다면 주민등록증의 경우 한번 기입된 내용에 대해서는 임의로 고치거나 가감할 수 없지만, 와인 레이블은 시음 조건이나 음식 매칭에 대한 내용과 같은 법적 규제를 받지 않는 사항에 대해서는 생산자나 네고시앙들이 임의로 첨가할 수 있다는 것이다.

레이블은 1760년경 보르도에 최초로 등장했다. 당시는 병목에다 끈으로 묶은 것이었다. 이전 시대에는 레이블도 존재하지 않았지만, 오늘날 보는 것과 같은 병도 없어, 오크통째로 판매를 하든지, 아니면 소비자가 2~3리터짜리 작은 나무통을 들고 와 그야말로 양조장이나 매장에서 와인을 받아갔다. 어린 시절 주전자를 들고 술도가에 가서 막걸리를 사오던 것과 흡사하다. 레이블은 1818년 보르도에서 처음으로 인쇄되었으며, 지금처럼 병에다 직접 붙이는 것도 이와 비슷한 시기에 시작되었다. 그리고 레이블에 반드시 명시해야 하는 법적 의무규정이 실시된 것은 20세기 후반에나 들어서다.

그렇다면 레이블에 기입해야 하는 의무규정이란 무엇일까? 와인 레이블의 원조국이자 그 밖의 모든 와인 생산 국가에서 기본 모델로 받아들인 프랑스 와인의 레이블을 살펴보자. 레이블에 의무적으로 기입해야 하는 항목은 총 일곱 가지다.

(1) 병입한 사람이나 양조장 이름과 주소

(2) 알코올 도수(%)

(3) 양(ml)

(4) 와인의 법적등급(AOC 등)

(5) 생산국가

(6) 생산 일련번호(No du Lot)

(7) 보건과 위생 관련 사항(무수황산 함유 여부나 임신부에 대한 경고 등)

모두가 와인의 내용을 파악하는 데 유용한 정보들이다. 특히 (1)은 문제가 발생했을 경우 법적 책임의 소재를 밝히고 있다는 점에서 대단히 중요하다.

소비자를 현혹시키는 홍보성 멘트

이 밖에도 레이블에는 법적 의무규정이 아닌 많은 내용이 적혀 있다. 가장 흔한 것은 생산년도(빈티지: 포도 수확년도 기준), 샤토, 도메인, 크뤼, 세파주 등의 명칭과 메달 수상 내용 등이다. 와인의 특성을 가늠할 수 있는 직

다양한 레이블.

간접적인 정보를 담고 있다는 점에서 와인을 구매하기 전에 꼼꼼히 살펴볼
가치가 있다. 사용한 세파주의 경우는 향, 맛, 산도, 타닌 등 그 와인의 특성
을 가늠하는 중요한 단서를 제공한다. 빈티지는 그해 생산한 와인의 일부 특
성과 보관 기간 등에 대한 암묵적인 정보를 담고 있다. 샤토, 도메인, 크뤼 등
도 와인에 대해 보다 세부적인 정보에 접근할 수 있는 단서가 된다. 예를 들
어 보르도보다는 메도크가, 메도크보다는 포이야크가, 포이야크보다는 샤

토 라투르가 보다 구체적이고 세부적인 와인의 특성과 등급을 일러준다.

그러나 레이블에는 소비자들을 현혹시키는 내용도 많으니 읽을 때 특별한 주의가 필요하다. 특히 메달의 경우, 올림픽이나 세계대회에서 수상하는 메달과는 확연히 다르다. 와인에 수여된 메달의 가치란 경연대회에 출품한 와인의 30퍼센트 이상에 너그럽게 수여하는 것이 관례이므로 파리 와인 경연대회, 마콩 와인 경연대회, 세계 리슬링 경연대회에서 획득한 것이 아니라면 특별한 의미를 둘 필요는 없다. 참고로 와인경연대회는 매해 그 수도 많고 종류도 많다.

또한 '상급의supérieur' '예약된réserve' 등에 '특별한spécial'이란 화려한 수식어가 붙기도 하는데, 대부분 상업적 미사여구에 지나지 않으니 무시해도 된다. 자신이 생산한 와인에다 좋지 않은 문구를 붙일 사람이 누가 있겠는가? 단지 병입에 대한 정보(mis en bouteille au Château 혹은 mis en bouteille à la propriétaire 등)는 주조에서 숙성은 물론 병입까지 동일한 와이너리에서 했다는 것을 밝히고 있다는 점에서 와인의 질, 특히 원생산지를 가늠할 수 있는 하나의 기준이 될 수 있다. 그만큼 책임감을 갖고 정성을 들여 만들었다고 해석해도 무방하다. 그 밖에도 와인의 특성, 즉 향과 맛 등에 대한 내용을 하나같이 미사여구로 설명해놓은 백 레이블back label을 붙이는 것도 최근 들어 유행하고 있는데, 마시기에 적정한 온도나 매칭이 잘 되는 음식 그리고 마시기에 적절한 시기 정도를 제외하면 거의 소설이나 다름없다고 보면 된다.

시음 전 필기시험 같은 와인 레이블

와인에서 레이블은 얼굴이다. 화장을 잔뜩 하고 사람을 현혹하는 것도 있고, 수수한 맨 얼굴을 지닌 것도 있다. 최근 들어서는 와인의 레이블에도 일대 혁신이 일어나고 있다. 특히 세파주를 내세운 브랜드 와인이 등장하면서 레이블의 내용은 물론 디자인에도 큰 변화가 생겼다. 원산지를 최우선으로 하는 주로 수수한 레이블을 붙이고 있는 테루아 와인에 비해, 브랜드 와인은 와인의 특성을 드러내는 독특한 디자인과 화려한 색상으로 소비자의 눈을 사로잡는 데 주력하고 있다. 예를 들어 'So Fruity' '부드러우며 꽃 향이 나는' 등의 문구를 레이블에 눈에 띄게 크게 넣어 소비자로 하여금 와인의 맛이나 향에 대한 선택을 쉽게 하도록 도와준다. 심지어는 팩이나 알루미늄 캔에 담아 판매하는 와인도 등장하고 있으며, 이들 와인은 팩이나 캔 위에 우유나 맥주처럼 화려한 레이블을 직접 인쇄하기도 한다.

미국에서 커다란 성공을 거두고 있는 부르고뉴의 다이내믹한 네고시앙인 장클로드 부와세Jean-Claude Boisset는 '프렌치 래빗French Rabbit'이란 상표 와인을 다분히 희화적인 디자인의 팩에다 담아 판매해서 성공한 경우다. 여성들의 와인 구매가 급증하면서, 당연히 여성들의 취향에 맞춘 병이나 레이블도 속속 등장하고 있다. 무통 로칠드의 레이블은 그 자체를 위한 수집가들이 생길 만큼 하나의 예술작품이다. 매해 세계적인 유명 화가의 그림을 레이블에 붙이는 호사를 누리기 때문이다. 2013년 레이블은 이우환 화백의 그림을 담고 있다.

레이블은 와인의 얼굴이고 아이디다. 그래서 와인의 수만큼이나 다양하고 많다. 소비자의 변화하는 취향에 맞춰 새로운 와인이 탄생하는 것처럼, 새로운 레이블도 탄생한다. 조금 깊이 음미하면서 레이블을 쳐다보면, "와인이 가득 찬 병 위에서는 비자처럼 희망적이고, 텅 빈 병 위에서는 유공자 기념비에 새겨진 비문처럼 비장"하게 느껴지기도 한다. 와인의 레이블은 마시기 전에, 즉 '구두시험을 통과하기 전에 치러야 하는 필기시험' 같은 것일지도 모른다는 생각이 든다.

샤토 베이슈벨의 정원에는 용머리를 한 배 모양의 상징물이 있다. 샤토 베이슈벨의 역사는 에르페농 공작인 장 루이 노가레 드 라 발레트(1554~1642)로까지 거슬러 올라간다.

샤토라는 명칭은 어떤 와인에 붙이나

보르도 와인을 보면 거의 전부가 레이블에 무슨 '샤토Château'라는 거창한 이름을 훈장처럼 붙이고 있다. 샤토라는 어휘의 본래 뜻은 성castle으로, 규모가 웅장하고 위엄이 있는 것처럼 느껴진다. 저 유명한 샤토 마고Château Margaux나 샤토 베이슈벨Château Beychevelle 등을 직접 본 사람이라면 더욱 그럴 것이다. 그러나 현실은 크게 다르다. 초라한 창고 같은 곳에서 주조한 와인도 AOC 등급에 든다는 조건 하나만 갖추면, 얼마든지 '샤토'란 명칭을 붙일 수 있다. 그리고 보르도에서 생산되는 와인은 거의 전부가(97퍼센트)

AOC다. 그러니 보르도 와인에 적용될 때, 샤토의 의미는 영국의 헌법처럼 아리송하다.

보르도 지역에서 샤토란 무엇보다도 크뤼cru의 개념이다. 즉 양조자가 샤토 XXX란 상표의 이름으로 와인을 주조하고 판매하는 것을 뜻한다. 게다가 보르도의 크뤼 개념은 부르고뉴의 그것과는 다르게, 테루아의 개념과는 거리가 멀다. 즉 특정 재배 지역에 한정된 것이 아니라, 포도밭의 거래 동향에 따라 얼마든지 바뀔 수 있다. 따라서 크뤼 클라세cru classé란 어떤 샤토에 속하는 하나의 동일한 포도밭일 수도 있고, 여기저기 흩어진 포도밭을 통틀어 부르는 명칭이기도 하다.

19세기 중반 이전까지 샤토는 본래의 뜻에 맞게 사용되었다. 무슨 말인가 하면, 16~17세기에 건설된 그라브Graves의 샤토 오브리옹Château Haut-Brion처럼 위용과 명성과 역사가 있는 진정한 의미의 샤토만 샤토라고 불렸다는 것이다. 그러다 19세기 들어 메도크의 명성이 점차 높아지면서 자연히 그곳의 와인 생산자들이 엄청난 부를 축적하게 되었다. 신흥 부자들이 으레 그렇듯 19세기에 걸쳐 보란 듯이 거대하고 화려한 샤토를 앞다투어 건축하면서, 샤토란 명칭의 사용도 급속히 확장되었다. 샤토 피숑-랄랑드Château Pichon-Lalande, 피숑-바롱Pichon-Baron, 팔머Palmer가 19세기 중반에 건설된 메도크의 대표적인 샤토라 하겠다. 결국은 현재처럼 보르도의 모든 AOC 와인에 샤토라는 명칭을 붙일 수 있게 되었다. 어떻게 보아도 어휘의 남발이고, 남용이라 할 수 있다.

1855년 파리 국제박람회에 때맞추어 작성된 보르도의 등급에 선정된 레드 와인과 화이트 와인 중 샤토라는 이름이 붙은 것은 고작 5개에 불과하다. 그 시대에는 크뤼, 그리고 이따금 클로clos란 명칭을 사용하는 것이 보통이었다. 아니면 샤토라는 명칭 없이 그냥 무통Mouton, 랑고아Langoa 이런 식이었다.

샤토를 처음으로 정의 내린 문서는 샤토라는 단어가 사용되기 시작한 지 몇 세기가 지난 후인 1942년에야 나왔다. 이 문서에 따르면 와인 레이블 위에 적힌 샤토라는 명칭은 "특별한 크뤼, 아주 오래전부터 그와 같은 이름으로 알려진 지정된 포도밭의 존재에 연관된" 것이다. 하지만 실제 상황은 위와 같은 엄격한 정의와는 거리가 멀어도 한참 멀다. 포도밭은 주인이 바뀌고, 그럴 경우 명칭이 바뀌는 것도 다반사다. 예를 들어 등급이 높지 않은 포도밭이 등급이 그보다 높은 포도밭에 편입되면, 새로 구매한 포도밭도 높은 등급의 크뤼로 둔갑하는 것이다. 그러니 샤토란 이름은 그것을 사용하는 사람의 마음에 달린 것일 뿐이다. 1855년 이후 메도크와 소테른의 크뤼 클라세 수는 하나도 변한 것이 없지만, 당시 보르도 전체에 걸쳐 겨우 20여 개 존재하던 샤토는 1874년에는 700여 개, 1893년에는 1300여 개, 오늘날은 약 7000여 개로 급속히 늘어났다.

샤토라는 명칭을 붙이는 데 특별한 원칙이나 조건이 없기에 실제로 같은 와이너리에서 생산된 와인이 여러 다른 이름의 샤토로 둔갑해 판매되는 부정행위가 자행되던 시절도 있었다. 위스키의 경우는 지금도 그렇게 한다. 다행히도 지탄받아야 할 이런 행위는 와인 판매에 있어서는 금지되었다.

현재 보르도에서 '샤토'라는 이름을 달고 생산되는 와인은 무려 7000여 종에 이른다. 물론 네고시앙의 와인도 샤토라는 이름을 붙인다. 만약 모두가 샤토라는 이름에 값하는 거대한 성을 지니고 있다면 재배 면적이 훨씬 줄어들었을 테니, 그렇지 않은 현실이 다행인지도 모르겠다. 반면에 2등급에 속하는 샤토 레오빌 바르통Château Léoville Barton(마고)처럼 레이블에 샤토라는 이름을 사용하지만 실제로는 샤토, 즉 건물이라곤 전혀 존재조차 하지 않는 예외적인 경우도 있다.

그렇다면 샤토라는 명칭은 보르도 와인에만 붙일 수 있는 특권인가? 그렇지는 않다. 다른 지역에서도 일정 조건을 갖추면 샤토란 명칭을 사용할 수 있다. 그 밖에는 어딘가 겸손함이 깃든 것 같은 도메인domaine이나 클로clos, 혹은 마mas(농가)를 붙이기도 한다. 아예 겸손이 지나쳐 그랑주grange(곳간)란 이름을 사용하는 경우도 있다. 개러지 와인garage wine의 유명세에 영향을 받은 건 아닌지 모르겠다.

레이블에 '샤토에서 병입mis en bouteille au Château'이라 적힌 것을 자주 본다. 이는 와인의 출생지에 대한 보증이다. 예전에는 와인을 생산해 오크통째 거간이나 네고시앙에게 팔아넘겼다. 그러면 그들이 숙성과 병입, 판매를 도맡았다. 이런 상황에서는 샤토 라투르라 해도 런던이나 암스테르담에서 숙성되어 병입되기도 했다. 다른 저급 와인과 섞는다든지 하는 부정행위가 개입할 여지가 얼마든지 있었고, 사실이 그랬다. 이에 혁명을 일으킨 사람이 바로 무통 로칠드의 소유주였던 필립 드 로칠드Philippe de Rotschild 남작이었다. 그가 1924년에 최초로 샤토에서 직접 병입을 해 판매를 시작한 장본인이다. 오늘날 보르도의 모든 크뤼 클라세crus classés는 '샤토에서 병입'이 엄격한 의무 사항이다.

위에서 살펴본 것처럼, 보르도 와인에서 샤토라는 정의는 매우 애매모호하다. 그 이름에 값하는 샤토가 있는가 하면, 전혀 그렇지 못한 것이 훨씬 더 많다. 심지어 샤토는 고사하고 아무런 건물도 존재하지 않지만 샤토라는 명칭을 사용하는 곳들도 있다. 보르도 와인의 경우 샤토란, 판매를 촉진하기 위한 단순한 상표에 지나지 않는다. 특정 재배 지역을 한정하는 테루아의 개념도 없다. 단지 AOC 등급에 드는 와인이면 샤토라는 명칭을 사용할 수 있는 권리를 자동으로 부여받는다. 이런 의미에서 보르도 와인은 장인정신이 깃든 와인이라기보다는 지극히 자본주의적 정신에 충실한 와인이다.

병, 와인을
와인답게 만든 마술사

팩이나 플라스틱 용기에 담긴 일부 테이블 와인을 예외로 치면, 지금은 병 속에 담기지 않은 와인을 상상하기는 힘들 것이다. 그러나 와인의 용기로 병을 사용하기 시작한 것은 그리 오래되지 않았다. 18세기에 병의 사용이 본격적으로 시작되었으며, 병은 와인의 역사에 혁명을 불러왔기에 대단히 중요한 의미를 지닌다. 그만큼 와인의 발전에 기여한 역할이 크다는 의미다. 병이 없었더라도 와인의 질은 꾸준히 향상되었을 것이다. 그러나 만약 병이 없었다면 와인이 나이 들면서 어떻게 발전해나가는지에 대해서는 알지 못했을 것이다. 한마디로 병은 와인의 오랜 보관을 가능하게 해주었으며, 그 결과 시간과 더불어 오묘한 맛과 향을 더하며 발전해가는 와인의 진수를 즐길 수 있게 되었다. 와인에 미치는 병의 마술적 효과라고 할까.

와인을 병입하기 전 시대에 와인 생산자들의 가장 큰 관심사는 주조한 와인이 변질되기 전에 최대한 빨리 팔아치우는 것이었다. 오랜 세월 사람들

16~19세기에 걸쳐 만들어진 다양한 병들.

은 와인이 병 속에서 숙성되면서 질이 월등히 향상된다는 사실을 까마득히 몰랐다. 그러하기에 16세기까지는 병을 사용한다고 해도 오크통에서 따라 옮겨 담은 후 식탁을 아름답게 장식하는 용기 정도로 치부했다. 사실 병 속에서 와인은 신비로운 요술을 부린다. 병 속에 담긴 와인은 외부 공기로부터 차단된다. 와인 속에는 많은 양의 미생물과 박테리아가 들어 있을 수 있지만, 산소가 희박하기 때문에 번식에는 한계가 있다. 와인의 맛과 향을 변화시키는 미생물의 활동은 공기가 거의 통하지 않는 병 속에서는 매우 제한적이다. 그리고 선선한 곳에 보관할 때 더욱 그러하다.

그 밖에도 산소를 필요로 하는 생화학적 반응이 병 속에서 일어난다. 색상, 타닌, 산을 비롯한 와인을 구성하는 주요 성분은 그 특성상 화학적 구조가 안정적이지 못하다. 그들의 화학적 구조는 새로운 성분을 형성하기 위해 서로 반응을 일으켜 재조합된다. 일부 반응은 산소가 없이도 진행되지만, 대부분의 경우 산소를 필요로 한다. 바로 그와 같은 이유로 가능한 반응들은 병 속에 함유된 산소의 양에 절대적인 영향을 받게 된다.

와인을 구성하고 있는 무수한 성분들 간에 조화로운 균형을 이루는 만족스러운 반응이 일어나기 위해서는 와인에 함유된 산도, 타닌과 당도 사이에 적절한 조화를 이루어야 한다. 그리고 이같이 완벽한 조화가 이루어질 때만 '화학의 심포니'를 이룬 훌륭한 와인이라 칭할 수 있다.

와인과 병, 코르크의 환상적인 만남

유리 제조기술은 고대에도 이미 존재했다. 그러나 17세기 영국에서 본격적으로 유리병을 제조하기 전까지 유리 제품은 아무나 구매할 수 없는 값비싼 고급 사치품에다 너무 쉽게 깨져 사용이 극히 제한적이었다. 1586년에 발간된 윌리엄 해리슨의 저서 『영국의 묘사Description of England』에는 하이 소사이어티에서 유리 제품이 얼마나 부를 과시하는 품목이었는지를 적나라하게 보여준다. "요즘 들어 금과 은은 넘쳐나며, 좋은 집안 출생의 사람들이 이런 귀금속이 넘쳐난다는 이유만으로 이제는 베네치아산 유리잔을 선택하는 것을 보는 것은 정말이지 가관이다." 1620년 로버트 만셀Robert Mansell이 그때까지 병목 부위와 밑바닥이 약해 쉽게 파손되어 사용에 불편을 주던 단점을 보안한 유리병을 제조하면서 비로소 유리병 사용이 널리 보급되기 시작했다. 프랑스에서는 이 같은 '영국식 병'을 1707년 이후부터 본격적으로 받아들이기 시작했다.

병의 보급과 더불어 제기된 문제는 병목을 어떻게 막느냐 하는 것이었다. 그리스 로마 시대에 이미 암포라를 막기 위해 코르크를 사용했다는 기록이 있긴 하지만, 그 이후 코르크의 사용은 잊혀졌다. 중세시대에는 용기를 막기 위해 나무나 기름을 먹인 천 혹은 가죽을 사용했다. 코르크 사용에 대한 최초의 기록은 16세기 중엽이다. 그러나 와인, 병, 코르크의 환상적인 만남은 17세기 초반에 이루어진 것으로 보인다. 코르크의 사용과 더불어 이를 열 수 있는 도구, 즉 스크루 풀(프랑스어로는 티르 부숑)을 발명해야 했다. 하지만 스크루 풀의 기원은 여전히 미스터리로 남아 있다. 최초의 기록은 1681년 나온 것인데, 그 당시는 '열기 위해 와인 병의 코르크를 뚫기 위한 철 조각'이란 매우 긴 명칭을 사용하고 있다. 티르 부숑/스크루 풀이란 단어는 프랑스에서는 1718년에, 영국에서는 1720년에 처음으로 등장했다.

와인 보관과 운송에 혁명을 가져온 와인 병입

프랑스에서는 샤토 라피트 로칠드Château Lafite-Rotschild가 1797년에 최초로 병입을 한 기록을 가지고 있다. 그해 병입한 와인이 샤토에 아직도 몇 병 남아 있다고 한다. 19세기에 들어서면서 와인을 병에 담아 판매하는 것이 보편화되기 시작했고, 이와 더불어 생산지마다 오늘날 우리가 알고 있는 고유한 모양의 와인 병이 등장했다. 그리고 그 당시 스탠더드 병의 용량이 750밀리리터여서, 지금도 거의 모든 와인 병의 용량은 750밀리리터다.

와인을 병에 담아 판매하기 전에는 통(배럴)으로 판매했다. 문제는 통으로 판매된 와인은 교역상의 손에서 숙성되고 판매되었기에 부정행위가 개입할 소지가 다분히 있었고, 실제 엄청난 부정행위가 자행되었다. 손쉽게 와인에 물을 타는가 하면, 와인의 양과 생산지를 속이는 것은 흔히 있는 일이었다.

물론 생산자가 생산지에서 직접 병입하지 않는 한 병을 사용하는 것만으로 모든 사기 행위를 방지할 수는 없었다. 그래서 1924년 무통 로칠드가 처음으로 샤토에서 병입하는 일대 혁신을 시도했다.

병이 와인의 발전에 기여한 것은 이것으로 끝나지 않는다. 병입을 한 후로 와인의 운송이 훨씬 쉬워졌다. 소비자의 입장에서도 병을 열어 마시면 되니 더욱 편리해진 것은 당연하다. 특히 병입은 와인의 오랜 보관을 가능하게 해준다. 오늘날 최상급 와인이 고유한 특성을 맘껏 발휘하기 위해 수십 년을 병 속에서 묵묵히 참고 기다려야 하는데, 이는 병이 없었다면 절대로 불가능했을 것이다. 배럴로 와인을 판매할 당시에는 와인이 1년도 채 못 되어 식초로 변해버렸다. 제대로 막을 수도 없었을 뿐만 아니라, 판매나 소비를 위해 자주 열어야 하는데 이때 산화가 급격히 진행되었던 것이다. 게다가 병에는 와인의 아이디인 레이블을 붙일 수 있어 소비자가 와인의 정체를 쉽게 파악할 수 있다는 이점도 무시할 수 없다.

프랑스 주라Jura에서 생산하는 뱅 준vin jaune을 담는 62센티리터(1센티리터는 100분의 1리터)의 클라브랭clavelin을 제외하면 와인 병의 스탠더드는 750밀리리터다. 이유인즉슨 옛날 병을 만들던 숙련기술자들이 한 번에 입으로 불어 만들 수 있었던 병의 용량이라고 한다. 그러나 이 밖에도 다양한 크기의 병이 있다. 우리가 흔히 보는 1.5리터(2병)의 마그넘Magnum, 3리터(4병)의 제로보암Jéroboam(보르도에서는 더블 마그넘이라 한다)뿐만 아니라 9리터(12병)의 살마나자르Salmanazar, 12리터(16병)의 발타자르Balthazar 그리고 가장 큰 것은 그 이름도 거대한 공룡의 이름을 닮은 15리터(20병)의 바뷔쇼도노조르Babuchodonosor가 있다. 그리고 동일한 와인이라도 병이 크면 클수록 산화가 더디게 진행되어 보관 상태가 양호하고, 보관 기간도 길어진다. 와인 병은 편리하게 와인을 담는 단순한 용기로서뿐만 아니라 와인을 와인답게 만든 마술사이기도 하다.

입으로 바람을 불어 와인병을 만들던 시절의 노동자 모습. 최대로 부푼 양볼과 함께 반복된 노동으로 살이 축 처진 모습을 볼 수 있다. 당시 한 사람이 입으로 한 번에 불어낼 수 있는 최대치가 750밀리리터여서 그것이 오늘날 와인병의 표준이 되었다. 아래는 20세기 초반 프랑스 병 생산 공장의 정경.

빈티지,
어딘가 점성술을 닮았다

 법적 명기사항은 아니지만, 테이블 와인을 제외한 거의 모든 와인의 레이블에는 포도 수확 연도(빈티지, 프랑스어로는 밀레짐millésime이라 한다)가 적혀 있다. 일종의 출생 신고인 셈이다. 일부 와인 아마추어들은 빈티지 표를 무슨 수학 공식이나 되는 것처럼 줄줄 외면서 신봉하기도 한다. 그러나 빈티지는 수학 공식처럼 정확한 과학이라기보다는 점괘에 가까워 나름대로의 해석이 필요한 영역이다. 같은 지역 같은 빈티지 와인이라 해도 주조자의 능력과 기술에 따라, 테루아의 특성에 따라 큰 차이를 보이기 때문이다.

 와인 양조학의 눈부신 발전 덕분에 옛날처럼 입안에 머금기조차 끔찍한 엉터리 빈티지는 사라졌지만, 그저 그런 평범한 빈티지가 대부분인 것 또한 부인할 수 없는 사실이다. 실제로 완벽에 가까운 빈티지는 1세기에 4~5번 나올까 말까다. 어떤 의미에서 진정 뛰어난 빈티지는 '하늘과의 전투에서 싸워 승리한' 매우 드문 경우라 할 수 있다. 그만큼 기후가 빈티지에 미치는

빈티지 표

	2016	2015	2014	2013	2012	2011	2010	2009	2008	2007	2006	2005	2004	2003	2002	2001	2000	1999	1998	1996	1995	1990	1989	1988	1985	1983	1982	1979	1978	1976	1975
알자스	***	***	****	***	***	***	****	***	***	***	**	****	***	***	***	***	****	***	****	****	****	M	M	***	***	M	****	M	M	M	***
보르도 블랑 화이트	***	***	**	*	***	****	M	****	***	***	***	****	M	**	***	***	****	***	****	***	****	M	M	M	**	M	****	***	M	****	****
보르도 블랑 레드	****	M	***	***	****	***	M	****	***	***	***	****	***	***	***	***	****	***	****	***	****	****	***	****	****	***	****	***	***	****	****
보르도 루즈	***	M	**	***	***	***	M	M	***	M	****	M	***	***	***	M	M	***	****	***	***	****	****	***	****	***	***	***	***	**	*
부르고뉴 화이트	***	M	***	***	****	***	M	***	M	M	***	M	**	M	M	***	***	M	***	***	****	****	****	***	***	***	***	***	***	***	**
부르고뉴 레드	***	M	***	***	***	***	***	M	M	***	***	M	***	M	M	M	***	M	***	***	***	****	***	****	****	***	***	***	***	****	**
보졸레	M	***	***	**	***	***	***	M	***	***	***	M	**	M	**	***	***	****	**	***	***	***	***	**	***	***	***	***	***	***	*
샹파뉴	***	M	***	**	***	**	***	M	***	***	***	M	**	M	M	**	****	****	***	***	****	****	***	***	***	M	***	***	***	***	**
론 북부	****	M	***	***	****	***	M	M	***	M	***	M	***	M	**	M	****	****	****	**	****	****	***	****	M	M	***	***	****	****	*
론 남부	****	M	****	**	****	***	****	M	***	M	***	M	***	***	*	***	***	****	***	***	***	****	****	****	M	M	**	***	**	****	***
쥐라 사부아	***	M	***	**	***	***	****	M	***	M	***	***	***	***	**	**	***	***	***	**	***	***	**	***	**	***	*	***	**	***	**
루아르	***	M	***	**	***	***	****	M	M	M	***	M	***	***	**	M	***	****	**	***	****	M	****	***	**	***	***	****	****	****	**
랑그도크 루시용	***	***	***	***	***	***	****	***	***	M	***	***	***	***	**	**	***	****	****	**	***	***	***	***	**	***	***	***	**	***	*
쉬드웨스트	****	****	***	***	****	***	****	****	***	***	***	****	***	***	***	M	****	****	**	****	****	****	****	****	***	***	***	****	**	****	**
프로방스 코르스	****	M	***	***	***	***	****	M	M	M	***	M	***	***	**	M	****	***	***	***	****	M	****	****	**	M	***	****	**	***	**

POUR MÉMOIRE, NOUS VOUS CITONS D'AUTRES MILLÉSIMES EXCEPTIONNELS DANS LA PLUPART DES GRANDS VIGNOBLES FRANÇAIS : 1900, 1921, 1928, 1929, 1937, 1945, 1947, 1949, 1959, 1961.

* 나쁜 빈티지   ** 보통 빈티지   *** 좋은 빈티지   **** 훌륭한 빈티지   ***** 예외적인 빈티지   M 예외적인 빈티지

더 묵혀해야 할 와인   지금 마시기에 적합한 와인   마실 시기가 지난 와인

영향이 절대적이라는 의미이기도 하다.

사주를 보기 위해 출생에 대한 정보가 필요하듯이, 와인이 태어난 해를 안다는 것은 그 와인의 보편적인 성격과 질을 가늠할 수 있도록 해주는 한 주요 요소다. 이를 근거로 얼마나 오랫동안 보관이 가능하며, 언제쯤 마시기에 최상인 절정기에 이를 것인지를 짐작할 수 있다. 물론 와인 값에도 엄청난 영향을 미친다. 샤토 마고의 경우 선매도에서 빈티지가 나빴던 2002년산은 병당 60유로에 거래되었지만, 최근 들어 가장 빼어난 빈티지로 알려진 2005년산은 거의 6배나 비싼 350유로로 가격이 치솟았다. 그해의 세계 경기 등에도 일부 영향을 받겠지만, 그만큼 빈티지가 와인의 가격에 절대적인 영향을 미친다는 사실을 단적으로 보여주는 예라 하겠다.

그러나 아이가 건강하게 태어났다고 해서 평생 건강하게 자랄 것이라는 보장이 없듯이, 와인도 막 태어난 것을 시음하고 나서 장래를 예상하기란 쉬운 일이 아니다. 처음엔 튼실해 보여도 1년이나 2년이 지난 후에 전혀 예상과 다르게 성장할 수도 있다. 실제로 세계적인 시음 전문가들도 이 과정에서 틀리기 일쑤다. 그러니 한 빈티지를 제대로 평가하기 위해서는 시간과 인내가 절대로 필요하다. 다시 말해서 일정한 기간을 두고 몇 번에 걸친 시음을 하고 난 후에야 빈티지에 대한 제대로 된 판단을 내릴 수 있다.

빈티지에 따라 양과 질이 달라진다

좋은 빈티지는 자연환경에 따라 그냥 나오는 것이 아니다. 그 밖에도 훌륭한 테루아와 이에 적합한 세파주, 양질의 포도를 생산하려는 인간의 간단없는 노력이 첨가되어야 한다. 이 세 가지 요소가 좋은 빈티지를 가능케 해주는 유전형질을 이루고 있다. 그러나 이 모두가 완벽해도 기후조건이 나쁘

샤토 디켐 1811년 빈티지.

면 훌륭한 빈티지가 나오지 않는다. 가끔 보르도의 유명 샤토에서 냉해를 막기 위해 포도밭 한가운데 거대한 난로를 설치할 때도 있고, 심지어는 헬리콥터를 띄워 난방을 하는 007 영화에서나 볼 듯한 특단의 조처를 취하기도 한다.

이 모두가 악천후에 맞선 인간의 눈물겨운 노력이지만, 자연이 조화를 부리면 그 피해를 줄이는 정도이지 완전히 극복하기에는 분명 한계가 있다. 아무리 최상급 와인이라 해도 매해 양과 질에 상당한 차이를 보이는 이유가 여기에 있다. 그랑 크뤼라 해도 빈티지가 나쁜 것은 보관이 오래 되지 않을 뿐만 아니라 색깔이나 향, 몸체의 구조나 질이 기대에 못 미치는 경우도 많다는 사실을 기억해두기 바란다.

속설에 의하면 혜성이 나타난 해는 모두 예외적으로 훌륭한 빈티지라 한다. 1630년, 1811년, 1865년이 그러하다. '혜성의 빈티지'라 부르기도 한다. 샹파뉴 베브 클리코를 비롯하여 모에 샹동 등이 1811년 혜성의 빈티지를 내놓았으니, 혜성의 출현을 이용한 특별한 마케팅이라 해야겠다.

그러나 20세기에 들어와 이 같은 신화 혹은 미신은 깨지고 만다. 1906

년과 1986년에 핼리혜성과 1997년에 헤일밥혜성이 지나갔지만 메도크의 1986년 빈티지 그리고 알자스와 부르고뉴의 화이트 와인인 푸이 퓌세 pouilly-fuissé와 루아르 지역에서 생산되는 상세르sancerre의 1997년 빈티지를 제외하면 흔히 보는 평범한 빈티지로 드러났다.

100년이 지나도 신선함이 유지되는 그레이트 빈티지

1921, 1928, 1929, 1934, 1945, 1947, 1959, 1961, 1989, 1990, 1996, 2000년은 20세기의 가장 훌륭한 빈티지로 손꼽히는 해다. 특히 'V for Victory'를 상징하는 V자를 레이블에 기입한 무통 로칠드의 1945년 빈티지는 최고 중 최고로 친다.

이 세기적 빈티지에 대한 재미난 일화가 하나 있다. 1993년 샤토 무통 로칠드의 소유주인 로칠드 남작부인은 세계를 깜짝 놀라게 하는 행사를 열었다. 전 세계에서 선별에 선별을 거쳐 선정된 200여 명의, 그야말로 특혜를 받은 사람들을 샤토로 초대하여 그들 모두에게 1945년산 무통 로칠드를 대접한 것이다. 한마디로 꿈같은 얘기이고, 무통 로칠드가에서나 할 수 있는 대 사건이 아니겠는가!

샤토 무통 로칠드 1945 빈티지.

이 아주 특별한 행사를 위해 원래는 마그넘Magnum(1.5리터)을 서빙할 계획이었다. 그러나 샤토의 소믈리에가 마그넘 한 병을 열어 시음한 결과 아직 더 보관이 필요하다는 결론에 따라 보통의 750밀리리터 병으로 바꾸어 서빙했다. 거의 반세기가 지났는데도 아직 절정에 이르지 않았다는 말이다! 소테른의 귀부 포도로 주조한 유명 리쾨뢰liquoreux 와인의 경우 좋은 빈티지는 100년 이상 지나서 마셔도 그 신선함이 그대로 유지될 뿐만 아니라 맛과 향의 깊이와 오묘함을 더욱 발산한다고 하니, 새삼 빈티지의 중요성을 다시금 깨닫게 된다.

참고로 와인은 마그넘에 병입하면 산화가 상대적으로 천천히 진행되어 일반 병에서보다 훨씬 오랜 기간 보관이 가능하다. 그런 이유로 마그넘을 선호하는 애호가들도 많고, 가격 면에서도 대체로 마그넘이 보통 병에 비해 두 배 이상 비싸다.

위에서 대략 살펴본 것처럼 사람에 있어서 출생년도가 중요하듯이, 와인에 있어서도 빈티지는 대단히 중요한 요소다. 우리 와인 문화에서 가장 안타까운 것 중 하나가 훌륭한 빈티지의 고급 와인을 너무 어린 나이에 마시는 일이 빈번하다는 것이다. 동일한 와인이라 해도 빈티지에 따라 타고난 특성도 다를 뿐만 아니라 숙성되면서 드러나는 특성도 다르고, 마시기 적절한 시기도 크게 차이가 난다. 그러니 와인을 구매할 때도 그렇고, 마실 때도 빈티지에 대한 정확한 정보를 사전에 알아두는 것은 와인 애호가들에겐 매우 유용한 일이 아닐 수 없다.

보졸레 누보의 성공은
마케팅의 산물인가

매해 11월 셋째 주 목요일 자정을 기해 전 세계가 보졸레 누보의 동시 출시로 한바탕 난리를 친다. 나라마다 그리고 지역마다 축제가 없는 곳이 없지만, 보졸레 누보처럼 전 세계에서 정해진 시간에 동시다발적으로 벌어지는 축제는 아마도 존재하지 않을 것이다. '새 와인vin primeur'에 대한 기대와 기다림은 일찍이 로마 시대부터 있어왔다. 그 시대에는 와인의 보관이 어려워 지난해 생산된 와인은 새 와인이 출시되기 전에 동나기 일쑤였다. 그만큼 사람들은 새 와인에 목말라 있었다. 하지만 보졸레 누보는 기발한 마케팅으로 성공한, 역사상 가장 눈길을 끄는 새 와인임에 틀림없다.

보졸레 누보의 역사는 1951년부터다. 그리고 1950년대까지만 해도 보졸레 누보는 흔치 않은 생소한 와인이었다. 당시만 해도 그해 생산된 모든 와인은 12월 15일 이전에는 출시를 하지 못하도록 법으로 엄격하게 규제하고 있었다. 1951년 11월 13일 프랑스 정부는 일정한 조건 하에 일부 와인은 이

날짜부터 판매를 할 수 있도록 허용하는데, 이 조치가 바로 보졸레 누보의 탄생을 알리는 신호탄이 된다. 이후 15년간 보졸레 누보는 해마다 11월의 다른 날짜에 출시되다가, 1967년부터는 매해 11월 15일에 출시한다.

우리가 알고 있는 11월 셋째 주 목요일 판매는 1985년 이후부터 시작되었다. 11월 셋째 주 목요일 자정을 기해 전 세계에서 동시에 출시되니, 시차 덕으로 한국이 프랑스보다 8시간 앞서 보졸레 누보를 맛볼 수 있는 셈이다.

호기심으로, 분위기로 그 순간을 마시고 즐기는 보졸레 누보

보졸레 누보가 본격적으로 상업적 성공을 거두기 시작한 것은 1975년부터다. 같은 해에 르네 팔레René Fallet라는 작가의 소설 『새 보졸레가 도착했다Le Beaujolais nouveau est arrivé』가 출간되었으며, 프랑스 국회에서도 보졸레 누보의 출시를 기념하는 공식 행사가 국회의장인 에드가 포르Edgar Faure와 유명 가수인 조르주 브라상스Georges Brassens 등이 참가한 가운데 성대히 거행되었다. 이로부터 보졸레 누보의 본격적인 파리 진출과 대대적인 상업적 성공이 시작되었다.

보졸레 누보의 성공은 무엇보다도 마케팅의 성공이다. 프랑스의 방송인이자 작가이며 보졸레 출신이기도 한 베르나르 피보는 "보졸레의 놀라운 성공을 이해하기 위해서는 와인 전문가보다 심리학자가 되어야 한다"고 재치 있게 설명한다. 그만큼 보졸레 누보의 놀라운 성공에는 와인 이외의 요소가 크게 작용했다는 뜻이다.

사실 프랑스의 11월은 우울하다. 해는 짧아지고, 날씨는 음습하고 비도 자주 내린다. 게다가 지난 여름휴가는 아득한 추억이고, 다음 여름은 아득히 멀다. 크리스마스도 아직은 먼 훗날이다. 이때 11월 셋째 주 목요일, 봄

프랑스 남부 플라토 달비옹의 한 레스토랑에 보졸레누보가 놓여 있다.

처럼 싱그럽고 루비 빛에 신선한 과일 향이 나는 보졸레 누보가 기적처럼, 구원처럼 도착하는 것이다. 그러니 보졸레 누보는 무엇보다 적절히 때맞춰 출시해 히트한 와인이다. 모든 식당과 술집의 탁자 위에는 'Le Beaujolais Nouveau est Arrivé'(새 보졸레 도착)이라는 팻말이 놓이고, 사람들은 술집과 식당은 물론 사무실이나 집에 모여서 보졸레 누보 잔을 기울이며 우울한 11월 하순을 자위하는 축제를 벌인다.

보졸레 누보는 단일 포도 품종으로 빚는다. 즉 가메이gamay만으로 주조하며, 출시 후 6개월 내에 마셔야 한다. 그 이상은 보관이 어렵다. 연간 생산량은 45~50만 헥토리터(1헥토리터는 100리터) 정도이며, 그중 절반은 세계 도처로 수출된다. 산딸기, 딸기, 바나나, 푸른 사과 등 과일 향이 특징인 보졸레 누보는 루비 빛을 띠는 옅은 붉은색에, 타닌이 적어 몸체가 매우 가벼운 와인이다. 또한 프랑스에서는 병당 3~4유로로 가격이 부담 없어 누구나 편하게 마실 수 있는 대중적이며 민주적인 와인이기도 하다. 이처럼 보졸레 누보가 대단한 상업적 성공을 거두자 프랑스의 다른 와인 생산지에서도 새 와인을 출시하기 시작했고, 다른 나라로까지 그 영향이 전파되었다. 이탈리아의 '비노 노벨로vino novello'가 대표적이라 하겠다.

솔직히 보졸레 누보는 와인의 진수를 느끼기 위해 마시는 와인은 아니다. 호기심으로, 기분으로, 분위기로 그 순간을 마시고 즐기는 와인이다. 그리고 흔히 보졸레 하면 누보만 생각하는데, 사실은 그렇지가 않다. 보졸레 누보는 전체 보졸레 생산량의 약 40퍼센트에 해당하며, 보졸레, 보졸레 빌라주village와 10개 크뤼가 있다. 그리고 전체 생산량의 1퍼센트 정도에 해당하는 지극히 적은 양이긴 하지만, 샤르도네로 주조한 보졸레 화이트도 생산한다. 특히 10대 크뤼에는 들지 못했지만 생베랑Saint Vérand의 화이트 와인은 산도와 향이 일품이다.

일부 보졸레 빌라주와 특히 10개의 크뤼 중에는 몸체가 균형 잡히고, 작고 붉은 과일 향이 일품이며 10년 이상 보관이 가능한 것들도 있다. 심지어 병당 100유로 이상 가는 것도 있을 정도다. 그러니 "보졸레 누보가 보졸레를 죽였다"는 불만이 나올 만도 하다. 보졸레 누보에만 관심을 두지 말고, 기회가 된다면 그 외의 다양한 보졸레도 마셔보라고 권하고 싶다.

보졸레에 대한 두 가지 오해

보졸레와 관련해서 흔히 잘못 알고 있는 것들이 있다. 우선 많은 사람이 '보졸레는 역사가 짧은 와인'이라 생각한다. 기록으로 보면 보졸레가 생산되기 시작한 것은 최소한 10세기 이전으로 거슬러 올라간다. 물론 프랑스

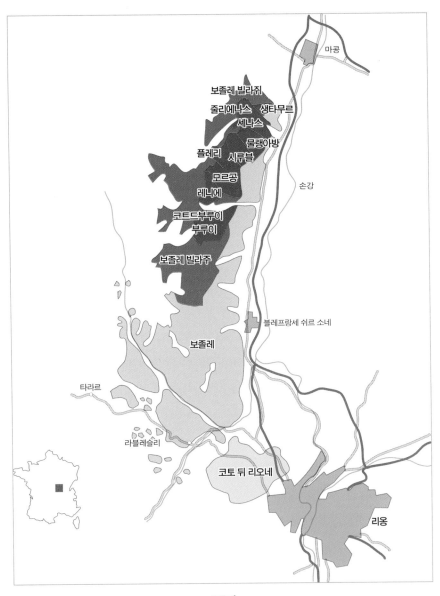

보졸레

의 다른 주요 와인 생산지에 비하면 가장 역사가 짧다고 하겠지만, 그래도 1000년이 넘는 장구한 세월이다.

18세기에는 운송의 어려움에도 불구하고 파리에서까지 판매되었으며, 특히 지리적으로 인접한 리옹이 가장 큰 시장이었다. 그리하여 레옹 도데Léon Daudet는 "론강과 손강 외에도 리옹엔 세 번째 강이 흐르는데, 그건 레드 와인 보졸레다"라고 할 정도였다.

다음으로 보졸레를 부르고뉴 와인으로 착각하는 사람이 의외로 많다. 보졸레는 지리적으로 마콩 남부에서 시작해 리옹 북쪽에 걸쳐 위치한다. 행정구역상으로도 부르고뉴가 아니라 론Le Rhône에 속한다. 그러니 부르고뉴와 보졸레는 행정구역상으로나 주조에 사용하는 포도 품종으로나 와인의 특성상 아무런 연관이 없다. 맛과 향과 가격에 있어서도 서로 판이하다. 하지만 1930년의 법원 판결에 따라 보졸레는 부르고뉴 포도 재배지로 분류된다. 행정 편의상 이렇게 분류했다고 해서 보졸레가 부르고뉴가 되는 것은 아니다.

당연한 결과지만 보졸레의 레이블에는 부르고뉴라 표기할 수 없다. 다만 보졸레의 10개 크뤼인 부루이brouilly, 코트드부루이côte-de-brouilly, 셰나스chénas, 시루블chiroubles, 플레리fleurie, 줄리에나스juliénas, 모르공morgon, 물랭아방moulin-à-vent, 레니에régnié, 생타무르saint-amour는 상식적으로는 도저히 이해가 되지 않지만 레이블에 부르고뉴란 명칭을 사용할 권리가 있다. 이래저래 보졸레는 좀 색다른 와인이다.

거품만 솟는다고
모두 샹파뉴는 아니다

와인을 거품의 유무로 분리하면 거품이 생기지 않는 안정 와인still wine과 거품이 생기는 스파클링 와인sparkling wine으로 구분한다. 이산화탄소가 함유되어 잔에 따를 때 기포가 발생하는 와인을 통틀어서 스파클링 와인 혹은 발포성 와인이라 한다. 그런 의미에서 샹파뉴도 스파클링 와인의 일종이다. 하지만 그 반대는 절대 성립되지 않는다. 즉 거품만 난다고 모두가 샹파뉴는 아니다.

지구상 여러 지역에서 스파클링 와인이 생산되고 있다. 프랑스에서 알자스를 비롯한 일곱 지역에서 소위 크레망crémant이라는 수준급의 스파클링 와인이 생산되고 있다. 사용 포도 품종에는 차이가 있지만, 방식도 거의 샹파뉴 방식으로 주조된다. 한때는 크레망의 레이블에 '샹파뉴 방식으로 주조'란 문구가 들어가기도 했지만, 샹파뉴 지역 생산자들의 항의로 사용할 수 없게 되었다. 그 밖에도 스페인의 대표적인 스파클링 와인인 카바cava가 있고, 미국·이탈리아·호주 등에서도 여러 종류의 스파클링 와인이 생산되고 있다.

따라서 거품만 난다고 샹파뉴라고 생각하면 안 된다는 사실을 명심해주기 바란다. 물론 맛과 향, 즉 질에서도 분명 차이가 있다. 샹파뉴는 섬세하고 복잡하면서도 다양한 꽃과 과일 향이 난다. 거품의 질(기포가 잘고 가늘며 끊임없이 올라오는 것이 좋은 거품이다)에서도 큰 차이가 드러난다. 그리고 샹파뉴가 발효할 때 형성되는 이산화탄소를 병 안에 가두어서 거품을 만든다면, 호주나 미국에서 생산되는 많은 싸구려 스파클링 와인은 탄산음료처럼 이산화탄소를 주입해서 만든다.

샹파뉴는 왜 상표 가치가 높은가

파리에서 동쪽으로 약 100킬로미터쯤 떨어진 지역을 샹파뉴La Champagne라 부른다. 보르도 지역에서 생산되는 와인을 보르도 와인이라 하는 것과 같은 맥락이다. 샹파뉴는 이 지역의 수도인 렝스Reims를 중심으로 에페르네Epernay와 에Aÿ라는 도시 주변에서 재배된 샤르도네, 피노 누아, 피노 뫼니에, 이 세 가지 세파주와 이 지역의 전통적인 샹파뉴 방식méthode champenoise으로 주조하고 숙성하여 병입한 스파클링 와인에만 붙일 수 있는 등록된 상표 이름이다.

한때 이브 생로랑이 샹파뉴란 이름의 향수를 시판했다가, 샹파뉴 제조업자들이 제기한 소송에 패해, 결국 YSL(이브 생로랑의 이니셜)로 이름을 바꾸어야 했던 유명한 일화도 있다. 그만큼 샹파뉴의 상표 가치는 대단한 것이다. 그러니 우리가 생일 등에 흔히 마시는 플라스틱 마개로 된 소위 우리식 '샴페인'은 진정한 의미에서 샹파뉴가 아니며 질적인 면에서 아주 형편없는,

그냥 스파클링 와인에 불과하다. 참고로 샹파뉴는 프랑스어이고, 샴페인은 이에 준하는 영어식 표기다.

사실보다는 신화에 가까운 일화지만, 샹파뉴는 17세기 랭스 부근 오빌리에Hautvillier란 조그만 마을의 수도사이자 와인 주조자였던 돔 페리뇽Dom Pérignon에 의해 개발되었다고 한다. 그는 병 안에서 일어나는 2차 발효를 관찰하고, 그때 생성되는 엄청난 양의 이산화탄소를 제어할 적절한 코르크를 고안해낸 사람임에는 분명하다. 그의 업적을 기리기 위해 모에샹동Moët et Chandon사 앞마당엔 그의 동상이 세워져 있으며, 그의 이름을 딴 돔 페리뇽이 최상급 샹파뉴의 대명사이기도 하다.

샹파뉴는 누가 뭐래도 기쁨과 축제의 상징이다. 탄생과 승리는 물론 인생의 중요한 순간을 기념하고 축하하는 자리에 함께하는 것이 바로 샹파뉴다. 옛날에는 왕들의 와인이었다가, 지금은 와인의 왕이 되어 세계적으로 그 명성을 누리고 있다. 샹파뉴 한 병을 생산하는 데 들어가는 포도의 양은 약 1.2킬로그램이며, 원자재인 포도 값도 다른 지역이 보통 킬로그램당 1~2유로를 조금 상회하는 반면 샹파뉴에서는 8~10유로 정도로 고가다. 게다가 6바bar에 해당하는 강한 압력을 견뎌야 하는 두텁고 특수한 병에다 버섯을 연상시키는 두툼하고 야무진 코르크를 철사 줄로 동여매기까지 해야 하니 샹파뉴의 가격이 비쌀 수밖에 없다.

뿐만 아니라 주조 방법도 복잡하고, 중간에 침전물을 제거하는 세심한 과

정도 거쳐야 하고, 숙성 기간도 최소 18개월이 지나야 병입이 가능하니, 샹파뉴 값이 일반 다른 와인에 비해 비싼 것은 당연하다고 여겨진다. 제대로 된 축제나 파티의 흥을 돋우기 위해서는 나름대로의 값을 치러야 하나보다.

축제와 유혹의 술, 샹파뉴

전 세계에서 매초 10병의 샹파뉴가 터진다고 한다. 최소한 1초에 10번 정도 이 지구상에 축하할 만큼 기쁜 일이 벌어진다니 그나마 다행 아닌가! 잔 안에서 쉼 없이 솟아오르는 잘고 섬세한 거품은 마치 불꽃놀이를 보는 것 같기도 하고, 기포가 표면에서 터지며 내는 소리는 마치 모래사장 위로 파도가 스치는 것 같기도 하다. 이런 샹파뉴의 특징 때문에 사람의 마음을 들

뜨게 하기에 모자람이 없고, 축제의 분위기를 한껏 돋워주는 술인 것만은 분명하다.

현재 샹파뉴는 204개국에 수출되고 있으며, 약 3만4000헥타르의 재배 면적에서 연간 3억 병 정도를 생산한다. 이를 금액으로 환산하면 49억 유로(약 6조8000억 원)이며, 그중 절반이 수출에서 이루어진다. 그리고 현재 샹파뉴의 지하창고에 저장되어 있는 양은 무려 14억 병에 달한다. 마시는 사람들의 기쁨과 축하의 자리를 위해서 없어서는 안 될 상품이기도 하지만, 샹파뉴

지역과 프랑스의 경제를 위해서도 크게 기여하는 효자 제품임에 틀림없다.

샹파뉴는 빈티지가 있는 것과 없는 것이 있다. 샹파뉴 지역은 프랑스 와인 산지 중에서도 가장 북쪽에 위치하고 있어 기후가 한랭한 편이라 같은 해 생산한 포도로만 주조하기가 어려워, 여러 해 그리고 여러 다른 테루아에서 생산된 와인을 블렌딩하여 주조하기에 빈티지가 없는 것이 주를 이룬다. 기후 조건이 특별히 양호한 해에만 주조가 가능한 빈티지 샹파뉴는 10년에 평균 두 번 꼴로 나온다.

그리고 샹파뉴는 화이트와 로제가 있으며, 당도에 따라 잔여 당분 0그램인 부뤼트 나튀르Brut nature에서 잔여 당분 50그램 이상인 두doux까지 있다. 빈티지 없는 샹파뉴는 8도의 온도, 빈티지 있는 것은 10도, 그리고 오래된 빈티지 샹파뉴는 12도 정도에서 마시는 것이 가장 좋다. 또 한 가지, 샹파뉴를 딸 때는 병목을 사람이 있는 방향으로 해서는 안 된다. 자칫 사람에게 코르크가 튀어나가고 원치 않는 샹파뉴 세례를 받는 것을 피하기 위한 사전 조치다.

묶인 쇠줄을 풀어 그대로 코르크 위에 씌워놓은 채, 병을 약간 기울인 상태에서 코르크를 돌리는 것이 아니라, 병을 돌린다. 즉 (오른손잡이일 경우) 왼손으로 코르크를 단단히 쥐고, 오른손으로 병을 돌린다는 얘기다. 그리고 일반적인 생각과는 달리, 천천히 코르크를 뽑아(약간의 연습이 필요하다) 가스가 '피식' 하고 새어나가게 한 후, 가능하면 소리가 거의 없이 여는 것이 샹파뉴를 따는 최고의 예의이고 멋이다. 포뮬러 원 등의 시상식에서 샹파뉴 병을 열심히 흔들어 승리자의 머리 위로 거품을 마구 뿜어내는 행위는 그럴 경우에 한해서만 적용되는 특수한 세리머니일 뿐이다.

샹파뉴가 축제와 유혹의 술인 만큼 많은 일화가 전해진다. 대단한 샹파뉴의 애호가로 목욕도 샹파뉴로 했다는 루이 15세의 애첩 퐁파두르Madame de Pompadour 부인은 "아무리 마셔도 여성의 아름다움을 손상시키지 않는 유일

18세기 프랑스 화가 장 마르크 나티에르가 그린 퐁파두르 부인.

한 술"이라 극찬했다. 그녀의 샹파뉴에 대한 남다른 애정 때문인지, 처음으로 만든 샹파뉴 잔은 그녀의 젖가슴에서 주물을 뜬 것이란 소문이 돌 정도였다. 또한 카사노바나 돈 주안의 명성을 드높이는 데도 샹파뉴가 크게 기여했다. 물론 그들의 넘치는 매력을 폄하할 의도는 없지만, 유럽 귀족 여성들의 마음의 빗장을 열게 하고, 작업을 거는 데 샹파뉴보다 더 적절한 수단은 없었다고 한다. 이는 지금도 예외는 아니다.

테루아 와인과
세파주 와인

모든 관계에는 일종의 (궁)합이 존재한다. 와인과 테루아도 마찬가지다. 언제부턴가 포도 품종을 앞세운 소위 세파주 와인들이 신세계 와인의 마케팅 전략으로 성공하면서 프랑스에서조차 세파주 와인의 생산이 증가하고 있는 추세다. 테루아와 세파주 중에서 어느 쪽에 중점을 두느냐에 따라 와인을 분류하면 테루아 와인과 세파주 와인으로 구분이 가능하다.

당신의 선택은 품종인가 지역인가

세파주 와인은 말 그대로 주로 한 가지 핵심 포도 품종에다 다른 품종을 일부 사용해 주조된다. 이 점에서는 테루아 와인과 큰 차이점이 없다. 부르고뉴의 모든 레드는 피노 누아로, 화이트는 샤르도네로만 주조되며, 보졸레의 레드는 가메이로, 화이트는 샤르도네만 주조에 사용한다.

그러나 세파주 와인은 그 포도가 생산된 지역적 특성이 고려되지 않는다는 점에서 테루아 와인과는 판이하다. 따라서 레이블에 제일 눈에 띄는 표기도 카베르네 소비뇽, 시라, 말베크, 샤르도네 등 포도 품종의 이름이다. 어디에서 어떤 조건으로 재배되고 누가 주조했는가는 부차적인 문제에 지나지 않는다. 이 경우 일반 소비자들은 자신에게 친숙한 포도 품종으로 주조한 와인을 쉽게 선택할 수 있어, 특별히 놀랄 만한 일이 벌어지지 않는 장점이 있다. 또한 종류가 지나치게 많아 복잡한 테루아 와인에 비해 선택이 용이하다는 장점도 지니고 있다.

그러나 세파주 와인은 (영)혼이 없는 와인이라고도 할 수 있다. 세계적으로 널리 알려진 유명 포도 품종의 이름을 앞세워 소위 장사를 하는 것이다. 잘 알다시피 같은 품종이라 해도 토양, 기후와 지형 조건이 다른 곳에서 재배할 경우 포도의 특성, 즉 맛과 향 그리고 심지어는 모양과 색깔까지도 많이 달라질 수밖에 없다. 뿐만 아니라 포도 품종 중에는 원산지를 떠나 다른 지역에서도 대체로 고유한 특성을 유지하면서 재배되는 카베르네 소비뇽과 같은 품종이 있는가 하면, 특수한 몇몇 지역을 제외하면 전혀 엉뚱한 특성을 드러내는 피노 누아 같은 까다로운 품종도 존재한다.

배를 예로 들어보자. 한국산 배도 지역에 따라 맛이 다른데, 일본이나 다른 나라에서 재배된 배는 맛은 물론이고 모양도 다르게 생겼다. 물론 뉴질랜드에서 생산되는 소비뇽 블랑이나 아르헨티나에서 말베크로 주조한 와인은 나름대로 성공한 예로 들 수 있다. 따라서 세파주 와인이라 해서 무조건 나쁜 것은 아니다. 글로벌 시대에 질의 규격화standardization가 용이하고, 선택적 접근이 쉽고, 가격도 일반적으로 저렴하다는 무시 못 할 장점을 지니고 있어 와인의 대중화에 한몫을 하고 있는 것도 사실이다.

반면에 테루아 와인은 복잡한 만큼 다양하고, 다양한 만큼 독특하다. 테루아란 수백 년 이상 포도 품종, 토양과 기후 등의 상관관계를 고려해서 포도 품종과 그 밖의 여러 재배 조건 사이에 최적의 장소를 물색해온 부단한 노력의 결과로 가능하다. 따라서 테루아 와인은 그 이름 속에 이미 최적의 포도 품종을 내포하고 있는 것이다. 그러기에 보르도 하면 카베르네 소비뇽, 메를로, 코트 로티 하면 시라가 자연스럽게 연상된다.

따라서 테루아 와인은 굳이 세파주를 내세울 이유가 없다. 누가 어디에서 주조했는가에 따라 와인의 특성이 드러난다. 7000여 개가 넘는 보르도의 샤토, 상상을 초월할 만큼 세분화된 부르고뉴의 클리마(특성이 다른 소규모 포도 경작지) 등은 테루아 와인의 정수를 보여주는 예라 하겠다.

세파주 와인과 테루아 와인 사이에서 어느 쪽을 선택할지는 각자의 취향이겠지만, 특별히 경계를 두지 말고, 그날 기분이나 상황에 따라 편하게 하면 될 것이다.

부르고뉴의 크뤼: 섬세한 미로 속으로 떠나는 여행

'크뤼cru'란 와인의 특성에 따라 규정된 테루아로 생산지에 따라 특정한 장소lieu-dit, 마을commune 혹은 도메인domaine과 일치한다. 고대로부터 특정 세파주 재배에 최적의 땅을 찾아 보호하려는 인간의 노력은 계속되고 있으며, 이미 로마 시대에 팔레르눔falernum, 캄파니아Campania에서 생산된 화이트 등 일부 테루아의 명성은 대단했다. 중세에는 시토 수도원에 속한 수도사들이 유명 테루아를 일구고 그 명성을 유지하는 데 중심 역할을 했으며, 독일의 뷔르츠부르크Würtzburg는 1644년에 이미 네 개의 크뤼를 선정했다.

부르고뉴의 명칭은 지역régionales, 수 지역sub-régionales과 마을 단위communales/villages 그리고 일부 수 지역은 여러 마을의 생산을 규합한 것 등으

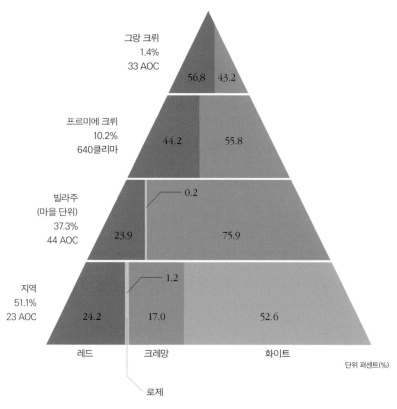

그랑 크뤼
1.4%
33 AOC

56.8   43.2

프르미에 크뤼
10.2%
640클리마

44.2   55.8

빌라주
(마을 단위)
37.3%
44 AOC

0.2

23.9   75.9

지역
51.1%
23 AOC

1.2

24.2   17.0   52.6

레드   크레망   화이트

단위 퍼센트(%)

로제

부르고뉴의 와인 등급 분류 및 생산량

로 구분한다. 여기까지는 다른 와인 생산지와 큰 차이가 없어 비교적 간단한 편인데, 부르고뉴의 특징은 마을 단위 명칭의 내부가 지극히 세분화되어 복잡하다는 것이다.

부르고뉴의 크뤼는 특정한 재배 장소의 이름lieu-dit으로 세분화되어 있으며, 이를 클리마climats라 부른다. 클리마는 특정한 재배 장소를 말하며, 더욱 놀라운 사실은 한 클리마 내에 수십 명의 생산자가 있는 곳도 있다. 그리고 클리마에서 생산한 포도로 주조한 와인 중에서 크뤼에 들지 못한 것은 마을 단위 명칭을 붙인다. 일부 클리마는 프레미에 크뤼로 선정되어, 마을단위 AOC 이름과 같은 종류의 활자로 레이블에 명기한다.(예를 들면 pommard Les Grands Epenots, Pommard premier cru 혹은 pommard premier cru Les Grands Epenots 등이다.) 클리마의 최상급은 그랑 크뤼인데, 이는 별개의 독립적인 명칭이다. 그러니 샹베르탱 그랑 크뤼chambertin grand cru를 마을 단위 AOC인 제브레샹베르탱gevrey-chambertin과 혼동하면 안 된다. 샹베르탱 그랑 크뤼는 나폴레옹이 가장 선호했던 와인으로도 유명하다.

클로 드 부조의
1994 빈티지.

부르고뉴 최고의 테루아는 당연 코트 도르côte d'or다. 황금의 언덕이란 뜻인데, 수확이 끝난 후 노랗게 물든 포도나무의 잎이 가을 햇살을 받으면 말 그대로 황금 언덕을 이룬다. 부르고뉴의 그랑 크뤼는 모두 북쪽의 코트 드 뉘côte de Nuits와 남쪽의 코트 드 본côte de Beaune으로 세분되는 코트 도르에 위치하고 있다. 그리고 코트 드 뉘에서는 레드 와인만 생산하고, 코트 드 본에서는 화이트도 함께 생산한다. 또한 재배지 일부는 한 경작자에 속하지만 여러 명의 경작자에 속하는 경우도 있다. 대표적으로 클로 드 부조Clos de Vougeot를 들 수 있는데, 재배 면적이 50헥타르를 약간 넘을 뿐인데 자그마치 80명의 경작자가 재배한다. 즉 클로 드 부조라는 그랑 크뤼만 80종이 된다는 뜻이다.

이해를 돕기 위해 예를 들자면, 보르도의 경우 샤토 라투르Château Latour라 하면 오직 그것 하나밖에 없다. 빈티지를 제외하면 항상 같은 와인이다. 그러나 부르고뉴의 경우 이름이 클로 드 부조라 해서 모두 같은 와인이 아니며, 와인 생산자에 따라 값과 질은 물론 생산량에서도 큰 차이를 보인다. 부르고뉴는 와인 자체가 지극히 섬세하고 오묘한 만큼, 크뤼도 상상을 초월

할 만큼 극도로 세분화되어 있다는 것이 소비자에게는 골칫거리
인 동시에 한없는 매력이기도 하다.

부르고뉴의 크뤼가 이처럼 복잡한 데는 여러 역사적인 이유
가 있다. 우선 프랑스 혁명을 거치면서 수노원에 속했던 포도밭
이 국가에 몰수된 뒤 공개 입찰로 일반인들에게 분할되는 과
정에서 포도밭의 세분화가 극도로 진행되었다. 그 후 본과
뉘 생 조르주의 몇몇 거대 네고시앙이 새로운 클로를 형성
하고자 기회가 있을 때마다 나온 포도밭을 구매했지만, 그
목적을 달성하기엔 역부족이었다. 그리고 이러한 현상은 코
트 드 뉘와 코트 드 본에서 다르게 진행되었다.

본 로마네.

코트 드 뉘의 경우, 대부분의 그랑 크뤼 소유자들이
제법 규모 있는 포도밭을 지니고 있지만, 어떤 그랑 크뤼
를 한 명이 통째로 소유하는 것은 드물다. 반면에 코트
드 본의 경우 일부 그랑 크뤼의 세분화는 더욱 극심해
전체 면적이 12헥타르인 바타르 몽라셰Batars-Montrachet
는 그 누구도 6000제곱미터 이상을 소유하지 못하고 있다. 오늘날 부르고
뉴의 최대 도메인은 메도크의 거대 샤토에 비교할 정도의 규모가 된다. 하
지만 이 도메인도 한 단위의 밭으로 구성된 것이 아니라 코트 도르 전 지역
에 흩어져 존재한다.

마을 단위 와인이 만들어지다

코트 도르의 마을 단위 와인은 크게 고유한 이름으로 판매하는 와인과
본Beaune과 같은 일반적인 이름으로 판매하는 와인으로 나뉜다. 만약 볼네

이Volnay나 포마르Pommard처럼 마을 이름만 레이블에 적혀 있다면, 이 이름만으로 판매가 가능한 시장이 존재했다는 의미다. 반면에 알록스Aloxe나 모레이Morey 같은 와인은 이 지역 최고의 와인이나 그랑 크뤼를 제외하면 알려지지 않은 와인이었다.

19세기 후반 유명하지 않은 마을은 잘 알려진 마을의 이름을 이용해 생산한 와인의 판매를 촉진했다. 1860년대부터 이들 마을은 그들의 이름에다 가장 유명한 주변 마을의 이름을 첨가하게 된다. 그렇게 제브레는 제브레 샹베르탱Gevrey-Chambertin, 모레이는 모레이 생드니Morey-Saint-Denis, 샹볼은 샹볼 뮤지니Chambolle-Musigny, 본은 본 로마네Vosne-Romanée, 뉘Nuits는 뉘생 조르주Nuits-Saint-Georges, 알록스는 알록스코르통Aloxe-Corton이 되었다. 샤사느Chassagne와 풀리니Puligny는 몽라셰Montrachet가 이 두 마을의 중간에 위치한다는 이유로 각각 몽라셰란 명칭을 첨가할 수 있게 되었다. 말하자면 샤사느 몽라셰와 풀리니 몽라셰가 된 것이다.

반면 충분한 명성으로 판매에 자신이 있었던 상트네Santenay, 뫼르소Meursault, 볼네이와 포마르는 유명 이웃 마을의 이름을 덧붙이는 수고를 덜 수 있었다. 그 밖에도 코트 디조네즈côte dijonnaise에 속한 마을인 픽생Fixin, 마르사네Marsanay 등은 충분히 명성을 날리던 와인이라 그 이름만으로 충분했다. 물론 현재는 상황이 전혀 다르지만, 오늘날 부르고뉴의 크뤼가 왜 복잡한가를 이해하는 데 도움이 되었으면 한다.

와인
제대로 알기

제 7 장

맛과 향의 정원
세파주로의 여행에 앞서 읽어두기

눈 시각적으로 감지되는 모든 것

코 후각으로 감지되는 와인의 총체적인 향의 특성

입 와인을 입에 머금었을 때 감지되는 총체적인 맛의 특성

터치 코와 입에 적용되며, 향과 맛의 섬세한délicate 뉘앙스

~빛을 띠는reflet 와인 잔의 가장자리에 드러나는 색깔

디스크disque 와인 잔 속에 담긴 와인의 표면

로브robe 와인의 시각적 형상으로 색깔 혹은 눈이라고 표현한다.

눈물larmes 다리jambes라고도 하며, 와인을 잔 안에서 돌리고 난 후 잔의 표면에 서서히 흘러내리는 흔적

점성viscosité 알코올, 당분, 글리세린에 의해 와인에 부여된 점도로 '눈물'과 입안의 터치로 감지된다.

선명도brilliance 투명한 양상을 띠어 빛이 투영(반영)되는 정도

투명도limpidité 부침물이 없어 투명하고 깨끗한 정도

청량한frais/fraîche 코와 입에 사용되며, 향이 시원한 느낌

거침없는franc 눈, 코, 입에 모두 적용되는 표현으로 (눈) 색깔이 선명, 투명하고 산뜻함을 일컫는다. (코와 입) 어떤 결함도 없이 와인의 특성이 분명히 드러남을 말한다.

신선한vif 눈과 입에 사용하며, (눈) 로브가 투명하고 특별히 선명함을 말한다. (입) 산도가 분명히 느껴져 신선함을 주는 느낌이다.

향arômes 코와 입에서 감지되며, 와인이 발산하는 모든 냄새를 일컫는다. 1, 2, 3차 향이 있으며, 1차 향은 세파주의 고유한 특성에 의한 향이라 '세파주 향'이라고도 한다. 2차 향은 발효 시에 형성되는 향이라 '발효 향'이라고도 하며, 3차 향은 와인이 병 안에서 숙성되며 형성되는 향으로 흔히 '부케'라고도 한다.

코달리caudalies 와인 향의 여운을 초 단위로 표현한 것. 예를 들어 5코달리는 향의 여운이 5초 정도 된다는 뜻이다.

"와인의 특성은
세파주에 들어 있다"

　세파주는 와인을 주조하는 데 사용하는 포도(나무) 품종을 일컫는 프랑스어다. 각 품종은 고유의 특성(잎, 모양, 포도 알 크기, 향, 산도, 당도, 맛 등)을 지닌다. 그리고 재배지의 토양이나 기후에 따라 같은 품종이라도 특성에 차이를 보인다. 언제부턴가 뉴 월드 와인이 넘쳐나고 있다. 그와 더불어 주조에 사용한 세파주를 마케팅 전략으로 내세운 소위 '세파주 와인'도 유행하고 있다.

　소비자의 입장에서, 가격이 비싸지 않으면서 선택도 쉬워 접근성이 좋다는 무시 못 할 장점을 지니고 있다. 아르헨티나의 말베크, 호주의 시라즈, 뉴질랜드의 소비뇽 블랑, 나파 밸리의 카베르네 소비뇽, 그 밖의 여러 국가에서 생산되는 샤르도네 등은 어느새 우리에게도 낯설지 않게 되었다. 그리고 이 모든 세파주의 원산지는 프랑스이며, 프랑스의 주요 와인은 물론 이들로 주조된다. 프랑스 와인의 명성과 성공을 마케팅에 적절히 활용한 산업적 와인

(공장에서 대량으로 생산하는 와인)이 바로 신세계의 세파주 와인이라 하겠다.

테루아 와인이 절대 우위를 점하고 있는 프랑스를 비롯한 유럽의 와인도 알고 보면 세파주와 떼려야 뗄 수 없는 관계다. 부르고뉴 레드 하면 피노 누아, 화이트 하면 샤르도네, 코트 뒤 론의 유명 레드 와인인 코트 로티côte-roti 나 레르미타주l'Hermitage 하면 시라가 자동적으로 떠오르게 마련이다.

보졸레나 보졸레 누보는 가메이만으로 주조한다. 어셈블리 와인이긴 하지만 보르도 중에서도 메도크 하면 제일 먼저 카베르네 소비뇽이, 그리고 포머롤Pomerol 하면 메를로가 연상되지 않을 수 없다. 이탈리아의 키안티Chianti 혹은 키안티 클라시코 하면 산지오베제sangiovese가, 그리고 스페인의 리호하Rioja 하면 탐프라니요tempranillo와 동의어처럼 짝을 이루고 있다.

일찍이 16세기에 프랑스의 농학자인 올리비에 드 세르Olivier de Serre는 "와인의 특성은 세파주에 들어 있다"고 핵심을 꿰뚫었다. 각 세파주는 그 고유의 특성을 지니고 있다는 의미다. 블라인드 테이스팅에서 그 와인이 어떤 와인인지 짐작할 수 있는 첫 번째 바로미터도 바로 세파주다.

세파주의 특성에 대한 파악은 전문가들에게는 두말할 나위 없이 중요하며, 초보자들에게는 와인에 대한 어느 정도의 체계적이며 전문적인 접근을 가능하게 해준다는 장점이 있다. 나아가서는 어셈블리 와인 같은 보다 복잡한 와인을 이해하기 위해 반드시 거쳐야 할 단계이자 훌륭한 징검다리 역할을 할 것이다. 사실 한 세파주에 대해 확실히 파악하고 나면, 블라인드 테이스팅을 해도 그 세파주의 고유한 특성을 감지할 수 있게 된다. 따라서 기본적이고 핵심적인 세파주에 대한 이해는 수도 없이 많은 와인의 대양에서 나름대로 방향을 잡을 수 있도록 해주는 나침반이나 등대 같은 역할을 할 것이라 믿는다.

1만여 종 이상의 포도 품종 가운데, 와인을 주조하는 데 사용하는 세파주는 약 300여 종 정도다. 하지만 거의 모든 중요한 와인 생산에 사용되는 것은 30여 종 정도다. 레드용과 화이트용 세파주로 나뉜다.

1. 주요 레드 와인용 세파주

① **카베르네 소비뇽**cabernet sauvignon

주지하듯이 카베르네 소비뇽('카쇼'라고도 한다)은 보르도가 원산지이며, 메도크의 대표적인 세파주다. 그리고 현지 적응력이 뛰어난 데다 레드 와인의 스타 세파주로 각광받아 전 세계적으로 가장 널리 재배되는 세파주다. 유럽 여러 나라를 비롯해 미국(특히 캘리포니아), 아르헨티나, 칠레, 남아프리카, 북아프리카, 호주, 뉴질랜드 등에서 재배되고 있다. 이런 이유로 카쇼는 테루아를 고려해 각각 살펴봐야겠지만, 여기서는 **나파 밸리의 카쇼**를 소개한다. 카쇼만으로 주조하는 와인이 거의 존재하지 않는 프랑스와는 달리 나파 밸리에서는 카쇼만으로 혹은 거의 카쇼만으로 주조하는 와인이 많아, 이 세파주를 이해하기가 용이하기 때문이다. 미국식 스타일의 카쇼 와인은 '메도크 스타일'과는 크게 다르다.

눈

로브는 깊고 심오하며, 보랏빛을 띤 짙은 루비색이다. 디스크는 선명하다 못해 윤이 날 정도며, 점성이 높고, 눈물은 많고 규칙적이며, 어떤 경우에는 약간 색깔을 띠기도 한다.

코

방향성이 뛰어나며, 크게 세 개의 향군을 이룬다. 카시스를 중심으로 서양오얏과 버찌를 으깬 과일 향, 바닐라와 정향이 두드러지는 스파이시향 그리고 오크통에서 숙성했을 때 배어나는 나무와 탄 향. 캘리포니아 스타일은 특히 이 지역산 오크통을 사용할 경우 나무 향이 지나쳐, 가끔은 와인의 다른 향들이 가려지기도 한다. 그리고 이 점이 메도크 스타일과 크게 다른 점이다. 재배지와 부관하게 위에 든 세 개의 향군으로 와인 속에 카쇼의 존재를 비교적 쉽게 확인할 수 있다. 캘리포니아 카쇼는 이따금 멘톨 향이 배어 있는 특징이 있다.

입

캘리포니아 스타일과 메도크 스타일의 차이는 입안에서 현저하게 드러난다. 나무 향이 강조된 전자는 첫 느낌이 부드럽고round 농염하며, 풍부한 알코올과 단맛sucrosité으로 너그러움을 더한다. 문제는 와인의 균형을 잡는 타닌과 산도 사이의 조화인데, 산도가 떨어지는 경우가 허다하다. 캘리포니아 스타일은 전체적으로 나무 향이 느껴지고, 질감이 풍부하며 부드럽고 크리미creamy한 와인이다. 이런 이유로 카쇼로 주조한 다른 스타일의 와인에 비해 접근이 보다 쉬워 보인다.

여운: 6코달리 정도
적정 시음 온도: 알코올 도수가 13.5~14도에 이르기에 17도 정도가 적절하다.

② 메를로merlot

메를로의 이름은 이 과일을 따 먹으려고 날아드는 메를르merle(티티새)에서 유래했다는 설이 있다. 카쇼와 더불어 보르도의 주요 세파주이며, 특히 포머롤Pomerol과 리부르느Libourne에서 가장 많이 재배된다. 빨리 익기에 보르도 지역에서 가장 먼저 수확을 하는 세파주이기도 하다. 명성에 걸맞게

메를로 품종과 이 포도를 좋아하는 티티새.

프랑스의 여러 지역을 비롯해 포르투갈, 스페인, 이탈리아, 스위스, 헝가리, 불가리아, 루마니아, 그리스 등에서는 물론 중국과 일본, 칠레, 아르헨티나, 미국, 호주, 뉴질랜드, 남아공 등 거의 모든 와인 생산국에서 재배되고 있다.

뉴 월드 와인 중에는 메를로만으로 주조한 와인도 있지만, 여기서는 **포므롤의 메를로**를 선택한다. 포므롤의 경우 80퍼센트 이상 메를로를 사용하고, 헥타르당 수확량이 80헥토리터에 달하기도 하는 뉴 월드에 비해 40~45헥토리터를 수확하기 때문에 메를로를 제대로 이해하는 데 적합하다고 판단하기 때문이다. 관심 있는 독자들은 기회가 되면 양자를 비교 시음해보기 바란다.

눈

로브는 깊고 생기가 넘친다. 가장자리에 푸른빛을 띠는 아름다운 루비색이 일품이며, 이따금 양홍빛carmin과 함께 푸른 보랏빛을 띠기도 한다. 점성도 좋으며, 눈물은 많고 규칙적이다.

코

방향성이 뛰어난 메를로는 향이 매력적이고 복잡하지만, 이를 감지하기는 대체로 쉬운 편이다. 먼저 아주 잘 익은 붉은 과일 향이 나오다 검은 과일 향으로 옮겨가는데, 산딸기와 카시스가 주를 이룬다. 다음으로 서양오얏을 중심으로 한 말린 자두, 복잡한 서양 삼나무, 하바나 시가 향으로 이어지다가 계피가 주가 되는 스파이시향이 난다. 메를로 향은 시라와 유사해 혼돈을 불러일으키기 쉬운데, 후추 향이 감지되면 거의 시라가 확실하다.

입

첫인상은 부드럽고 감미로우며 그윽하다. 벨벳처럼 부드러운 느낌이 지배적인데, 이는 부드러운 타닌을 지닌 메를로의 특성에 기인한다. 여운의 길이는 알코올보다는 부드러운 타닌의 농도에 의한 것이다. 테루아와 주조 방식에 따른 차이는 입안에서 가장 잘 드러난다. 단위 면적당 수확량이 적은 포므롤의 메를로는 농도concentration가 진하고 균형이 잘 잡힌 몸체를 지니고 있다. 섬세하고 엘레강스한 포므롤은 약간 스파이시한 서양오얏의 맛과 향 그리고 특히 즐거움을 더해주는 비단결같이 부드러운 구조texture로 와인 애호가들을 사로잡는다.

> 여운: 5~6코달리
> 적정 시음 온도: 18도

③ 시라syrah

오랫동안 시라의 원산지 문제를 놓고 의견이 분분했다. 페르시아의 시라즈Shiraz라는 설과 시칠리아섬의 시러큐스Syracuse를 거쳐 프랑스 남부에 전해졌다는 설 등이 난무했다. 최근에 유전학의 발달로 발레 뒤 론Vallée du

시라.

Rhône의 북부 지역임이 밝혀져 긴 논쟁의 막을 내렸다. Chiraz 혹은 Serine 라고 부르기도 하며, 호주의 경우 Shiraz라 부른다. 프랑스에서는 주로 발레 뒤 론에서 재배되고, 그 밖에 랑그도크를 비롯한 남서부 지역에서도 재배되 며, 페이 독pays d'oc 와인의 어셈블리에도 사용된다. 유럽에서는 이탈리아, 스위스, 그리스에서 재배되며, 그 밖에 캘리포니아, 아르헨티나, 칠레에서도 재배된다. 그리고 시라즈(시라)는 19세기부터 호주의 남부에서 재배가 시작 된 호주의 가장 역사가 긴 세파주 중 하나다. 헌터 밸리Hunter Valley와 바로 사 밸리Barossa Valley에서는 카베르네 소비뇽과 어셈블리되기도 한다.

여기서는 **코트 뒤 론의 AOC 생조제프saint-joseph의 시라**를 선택했는데, 시 라 고유의 특성이 잘 드러나는 와인이다. 시라의 특성에 대해 보다 깊은 이 해를 바라는 독자들은 코트 뒤 론 빌라주, 코트 로티를 비롯해 호주, 캘리포니아, 남아프리카에서 생산되는 시라 와인의 시음을 권한다.

눈

아주 잘 익은 버찌 색에 약간의 진홍 느낌을 주는 엷은 보랏빛을 띤 짙고 깊은 색상의 로브를 지니고 있다. 선명도와 투명도가 좋으며, 디스크는 윤택이 나며, 점성이 높고, 눈물은 많고 색상을 띠고 있다.(시라는 진한 색상의 로브 때문에 눈으로도 판별이 가능하다. 손가락을 잔 뒤에다 놓았을 때 잉크처럼 짙은 색으로 그 손가락이 보이지 않으면 시라라고 판단해도 무방하다.)

코

방향성이 뛰어나며, 향이 짙은데, 검은색 과일(오디와 가끔 카시스) 향이 쉽게 감지된다. 그러나 시라의 고유 향은 후추이며, 오크통에서 숙성한 것은 훈제 향이 뒤따른다. 일반적으로 오디와 후추 향이 섞여 느껴지면 거의 시라라고 확신할 수 있다. 다음으로 제비꽃 향에 이어 마지막으로 감초 향이 드러난다.

입

첫인상은 거침없으며, 제법 너그러운 편이다. 입안에서 비중dense이 느껴지며, 전반적으로 타닌의 존재가 감지되지만 공격적이지는 않다. 그리고 특히 입안에서 전반적으로 느껴지는 비중감이 특징이다.

여운: 5~6코달리
적정 시음 온도: 17~18도

④ **피노 누아**pinot noir

부르고뉴의 레드 와인 주조에 거의 유일하게 사용되는 유명한 세파주다.(여러 가지 세파주를 사용할 수 있는 부르고뉴 파스투그랭passetoutgrain만 예외다.) 그 밖에 샹파뉴를 어셈블리하는 데 사용되며, 알자스, 발레 드 라 루아르Vallée de la Loire 등에서 재배된다. 유럽에서는 이탈리아 북부, 스위스, 독일, 오스트리아, 루마니아에서 재배되며, 뉴 월드에서는 뉴질랜드 그리고 특히 미국의 캘리포니아주와 오리건주에서 다량 재배되고 있다. 그리고 피노 누아는 스위스에서는 클리브너klevner, 독일에서는 슈페트부르군더spaeterbrugunder 혹은 블라우부르군더blaubrugunder, 미국에서는 아예 버건디burgundy란 좀 황당한 이름으로 불린다. 여기서는 **AOC 이랑시** Irancy(부르고뉴 최북단 샤블리에서 그리 멀지 않은 곳에 위치)와 **프레미에 크뤼인 본 로마네**Vosne-Romanée의 피노 누아를 비교하며 알아본다.

AOC 이랑시

눈

진하지 않은 부드러운 루비색이며 투명하다. 그리고 자주 장밋빛을 띠기도 한다. 점성은 보통이며, 눈물은 그리 많지 않다. 나이가 들면서 빠르게 오렌지 빛이나 벽돌 빛으로 변화한다. 옅은 붉은색은 피노 누아의 특성이기도 하다.

코

향은 대체로 복잡하며, 특히 과일 향이 주를 이룬다. 먼저 붉거나 검은색 과일 향(버찌, 신선한 카시스, 산딸기)이 드러나며, 뒤이어 미네랄 향이 나온다. 끝으로 씨 있는 과일 향이 느껴지는데, 천도복숭아pêche de vigne 그리고 조금 나이가 든 것에서는 서양오얏 향이 감지된다.

서양오얏.

입

첫인상이 거침이 없으며, 미네랄의 신선함과 부드러운 구조가 입안에서 조화를 이룬다. 타닌이 부드럽고 약간 산도를 느끼게 하는 미네랄 덕분에 마시기에 편하다. 시간이 지나면 산도가 낮아지면서 더욱 부드러워진다.

여운: 4~5코달리
적정 시음 온도: 16도

본 로마네

눈

가장 자리로 갈색, 아카주acajou, 기와 빛을 띤 제법 진한 루비색이다. 투명도와 선명도가 뛰어나고, 디스크도 제법 두텁다. 눈물은 섬세하고, 풍부하며 규칙적이다.

코

방향성이 뛰어나고, 거침없으며, 복잡하다. 과일, 꽃, 동물, 미네랄 심지어는 발사믹과 스파이시향까지 그야말로 다양하다. 먼저 검은 버찌, 잘 익은 나무딸기, 산딸기와 같은 과일 향이 번져 나오다 제비꽃 향이 드러난다. 다음으로 3차 향인 초목, 부식토, 버섯 향이 나오기 시작하며, 사냥고기 향이 느껴지기도 한다. 그런 다음 계피를 비롯한 여러 종류의 스파이시향이 드러난다. 끝으로 약간 젖은 흙냄새 비슷한 미네랄 향이 감지된다.

입

첫인상은 거침없고, 부드러우며, 감미롭다. 입안에서 가죽, 조금 탄 나무, 볶음torréié향 등과 같은 새로운 향이 드러난다. 여러 유형의 향과 맛이 파도처럼 밀려온다. 그리고 본 로마네의 강점은 힘이나 볼륨감보다는 그 우아함élégance에 기인한다.

여운: 7~8코달리
적정 시음 온도: 17~18도

⑤ **말베크**malbec

여러 주요 세파주가 그렇듯이, 말베크도 오랫동안 보르도에서 재배된 주요 세파주 중 하나였다. 1956년의 한파로 포도밭이 큰 피해를 입은 이후로 말베크의 재배는 급속히 줄어들었고, 메를로가 이를 대신했다. 현재 프랑스에서는 AOC 카오르Cahors에서 주로 재배되고 있으며, 성공적으로 재배되는 세계의 다른 지역으로는 아르헨티나, 칠레, 캘리포니아, 호주, 뉴질랜드를 들 수 있다. 특히 아르헨티나의 고지대(1000~1200미터)인 멘도사Mendoza에서 가장 많이 재배되고 있어 말베크의 원산지를 아르헨티나로 잘못 알고 있는

사람들도 더러 있다. 아르헨티나의 말
베크는 우리에게도 널리 알려진 데다,
세파주의 고유한 특성도 잘 간직하고
있다. 그런 이유로 **멘도사의 말베크**를
모델로 삼는다. 아르헨티나의 말베크는
조금 거친 면이 있어, 엘레강스한 면이
부족하다는 것이 일반적인 지적이다.

색깔이 강렬하고 거무튀튀한 말베크.

눈

색깔은 강렬하고 거무튀튀하며 보랏
빛이 도는 짙은 붉은색이다. 4년 정도
되어도 여전히 자줏빛을 띠다가, 시간
과 더불어 자줏빛은 조금 옅어진다. 말
베크의 로브는 시라와 유사한데, 자세
히 살펴보면 시라보다 더 거무튀튀하다. 디스크의 선명도와 투명도가 좋으
며, 점성이 높아 힘이 좋고 너그러운generous 와인임을 짐작할 수 있다. 눈물
은 풍부하며 색깔을 지니고 있다.

코

말베크는 방향성이 매우 좋은데, 꽃 향기가 지배적이며, 특히 제비꽃 향
이 두드러진다. 향이 드러나는 순서는 보통 제비꽃, 카시스, 감초réglisse 순이
다. 다음으로 씨 있는 과일 향, 특히 서양오얏 향에다 야생 자두 향이 곁들
여 나타나기도 하는데, 말베크의 특징이기도 하다. 뒤이어 야생 오디 향이
느껴지며, 오크통에서 숙성했을 경우에는 바닐라 향도 감지된다. 좋은 조건
에서 숙성이 제대로 된 와인에서는 스파이시향이 은밀히 느껴지기도 한다.

입

첫인상은 거침없으며franc, 너그러운 측면이 곧바로 감지된다. 타닌의 구조가 좀 거칠긴(투박하긴) 하지만, 시간과 더불어 많이 세련된 모습을 보인다. 힘이 넘치는 특성이 와인의 미감을 지배하며, 이는 젊은 와인에서 더욱 두드러진다. 입안에서 느껴지는 향은 코에서와 별다를 바가 없는데, 단지 감초 향이 제비꽃 향을 앞지른다. 과일 향으로는 야생 산딸기와 서양오얏이 단연 지배적이다.

여운: 6~7코달리
적정 시음 온도: 17~18도

⑥ 산지오베제sangiovese

이탈리아 중부 토스카나가 원산지인 산지오베제는 '주피터의 피'란 뜻이다. 이탈리아에서는 브루넬로brunello, 모렐리노morellino 등으로도 불리며, 단독으로 주조되는 경우는 매우 드물며, 토스카나 지역의 어셈블리 와인의 핵심 세파주다. 토스카나 DOCG의 와인 중에 산지오베제만으로 주조가 허용된 와인은 브루넬로 디 몬탈치노brunello di Montalcino 단 하나밖에 없다. 이지역에 보르도의 주요 세파주인 카베르네 소비뇽과 메를로가 도입된 지는 불과 40년이 채 되지 않지만, 토스카나 와인에 일종의 혁신을 가져왔으며, 가장 획기적인 결과가 바로 유명한 '슈퍼 토스칸super toscans'의 탄생이다.

산지오베제는 루마니아, 튀니지 그리고 소량으로 아르헨티나, 캘리포니아, 호주 등에서 재배되고 있다. 여기서는 최근 들어 주목을 받고 있는 IGT(Indicazione Geografica Tipica) **토스카나**(카베르네 소비뇽과 어셈블리)를 중심으로 살펴본다. 하지만 DOCG 카르미냐노carmignano만 어셈블리에 들어가는 카베르네 소비뇽의 비율을 규정하고 있을 뿐, 나머지는 모두 와인

생산자 각자의 취향에 따라 자유롭게
결정하기에, 여러 다른 형태의 와인이
존재한다.

산지오베제로 주조한 와인.

눈

색깔은 사용하는 세파주의 양에 따
라 달라지는데, 산지오베제가 많으면
보다 옅은 색을 띤다. 와인의 나이가 5
년 정도 되면 색깔의 깊이가 더해지고,
오렌지 빛을 띠는 루비색으로 변한다.
로브가 아주 진하면 카베르네 소비뇽
이 많이 들었거나, 특별히 잘 익은 산
지오베제로 주조했거나, 양쪽 모두에 해당된다. 선명도는 뛰어나고 투명도도
양호하다. 점성도 높고, 눈물도 많다.

코

방향성이 뛰어나며, 산지오베제의 특징적인 향인 야생 검은 버찌, 풀이나
가시덤불garrigue과 훈제 차향이 난다. 여기다 앞에서 이미 살펴본 카베르네
소비뇽의 대표적인 향(카시스, 서양오얏, 오디)이 겹쳐진다. 오크통에서 숙성시
키면 바닐라, 계피, 정향이 발산된다.

입

첫인상이 주는 신선함이 아주 강한 편인데, 이는 산지오베제의 중요한 특
성 중 하나다. 카베르네 소비뇽 덕분에 몸체는 볼륨감과 농염함을 얻게 되
는 반면, 피날레의 균형감은 산지오베제의 약간 얼굴을 찡그리게 할 정도의

상큼함으로 이루어진다. 전체적으로 탄탄한 타닌 덕분에 여운이 매우 긴 편이며, 이런 토스카나 와인의 경우 장기간 보관이 가능하다.

여운: 7~10코달리

적정 시음 온도: 17~18도

⑦ 카베르네 프랑cabernet franc

카베르네 프랑은 세계 여러 곳에서 재배되는 주요 레드 세파주 중 하나이지만, 거의 대부분 다른 품종과 어셈블리에 사용되기에 그 특성을 파악하기가 간단하지 않다. 특히 보르도에서는 카베르네 소비뇽의 보조 세파주로 자주 사용된다. 그리하여 이 품종이 주요 세파주로 사용되는 발 드 루아르le Val de Loire 지역 중에서 **생니콜라 드 부르괴유**를 예로 들어 설명하려 한다. AOC 생니콜라 드 부르괴유에서는 카베르네 프랑을 주요 세파주로 사용하며, 심지어 100퍼센트를 사용하는 곳도 있다. 카베르네 소비뇽과 섞어도 10퍼센트를 넘지 못한다는 규정이 있다.

카베르네 프랑.

사촌격인 카베르네 소비뇽의 그늘에 가려 정당한 대우를 못 받고 있는 카베르네 프랑이지만, 제대로 주조하면 젊은 나이에도 부드럽고 마시기 편안한 장점을 지니고 있다. 둘의 가장 큰 차이는 전자는 타닌이 짙고 두터운 반면, 후자는 타닌이 부드럽다는 것이다. 최상의 카베르네 프랑은 발 드 루아르(앙주, 투렌, 소뮈르, 시농, 부르괴유, 생니콜라

드 부르게이 등)에서 생산된다. 그 밖에도 프랑스의 랑그도크와 남서부, 그리고 남아프리카, 호주, 칠레, 아르헨티나, 캘리포니아 등에서도 재배하고 있다.

눈

옅고 반짝이는 듯한 루비색이 아름답고 가장자리로 진홍빛을 띠기도 한다. 점액성은 보통이며, 디스크는 투명하고 휘도도 뛰어나다.

코

향이 강렬하며, 과일과 꽃 향이 주를 이룬다. 먼저 과일 향이 드러나는데, 그 가운데서도 산딸기와 카시스 향이 주를 이루며, 다음으로 제비꽃 향에 이어 피망 향도 느껴지는데, 바로 이 향이 카베르네 프랑의 특성을 보여준다. 카베르네 프랑은 향의 깊고 복잡함보다 신선함에 초점을 맞춘 와인이다. 하여 누구나 마시기에 편한 와인으로 특히 초보자들에게 추천한다.

입

첫인상은 제법 신선한 편이며, 싱그러운 과일 향이 빼어나며, 거칠지가 않고, 타닌이 강하지 않아 나름 좋은 밸런스를 지니고 있다. 신선함과 부드러움의 조화가 생니콜라 드 부르괴유의 가장 두드러진 특성이며, 그런 이유로 마실 때 부담이 없다. 프랑스에서는 비즈니스 접대 때 애용되는 와인이기도 하다.

여운: 5코달리
적정 시음 온도: 16~17도

⑧ 가메이 gamay

재배 면적이 2만 헥타르에 달하는 AOC 보졸레의 세파주 중 99퍼센트는 가메이다. 나머지 1퍼센트는 보졸레 화이트의 생산에 사용되는 샤르도네가 재배된다. 부르고뉴가 원산지인 가메이는 gamet 혹은 gamai라고도 하는데, 중세 이래 지금까지 계속 이 지역에서 재배되고 있다. 현재는 프랑스 남부 여러 지역에서도 재배되며 스위스, 크로아티아, 남아프리카, 브라질, 캘리포니아, 심지어 인도에서도 재배된다. 여기서는 **AOC 보졸레**를 모델로 가메이의 특성을 살펴보겠다.

눈

로브는 루비의 붉은색을 지니고 있으며, 4년 이하의 보졸레에서는 보랏빛이 돌기도 한다. 선명도와 투명도가 좋으며, 색감의 심도는 중간 정도다. 점성은 중간 정도이며, 눈물은 많은 편이다.

작약.

코

향은 풍부한 편이며, 그 복잡성은 보통이다. 주요 향으로는 당연히 과일 향이 지배적이며, 그 종류는 다양하다. 가장 먼저 붉고 검은색 과일인 카시스, 오디 향에 이어 산딸기와 나무딸기 향이 감지된다. 일조량이 좋은 해에는 버찌 향이 나기도 한다. 다음으로 씨 있는 과일, 특히 살구 향이 나는데, 3년 정도 되었을 때 드러난다.

과일 향이 퍼져 나온 다음에는 작약과 제비꽃 같은 꽃 향이 따른다. 다양한 과일 향으로 명성이 나 있기에,

흔히 보졸레를 '과일 바구니'라고 일컫는데, 이는 보졸레 누보의 경우가 아니라 전통적인 보졸레에 한해 쓸 수 있는 표현이다.

입

부드럽고 볼륨감이 거의 없으며, 마시기에 편한 와인이 보졸레이기에 입안에서는 쉽게 균형감이 드러난다. 적당한 산도와 아주 적은 타닌은 부드러움과 조화로움을 촉진시킨다. 충만감ampleur에는 분명 한계가 있으며, 균형감도 근본적으로 신선도와 산도의 작용에 따른 것이며, 까칠한 느낌은 전혀 없다.

이처럼 부드럽고, 입안에서 거의 타닌이 느껴지지 않는 와인은 시음자에게 최대한 빠른 시일 내에 소비해야 한다는 신호를 보내고 있다. 일반 보졸레는 장기 보관을 위한 와인이 아니다. 반면에 물랭 아 방Moulin-à-vent이나 모르공morgon 같은 보졸레의 크뤼는 농도와 복잡성이 훨씬 높기에, 피날레에서 타닌의 존재를 감지하게 된다. 이는 곧 와인을 보다 오랜 기간 보관할 수 있다는 의미이기도 하다.

여운: 4~5코달리
적정 시음 온도: 14도. 보졸레 누보는 이보다 1~2도 낮게 마셔도 좋다.

⑨ 템프라니요tempranillo

스페인의 레드 와인을 대표하는 세파주다. 스페인어로 'temprano'는 빨리 익는precocious이란 뜻이며, 바로 여기서 그 이름이 유래한다. 템프라니요는 이름만큼이나 매우 빨리 익는 것으로 유명하다. 산도가 매우 낮으며, 오크통 숙성에도 적합하다. 특히 리오하Rioja와 카스티유 이 레옹Castille y Léon 두 지역에서 주 세파주로 재배되고 있으며, 그 밖의 모든 스페인 와인 생산지에서 기본 세파주로 사용하고 있다. 프랑스, 아르헨티나, 이탈리아, 남아프

리베라 델 두에로에서 생산되는 와인.

리카, 호주, 캘리포니아 등에서도 소량 재배된다.

여기서는 베가 시실리아Vega Sicilia 같은 최상급 와인으로 최근 들어 와인 애호가들의 특별한 주목을 받고 있는 **리베라 델 두에로**Ribera del Duero를 선택했다. 두에로강은 포르투갈 국경을 넘으면 강 이름이 도루Douro가 되며, 포트와인 산지로 유명한 지역이다. 리베라 델 두에로는 주조에 템프라니요에다 메를로와 카베르네 소비뇽을 어셈블리한다.

눈

보통 정도의 붉은색이며, 선명도가 좋으며, 눈물도 많고, 이따금 색깔을 띠기도 한다. 점성은 높은 편이다.

코

방향성이 뛰어나며 복잡하고, 레드 와인에서 흔히 느껴지는 과일 향을 감지할 수 있다. 특히 딸기 향은 가장 먼저 감지될 뿐만 아니라, 템프라니요의 존재를 짐작케 하는 데 중요한 지침이 된다. 뒤이어 나무딸기, 오디, 서양오얏, 버찌, 산딸기 향이 서로 뒤섞인 듯한 향이 난다. 두 번째 중요한 세파주가 카베르네 소비뇽이면 카시스, 메를로면 서양오얏 향도 느껴진다. 한마디로 풍부하고 복잡한 향이란 느낌이 지배적이다. 주조 후 5년 정도 지나면, 그전에 느껴졌던 서양오얏은 말린 자두 향으로 발전하며, 잘 익은 무화과 향이 새롭게 첨가된다. 커피, 카카오 혹은 바닐라 향이 미세하게나마 감지될 수도 있는데, 이는 숙성에 의한 것이다.

입

입안에 머금으면 작렬하는 태양을 연상시킨다. 무슨 말인가 하면, 부드럽고 충만한 느낌인데, 일조량이 많고, 더운 곳에서 재배된 세파주에서 흔히 볼 수 있는 특성이다. 타닌이 거칠지 않고 잘 싸여 있음을tannins enrobés 첫 모금부터 알아차릴 수 있다. 어셈블리에 템프라니요가 지나치게 많은 비중을 차지하면, 피날레에서 산도가 부족한 불균형을 보이기도 한다.

여운: 6~7코달리
적정 시음 온도: 17~18도

2. 주요 화이트 와인용 세파주

① 샤르도네chardonnay

화이트 와인의 최고 세파주로 여겨지는 샤르도네는 피노 누아와 더불어 부르고뉴의 대표적인 세파주다. 마콩Mâcon 근처에 샤르도네란 이름의 마을이 있는데, 여기가 원산지인지도 모르겠다. 샤르도네의 명성이 너무나 대단해 앵글로색슨들에게는 화이트 와인은 곧 샤르도네로 인식될 정도다. 이쯤 되고 보니 전 세계적으로 15만 헥타르란 광대한 면적에서 재배되며, 그중 프랑스와 미국에서 각각 4분의 1씩 재배된다. 그 밖에도 유럽과 뉴 월드의 많은 지역에서 인기리에 재배되고 있다. 샤르도네는 피노 누아, 피노 뫼니에pinot meunier와 함께 샹파뉴를 어셈블리하는 데도 주요한 세파주이며, 샹파

샤르도네.

뉴의 블랑 드 블랑blanc de blancs은 샤르도네만으로 생산한다. 이따금 char-donnay 혹은 chardonnet로 표기되기도 하니, 참고하기 바란다.

여기서는 **AOC 마콩**과 **프레미에 크뤼 풀리니 몽라셰**Puligny-Montrachet를 골라 비교해본다. 이유는 테루아에 따라 샤르도네의 특성이 매우 상이하며, 특히 숙성을 스테인리스 통에서 하느냐 오크통에서 하느냐에 따라 그 특성이 크게 달라지기 때문이다. 전자는 스테인리스 통에서, 후자는 오크통에서 숙성시킨 와인이다.

AOC 마콩

눈

가벼운 초록빛을 띠는 옅은 황금빛 노란색이다. 선명도와 투명도가 뛰어나며, 디스크는 제법 두껍고, 점성도 좋으며, 눈물은 많다.

코

방향성이 괜찮으며, 향이 싙은 편이지만 풍부하지는 않다. 과일, 꽃, 미네랄 향이 복합적으로 어우러져 있으며, 복숭아와 서양배 향이 먼저 나온다. 젊은 와인은 감귤류나 그레이프프루트를 짤 때 나는 향이 특히 인상적이다. 꽃 향으로는 보리수tilleul, 인동덩굴chèrefeuille, 찔레églantine가 느껴진다. 끝으로 백악질crayeux을 연상시키는 미네랄의 신선함이 감지된다.

입

첫인상은 거침이 없고 부드러움과 감귤류 터치를 지닌 미네랄의 신선함으로 매혹적인 조화를 이룬다.

여운: 5코달리 정도
적정 시음 온도: 10~11도

프레미에 크뤼 풀리니 몽라셰

눈

토파즈 뉘앙스를 지닌 황금빛 노란색의 아름다운 로브다. 색상이 아주 깊다. 선명도와 투명도 모두 훌륭하며, 점성도 높은 편이며, 눈물은 두텁고 규칙적이다.

코

코를 대면 바로 번져 나오는 강하면서도 숙성도가 높은 향이 일품이다. 다양한 향군을 이루고 있는데, 가장 감지가 쉬운 것은 마른 과일(특히 아몬드와 구운 헤이즐넛) 향이며, 뒤이어 구운 빵속과 버터의 뉘앙스를 지닌 브리오슈brioche 빵속 향이 나온다. 다음으로 숙성과 더불어 형성되는 3차 향인 초목, 송로, 지롤girolle(버섯의 일종) 그리고 모피와 같은 동물 향이 감지된다. 그다음으로 꽃 향(특히 보리수)과 신선한 혹은 마른 과일(복숭아, 살구, 설탕에 절인 과일) 향이 나온다. 나무 향은 구운 향을 통해 느껴진다. 그 밖에 풀리니를 특징짓는 두 요소로는 설탕에 절인 감귤류 껍질과 석회질 테루아의 미네랄 향이다.

입

첫인상은 거침이 없고 황홀하기까지 하다. 입안에 머금은 와인의 온도가 오르면서 향은 그야말로 폭발하며, 와인의 놀랄 만한 농도가 느껴진다. 감지될 듯 말 듯한 타닌으로 전체적인 구조가 잡힌다. 나무 터치와 테루아의 특성인 미네랄의 나무랄 데 없는 교감은 와인의 조화를 더욱 완벽하게 만들어준다.

여운: 8~9코달리
적정 시음 온도: 13~14도

② 소비뇽 블랑sauvignon blanc

소비뇽은 향기로운 세파주의 전형으로 간주된다. 개방적인 향 덕분에 소비뇽은 초보자들에게도 감지하기 쉬운 세파주에 속한다. 프랑스에서는 주로 발레 드 라 루아르와 보르도에서 집중적으로 재배된다. 소비뇽은 드라이한 와인에서 리코뢰liquoreux(스위트)한 와인까지 주조가 가능하다. 세미용sémillon, 뮈스카델muscadelle과 함께 소테른Sauternes을 주조하는 데도 사용된다. 유럽에서는 헝가리, 루마니아, 불가리아, 이탈리아 북부(콜리오collio라 불린다)와 스페인에서 조금 재배된다. 그 밖에 미국, 칠레, 호주, 남아프리카와 뉴질랜드에서 재배되는데, 특히 뉴질랜드에서 소비뇽은 대단히 성공적으로 재배되고 있다. 여기서는 가장 쉽게 소비뇽에 접근할 수 있는 **AOC 투렌**과 소비뇽의 진수라 할 수 있는 **AOC 상세르**를 비교해서 검토하려 한다.

소비뇽 블랑.

AOC 투렌

눈

초록빛을 띤 옅은 황금색 노랑의 로브를 보이며 투명도와 선명도가 좋다. 디스크의 두께는 보통이며 점성은 낮다.

코

향이 짙고 풍부한 것은 소비뇽의 특징이다. 과일 향이 나는데 리치 향과 감귤류 향이며, 특히 리치 향이 두드러진다. 다음으로 카시스의 싹 향이 나온다. 미네랄은 백악질을 연상시키며, 이따금 규석 향과 더불어 미세한 부싯돌Pierre à fusil 향이 동반되기도 한다.

입

첫인상은 거침없고, 향이 진동한다. 처음의 약간 부드러운 듯한 느낌은 금방 산도의 신선함에 자리를 물려준다. 특히 제법 높은 산도와 미네랄의 조화가 이 와인의 특징이다.

여운: 3~4코달리

적정 시음 온도: 9~10도

AOC 상세르

눈

색깔에 깊이와 심오함이 있다. 옅은 황금빛을 띠는 노랑이다. 투명도와 선명도가 아주 뛰어나며, 디스크는 두터우며 점성도 좋다.

코

강렬하고 복잡하며, 매혹적이다. 소비뇽 고유의 향에 흰 꽃(특히 산사나무, 인동덩굴) 향이 나며, 여기에 상세르의 특징인 회양목 향이 드러나며, 뒤를 이어 카시스 싹 향이 나온다. 과일 향으로는 잘 익은 사과와 복숭아 향에다 약간 설탕에 절인 그레이프프루트 향이 느껴지며, 파인애플 향이 느껴지기도 한다. 미네랄은 맨 나중에 드러나며, 부싯돌 향이 특징이다.

입

첫인상은 거침없고, 입안에 머금으면 처음부터 부드러움과 충만한 느낌이 번져 나온다. 이 같은 강렬함은 입안에서 매우 인상적이다. 다음으로 미네랄의 산도acidite minerale가 드러나는데, 이는 와인의 여운을 길게 하고 신선한 느낌을 준다.

여운: 4~5코달리

적정 시음 온도: 10도

③ 리슬링Riesling

리슬링은 라인Rhein강과 인연이 깊다. 원산지가 라인 지역이고, 세계 최대이자 최고의 리슬링 산지도 라인강을 중심으로 동쪽의 독일 라인 지역과 서쪽의 프랑스 알자스다. 리슬링은 '라인리슬링rheinriesling' 혹은 '요하니스베르그 리슬링Johannisberger Riesling'이라 불리기도 하는데, 이탈리아 북부에서 재배되는 '리슬링 이탈리코riesling italico'와는 전혀 다른 세파주이니 혼동하지 않도록 주의해야 한다.

오스트리아, 호주, 미국 등에서도 재배가 되는데, 호주와 미국에서는 당도가 높은 리코뢰liquoreux 화이트 와인을 주조하는 데 자주 사용된다. 여기서는 대표적 리슬링인 **AOC 알자스 리슬링**과 독일 최고의 **라인가오**rheingau **아이스바인**Eiswein **리슬링**을 비교해본다. 아이스바인의 주조에 사용되는 포도는 아주 높은 당도(리터당 180~200그램) 때문에 발효를 멈추게 하는 경향이 있어, 알코올 도수가 6~8도 정도로 매우 낮은 것이 특징이다.

AOC 알자스

눈

초록과 노랑이 선명한 로브를 지니고 있으며, 선명도가 뛰어나고, 디스크는 제법 두터운 편이며, 눈물이 많다.

코

방향성이 좋고, 매우 향기로운데tres aromatiques, 특히 꽃과 과일 향이 두드러진다. 레몬 계열의 향citronnelle, 마편초와 딱총나무sureau 향에 뒤이어 레몬과 왕귤pomerols 같은 감귤류agrumes 향이 퍼져 나온다. 다음으로 복숭아 향이 더해지며, 끝으로 리슬링의 주요 특징이기도 한 미네랄 향이 풍부하며, 이를 '석유 냄새를 연상시키는 향'이라 부르기도 한다.

독일 니르슈타인 지역 라인 강변의 포도밭.

입

첫인상은 거침없으며, 풍부한 미네랄과 산도의 조합은 리슬링에 독특한 특성을 부여하며, 동시에 오랜 보관도 가능하게 한다.

> 여운: 6코달리
> 적정 시음 온도: 12도

라인가오 아이스바인

눈

초록빛을 띠는 황금빛 노랑이며, 가장자리의 초록빛은 높은 산도와 신선도를 예상케 한다. 디스크의 두께나 눈물은 보통이다. 그리고 선명도와 투명도는 아주 뛰어나다.

코

방향성이 괜찮은 편이며, 복숭아와 살구 향이 주를 이룬다. 곧
이어 스파이시향이 퍼져 나오는데, 계피와 정향에다 꿀 향이 묻
어난다.

입

첫인상은 아주 거침없으며, 단(맛) 느낌에 연이어 대단히 신
선한 산도가 느껴진다. 입안의 느낌은 매우 유쾌하며, 높은 당
도에도 불구하고 가볍게aéien 느껴진다. 입안에 머금으면 감귤
류 향이 지배적이며, 여기에 재스민, 장미 같은 꽃 향이 첨가
되어 전체적으로 우아하면서도 산뜻하다. 스파이시향은 코에
서보다는 덜 느껴진다. 오래된 아이스 와인에서는 이국적 과일
(특히 리치, 파인애플, 망고) 향이 나며, 흔히 그러하듯 미네랄은
맨 나중에 느껴진다.

라인가오 아이스바
인 리슬링.

여운: 8코달리

적정 시음 온도: 6도(아주 차게 마셔야 제격이다)

④ 비오니에viognier

샤르도네, 리슬링, 소비뇽 블랑 등에 비해 비오니에는 일반에 잘 알려지
지 않은 조금 희귀한 세파주다. 이따금 vionnier로 표기하기도 하는데, 주
로 프랑스 론Le Rhône 북부에서 재배되며, 최상의 비오니에 와인인 콩드리외
condrieu와 샤토 그리에Château Grillet에서 생산되는 화이트만 100퍼센트 비오

니에로 주조한다. 그리고 론 북부에서 생산되는 유명 레드 와인인 코트 로 티côte-rotie를 주조하는 데 시라와 더불어 최고 20퍼센트까지 첨가되기도 한다. 랑그도크에서는 화이트 와인에 어셈블리되기도 하며, 뱅 드 페이 독vin de pays d'oc은 비오니에 100퍼센트로 주조하는 화이트도 생산한다.

비오니에는 재배가 까다롭고, 단위면적당 수확량도 적은 편이라 1920~1940년 사이에 사라질 뻔한 위기를 맞았다가, 1970년대에 들어와 몇몇 와이너리 오너들의 강한 의지와 노력으로 다시 재배되기 시작했다. 비오니에는 주로 론의 서쪽 경사가 매우 가파른 지역에서 생산된다. 그래서인지 재배지도 매우 한정적이다. 주로 론 북부, 최근에는 랑그도크와 아르데슈에서도 재배되며, 그 밖에도 캘리포니아, 칠레, 우루과이, 포르투갈의 지극히 한정된 지역에서 소규모로 재배되는 품종이다. 비오니에로 주조한 화이트의 대표격인 **콩드리외**의 특징을 살펴보자.

미국의 유명 작가이자 와인 칼럼니스트인 제이 매키너니Jay McInerney에 따르면, 콩드리외는 향이 봄의 꽃밭을 거니는 듯하고, 타이티에서 그린 고갱의 그림을 연상시키며, 로맨티스트와 연인들을 위한 매우 사랑스러운 와인이다.

눈

로브가 초록색을 띤 옅은 노랑이며, 디스크가 제법 두껍고, 점성이 뚜렷해 끈적한 느낌이다.

코

향은 처음부터 강하게 드러난다. 우선 꽃 향이 나는데 특히 제비꽃 향이 두드러진다. 다음으로 신선한 뮈스카muscat 포도 향과 복숭아와 살구 향으로 이어진다.

고갱이 타이티에서 그린 그림을 연상시키는 콩드리외.

입

입안에서 첫인상은 거침없고 혀를 감싸는 듯한 부드러움을 준다. 콩드리외의 구조는 탄탄한 몸체와 신선함을 바탕으로 하며, 산도는 약간 느껴질 뿐이다. 입안에 머금으면 그득 차오르는 느낌이 인상적이며, 향이 복잡한데 피날레로 다시 복숭아와 살구 향이 드러나며 자주 감초 향도 가미된다.

그리고 신선한 향을 느끼기 위해 일반적으로 콩드리외는 생산 후 1~2년 안에 마시는 것이 바람직하다. 비록 어느 정도 길게 보관이 되는 콩드리외라 할지라도, 3~5년 사이에는 향과 질이 조금 퇴화하는 경향이 있다가 5년이 지나면 더욱 깊고 복잡한 향과 맛을 띠게 되는 특징이 있다.

여운: 5~6코달리

적정 시음 온도: 10~12도

⑤ 게뷔르츠트라미너 gewürztraminer

프랑스에서는 알자스에서만 재배되는 게뷔르츠트라미너는 쥐라le Jura 지역에서 생산되는 아주 독특한 화이트 와인인 뱅 존vin jaune을 주조하는 데 사용되는 사바냥 블랑savagnin blanc보다 향이 더 풍부하다는 것을 제외하면 거의 같은 품종이라 할 수 있다. 그런 이유로 게뷔르츠트라미너를 '사바냥 로즈savagnin rose'라고 부르기도 한다. 이름이 길어 보통 '게뷔르츠'라고 줄여서 부르는데, 이는 독일어로 스파이스라는 뜻이며 향신료가 가미된 아시아 음식과 궁합이 좋다. 미국, 스페인, 헝가리, 오스트리아, 호주, 뉴질랜드의 일부 지역에서도 소량 재배된다.

게뷔르츠로는 드라이, 하프스위트, 스위트 와인을 주조할 수 있는데, 드라이하게 주조해도 마셔보면 마일드한 느낌을 받는다. 이는 게뷔르츠의 향이 깊고 풍부한 데서 기인한다. 게뷔르츠는 대륙성 기후 그리고 조금 추운 지역에서 양질의 포도가 생산된다. 대표로 **알자스의 게뷔르츠**를 소개한다.

게뷔르츠트라미너.

눈

짚의 노란색에 옅은 분홍빛이 매우 특이하다. 그리고 투명도와 휘도가 거의 완벽에 가깝다. 디스크가 아주 두툼하며, 점액성도 뛰어나 눈물도 많다.

코

비록 젊은 게뷔르츠라 해도 향

이 강하고 풍부함을 바로 느낄 수 있는데, 가장 먼저 인지되는 향은 스파이스다. 다음으로 스파이시한 빵pain d'epices 향이 올라오며, 끝으로 이국적 과일 향(리치 등)과 시트러스 껍질 향이 퍼져 나온다.

입

첫인상은 산뜻하고, 제법 묵직하며 파워풀하다. 입안에 머금다보면 일반적으로 부드러우면서도 감미롭다. 입에서는 이미 코에서 감지한 많은 향과 더불어 생강 같은 조금 쓴 느낌의 새로운 향들이 드러나다가, 유쾌한 과일 향으로 끝난다.

여운: 5~6코달리
적정 시음 온도: 11도

와인의 종류

    와인의 종류는 크게 색깔(레드, 화이트, 로제), 기포의 유무(발포성과 스틸 still), 주조 방식(강화 와인)으로 구별할 수 있다. 좀더 특성별(세파주, 생산지, 주조 방식 등)로 분류하면 보다 세부적일 수 있다. 그리고 세부적으로 분류하는 방식을 알아두면 와인을 이해하는 데 큰 도움이 된다. 같은 세파주라해도 재배지나 주조 방식에 따라 와인의 특성이 달라질 수 있음을 기억해야 한다.

1. 레드 와인

① 가볍고 light 프루티 fruity한 레드

한마디로 오랜 보관이 필요 없고, 쉽고 편하게 마실 수 있는 레드를 말한다. 약한 타닌은 신선한 산도로 보충되어 균형을 이루며, 피날레는 심플하고 갈증을 해소하기에 좋다.

주로 사용하는 세파주

카베르네 프랑, 가메이, 피노 누아 혹은 트루소trousseau 등이 주로 사용되며, 과일 향, 꽃 향과 같은 1차 향이 주를 이룬다.

주요 산지

프랑스 앙주, 보졸레, 통칭 부르고뉴, 부르괴유, 코트 뒤 쥐라, 오트 코트 드 뉘, 알자스 피노 누아, 생니콜라 드 부르괴유, 상세르 레드, 소뮈르 샹피니, 이탈리아의 발폴리첼라.

음식 궁합

단순한 음식들과 잘 어울린다. 예를 들어 피자, 파스타, 육류 테린terrine, 파테pâté, 염소젖 치즈, 크리미한 소젖 치즈(예: 생마르셀랭saint-marcellin) 등

생마르셀랭 치즈.

서빙 조건

이런 와인은 젊을 때, 즉 2년 안에 마시는 것이 최적이며, 3년을 넘기지 않는 것이 좋다. 서빙 온도도 보통 레드에 비해 시원하게(12~14도) 마시는 것이 제격이다.

② **농염하면서도meaty 프루티한 레드**

위 종류의 와인처럼 심플하지만, 입안에서 보다 농염하고, 타닌도 높은 것이 다르다. 이런 와인은 일반적으로 새 오크통에서 숙성시키지 않기에 과일 향이 잘 보존되며, 그중에서도 주로 붉은 과일 향이 나고, 자주 스파이시한 향이 느껴진다.

주로 사용하는 세파주

카베르네 프랑, 카리냥, 그르나슈, 메를로, 몽되즈, 피노 누아, 시라, 이탈리아의 산지오베제 등이 주로 사용된다.

주요 산지

베르주라크, 보르도 슈페리오레, 뷔제, 시농, 코트 드 카스티용, 코트 드 프로방스, 코트 뒤 론 빌라주, 프롱통, 생조제프, 이탈리아의 키안티 등

뵈프 부르기뇽.

음식 궁합

꿩고기, 소스를 곁들인 소고기(갈비찜, 불고기, 스튜 등), 구운 붉은 육류(등심 등), 생우유 치즈(예: 톰tomme, 생넥테르saint-nectaire 등)

서빙 조건

병입 후 1~2년 안에 마셔야 좋으며, 서빙 온도는 15~17도가 적당하다.

③ **복잡하고**complex, **파워풀**powerful**하며 너그러운**generous **레드 와인**

여기에 속하는 레드 와인은 주로 알코올 도수가 높고, 타닌도 높으며, 부

드러운 느낌이 나는 특성이 강하다. 따라서 어느 정도 숙성 기간이 필요하다. 보통 오크통에서 숙성시키기에 보다 다양하고 복잡한 향(나무 향, 잘 익은 검은 과일 향, 스파이시한 향 등)을 띤다. 입안에서는 힘을 느낄 수 있으며, 피니시는 복잡하고 여운도 길다.

포머롤이나 생테밀리옹처럼 메를로를 주로 해서 주조한 와인에서는 벨벳 느낌이 나며velvety, 일반적으로 가격도 비싸다.

주로 사용하는 세파주

오세루아Auxerrois, 카베르네 프랑, 카리냥, 그르나슈, 말베크, 메를로, 무르베드르mourvédre, 시라, 타나tannat 등이 주로 사용된다.

주요 산지

카오르, 샤토네프 뒤 파프, 코르비에르, 코트 드 부르, 코트 드 블라이, 코트 드 루시용 빌라주, 코트 뒤 랑그도크, 프롱사크, 지공다스, 마디랑, 미네르부아, 랄랑드 드 포머롤, 포머롤, 생테밀리옹 크뤼 클라세, 스페인의 리호아, 메를로로 주조한 칠레산, 시라즈로 주조한 호주산 와인 등

음식 궁합

와인의 특성이 강하고 복잡하면서도 너그러워 맛과 지방이 풍부한 음식과 잘 어울린다. 오리를 곁들인 카술레, 버섯, 레드 와인

오리를 곁들인 카술레.

으로 절인 육류, 구운 붉은 육류, 사냥고기(사슴, 노루, 멧돼지 등) 그리고 생우유로 만든 치즈 톰, 캉탈cantal 등

서빙 조건

병입 후 최소 3년 이상 지나서 마셔야 한다. 젊은 와인은 디켄팅을 해도 좋다. 적정 서빙 온도는 15~17도.

④ 복잡하고, 타닌이 높고tannic, 품위가 있는race 레드 와인

이런 종류의 와인은 일반적으로 가격이 높다. 타닌이 많고, 세련되고 복잡한 와인이기에 병입 후 몇 년은 지나야 제대로 특성을 드러낸다. 타닌이 다량 함유되어 있기에, 너무 일찍 마시면 대개 조금 거칠게austere 느껴진다. 그러나 시간과 더불어 타닌이 녹으면서 몸체는 탄탄해지고, 입안에서 벨벳 같은 느낌으로 바뀌며 우아해진다. 거의 대개 새 오크통에서 숙성시키므로 나무 향, 구운 토스트 향, 스파이시향에다 잘 익은 붉은 그리고 검은 과일 향이 매칭을 이룬다. 병입 후 최소 3~4년이 지나야 복잡하고 다양한 3차 향들이 형성된다. 피니시는 길고 매력적이다.

주로 사용하는 세파주

카베르네 소비뇽, 무르베드르, 시라, 이탈리아의 네비올로Nebbiolo 등

주요 산지

방돌, 코르나스, 코트 로티, 그라브, 오메도크, 에르미타주, 마고, 포이야크, 페사크 레오냥, 생테스테프, 생줄리앙, 이탈리아의 바롤로와 캘리포니아의 카베르네 소비뇽 와인 등

음식 궁합

맛이 풍부한 그러나 지방이 지나치지 않은 음식들과 조화를 이룬다. 구운 오리 가슴살, 사냥고기, 구운 양고기나 캉탈, 생넥테르 같은 치즈와 잘 어울린다.

캉탈 치즈.

서빙 조건

병입 후 최소 5년이 지나 마시는 것이 좋다. 적정 서빙 온도는 16~17도.

⑤ **복잡하고, 엘레강스하며**elegant **우아한 레드 와인**

이 범주에 해당되는 와인은 부르고뉴의 프리미에Premier와 그랑 크뤼Grand Cru밖에 없다. 당연히 소량만 생산된다. 이 와인은 작고 붉은 과일 향, 장미와 같은 꽃 향이 빼어나며, 시간과 더불어 아주 독특하고 세련된 초목향sous-bois과 사냥고기 향으로 발전한다. 입안에서는 실키silky하고, 여운이 매우 길다.

주로 사용하는 세파주

부르고뉴의 모든 레드는 피노 누아로만 주조된다.

주요 산지

주로 코트 도르에서 생산되는 프리미에와 그랑 크뤼들인데, 그중에서 코트 드 뉘 지역의 즈브레 샹베르탱, 모레 생드니, 샹볼 뮈지니, 부조, 본 로마네 같은 마을 단위와 코트 드 본 지역의 코르통, 페르낭 베르젤레스, 본, 볼레, 포마르 같은 마을 단위가 있다. 참고로 코트 도르는 북쪽에 위치한 코트 드 뉘와 남쪽에 위치한 코트 드 본으로 나뉜다. 미국의 오리건주에서 생산되는 최상급의 피노 누아도 대단히 훌륭하다.

음식 궁합

약한 불에 오래 끓이거나 익힌 육류 요리(부르고뉴 스튜 등)와 특히 잘 어울린다. 그 밖에도 작은 사냥고기, 와인에 절인 닭고기, 브리brie나 쿨로미에coulomiers 같은 치즈와 궁합이 맞다.

서빙 조건

최소 병입 후 5년은 지나야 마실 만하다. 서빙 온도는 16~17도.

2. 화이트 와인

① 드라이하면서도 가볍고light 상큼한nervy 화이트 와인

상큼 단순하며 갈증을 풀어주는 화이트로, 복잡하지 않은 꽃 향과 과일 향을 드러낸다.

주로 사용하는 세파주

알리고테, 샤슬라, 샤도네이, 그로 플랑, 자케르, 멜롱 드 부르고뉴, 피노 블랑, 소비뇽, 실바네 등

주요 산지

부르고뉴 알리고테, 슈베르니, 크레피, 앙트르 데 메르, 마콩 빌라주, 뮈스카데, 프티 샤블리, 알자스 피노 블랑과 실바네, 아프르몽, 스위스의 팡당, 포

르투갈의 비뇨 베르드 등

음식 궁합

맛이 복잡하고 잃고 심플한 음
식과 궁합이 맞다. 굴을 비롯한
해산물, 신선한 혹은 익힌 야채,
달팽이, 생선 테린, 튀김요리, 햄,
염소젖 치즈 등

생선 테린.

서빙 조건

병입 후 2년 안에 마시는 것이 바람직하며, 서빙 온도는 8도.

② 드라이하면서도 부드럽고souple 과일 향이 풍부한 화이트 와인

과일 향이 매우 풍부하며, 특히 자주 시트러스 향이 주를 이룬다. 몸체는
부드럽고 신선함이 돋보이는 것이 특징이다.

주로 사용하는 세파주

알테스, 샤르도네, 슈냉, 클레레트, 그로 망생, 모자크, 롤, 소비뇽, 세미용,
위니 블랑, 이탈리아의 베르망티노vermentino 등

주요 산지

방돌, 벨레, 카시스, 코트 드 블라이, 코트 덱스, 코트 드 프로방스, 가이
야크, 그라브, 드라이한 쥐랑송, 푸이 퓌메, 푸이 퓌세, 몽루이, 사부와의 루
세트, 생베랑, 상세르, 코르시카 화이트 와인 등

홍합 요리.

음식 궁합

생 조개 혹은 익힌 조개, 생선
과 구운 생선, 햄과 소시지, 염소
젖 치즈 등

서빙 조건

병입 후 3년까지 마시기 좋다.
서빙 온도는 8~10도.

③ **드라이하면서도 충만하고**full-bodied/ample **품위 있는**race **화이트 와인**

앞의 두 화이트에 비해 성분이 풍부하여 입안에서 그득 차오르는 느낌을
준다. 그럼에도 상쾌한 산도로 인해 신선하다. 피날레와 여운은 길고, 최상
급 와인일 경우 세련된 맛과 향을 느낄 수 있다. 빈번히 오크통에서 숙성시
켜 나무 향(실제로는 옅은 바닐라나 크림 향으로 느껴진다)이 나며, 잘 익은 과
일 향, 향신료와 흰색 꽃 향이 첨가된다.

주로 사용하는 세파주

샤르도네, 슈냉, 마르산, 리슬링, 루산, 소비뇽, 세미용 등

주요 산지

부르고뉴의 최상급 화이트들이 이에 속한다. 샤블리 프리미에와 그랑 크
뤼, 코르통 샤를마뉴, 뫼르소, 샤샤뉴 몽라셰, 퓔리니 몽라셰, 몽라셰. 또한
발레 드 라 루아르의 몽루이, 부브레, 사브니에와 보르도의 페사크 레오냥
등을 들 수 있다. 끝으로 뉴 월드 와인 중에서 샤르도네로 주조한 캘리포니
아나 칠레 등의 최상급 화이트도 이 범주에 넣을 수 있다.

음식 궁합

섬세한 고급 요리gastronomy와 잘 어울린다. 가리비, 랍스터, 광어, 프라이팬에 구운 거위 간 요리, 송이버섯 등 자연산 버섯, 소스를 곁들인 흰 살코기 그리고 아주 크리미한 치즈(예: 생펠리시앙saint-félicien, 생마르셀랭saint-marcellin 등)와 일부 염소젖 치즈(예: 피코동picodon) 등

서빙 조건

병입 후 3~5년이 지나야 제대로 숙성된다. 특히 이런 최상급 화이트는 너무 차게 마시지 말아야 한다. 적정 서빙 온도는 10~12도.

④ 드라이하면서도 아주 향이 진하고 풍부한aromatic 화이트 와인

향이 진하고 풍부하며, 맛도 독특한 것이 특징인 화이트다. 특징이 강하고 향도 특이하기에 코만으로 주조에 사용된 세파주를 쉽게 식별할 수 있다.

주로 사용하는 세파주

열대 과일 향과 루쿰loukoum(향료가 든 아랍의 사탕과자) 향이 특징인 게뷔르츠트라미너, 복숭아와 살구향이 두드러지는 비오니에, 소위 뮈스카 향으로 불리는 향이 나는 뮈스카, 훈제, 스파이스와 꿀 향이 나는 피노 그리, 그리고 미네랄 향(대개 석유 향)이 독특한 리슬링, 쥐라의 뱅 존을 주조하는 데 사용되는 사바냥, 셰리와 피노 와인을 주조하는 데 사용되는 스

루쿰.

쥐라의 뱅 존.

페인 서남부 안달루시아의 세파주인 팔로미노Palomino는 밀, 마른 과일, 호두와 스파이시향이 매력적이다.

주요 산지

쥐라의 뱅 존과 샤토 샬롱, 발레 뒤 론의 콩드리외 샤토 그리예, 알자스의 게뷔르츠트라미너, 피노 그리, 리슬링, 뮈스카 등이며, 스페인의 피노와 쉐리 와인을 들 수 있다.

음식 궁합

맛과 향이 특이한 와인이기에 음식도 스파이스(카레, 향신료 등)를 사용한 향이 진한 것과 잘 어울린다. 사바냥이나 팔로미노로 주조한 화이트는 카레를 소스로 사용한 육류, 해산물, 크림소스나 버섯을 곁들인 닭고기 등과 궁합이 맞다. 연어나 훈제 물고기와는 리슬링과 피노 그리가 어울린다. 치즈 중에서는 보포르, 콩테, 향이 강한 뮌스터 등이 좋다.

서빙 조건

뮈스카와 비오니에로 주조한 와인은 병입 후 3년 안에 젊게 마시는 것이 좋고, 서빙 온도는 8~10도가 적당하다. 그리고 나머지 세파주로 주조한 와인은 3~5년 지나 마시는 것이 바람직하며, 적정 서빙 온도는 10~12도다.

⑤ **하프드라이, 조금 단**mellow/moelleux, **단**viscous/liquoreux **화이트 와인**

이 와인의 특징은 발효를 통해 포도 속에 함유된 모든 당분이 알코올로

전이되지 않아 천연 잔여 당분이 남아 있다는 것이다. 포도 속의 당분을 농축시키는 방법으로는, 포도를 지나치게 익도록 놓아두어 수분 증발을 통한 것(이를 늦깎이 수확late harvest이라 한다)과 포도껍질에서 자라는 미생물에 의한 것(이를 귀부현상 혹은 고귀한 썩음botrytis cinerea이라 한다)이 있다.

전자는 당분의 농축 정도에 따라 하프드라이하거나 부드러운 화이트가, 후자는 당분의 농축 상태가 매우 높아 점액성이 높은viscous 화이트가 주조된다. 이런 와인은 단맛이 주를 이루며, 몸체는 부드럽고 게다가 단 화이트의 경우 걸쭉할 정도로 점액성을 띠기도 한다. 이런 특성은 높은 산도로 전반적인 균형을 이룬다. 향이 아주 강하고 복잡하며 길다. 주로 느껴지는 향은 과일 향, 꿀 향 등이다.

주로 사용하는 세파주

일부 세파주만 이런 와인의 주조를 가능하게 한다. 가장 잘 알려진 것으로는 발레 드 라 루아의 슈냉, 프랑스 서남부의 프티 망생petit-menseng, 소비뇽, 세미용, 뮈스카델muscadelle, 알자스의 게뷔르츠트라미너, 리슬링, 피노 그리 등이다.

주요 산지

알자스 지역의 게뷔르츠트라미너, 리슬링, 피노 그리 중에서 늦깎이 수확과 셀렉시옹 드 그랑 노블selection de grains nobles의 경우에 한하며, 루아르

코토 뒤 레이옹 1969년 빈티지.

지역의 본조, 코토 뒤 레이옹, 카르 드 숌, 몽루이, 부브레, 남서부의 세롱, 쥐랑송, 몽바지야크, 생트 크로아 뒤 몽, 소테른 등이다.

음식 궁합

식전주로 안성맞춤이다. 그리고 지방이 많고 맛이 특이한 음식과 잘 어울린다. 푸아그라(거위 간), 크림소스의 닭고기, 오렌지소스의 오리고기와 치즈로는 로크포르roquefort처럼 파슬리가 가미된 것과 잘 어울린다. 이런 화이트는 디저트 와인으로도 훌륭하며, 특히 크림이 주가 되는 디저트(사바이옹, 크렘 브릴레 등)와 궁합이 좋다. 잔여 당분이 아주 높지 않은 화이트는 향신료가 가미된 아시아 요리와도 잘 맞는다.

서빙 조건

병입 후 최소 3~5년이 지나야 제대로 특성이 드러난다. 적정 서빙 온도는 8~10도로 제법 차게 해서 마시는 것이 좋다.

3. 로제 와인

① 상큼하고lively/vif 과일 향이 나는 로제 와인

갈증을 해소하는 데 제격인 이 와인은 젊은 상태에서 마시는 것이 좋다. 적당한 산도가 신선함을 더해주고, 특히 과일 향이 주를 이룬다. 로제는 압착과 세네 방식으로 주조하는데 전자가 주를 이룬다.

주로 사용하는 세파주

카베르네 프랑, 카리냥, 생소, 그르나시, 풀사르, 티부랭

주요 산지

벨레, 코토 덱스, 코토 바루아, 코트 뒤 뤼베롱, 코트 드 프로방스, 코트
뒤 쥐라, 이룰레기, 팔레트, 로제 드 루아르

음식 궁합

가벼운 여름 음식과 함께 마시기 좋다. 샐러드, 피자, 파스타, 달지 않은
타르트, 염소젖 치즈와도 조화를 이룬다.

서빙 조건

일반적으로 병입된 해에 신선하게 그리고 시원하게 마시는 와인이다.
8~10도가 적합하며, 이보다 차면 과일 향과 꽃 향이 드러나는 것을 막는다.

② **알코올 도수가 높고**vinous/vineux **특성이 강한**robust/corse **로제**

갈증을 풀어주는 특성을 유지하면서도 산도는 앞의 로제에 비해 조금 낮
고, 붉은 과일 향에 가까운 향이 나며, 이따금 스파이시하기도 하다. 입안에
서 타닌이 조금 느껴지지만 부드럽다. 이런 로제는 주로 세네 방식으로 주

코트 드 프로방스의 와이너리.

조된다.

주로 사용하는 세파주

카리냥, 그르나슈, 메를로, 무르베드르, 네그레트negrette, 피노 누아, 시라 등

주요 산지

방돌, 보르도 클레레, 코토 뒤 랑그도크, 코트 뒤 론, 리라크, 마르사네, 로제 데 리세이, 타벨 등

음식 궁합

올리브유로 만든 음식, 야채 요리, 생선 탕류, 소시지, 염소젖 치즈 등과 어울린다.

서빙 조건

병입 후 2년 안에 마시는 것이 좋다. 적정 서빙 온도는 8~10도.

4. 그 밖의 와인

① 스파클링 와인

스파클링 와인은 축제를 위한 최상의 와인이다. 스파클링 와인은 거의 모든 와인 산지에서 생산하므로 매우 다양하다. 프랑스의 크레망crémant과 블랑케트blaquettes, 스페인의 카바cava, 이탈리아의 모스카토moscato 등이 이에 속하며, 그중에서 최고는 샹파뉴champagne다. 이산화탄소가 들어 있어 톡 쏘는 듯 상큼하고 가벼운 느낌이라 갈증을 한 번에 가시게 해준다. 과일 향과 꽃 향 그리고 이따금 제과viennoiserie 향이 나기도 한다. 주조 방식에 따라 특성이 구분되는데(레이블에 표기), 엑스트라 브뤼extra-brut와 브뤼brut는 드라이/섹dry/sec이나 하프 드라이/드미 섹half-dry/demi-sec에 비해 산도가 높고 상큼하다. 스위트/두sweet/doux라고 적힌 것은 당도가 아주 높다.

주로 사용하는 세파주

카베르네 프랑, 샤르도네, 슈냉, 클레레트, 모자크, 메를로, 뮈스카, 피노 블랑, 피노 누아, 피노 뫼니에, 소비뇽, 사바냥 등

주요 산지

리무 지역의 블랑케트, 샹파뉴, 디 지역의 클레레트, 알자스, 부르고뉴, 쥐라의 크레망, 가이야크, 몽루이, 소뮈르, 부브레, 스페인의 카바, 이탈리아의 스푸만테와 프레세코 등

음식 궁합

입맛을 돋우는 식전주로 적합하다. 하지만 먹는 음식에 따라서는 스파클링 와인만으로도 식사가 가능하다. 브뤼트한 스파클링 와인과는 해산물, 구

이탈리아의 다양한 스파클링 와인.

운 생선, 훈제 생선 그리고 가벼운 크림이나 겉이 말랑한 치즈(까망베르 등)가 잘 어울린다. 드라이와 하프드라이한 스파클링 와인과는 앞의 치즈나 과일 타르트, 잉글리시 크림 등과 맞는다. 한 가지 주의할 점은, 단맛은 브뤼트한 샹파뉴의 신맛을 지나치게 드러나게 한다. 그러기에 단맛이 나는 음식이나 디저트와는 하프드라이/드미 섹을 선택하는 것이 좋다.

서빙 조건

빈티지가 있는 고급 샹파뉴를 제외하면 모든 스파클링 와인은 젊을 때 마셔야 한다. 식전주로는 8~10도가 좋고, 더운 음식과는 9~12도가 적당하다.

② **천연 스위트 와인**Vins Doux Naturels**과 리큐어 와인**Vins de Liqueur

여기에 속하는 와인은 알코올 도수가 높고, 잔여 당분도 많고, 향이 매우 독특하고 진한 것이 특징이며, 주조 방식도 지역마다 특이하다.

천연 스위트 와인은 발효 정지mutage 방식으로 주조한다. 즉 발효 중인 와인에 도수가 높은 증류주를 첨가해 발효를 강제로 중단시키는 방식으로, 이렇게 해서 잔여 당분이 남게 되고, 도수도 올라간다.(보통 14~18도 정도) 다음으로 와인은 공기와 접촉하며 숙성되는데, 이를 산화라 부르며, 이 같은 과정을 거치면서 색깔은 옅은 황갈색으로 변하고, 마치 오래 숙성시킨 듯 부드러운 맛을 내게 된다.

또 다른 방식은 전통적인 방식으로, 공기와 차단된 상태에서 숙성시키는 것이다. 그 결과 꽃 향, 과일 향과 같은 1차 향이 잘 보존되고, 레드의 경우는 타닌이 강하다. 이들 와인은 입안에서 부드럽고 향의 여운도 아주 길다.

천연 스위트 와인은 주로 무더운 지역, 즉 랑그도크, 루시용, 론의 남부, 코르시카 그리고 포르투갈에서 생산된다. 리큐어 와인은 발효를 거친 혹은 거치지 않은 포도즙에다 오드비(도수가 40도 이상인 과일 증류주)를 첨가해서 주조하며, 일반적으로 도수가 16~22도 정도다. 오드비를 첨가하기에 특히 과일 향이 두드러진다.

주로 사용하는 세파주

천연 스위트 레드 와인의 주조에는 그르나슈 그리와 누아, 화이트 주조에는 그르나슈 블랑, 말부아지와 뮈스카가 사용된다. 리큐어 화이트 와인은 주로 폴 블랑시, 콜롬바르, 위니 블랑, 그리고 레드와 로제는 메를로, 카베르네 소비뇽, 카베르네 프랑으로 주조된다.

주요 산지

천연 스위트 와인: 포트, 바뉼, 리베살트, 모리, 라스토, 뮈스카 드 봄 드 브니즈, 뮈스카 뒤 캅 코르스, 뮈스카 뒤 프롱티냥, 셰리, 마데르, 말라가 등이 유명하다.

리큐르 와인: 피노 드 샤랑트, 플록 드 가스코뉴, 쥐라의 마크뱅 그리고 샹파뉴 지역에서 생산되는 라타피아 등을 추천할 수 있다.

음식 궁합

천연 스위트 와인은 주로 식전주로 마시기 좋다. 그 밖에도 과일 타르트와 같은 디저트와도 잘 맞는다. 특히 파슬리가 들어간 치즈와 아주 궁합이 좋다.

리큐르 와인은 알코올 도수가 높기에 식전주로 주로 마신다.

서빙 조건

뮈스카로 주조한 천연 스위트 와인이나 리큐어 와인은 아주 젊을 때 마시는 것이 좋다. 그리고 천연 스위트 화이트나 레드 와인은 젊을 때 마셔도 좋지만, 2~3년 보관이 가능하다. 그 밖의 와인들은 병입 후 3~5년이 지나야 제대로 숙성된 맛과 향을 느낄 수 있다.

와인과
음식의 궁합

　사람에게 궁합이 있듯이 와인과 음식 사이에도 궁합이 존재한다. 와인과 음식도 합이 맞으면 서로 상승작용을 일으키고, 맞지 않으면 서로 맛을 뭉개어 엉망이 된다. 그러나 사람 간의 찰쌀 궁합을 찾기가 쉽지 않듯이, 와인과 음식의 짝짓기도 간단하지가 않다. 게다가 우리 술이 아닌 와인을 우리 음식과 궁합을 맞추려 할 경우에는 더욱 난감하다.

　우리 전통 음식에 맞는 와인이 있는가? 솔직한 나의 대답은 '없다'이다. 물론 입맛도 변하고 식문화도 변한다. 그러니 언젠가는 내 대답이 틀릴 수도 있다. 허나 장담하건대 짠 것, 매운 것, 육식과 생선 등을 모두 한꺼번에 차려놓고 먹는 한, 아직은 없다고 본다. 물론 요즘엔 퓨전 한식이나 코스로 나오는 한식도 있다. 이런 경우에도 여전히 골치 아픈 문제들이 있긴 하지만 재고의 여지가 있을 것이다.

　주요 와인 생산국에서는 마케팅 차원으로 한식과 그들 와인의 매칭을 위

빈자의 초라한 식사에서도 와인은 빼놓을 수 없었다.

한 성대한 행사를 열곤 한다. 이는 어디까지나 공격적인 와인 프로모션 마케팅일 뿐, 얼마나 현실성이 있는지에 대해서는 의문이 앞선다. 하기야 거대 기업이 앞서서 선전하고 사회 상류층이 하면 따라가는 것이 일반적인 문화 패턴이라 할 때, 이런 마케팅과 홍보가 상업적인 차원에서 전혀 무용지물은 아닐 것이다. 그러나 현재 한식과 와인의 매칭은 어딘가 아직 궁합이 맞지 않다는 생각을 버릴 수가 없다.

유럽에서 와인과 음식은 바늘과 실 같은 존재다. 먹는 음식에 따라 와인이 정해지고, 요즘 미식가들은 와인을 먼저 선정하고 그에 적합한 음식을 맞추기도 한다. 하지만 이건 어디까지나 수 세기 이상 내려온 유럽의 음식 문화이니 우리에겐 타산지석이나 다름없다. 게다가 서구사회에서도 와인-

음식 궁합이 하루아침에 이루어진 것이 아니다. 역사적으로 와인과 음식의 궁합에 본격적으로 눈뜨기 시작한 것은 생각보다 그리 오래되지 않았다.

왕조 시대에는 모든 음식을 한꺼번에 차려놓고 보란 듯이 먹었다. 그 시대 최고의 와인이 서빙되었을지는 모르지만, 음식과 와인의 매칭에 대해서는 크게 고민하지 않았다. 18세기 말에서 19세기 초 부르주아 문화가 정착하면서 식사도 점차 코스 요리로 바뀌었고, 이와 더불어 단계별로 음식에 맞는 와인에 대한 관심도 본격화되었다.

프랑스 코스 요리에 맞춰 즐기는 와인의 종류

기본적으로 프랑스 요리는 크게 세 단계로 나뉜다. 전채요리 → 메인요리 → 디저트 순서다. 이 순서에 따라 와인의 종류도 정해진다. 전채를 시작하기 전에 식전주를 하는 경우도 빈번하다. 취향에 따라 맥주, 칵테일, 위스키, 샹파뉴, 드라이한 화이트 와인, 포트와인 등 다양한 알코올음료 외에도 과일 주스나 심지어 물을 선택하는 사람들도 있다.

다음으로 전채는 일반적으로 샐러드 아니면 해산물이 주를 이룬다. 샐러드, 특히 비니거 드레싱을 한 샐러드의 경우는 적합한 와인이 없으니 물이나 전주로 마시던 음료 등이 무난할 것이다. 해산물인 경우는 산도가 있는 화이트 와인이 제격이다.

주 요리는 육류, 가금류(닭, 오리고기 등) 아니면 해산물이다. 육류는 레드, 가금류는 요리 방식과 소스 종류에 따라 달라지기는 하지만 가벼운 레드나 어느 정도 몸체가 있는 화이트 그리고 해물류는 종류나 조리 방식, 특히 사용하는 소스에 따라 특색이 다른 화이트 와인을 선택하는 것이 현명하다.

요즘은 디저트와 함께 와인을 마시는 경우는 점점 드물다. 커피나 차가

이를 대신했기 때문이다. 그러나 원한다면 디저트의 종류에 따라 샹파뉴, 포트와인 혹은 스위트한 화이트 와인을 선택하면 좋을 것이다. 한 가지 조심할 것은 아이스크림이나 셔벗에 보드카나 기타 증류주와 같은 독주가 첨가되는 경우가 많으니 술이 약한 사람은 주문 전에 반드시 확인해야 한다.

하지만 모든 사람이 매일 이렇게 순서와 격식을 갖춰 식사를 하지는 않는다. 간단히 스파게티나 피자 아니면 햄버거 등으로 때우는 사람이 점점 늘어나고, 이런 경우 대개는 소프트드링크나 맥주 등으로 해결한다. 군이 와인을 곁들이고 싶다면, 피자나 스파게티를 먹을 때 토마토소스가 주를 이룬다면 가벼운 레드 와인이나 로제 와인이 제격일 것이다. 올리브유가 주를 이루는 면 요리는 미디엄 바디 정도의 화이트 아니면 로제가 제격일 것이다. 그리고 햄버거의 경우는 맥주나 소프트드링크가 좋지 않을까 한다. 꼭 와인과 함께 하길 바란다면 로제를 추천하고 싶다.

일상에서 쉽게 활용할 수 있는 음식과 와인의 궁합

앞서 서구의 가장 전형적인 식사 유형에 대해 늘어놓았다. 우리 음식과 와인의 궁합에 대한 내 능력 부족을 우회적으로 드러낸 것이다. 고민 끝에 구체적인 요리와 와인을 들어 설명하기보다 독자들이 생활 속에서 자유롭게 활용할 수 있는 가장 기본적인 부분에 대해서만 언급하려 한다.

이를 통해 각자 어떤 구조물을 세울지 나로서는 알 수 없다. 맛이란 지극히 주관적이라 각자의 경험과 취향이 모두 다르기에, 사실 그 누구도 이게 최고라고 할 수는 없다. 그러니 이 분야에서는 각자가 주어진 연장으로 나름의 집을 지을 수밖에 없다.

좀 파격적일지 모르지만, 먼저 생선은 화이트 와인, 육류는 레드 와인이

견과류, 햄, 치즈 그리고 와인이 어우러진 식탁.

란 공식부터 깨야 한다. 실제 와인의 선택에는 음식의 주재료보다 소스나 곁들여 나오는 것들(야채, 감자 등)이 더 중요한 결정 요인이 되는 경우가 허다하다.

예를 들어 토마토소스가 든 음식은 육류든 생선이든 일반적으로 레드가 더 잘 어울린다. 송아지고기, 돼지고기와 가금류의 경우에는 곁들이는 소스의 종류에 따라 와인의 선택이 달라질 수 있다. 일반적으로 소스에 크림이 많고 걸쭉하며 진할 경우는 레드가 어울리고, 묽은 소스나 커리 소스 등과는 화이트가 맞다. 내 경험상 보쌈을 제외한 족발 같은 음식에는 게뷔르츠트라미너와 같은 화이트가 레드보다는 제격이라 판단된다.

조개, 고동, 오징어나 문어 등 연체동물은 소비뇽 블랑이나 뮈스카데처럼 드라이한 화이트가 제격이며, 샹파뉴 브뤼도 좋다. 반면에 새우, 게, 랍스터 등 갑각류는 속살이 부드럽고 여리기에 이를 받쳐줄 수 있는 섬세하면서도 도톰한 느낌을 주는 부르고뉴산 고급 화이트가 안성맞춤이다.

생선은 종류나 첨가하는 소스에 따라 화이트, 로제, 레드를 택할 수 있다.

예를 들어 구운 참치에는 시농 레드를 곁들이면 일품이다. 생선 요리에 레드 와인을 마실 때는 가볍고 부드러운 것을 택하고, 온도도 적정 온도보다 2~3도 낮게 하면 더욱 좋다. 그리고 구운 생선과는 로제도 궁합이 잘 맞는다.

이제 몇 가지 기본 공식을 터득했으니 자신의 집을 짓는 데 적극적으로 나설 때다. 그러나 한식과 와인을 짝지으려는 수고는 결코 쉽지 않은 일이기에 함부로 권하기가 꺼려진다.

와인
제대로 즐기기

제 8 장

시음 테크닉:
눈, 코, 입 그리고 기억력

    와인은 즐거움이다. 눈으로 다양한 뉘앙스의 색깔을 즐기고, 코로 향의 정원을 거닐고, 입으로 맛과 향 그리고 여러 다른 감촉을 느낀다. 여기에다 함께 마시는 사람들과 좋은 분위기를 연출하고, 대화를 통한 소통이 이루어진다면 금상첨화다. 눈은 색깔을 구분하는 영역이기에 비교적 객관적이라 할 수 있다. 반면에 향과 맛 등은 주관적인 요소가 많이 가미되기에 훨씬 복잡하고 어렵다. 특히 향에 관한 한 우리가 평소 쉽게 접할 수 없는 것들이 많아 더욱 설명이 곤란하다.

    이제 우리가 와인을 시음할 때 거쳐야 하는 과정인 눈, 코, 입 그리고 종합적인 평가에 대한 테크닉을 소개하려 한다. 그리고 바람직한 시음 조건과 준비 과정에 대한 설명을 곁들인다. 끝으로 와인 시음회의 한 유형을 예로 들어 마시는 와인에 대한 이해와 편의를 더했다.

    우리가 마시는 한 잔의 와인 속에는 무수한 이야기와 비밀이 숨겨져 있다. 그것을 한 꺼풀씩 벗겨나가는 즐거움 또한 크다. 하지만 와인의 비밀은 스스로 드러나지 않는다. 이를 벗기기 위해서는 꾸준한 관심과 열정 그리고 체계적으로 접근하는 노력이 필요하며, 이런 과정을 통해 와인을 마시는 즐거움은 배가될 것이다. 그리고 우리가 마신 와인의 색, 향, 맛과 질감에 대한 기억이 중요하다. 그래야만 새로운 와인을 시음할수록 기억의 곳간에 데이터가 쌓이고, 이를 바탕으로 와인에 대한 지식의 폭이 넓어진다.

1. 눈: 와인의 빗장을 열다

눈은 와인과의 첫 만남이다. 왜 와인을 잔에 따르고 눈으로 관찰할까? 이를 통해 와인이 간직한 많은 비밀(좋은 점, 나쁜 점, 감춰진 특성 등)을 짐작할 수 있기 때문이다. 눈으로 하는 검사에는 강도intensity, 투명도limpidity, 휘도brilliance, 디스크disc, 가장자리edge, 다리 혹은 눈물의 여섯 가지가 있다.

① 색깔
색조와 강도로 판단하며, 이때 사용하는 단어들은 주로 보석(루비, 토파즈

TIP
와인의 색을 좌우하는 요인들

포도껍질에 함유된 색소(청포도에는 조금 함유됨)
사용한 포도 품종 예를 들어 가메이로 주조한 와인은 아름다운 루비색인 데 비해 카베르네 소비뇽으로 주조한 와인은 짙은 석류색.

포도의 익음 정도 예를 들어 메도크 1994년 빈티지는 무더운 해였던 1996년에 비해 색의 강도가 낮음. 화이트의 경우도 무더운 해 빈티지는 색깔이 진함.

포도 수확량 단위 면적당 수확량이 많을수록 색깔이 옅어짐.

포도의 질(위생상태 등) 작황이 나쁜 포도로 주조한 와인의 색깔은 강도가 낮음.

TIP

와인의 색으로 판별하는 나이와 주조 방법

— 아주 젊은 레드는 푸른 뉘앙스를 띠며, 자주 보랏빛을 투영함.
— 오래된 레드의 경우 타닌과 색소의 노화로 오렌지 빛을 투영함.
— 화이트는 타닌이 많지 않으므로 색깔의 변화가 아주 느림.
— 레드의 경우 침출macération 기간이 길수록 색깔이 짙음.
— 로제의 경우 압착 혹은 세녜에 따라 어느 방식으로 주조했는지 짐작 가능. 전자는 색 깔이 옅고 후자는 진함.
— 오크통 숙성은 레드와 화이트의 색의 강도를 높임.

TIP

색깔을 표현하는 단어들
(옅은 것부터 짙은 순으로)

레드 와인 작약, 루비, 주사(주홍색), 석류석(검붉은), 양홍색, 자주색

오래된 레드 와인 기와색, 다갈색, 밤색, 마호가니

로제 와인 회색, 장미, 산딸기, 자고새 눈oeil-de-perdrix, 딸기, 체리, 송어, 양파껍질

조금 오래된 로제 와인 송어, 오렌지, 벽돌, 구리

화이트 와인 연노랑, 초록빛이 도는 노랑, 금색, 레몬, 짚색,

조금 오래된 화이트 와인 짙은 금색, 청동, 구리, 호박, 마호가니

(황옥) 등), 금속(금, 동 등), 꽃(장미, 작약 등), 과일(레몬, 체리 등)에서 빌려온 것들이다.

강도

색조의 뉘앙스가 다양하므로, 강도를 확인하는 것이 중요하다. 뉘앙스에 따라 연한 것부터 진한 것으로 강도를 표현하는 단어로는 '연한, 밝은, 짙은, 어둡고 강한, 깊은, 심오한' 등이 있으며, 색조에 문제가 있을 때는 '불충분한, 가벼운, 약한' 등의 표현을 사용하며, 이런 와인은 뭔가 결함이 있는 와인임을 짐작케 한다.

투명도

와인 속에 미세 불순물이 없어야 하며, 투명하지 않은 와인은 주조상의 문제나 박테리아 등에 감염된 와인이다. 물론 필터링을 하지 않은 일부 레드 와인의 경우는 예외다. 주로 사용하는 표현은 투명도가 '높은, 보통인, 낮은' 등이며, 투명하지 않은 와인에 대해서는 '흙탕물 같은, 유백색의, 탁한, 희미한' 등을 사용한다.

디스크disc와 가장자리edge

디스크는 잔에 담긴 와인의 표면을 말하며 가장자리는 디스크의 가장자리를 말한다. 디스크를 관찰하는 방법은 눈 아래쪽에 와인 잔을 갖다 대고,

빛이 비치면 디스크가 보인다.

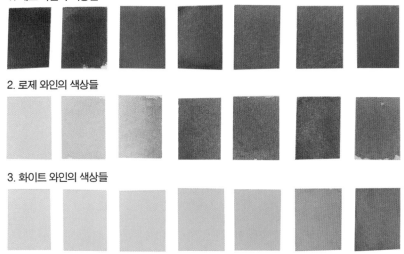

1. 레드 와인의 색상들

2. 로제 와인의 색상들

3. 화이트 와인의 색상들

레드, 로제, 화이트 와인의 다양한 색 뉘앙스.

빛이 오는 방향으로 와인 잔을 기울인다. 이때 배경은 흰색이나 무채색이 좋고 비스듬하게 잔을 기울여 관찰한다. 빛 투영도, 즉 어떻게 빛을 반사하는지를 통해 디스크의 질을 판단한다. 이를 통해 투명도도 다시 한번 확인한다.

─ 디스크 관찰하기

투영도는 화이트나 레드의 질을 결정하는 매우 중요한 요소다. 최근에 유행하는 필터링하지 않은 레드의 경우 투영도는 떨어지나 색깔의 강도는 높아진다. 디스크가 좋을 때는 '선명한, 빛나는, 눈부신, 영롱한'으로 표현하며 나쁠 때는 '불투명한, 흐릿한, 뿌연, 탁한'으로 표현한다. 탁할 경우는 주조나 보관상 문제가 있거나 감염된 와인일 가능성이 높다.

— 가장자리 관찰하기

디스크 가장자리는 와인의 두께가 가장 엷은 곳이라 빛이 잘 통과하므로 와인이 지닌 색의 색도를 잘 관찰할 수 있다. 푸른빛이 돌면 아주 젊은 와인이고, 클레이 코트 색이나 기와색이면 아주 오래된 와인이다. 젊은 와인의 가장자리가 오래된 와인의 색깔을 띠면 좋지 않은 징조다. 이 경우 색깔이 '쇠약한, 늙은, 지친' 등의 표현을 사용한다.

눈물 혹은 다리

잔의 표면에 흘러내리는 무색(아주 진한 색의 와인일 경우 아주 엷은 색이 드러나는 경우도 있다.)의 잔액을 말하며 물과 알코올의 물리적 장력과 와인 속 당분과 글리세롤에 의해 일어나는 현상이다.

— 와인을 입안에 머금었을 때 느껴지는 두툼함, 점액성, 농도의 정도를 짐작케 해준다.
— 눈물이 두껍고, 골고루 천천히 흘러내려오면 와인의 도수나 당분이 높다는 징조다.
— 눈물의 많고 적음은 와인의 질을 판단하는 기준이 아니고, 단지 와인의 특성이나 타이프를 판단하게 해주는 요소다.
— 화이트의 경우 눈물이 많을수록 잔여 당분이 많음을 알 수 있다.

2. 코: 향의 정원으로 들어가다

와인의 향은 포도 품종, 재배지, 익은 정도, 와인의 나이, 주조법, 게다가 빈티지와 수확량 등을 짐작할 수 있는 정보를 담고 있다. 예를 들어 소비뇽은 잘 익지 않은 것으로 주조하면 단순한 풀 향이나 약한 레몬향이 나고, 최악의 경우 고양이 오줌 냄새가 나지만, 잘 익고 수확량도 적을 경우 파인애플, 분홍 자몽즙 향과 같이 보다 섬세한 향을 낸다.

재배지도 향에 큰 영향을 미친다. 샤르도네의 경우 샤블리 지역에서 재배하면 미네랄, 흰 꽃 향이, 부르고뉴에서는 아몬드, 헤이즐넛처럼 보다 호사스러운opulent 향이, 랑그도크 루시용에서는 잘 익은 과일 향이나 보다 무거운 향이 난다.

향을 형성하는 데 시간은 가장 중요한 요소다. 시간과 더불어 깊고 복잡한 향이 형성되기 때문이다. 시간이 지나도 젊음과 신선함을 잃지 않고 테루아의 특성을 잘 드러내는 와인이 좋은 와인이다.

와인은 향을 통해 여러 특성을 드러낸다. 하지만 향은 종류도 다양한 데다 여러 향이 한꺼번에 드러나기 때문에 구체적으로 어떤 향인지 식별하기가 쉽지 않다. 따라서 꾸준한 후각 훈련과 맡은 향을 기억하려는 노력이 필요하다.

헤이즐넛.

① 와인 속에 숨겨진 향 찾기

와인의 향을 찾아내려면 우선 적합한 잔을 선택해야 한다. 향이 머물 충분한 공간이 필요하므로 잔은 3분의 1 이상 채워서는 안 된다. 시음 와인의 적정 온도가 중요한데, 온도가 너무 높으면 알코올 증기가 다른 향을 압도해버린다. 일정한 간격을 두고 여러 번 되풀이해서 향을 맡는다. 다음의 세 단계를 거쳐 진행한다.

1단계

— 코크드corked(코르크에 기생한 박테리아에 의해 발생하는 역겨운 향) 여부 확인.

— 기화성이 높은 향(이런 향은 잔에 따르면 금방 사라진다) 혹은 가스를 감지.

— 1단계에서는 잔 돌리지 않기.

2단계

— 와인의 향적 특성aromatic personality 감지하기.

— 잔을 천천히 조심스럽게 돌린 후 향 맡기.

— 향의 세기force, 강도intensity, 풍부함richness을 판단하기.

3단계

— 잔을 테이블 위에 얼마간 쉬게 한 후, 돌리지 않고 다시 향을 맡아보기.

— 시간이 지난 후 온도 상승과 더불어 향의 변화, 여운, 강도를 판단하기.

② 향의 특성과 표현

우선 향의 강도와 같은 일반적인 특성을 파악하는 것에서 시작한다. 향의 일반적 특성을 표현하는 어휘는 크게 객관적 표현과 주관적 표현으로 구분된다.

객관적 표현

— 좋은 표현: 풍부한expressive, 진한intense, 강한puissant, 너그러운generous, 넘치는, 풍만한exuberant

— 나쁜 표현: 약한weak, 빈약한poor, 가벼운light, 닫힌closed

주관적 표현

— 좋은 표현: 즐거운pleasant, 예쁜, 맘에 드는, 엘레강스한, 품위 있는race

— 나쁜 표현: 평범한, 보통인, 단순한, 허접한vulgar

여러 다른 향을 개별적으로 감지하는 것(제비꽃 향, 벌집 향, 산딸기 향 등)은 일반적인 향을 감지하는 것보다 어렵다. 가능하면 특성별로 구분된 향의 군으로 표현한다.(꽃 향, 나무 향, 스파이시향 등) 테루아, 빈티지 혹은 주조 방법 등에 따라 향을 구별할 수도 있다.

③ 향의 종류

— 1차 향 혹은 포도 품종향: 주조에 사용된 포도 품종이 지닌 고유한 향(꽃, 과일, 식물, 미네랄, 스파이시향 등)이다. 이런 향은 젊은 와인과 스테인리스 통에서 숙성시킨 와인에서 더욱 잘 드러난다.

— 2차 향 혹은 발효향: 발효과정에서 생성된 향으로 대개 주요 향이 아니다. 사용하는 효모의 특성과 주조 방식에 따라 화학향 군으로 분류되며, 병입 몇 년 후 사라진다. 발효향은 크게 아밀amyliques과 발효fermentaire 두 그룹으로 분류된다. 아밀은 바나나오일, 매니큐어의 향이며, 발효는 효모나 빵, 버터, 우유, 크림 등 유제품에서 맡을 수 있다.

— 3차 향 혹은 부케: 오크통 특히 새 오크통에서 숙성시킨 와인을 병입한 뒤 몇 년 뒤에 형성되는 향이다. 발사믹과 화독 향 혹은 탄 향(불에

그을린)이 주를 이룬다. 오랜 시간에 걸쳐 병 안에서 형성되기에 향이 복잡하고 다양하며, 동물 향, 스파이시향 등이 가미된다.

레드와인과 로제와인의 향의 그룹

꽃향 군	1차 향	붓꽃 iris, 작약, 장미, 제비꽃
	2차 향	마른 꽃, 시든 장미
과일 향 군	1차 향	붉고 검은 작은 과일(카시스, 체리, 딸기, 산딸기, 산과앵도, 까치밥나무 열매, 오디), 설탕에 절인 과일, 흑 올리브, 말린 자두
	2차 향	바나나, 잉글리시 캔디
	3차 향	오븐에 익힌 과일, 말린 자두
식물 향 군	1차 향	카시스 꽃봉오리, 부식토, 푸른 피망, 푸른 토마토
	3차 향	버섯, 부식토, 송로, 숲속 초목향
미네랄 향 군	1차 향	아주 드물거나 없음
스파이시향 군	1차 향	덤불 숲, 월계수, 피망, 후추, 백리향
	3차 향	정향, 감초
화학 향 군	2차 향	아세톤, 바나나, 효모, 황, 매니큐어
동물 향 군	3차 향	가죽, 모피, 사냥고기, 고기즙, 큰 사냥고기(사슴, 멧돼지 등)
발사믹 향 군	3차 향	새나무, 참나무, 소나무, 송진, 바닐린vanilline
화독 향 군 empyreumatiques	3차 향	시가, 연기(훈제), 아스팔트, 구운 향, 담배, 그을린, 차, 구운 토스트

화이트 와인의 향 그룹

꽃향 군	1차 향	아카시아, 산사나무, 오렌지 꽃, 마른 꽃, 금작화, 제라늄, 피나무tilleul
	3차 향	캐모마일, 마른 꽃
과일 향 군	1차 향	시트러스, 살구, 파인애플, 바나나, 모과, 설탕에 절인 과일, 열대 과일, 마른 과일, 무화과, 멜론, 복숭아, 서양배, 파란 사과, 오븐에 익힌 사과
	2차 향	파인애플
	3차 향	모든 마른 과일, 꿀
식물 향 군	1차 향	카시스 꽃봉오리, 회양목, 버섯, 회향, 고사리, 건초, 신선한 풀, 신선한 박하, 짚, 고양이 오줌
	3차 향	매우 드물거나 존재하지 않음

미네랄 향 군	1차 향	분필, 요오드, 원유, 부싯돌, 실렉스silex
스파이시향 군	1차 향	매우 드물거나 존재하지 않음
	3차 향	계피, 정향, 바닐라
화학 향 군	2차 향	신선한 버터, 브리오슈, 크림, 효모, 우유, 효모, 빵, 황
동물 향 군	3차 향	매우 드물거나 존재하지 않음
발사믹 향 군	3차 향	새나무, 참나무, 소나무, 송진, 바닐린
화독 향 군	3차 향	탄(그을린), 모카, 차, 구운 토스트, 볶은 향roasting

3. 입: 맛과 향의 합주곡

입으로 와인의 맛을 보는 행위는 테이스팅의 마지막 단계이자 가장 중요
하고 복잡한 과정이기도 하다. 즉, 와인이 지닌 모든 특성(향, 맛, 질감, 구조,
균형감)을 찾아내고 판단하는 단계다. 이미 눈과 코를 통해 와인에 대한 어
느 정도의 판단을 지니고 있지만, 입을 통해 앞의 두 단계에서 내린 잠정적
판단을 다시 확인하고, 보다 심도 있게 그리고 총체적으로 와인을 분석하고
평가한다.

눈과 코와는 다르게 와인을 입안에 머금으면 여러 현상이 동시다발적으
로 일어날 뿐만 아니라 여러 요소가 개입한다. 즉 혀(맛 감지)와 입(잇몸, 입천
장 등)이 동시에 작용하며 일련의 느낌sensation, 즉 온도, 감촉(농도와 질감),
화학(타닌의 영향) 그리고 발포성 와인의 경우 이산화탄소의 작용을 감지할
수 있다. 시음하는 행위 자체는 단순하고 짧은 시간에 진행되지만 맛을 평
가하고 분석하는 것은 복잡 미묘하고 어렵다. 여러 느낌이 동시다발적으로
일어나고, 서로 다른 맛, 향, 감촉 등이 섞이고 합쳐지기 때문이다.

시음의 분석은 다음의 세 과정을 거쳐 진행된다.

① 첫인상 l'attaque
— 와인을 입안에 머금었을 때 오는 첫 느낌을 말한다. 즉 온도, 가스의 유무, 와인 맛의 특징에 대한 첫인상이다.
— 첫 느낌은 '신선, 분명clear, 확실한precise' 것이 좋으며, '충만한, 향이 풍부한, 과일 향이 나는' 것을 느낄 수도 있다.
— '약한, 도망치는 듯한, 물 같은' 느낌이나 반대로 '공격적aggressive'이면 좋지 않다.

② 중간 느낌 le milieu de bouche
— 와인이 활짝 열리는 단계다.
— 와인을 열기 위해 혀의 여러 부위로 몇 초 동안 골고루 와인을 굴려준다. 이를 프랑스어로는 '와인을 씹는다'고 표현한다.
— 다음으로 공기를 입안으로 흡입한다. 공기와의 접촉을 활성화시키고 역후각retro-olfaction을 촉발시키기 위해서다.
— 이를 통해 와인이 지닌 고유한 모든 맛과 향, 질감과 구조structure를 감지한다.
— 후각, 촉각, 온도 등 다양한 느낌이 서로 작용하고 섞이며, 와인에 대한 총체적 느낌을 감지할 수 있다.
— 이때 와인이 지닌 여러 요소 간의 조화가 어떤지를 파악하는 것이 매우 중요하다.

③ 피날레 la finale
— 삼키거나 뱉은 후 향의 여운을 감지한다. 이를 코달리로 표현하며, 1코달리는 1초를 의미한다.
— 향은 다양하고 복잡하므로, 삼킨 후 주요 향(사라질 때까지)에만 집중

하는 것이 좋다.

— 좋은 표현으로는 향이 '긴long, 활짝 열린, 현란한(공작 꼬리)' 등이 있다.

— 나쁜 표현으로는 향이 '미미한, 짧은' 등이 있다.

— 주의 사항: 산(불에 덴 듯한), 알코올(열이 나는 듯한) 혹은 타닌(입안이 마르는 듯한)이 주는 느낌을 향의 여운으로 착각하면 안 된다. 이런 느낌이 자주 향을 덮어버리는 경향이 있으므로, 각별한 주의가 필요하다.

④ **맛과 향의 상호작용**

— 맛은 신맛, 단맛, 쓴맛과 짠맛(와인에 아주 미량 함유) 네 종류가 있다.

— 혀는 부위별로 다른 미각을 감지한다.

— 맛은 서로 상충 혹은 완화 작용을 한다.

— 코로 이미 감지된 일부 향이 맛을 통해 재확인되고 더욱 완성되어야 한다.

— 향과 맛의 조화로운 상호작용을 통해 와인의 질과 균형미가 결정된다.

— 시음 장소의 환경에 따라서도 느낌이 달라진다.(벽지 색, 조명, 온도 등. 예를 들어 벽지가 푸른색이나 초록색 계통이면 산도에 더욱 민감해지고, 오렌지색 계통이면 보다 부드럽게 느낀다.)

4. 촉감의 분석

① **부드러운moelleux/mellow 느낌**

— 이 느낌은 부드러운 맛과 약간의 당도를 지닌 알코올에 의해 생기며, 잔여 당분이 있는 와인이면 이런 느낌은 더욱 강화된다.

— 알코올은 드라이한 화이트에 감싸주듯 부드러운 느낌을 주는 역할을

한다.

— 레드의 경우는 두툼한rich/gras 느낌을 주는 요인으로 작용한다.

② **산도**acidite/acidity

— 화이트와 압착 방식으로 주조된 로제에 신선함을 주는 핵심 요소다.

— 레드의 경우 타닌에 가려 산도가 덜 느껴진다.

③ **입안이 마르는 느낌**astringent/astringency

— 타닌에 의해 촉발되며 주로 레드와 침출을 통해 주조된 로제에서만 느껴진다. (침출은 알코올 발효를 시작하기 전, 수확해서 아직 압착하지 않은 포도를 발효가 일어나지 못하도록 10도 정도의 낮은 온도를 유지하는 통에다 채워두는 주조의 한 과정이다. 화이트는 몇 시간, 로제는 하룻밤, 레드는 일주일 정도 두며, 이런 과정을 거친 후에야 포도를 압착하고 그 결과 나온 즙을 발효시킨다.)

— 타닌은 이들 와인의 구조solidity/charpente와 몸체를 형성하는 핵심 요소다.

④ **상호작용**

— 이들 느낌은 각각 감지될 수도 있지만, 거의 함께 그리고 전반적으로 느껴진다.

— 드라이 화이트와 스위트한 화이트나 압착 로제의 경우 산도/부드러움이 짝을 이뤄 와인의 촉감적 특성tactile personality을 결정한다.

— 레드와 침출을 거친 로제의 경우 산도/부드러움/입안이 마르는 느낌이 트리오를 이뤄 이들 와인의 특성을 결정한다.

— 와인마다 다른 컴비네이션이 가능하다.

— 와인의 질을 판단하기 위해서는 서로 다른 특성들 간의 조화가 가장 중요하며, 어느 한 요소가 그 밖의 요소들에 비해 지나치게 드러나면 좋은 와인이 못된다.

TIP

맛의 상호작용

- 짠맛은 쓴맛을 더욱 강화시킨다.
- 단맛은 짠맛을 지배하고, 특히 신맛을 줄여주며, 쓴맛이 드러나는 것을 늦춰준다.
- 시음 때 단맛/신맛과 쓴맛의 조화는 와인의 균형balance에 매우 중요하다.
- 사람마다 향과 맛을 느끼는 정도에 차이가 크다. 눈으로 보는 색깔과는 달리 향과 맛은 개인에 따른 주관성이 강하다.
- 정신적·육체적 컨디션에 따라 크게 좌우된다. 즉 피곤, 스트레스, 허기 등에 따라 똑같은 맛과 향에도 다른 반응이 나타난다.

---

5. 종합 평가

눈, 코, 입의 순으로 진행된 검사가 끝나면 와인의 질에 대한 종합적인 평가가 필요하다. 이를 세 단어로 요약하면 균형balance, 조화harmony 그리고 (와인의 비밀을 벗기는) 즐거움이다.

① 균형과 조화의 차이

균형balance

— 마실 때 즉각적으로 판단하며, 입안에서만 일어나는 느낌이다.

— 여러 다른 맛 그룹 간의 균형이 느껴질 때 사용하는 표현이다. 즉 화이트는 산도/부드러움, 레드는 타닌/산도/부드러움 간의 균형을 말한다.

— 균형은 구조적이고 양적인 개념이다.

조화harmony

— 마시고 난 후 색, 향, 맛, 촉감(느낌) 등에 대한 전반적이고 총체적 평가다.

— 와인을 구성하는 어떤 요소가 다른 것과 상충하지 않고 미학적 조화를 이룰 때 사용하는 표현이다.

— 조화는 미적이고 질적인 개념이다.

— 균형과는 달리 조화는 교육과 문화에 따라 개념이 다르게 인식될 수도 있으므로 시대와 나라에 따라 다르게 평가될 수 있는 영역이다.

TIP

타닌이란?

- 적포도의 껍질에 주로 들어 있다.
- 침출 과정을 거쳐 와인에 배어든다.
- 타닌의 질과 양을 결정하는 요소는 포도의 익음 정도, 침출 기간, 포도 품종에 의해 결정된다.
- 타닌은 레드의 구조structure와 탄탄함solidity을 결정하는 요소다.
- 산지, 와인 나이, 타닌의 질에 따라 입안에서 마르는 듯한 느낌의 정도가 다르다.
- 레드의 오랜 보관과 숙성에 결정적인 역할을 한다.
- 타닌을 표현하는 어휘들(나쁜 것에서 좋은 것 순으로): 거친rough, 얼얼한pungent, 단단한firm, 부드러운round, 섬세한fine

② 화이트 와인의 균형

드라이 화이트 와인의 균형

— 균형을 분석하기 가장 쉬운 와인이다.

— 산도와 알코올 간의 균형만 파악하면 된다.

— 산은 신선하고 상큼한 느낌, 알코올은 산을 감싸 부드러움을 준다.

— 입안에서 이 두 요소는 서로 균형을 이루어야 한다.

스위트 화이트 와인의 균형

— 드라이한 화이트에 잔여 당분이란 새로운 요소가 첨가된다.

— 당분은 알코올이 주는 부드러움을 더욱 강화시킨다.

— 어떤 한 요소가 나머지 두 요소를 압도해서는 안 된다.

— 잔여 당분이 많을수록 알코올 도수가 높아야 균형을 이룬다.

— 잔여 당분과 알코올 도수가 높으면 산도도 동시에 높아야만 균형이 이루어진다.

— 향과 맛이 강하고 진해야 너그럽고 좋은 와인이다.

③ 레드 와인의 균형

— 화이트에는 없는 타닌의 존재로 균형을 감지하기가 더욱 까다롭고 복잡하다.

— 레드는 알코올/산도/타닌을 축으로 균형을 이룬다.

— 타닌이 알코올/산도에 비해 강하면 탄탄한solid 와인이고, 그 반대의 경우는 부드럽고round 녹은melted 와인이 된다.

— 타닌이 높으면 이를 감싸주기 위해 알코올과 산도도 같이 높아야만 균형을 이룬다.

— 타닌과 산도가 높아지면 와인은 더욱 단단해지고firm 지나치면 거친

(까칠한)austere 와인이 된다.

— 보졸레 누보처럼 타닌이 적을 경우 산도가 상대적으로 높아야 균형이 맞는다.

— 향의 풍부함은 타닌의 까칠함을 부드럽게 해주는 중요한 역할을 한다. 이 경우 타닌이 지나치게 높다고 판단되어도 시간과 더불어 훌륭하게 숙성될 가능성이 있는 와인으로 평가할 수 있다.

④ 스파클링 와인의 균형

— 기포가 발생한다는 것을 제외하면 화이트와 유사하다.

— 산도와 부드러움 간의 균형이 중요하다.

— 기포의 역할은 신 느낌을 강하게 하기도 하고 약하게 하기도 한다.

— 기포의 질은 양의 풍부함과 정묘함fine, 즉 미세한 기포가 힘차고 조밀하게 끊임없이 올라오는 것이 좋다.

— 입안에 머금었을 때 거품이 많이 일면 좋지 않다.

— 스파클링 와인은 드라이 화이트보다 일반적으로 산도가 높고, 그로 인해 청량함이 좋다.

— 하지만 산도가 지나치게 높으면 물어뜯는 느낌을 주어 좋지 않다.

— 피날레는 다양한 향과 신선함을 간직해야 좋다.

6. 시음 준비와 진행

① 바람직한 시음의 조건과 준비물

— 장소 선택: 조명은 밝은 형광등, 벽지는 무색이 좋고, 냄새(부엌, 꽃, 향수, 담배 등)가 없는 곳이라야 한다.

— 잔의 선택: INAO 잔이 적합하며, 와인 종류를 바꿀 때는 잔도 바꾸는 것이 바람직하다. 그리고 와인을 서빙하기 전에 빈 잔에서 냄새가 나는지 미리 검사하는 것이 좋다.

— 테이블보의 선택: 흰색이 바람직하며, 없을 경우 잔 밑에 흰 종이를 깐다.

— 뱉는 용기: 특별한 것이 없으면 바스켓이나 큰 그릇이면 된다.

— 와인은 미리 준비해야 한다. 눕혀 보관한 와인은 전날부터 세워두고, 시음 순서대로 정렬해놓는다.

— 최소 한 시간 전에 코르크를 열어놓는다.

— 디캔팅 여부를 결정하고, 필요하면 디켄터를 준비한다.

— 화이트나 스파클링은 얼음 바스켓을 준비하거나, 시음 전 2~3시간 냉장 보관했다 30분 전에 꺼내 코르크를 열어둔다. 얼음 바스켓을 사용할 경우 고루 냉각시키기 위해 얼음을 채운 후 물을 충분히 부어 병이 잠기도록 해야 한다.

— 와인의 종류를 바꿀 때 입 헹굼용으로 바게트와 같은 빵을 준비한다.

— 와인의 평가를 적을 시음 노트를 준비한다.

② **그 밖에 유의할 점**

— 지나치게 피곤하거나 심한 스트레스 상태에서는 시음을 피하는 것이 좋다.

— 오전 11시 정도가 최적의 시간이지만 여의치 않을 땐 저녁 식사 전에 하는 것이 좋다.

— 시음 전에 커피, 담배, 자극적인 음식은 피하는 것이 좋다.

— 집중을 위해 어느 정도의 정숙이 필요하다.

— 같이 시음하는 사람들에 대한 존중이 중요하다.

저자가 현지에서 만난 와인 시음가들.

③ 시음의 종류
— 수평적 시음: 여러 다른 종류의 와인을 시음하는 경우다. 레드만으로
할 때는 타닌이 낮고 순한 것부터 시작해서 점점 타닌이 많고 강한 것
으로 진행한다. 어린 와인에서 시작하여 나이가 많은 와인 순으로 시
음한다. 만약 화이트, 로제, 레드와 강화 와인 등을 같이 시음할 때는
화이트, 로제, 레드, 강화 와인 순서로 한다.
— 수직적 시음: 같은 종류의 와인을 빈티지가 다른 것으로 하는 시음이
며, 최근 것부터 시작해서 오래된 것으로 진행한다.
— 블라인드 테이스팅: 레이블을 가리고 하는 시음이다. 혼란을 줄 수 있
기에 일반 아마추어들에게는 권장하고 싶지 않다.

와인 시음하고
표현하기

　와인 속에는 무수한 말이 속삭이고 있다. 그만큼 와인이 단순한 알코올 음료의 차원을 넘어 문화적이고 역사적인 차원을 지니고 있다는 뜻이기도 하다. 실제 와인과 관련된 어휘만도 1만여 개나 된다고 하니 놀랍다. 예로부터 "한 잔의 와인 속에는 한 말의 맥주보다 더 많은 말이 들어 있다"라는 말이 전해온다.

　그렇다면 와인의 왕국이라 자타가 공인하는 프랑스에서 보통의 와인 아마추어들이 와인을 마시면서 사용하는 어휘는 몇 가지나 될까? 통계에 의하면 20여 가지라 한다. 이 정도면 아마추어들도 조금만 관심을 갖고 노력하면 얼마든지 익혀서 활용할 수 있을 것이다. 문제는 20여 개의 표현을 외우는 게 아니라 그것을 적절하게 사용할 수 있는 훈련이다.

　와인을 즐기는 아마추어들에게 마신 와인에 대한 평가는 꼭 필요한 절차인 만큼 곤혹스러운 일일 수도 있다. 이제 그 곤혹스러움을 즐거움으로 바

포트와인 시음 준비를 해놓은 모습.

꾸는 연습을 해보자. 다양한 와인을 마시고 비교하는 훈련을 꾸준히 쌓아야겠지만, 기본기를 어느 정도 터득하고 나면 생각보다 그렇게 까다롭고 복잡하지는 않다.

무엇보다도 먼저 향과 맛의 영역이 정확한 과학도 아니고, 또 각 개인의 감각 기능이나 경험에 따라 판단이 다른 지극히 주관적인 분야이기에 자신의 느낌을 표현하는 데 심리적인 부담을 가질 필요가 없음을 기억하자. 다음으로 보통의 아마추어 수준 정도로 만족하자. 그리고 이 두 가지 전제조건 하에서 와인 속에 숨은 말을 찾아보자.

물론 지금으로서는 해결이 불가능해 보이는 문제가 있다. 우리의 와인 문화가 아직 짧다보니, 와인을 적절하게 표현할 단어나 표현이 우리말에 거의 없거나 아예 없다는 게 현실이다. 샹파뉴 그룹인 모에 샹동과 프랑스의 출판사 아쉐트Hachette가 공동 출간한 와인 용어 사전(*Dictionnaire interna-tional Moët-Hachette du vin*)은 총 여섯 개 국어로 되어 있다. 그중에 일본어도 있는데 와인 용어의 부족으로 거의 모든 용어가 일본어가 아니라 영문식 발음으로 표기되어 있다. 이 책에서는 내 나름대로 우리말로 정리를 해보고자 했고, 그래도 가능하지 않은 것들은 영어나 프랑스어를 사용했다. 아직 거칠고 세련되지 못한 지점이 곳곳에 눈에 띄지만, 관심 있는 독자들의 적극적이고 비판적인 제안을 통해 고쳐나갈 수 있기를 희망한다.(부록 「바쿠스 사전」 참조)

눈, 코, 입, 총평의 순서로 진행되는 와인 평가

와인은 눈(색), 코(향), 입(맛과 터치)의 감각기관을 통해 평가된다. 일단 와인을 입안에 머금으면, 코와 입에서 동시적 혹은 순차적으로 느껴지는 것도 있으며, 입의 경우는 맛뿐만 아니라 질감(터치)도 감지한다. 여기다 와인을 머금는 동안, 그리고 삼킨 후 혹은 뱉어낸 후 입안의 향이 코로 올라가는 역후각을 첨가하면 된다. 그리고 앞에서 분석한 내용들의 조화와 균형을 감안해서 종합적인 평가를 내리면 된다. 평가는 눈, 코, 입, 총평 등의 순으로 진행하며, 단계마다 사용하는 고유의 어휘가 존재한다.

색깔은 프랑스어로는 로브(여성의 외출복)라는 아주 로맨틱한 표현을 사용하는데, 향과 맛에 비해 보다 객관적이며 간단하다. 와인을 색깔로 구분하면 레드, 로제, 화이트 세 종류밖에 없다. 색맹이 아닌 이상 레드, 로제, 화이트는 누구나 쉽게 구분이 가능하다. 와인의 종류와 상관없이, 색은 선명도와 투명도 그리고 짙고 옅음으로 판가름한다. 따라서 "선명도와 투명도가 뛰어나고, 짙다" 정도로 표현하면 된다. 여기에다 주어진 와인의 고유색을 첨가하면 족하다. 예를 들어 레드 와인의 경우는 루비, 체리, 벽돌, 검붉은 빨강, 보랏빛이 도는 빨강 등으로 그리고 화이트의 경우는 옅은 노랑, 짚 색, 황금색, 초록빛이 도는 노랑 등으로 표현하면 충분하다.

향은 우선 열림과 닫힘, 짙음과 옅음, 복잡함과 단순함, 섬세함과 거침, 풍부함과 빈곤함 등으로 구분하며, 여기에다 과일 향(사과, 카시스, 살구 등), 꽃 향(장미, 아카시아, 목단 등), 식물 향(막 깎은 풀, 고사리 등), 발효 향(맥주, 우유, 버터, 요구르트 등), 불 향empyreumatiques(탄 향, 훈제 향, 캐러멜, 커피, 초콜릿 등), 스파이시향(후추, 꿀, 계피 등) 발사믹과 나무 향(송진, 소나무, 바닐라 등), 화학 향(식초, 황, 고무, 플라스틱 등), 동물 향(사냥해서 잡은 동물, 사향, 모피, 가죽 등), 미네랄 향(부싯돌, 백악, 석회암, 찰흙 등) 등 자신이 감지한 향을 약간 세부적으로 첨가하면 된다.

하지만 향은 우리에게 해결이 불가능한 한 가지 문제를 제기한다. 즉 우리가 맡아보지 못한 향들이 즐비하다. 그러니 향에 대해서 언급할 때는 자신이 분명히 감지한 구체적인 향(예를 들어 사과 향)이 없으면 그냥 과일 향이란 표현으로도 충분하다. 보통 와인은 하나의 특정한 향만 나는 것이 아니라 향의 군(예를 들어 꽃 향)을 이루고 있기에 더욱 그렇다. 전문가들도 자주 "다양한 꽃 향이 나는데, 특히 아카시아 향이 지배적이다" 등의 표현을 사용한다.

마지막으로 입안에 와인을 한 모금 들이켠다. 물론 바로 삼키는 것은 금물이다. 다음으로 입안으로 공기를 흡입하며 머금은 와인을 입안 여러 부위로 골고루 굴린다. 입안에서 와인의 온도는 빠르게 상승하며 기화성이 높아진다. 게다가 공기와의 접촉이 활발해지기에 와인은 더욱 빠르게 열려간다.

입안에서 와인을 천천히 굴리는 것은 입안의 부위에 따라 감지하는 맛이 각기 다르기에 와인에 들어 있는 여러 맛을 느끼기 위해 절대 필요한 절차다. 그리고 이런 과정을 통해 우리는 와인의 몸체, 질감, 알코올 도수, 균형감

등을 파악할 수 있다.

그리고 입안에서는 3단계의 시음이 연이어 일어난다. 첫 번째 단계는 와인을 입안에 머금었을 때 오는 순간적인 느낌이며, 와인을 깨물고 싶은 충동을 불러일으키기도 한다. 이를 첫인상이라고 하며, "첫인상이 격렬(강)하고 신선하다"라는 표현을 사용한다. 두 번째 단계는 와인을 입안에 머금고 약간의 공기를 흡인하는 단계로 와인을 '산화'시키는 과정이다.

이 단계는 향, 맛, 터치에 마신 공기를 코로 내뿜을 때 느끼는 역후각까지 포함되기에 가장 복잡하다. 단맛·신맛·쓴맛·짠맛을 감지해야 하고, 이들이 한꺼번에 어울려 느껴지기에 복합성과 조화로움을 판단해야 하고, 몸체가 견고한지, 힘이 있는지, 균형이 잡혔는지, 터치가 너그러운지, 부드러운지, 까칠한지, 볼륨감이 있는지, 여운이 긴지, 마시기에 편한지, 열렸는지 그리고 역후각에서 느껴지는 향은 어떤지 등을 평가해야 한다.

마지막 단계는 머금은 와인을 삼킨 후 혹은 뱉은 후 와인의 여운 혹은 길이를 가늠하는 과정이다. 여운을 표현하는 전문 용어는 코달리인데, 1코달리는 1초에 해당한다. 따라서 "여운이 짧다, 보통이다, 길다" 등으로 표현하거나, 아니면 "이 와인은 5~6코달리 정도다"라고 하면 된다. 고급 와인은 여러 고유의 특성을 지니고 있지만, 하나같이 여운이 길다. 또한 이 마지막 단계에서 와인의 미네랄 특성이 드러난다. 초보자에게는 이해가 쉽지 않은 개념인 미네랄은 포도나무가 자란 테루아의 특성을 드러낸다는 점에서 매우 중요하다.

총평은 위의 세부적 분석을 전체적인 균형과 조화를 감안하면서 종합한 느낌인데, 엘레강스, 세련된, 균형 잡힌, 지금 마시기에 적절한, 편안한, 단순한, 호감이 가는, 귀족적인 등으로 결론을 내리면 된다. 아마추어로서 이 정도 기본 상식에 자신의 개성 넘치는 표현을 적절히 재치 있게 활용한다면 충분하고도 남을 것이다.

시음 표현 실전 연습

앞에서 시음할 때 자주 사용하는 단어나 표현에 대한 초보적인, 그러나 실제 와인 시음에 크게 지장이 없을 정도의 연습을 해보았다. 하지만 "구슬이 서 말이라도 꿰어야 보배"라 했으니, 이제 찾은 말들로 보석을 만드는 작업, 즉 예를 통해 실전에 들어가보자.

이 와인은 진한 자줏빛 색깔에 선명한 광택의 반영reflection을 띠고 있으며, 다리가 길고(1), 풍부하고 짙은 향은 감초, 송로와 카시스 향이 오묘하게 조화를 이루면서 복잡한 부케를 내뿜으며(2), 일단 입안에 머금으면, 첫인상이 넉넉하고 견고하며 뒤이어 농염하고 벨벳처럼 부드러운 느낌에 의해 조화로움이 있으며(3), 전체적으로 스파이스(양념)와 가죽 향이 우세하며, 균형이 잘 잡힌 와인으로 지금 마시기에 적합하다(4).

이미 익힌 와인에 대한 단어들을 기억하면서, 위에 든 예를 눈·코·입, 터치, 총평으로 한번 분석해보자.

(1) '진한 자줏빛 색깔에 선명한 광택의 반영을 띠고 있으며, 다리가 길고'는 시음의 첫 단계인 눈의 영역으로 색깔, 즉 로브에 대한 평이다. 우선 선명도와 투명도를 검사하는데, 만약 와인의 색깔이 흐릿하다면 즉 선명도와 투명도가 떨어진다면, 이는 색, 향, 맛/터치 모두에 중대한 결점을 지닌 와인이라는 일종의 경고 메시지다. 그러니 색깔은 단지 보는 즐거움을 넘어, 와인에 잠재할지도 모르는 결점을 사전에 예감하기 위해 반드시 거쳐야 할 하나의 절차다.

와인을 잔에 따르고 자세히 관찰해보면 표면 장력에 의해 와인잔의 가장자리에 거의 무색의 테두리가 형성된다. 이를 빛이 오는 방향으로 비춰보면 빛의 반사로 인해 와인 고유의 색과는 차이가 나기도 한다. 여기서 사용한 '선명한 광택의 반영을 띠고'는 이를 두고 한 표현이다. 흔히 '보랏빛이 감도는' 혹은 '보랏빛을 띤' 검붉은색 등으로 자주 사용된다. 다음으로, 색깔의 짙고 옅음intensity에 대해 말할 수도 있다. 이는 세파주나 와인의 주조 방식에 따라 결정되는 것이기에, 짙거나 옅다고 해서 그것 자체로 결점이 되는 것은 아니다. 여기서는 그냥 '진한'으로 표현했다.

또한 와인을 돌리면 잔 표면에 묻어 흘러내리는 흔적을 만드는데, 글리세린과 알코올 함량에 따라 천천히 혹은 빨리 내려온다. 천천히 내려오면 '다리가 길다'란 표현을 사용하는데, 이는 입안에서 실크처럼 부드러우면서도 그득한 볼륨감을 줄 것이라는 예시이기도 하다. 끝으로 각 와인이 지닌 고유한 색깔을 묘사한다. 이미 살펴보았듯이 화이트든, 로제든, 레드든 자세히 관찰하면 같은 계통의 색깔이라도 여러 다른 뉘앙스를 지니고 있다.

송로버섯.

(2) '풍부하고 짙은 향은 감초, 송로와 카시스 향이 오묘하게 조화를 이루면서 복잡한 부케를 내뿜으며'는 시음의 두 번째 단계인 향(코, 부케, aroma, fragrance, flavor 등의 표현을 사용하기도 한다)에 관한 언급이다. 색깔에서와 마찬가지로 우선 전체적인 느낌, 즉 향의 풍부함, 진함, 다양함 등에 대해 설명하고, 다음으로 감지한 구체적인 향(감초, 송로, 카시스)을 언급한 다음, 전체 향의 조화에 대해 평한다. 부케bouquet는 원래 여러 다른 종류의 꽃들로 꾸며진 꽃다발이니 당연히 다양

한 향을 내뿜는데, 주로 병입 후 형성되는 섬세하고 복잡한 향을 지닌 와인에 한정해서 사용한다. 또 와인의 향이 현란할 정도로 다양하고 화려한 경우에는 '공작새 꼬리'라고도 한다. 이 말은 공작새의 활짝 펼친 꼬리의 화려함과 현란함에서 비롯되었다.

(3) '일단 입안에 머금으면, 첫인상이 넉넉하고 견고하며 뒤이어 농염하고 벨벳처럼 부드러운 느낌에 의해 조화로움이 있으며'라는 설명은, 시음의 세 번째 단계인 입, 즉 맛과 터치에 대한 내용이다. 와인을 입안에 막 머금었을 때의 순간적이며 총체적인 느낌을 어택(프랑스어로 attaque)이라 하는데, 이 첫인상에 대해 본문에 사용한 단어 외에도 신선한, 활기찬, 솔직한 등의 표현이 가능하다. 다음으로 맛과 터치에 대한 언급으로 이어지는데 복잡한, 단순한, 단맛이 나는, 얼굴을 찡그리게 하는(신맛이 나는) 등이 있다. 여기서 사용한 '농염한'은 입, 즉 맛에 관련된 어휘이고 '벨벳처럼 부드러운'은 터치감을 표현할 때 사용하는 단어다.

(4) '전체적으로 스파이스(양념)와 가죽 향이 우세하며, 균형이 잘 잡힌 와인으로 지금 마시기에 적합하다'는 마지막 총평에 해당하는데, 피날레라고도 한다. 앞에서 눈, 코, 입의 순서로 진행된 분석적인 평가를 최종적으로 종합하는 단계다. 여기서 한 가지 주의할 사항은 '전체적으로 스파이스(양념)와 가죽 향이 우세하며'라는 대목이다. 다시 제2단계인 향으로 돌아간 것으로 착각할 수도 있기 때문이다. 하지만 여기서 향을 언급하는 것은 향이란 모두 동시에 나오는 것이 아니라 다른 종류의 향이 온도에 따라 얼마간의 시차를 두고 발산되기에 시음하는 시간 동안 처음 코로만 느끼지 못한 새로운(와인을 입안에 머금으면 온도가 급격히 올라 코에서 느끼지 못한 향이 드러나며, 이때 코와 입은 동시에 작용한다), 그러나 전체를 지배하는 향에 대한

언급이다. 또한 머금었을 때, 그리고 삼키거나 뱉은 후의 역후각에 영향을 받아 나온 것일 수도 있다.

총평은 우리가 생활에서 흔히 사용하는 수식어들—균형 잡힌, 훌륭한, 섬세한, 세련된, 엘레강스한, 형편없는, 시시한 등—만으로도 충분하다. 여기에 마실 시기, 음식 궁합 등을 첨가하면 금상첨화가 된다. 그러나 이 부분은 웬만한 전문가가 아니면 하기 어려운 평이므로, 아마추어들은 가능하면 피하는 것이 좋겠다.

와인의 맛,
맛의 언어

전문가들은 와인을 마실 때 어떤 표현을 구사할까? 「몽도비노Mondo vino」 란 와인 르포 영화로 전 세계에 화제를 불러일으켰던 조너선 노시터Jonathan Nossiter의 저서 『맛과 권력le goût et le pouvoir』에는 7명의 와인 전문가들이 파리의 한 식당에 모여 매우 자유로운 분위기에서 여러 종류의 와인을 블라인드 테이스팅하는 장면이 등장한다. 전문가들이지만 사용하는 표현이 간결하고 쉬울 뿐 아니라, 우리가 와인을 마실 때 접할 수 있는 실제 상황과 비슷하고, 그 내용 또한 매우 유용하면서도 현실감과 생동감이 있어 일부를 소개한다. 와인 하면 어렵다고 생각하는 이들에게 와인 표현의 새로운 가능성을 제시해줄 것이다.

출처: Jonathan Nossiter, le goût et le pouvoir, Grasset: Paris, 2007
성격: 블라인드 테이스팅

등장인물: 조너선, 로르Laure(조너선의 어시스턴트), 브루노Bruno(라파에트 구르메Lafayette Gourmet의 와인 구매 책임자), 로베르Robert(떤딘 식당Tan Dinh 주인), 이사벨Isabelle(로베르의 부인), 다니엘Danièle(와인 전문가), 몽티유Alix de Montille(부르고뉴의 유명 와인 생산자)

장소: 떤딘 식당(미식가들에게 잘 알려진 파리 7구에 위치한 유명 베트남 식당)

마편초.

1) 첫 번째 와인

B(Bruno) : 참나무와 마편초 향이 나. 향이 아주 진하고 풍부하고.

R(Robert) : 나에겐 아몬드, 참나무, 마편초 향과 맛이야. 그리고 입안에서 아주 신선해.

D(Danièle) : 아주 신선하고, 향이 짙어. 난 조화로운 와인을 좋아해. 입안에서 전혀 조화롭지 않아. 하지만 아주 색다른 즐거움이야.

L(Laure) : 입에서보다 코에서 당분이 더 느껴져.

J(Jonathan) : 입안에서의 산(도)은 칼날 같은 거야……. 그러나 떤딘의 요리와는 신선함을 더할 수 있지. (어찌 생각해) 이사벨?

I(Isabelle) : 난 (이 와인이) 아주 좋아. 내가 할 수 있는 말은 그것뿐이야. 이 와인의 산도가 마음에 들어.

R : 이사벨은 산(도)에 아주 비중을 많이 두지. 그리고 나도.

J : 요즘은 거의 무시당하는 요소지. (산 때문에) 정신이 깰까봐 겁을 먹어.

R : 맞아, (산은) 점점 덜 평가를 받지. 신맛과 쓴맛을 자주 은폐하려 해.

B : 신맛은 날 기쁘게 해. 코를 매우 싱그럽게 하지.

J : 그게 무슨 말이야?

B : 시금치 같은 싱그러움. 시금치의 쓴맛.

L : 시금치는 쓴맛에 가깝잖아.

B : 어쨌든 이 와인은 많은 에너지와 빛을 가져다줘.

J : 와인에 에너지가 있다고 생각해?

B : 물론, 우리처럼.

D : 입안에서 복합성complexity이 살아나고 있어. 아주 빈티지가 나쁜 해의 비오(비오bio로 재배한 포도로 주조한) 와인이 아닐까 생각해. 포도를 경작하는 농부는 포도가 잘 익기를 기다리고 또 기다렸겠지만, 결국 시즌 끝에 보통 정도에 그치고 만. 세파주는 슈냉 블랑chenin blanc인 것 같은데. 이 와인을 주조한 사람은 정말이지 훌륭하게 작업한 거야.

J : 다니엘이 짐작했듯이 필리프 포로Philippe Foreau가 생산한 부브레vouvray야. 네가 너무도 좋아하는 위에Huet의 팽게Pinguet처럼 부브레의 거물(최상급)이지. 드라이 화이트 1984년산이야. 20년 이상 되었고. 브루노가 에너지를 말하는데, 난 감동emotion을 말해보고자 해. 그건 같은 말이지. 우린 와인의 생기발랄함에 대해 말하는 거니까. 내가 요리나 와인에서 찾는 건 바로 그거야. 포로의 와인이 모두 그렇지. 이 와인을 선택한 또 다른 이유는 와인이 지닌 겸손함이야. 내 생각으로 1984년은 제2차 세계대전 이후 프랑스에서 가장 나쁜 한 해였어. 비가 많이 와서 온통 나쁜 해(빈티지)라 와인도 나쁠 거라 생각했지. 아침에 안 좋은 기분으로 일어났다고 하루 종

필리프 포로 1984.

일 기분이 나쁠 거라고 말하는 것만큼이나 틀린 말이지.

R : 와인은 자연의 산물이지. 뒤늦게 눈을 뜨긴 했지만 어쨌든 기본 재료 (포도)는 자연의 관대함을 못 누렸지.

J : 바로 그 이유로 이 와인이 더욱 빛나는 거야. 그해 기후는 포도에 관대하지 않았어. 그러나 그 포도를 수확해 주조한 사람은 그들의 특성nature을 존중한 거지. 특성을 인위적으로 바꾸지 않은 거야. 그래서 이 와인은 여전히 그 아픔과 아픔으로 아름다워진 극적 전환에 대한 기억을 간직하고 있어.

2) 네 번째 와인

B : 약간 나무가 느껴지는 부르고뉴 스타일의 (화이트) 와인이네.

D : 정말 좋은데.

B : 편안함을 주는 와인이네.

D : (쉽고) 간단하네. 그렇다고 쉬운 것에 침 뱉을 필요는 없지.

R : 나에겐 즐거움을 줘. 부르고뉴 1994년.

B : 1994년산치고는 아주 좋은데.

R : 산도가 없었던 해였지. 뫼르소가 15도였으니까. 그러기에 장기간 보관이 안돼. 버터 맛으로 변하지. 미셸 니롱Michel Niellon의 샤사느 몽라셰 클로 생장Chassagne-montrachet Clos Saint-Jean 1994년산이야.

J : 왜 이 와인을 선택했지, 로베르?

R : 당신들과 마실 땐 아주 산도가 높아야 한다는 걸 알기에, 당분과 도박을 한번 하고 싶었어.

L : 반박 심리군.

R : 너도 신 입맛, 이사벨도 신 입맛 그리고 브루노도 그럴 것 같고.

J : 그럼 다니엘은?

R : 그녀는 나처럼 (상황에) 맞춰 적응하지.

3) 여섯 번째 와인

B : 난 이 와인을 무척 좋아해.

D : 나도 정말 좋아해. (좋아하기까지는) 조금 노력해야 해.

L : 부르고뉴 와인이야?

B : 맞아, 조금 특별하지.

D : 부르고뉴의 세파주인 피노 누아의 향이 아주 잘 드러나지. 산과앵도 griotte와 체리.

B : 이 와인이 마음에 드는 건 처음엔 어딘가 좀 냉정하다는 거지. 조금 전향에서 느낄 수 있었던 것처럼. 약간 시스테르시엔cistercien(클로 부조 등을 창설한 시토 수도원에 속한 수도사)한 이 냉담함은 금방 사라지지. 냉담함 속에 불이 있어. 입안에 머금으면 맛돌기papille 속까지 파고들지. 조금 격렬하게⋯⋯ 대단해. 이런 걸 난 마술이라 부르지.

J : 코트 드 뉘Côte-de-Nuits야? 코트 드 본Côte-de-Beaune이야?

B : 코트 드 뉘지. 얀세니스트 테루아Terroir janséniste야.(얀세니스트는 규율이 엄하기로 소문난 수도원 운동에 속한 수도사 혹은 그런 성격을 지닌 자를 말한다.)

J : 처음엔 (이 와인을) 좋아하지 않았어. 그러니 어떤 와인을 너무 성급히 판단할 수는 없는 거지.

B : 젊은 소믈리에들에게 그러지 말라고 늘 충고하지. 어제 그들이 뤼시앵 부아요Lucien Boillot가 생산한 볼네이 2000 빈티지를 들고 왔어. 젊은이들은 디켄팅을 해. 화장품 테스트하는 사람들이나 하는 짓이지. 난 프랑수아 퐁즈François Ponge의 다음 말을 흠모해. "와인을 알려고 하는 사람은, 와인이 당신의 가장 깊숙한 곳으로 들어서도록 놓아둬야 해. (그러면) 와인은 고유의 진실을 드러낼 거야."

L : 우리가 마신 레드가 뭔지 여전히 모르겠어.

A(Alix) : 부르고뉴야. 잘 만들어졌어. 하지만 영혼이 없는 것 같아.

지브레 샹베르탱
콩브 오 무완 1999년산

B : 루이 자도Louis Jado의 코트 드 뉘, 지브레 샹베르탱 콩브 오 무완Gevrey-chambertin Combe-aux-Moines 1999년산이야.(루이 자도는 부르고뉴의 대표적인 네고시앙 중 하나)

J : 이 와인은 부르고뉴의 네고스négoce 와인에 대한 나의 (나쁜) 선입관을 바꾸게 해줘. 나쁜 선입관에도 불구하고 이 와인은 아주 맛깔스러워.

I : 선입관을 갖지 말아야지.

J : 동의하지 않아. 선입관이 경험에 근거해 잘 이루어졌을 경우에 한해서. 30년째 내가 시음을 해오고 있는 부르고뉴의 네고시앙 와인은 페블레Faiveley와 드루앵Drouhin을 비롯한 몇 개를 제외하면 부르고뉴 와인이라고 할 게 없어. 끝으로 나의 선입관은 나에겐 소중한 거야. 함부로 버리고 싶은 마음이 없어. 물론 (새로운) 경험이 나에게 그것이 아님을 보여줄 경우 버릴 준비는 되어 있지.

4) 일곱 번째 와인

D : 말 조련사(의 솜씨)야. 내 생각으로 포도 수확은 아주 좋아. 즙이 훌륭해. 당분이 많은 랑그도크일 거라 생각해.

R : 아주 모던한 와인이야. 많은 편안함과 즐거움이 있어. 타닌도 아주 부드럽고.

J : 맞아. 하지만 부드러움은 돈으로 사는 테크닉에 의한 것이지, 영혼(정신)에 기인한 것은 아니야.

B : 클로드 에트뤼셰, 코토 뒤 랑그도크Claude Etruchet, coteaux du Languedoc 1990년 산, 시라 100퍼센트. 헥타르당 수확량 10헥토리터. 클로 데 투뤼피에Clos des Truffiers. 한 병에 자그마치 100유로!

J : 내 취향이 아니야.

B : 모던한 와인 중에서는 최고에 들지.

D : 구역질 나.

B : 오크통 300퍼센트짜리야. 침출을 위해 오크통을 바꾸고, 200퍼센트는 새 오크통이야. 무슨 말인가 하면, 시간이 어느 정도 지난 후 주조자는 와인을 다시 새 오크통으로 옮겨 담는 거야. 그래서 바닐라 향과 부드러움이 극에 달한 거지.

J : 지금 우리 아주 즐겁게 소고기를 먹고 있어. 이 와인과 소고기를 먹고 싶어? 고기의 당분과 두툼함gras에 상대적 균형을 이룰 타닌이나 산이 없어. (같이) 마시기에 부적합이야.

R : 불행이군…… 현대적 입맛에 맞는 모던한 와인이며, 기가 막히게 잘 만들었어. 난 이 와인을 마시는 데 아무 문제도 없어.

B : 이 와인은 죽었어, 미라야. 미셸 롤랑Michel Roland이 지휘(감독)한 미라지. 난 미라를 분석할 능력이 없어. 이 와인을 만든 자는 제프리 데이비스 Jeffrey Davis인데, 라파예트 구르메에 와서 나에게 이렇게 말하지. "브루노, 트뤼피에의 가장 최근 빈티지인데, 너에게 시음을 해보게 하려 해. 보면 알겠지만, 대단하지." 이 순간에 (포도)농사꾼인 나의 아버지와 동생이 도착했어. 내가 그들에게 말했지. "이리 오셔서, 한잔 하시죠." (아버지가 어디 와인이냐 묻기에) 랑그도크에서 온 와인이라고 말했지. "이 멍청한 것들…… 아주 조악한 레드 와인을 만들기 시작했군." 제프리는 새파랗게 질려버렸지. 이 큐베cuvée를 생산하기 위해 그들이 집어넣은 돈을 생각해봐. 게다가 한 병에 100유로나 하다니!(큐베는 일차적으로 와인을 숙성·저장하는 통tank, vat을 의미하지만, 특히 어떤 특별한 특성을 지닌 와인을 생산할 목적을 띤 숙성·저장통이다. 그 큐베의 이름(cuvée A 등)으로 상업화된다.)

R : 요즘 트렌드의 와인이고, 성경처럼 단순한 와인이야. 요즘 사람들이 원

하는 게 뭐야? (짙은) 색깔, (강한) 힘, 알코올 속에 (적당히) 함유된 당분, 가능하다면 나무(향과 맛) 조금.

J : 하지만 로베르, 다른 것을 느끼게 하도록 하기 위해……

D : 너도 '느끼게 하도록'이라 표현했지. 하지만 넌 누구에게 아무것도 느끼게 하도록 할 수가 없어. 네가 할 수 있는 유일한 것은, 잔을 갖다놓고, 기다리고, (사람들의 말을) 듣는 거야.

B : 나에게 시음이란 대단한 게 아니야. 조금 깊숙한 내면적인 탐색이지.

R : 와인은 결국 취기에 근거해. 사람들은 인간적인 측면을 벗어나기를 원하지.

B : 그렇긴 하지만, 내면으로 들어가면 끝이 없어.

J : 로버트 파커가 내게 그가 주는 100점 만점에 대해 "결국 감동을 받아 스스로를 내버려둘 때"라고 말한 적이 있어. 내 생각에 그는 세상을 거꾸로 보고 있어. 난 감동이 출발점이 되어야 한다고 생각해. 단지 최종 단계에서만 감동이 발동한다면 그건 상상만 해도 얼마나 슬프냔 말이야. 게다가 아주 지극히 드문 경우에만 감동한다니.

B : 나에게 기쁨은 감각적인sensorial 영역에 속해 있기에 세속적이지. 너무 자주 와인의 즐거움에 대해 말하는 것을 듣지만, 감동emotion에 대해서 말하는 것은 듣기 힘들지. 그리고 이 점이 맘에 안 들어.

J : 내 경우엔 (감동은 고사하고) 즐거움에 대해 말하는 것조차 듣는 적이 드물어.

B : 즐거움은 감동(으로 들어서는) 문턱이지. 요즘은 지나치게 미각과 분석에 사로잡혀 있어. 하지만 감동이란 설명으로 오는 것은 아닐 거야.

다양한 특성을 지닌 와인에 대한 여러 전문가의 흥미로운 견해를 들어보았다. 똑같은 와인이라도 전문가의 취향이나 관점에 따라 얼마든지 평이 달라질 수 있음을 확인했을 것이다. 그리고 지나친 미사여구나 고상하고 애매하며 현학적인 표현을 하지 않고도 와인을 말할 수 있다는 사실을 확인했으리라. 물론 전문가만이 감지할 수 있는 내용도 어느 정도 나오지만(예를 들어 와인을 시음하고 바로 산지나 빈티지 등을 짐작하는 것), 전반적으로 아마추어들이 와인이 어렵다는 심리적 부담감에서 벗어나게 해줄 수 있는 좋은 시음 본보기라 믿기에, 조금 길게 소개했다.

다시 한번 강조하지만, 와인 시음은 결코 정확한 과학도 아니고 수학처럼 공식이 존재하는 것도 아니다. 어디까지나 감성과 감각과 개인 취향의 영역이다. 무엇보다 중요한 것은 그 과정에서 마주하는 즐거움과 기쁨임을 꼭 기억하자. 그리고 감동도 함께한다면 더 바랄 것이 없겠다.

레스토랑에서
와인 주문하는 법

해마다 점점 많은 사람이 유럽으로 여행을 떠난다. 단순한 관광에서부터 기업 연수 그리고 비즈니스 여행에 이르기까지 목적도 다양하다. 그러다보니 여행 중에 식당에 초대를 받든지 아니면 초대를 하는 경우가 빈번하다. 그러나 유럽 식당에 가면 메뉴를 선택하기도 까다롭지만 선택한 음식에 맞게 와인을 주문하는 것은 더욱 골칫거리인 경우가 종종 있다.

식당의 종류나 등급에 따라 나오는 코스가 다르지만 거의 대부분은 음식 주문을 받기 전에 식전주, 즉 아페리티프apéritif로 시작하여 전채요리, 메인요리, 그리고 디저트와 커피 혹은 차로 진행된다. 고급 식당의 경우는 아뮤즈귈l'amuse-gueule 혹은 미 장 부슈la mise en bouche라는 한입에도 차지 않는 지극히 적은 양의 요리가 아페리티프와 함께 나온다. 그 종류는 식당마다 계절마다 매우 다양한데, 식전주와 함께 입맛을 돋우려는 것이 목적이다.

그리고 코스의 종류에 따라 전채가 두 번, 메인이 두 번(이 경우 첫 번째는 생선, 두 번째는 육류나 사냥고기) 나오는 경우도 있으며, 첫 번째 메인이 끝나고 나면 소화를 잘 시키고 다음으로 진행할 목적으로 독한 알코올이 가미된 셔벗이 일종의 소화제로 나오기도 한다. 메인 요리와 디저트 사이에는 치즈 타임(카트에 여러 종류의 치즈를 담아 싣고 손님 테이블에 와서 원하는 종류의 치즈를 잘라서 준다)이 있고, 다음으로 디저트가 나오는데 이때 커피나 차를 같이 주문하거나 디저트를 먹은 뒤 따로 주문할 수도 있다.

디저트에 맞는 스위트한 와인을 곁들이기도 하고, 커피를 마시면서 코냑 등을 다이제스티브로 마시기도 한다. 코스가 많아서 사람이 한꺼번에 저렇게 많이 먹을 수 있을까 의아해하는 사람도 있을 것이다. 사실 양이 적은 것은 절대 아니지만, 각 코스의 양이 적고 맛이 뛰어나기 때문에 웬만한 사람은 즐겁게 비울 수 있다.

와인 리스트에서 적당한 와인 고르는 법

식전주는 화이트 와인, 샹파뉴, 포트와인, 위스키, 칵테일 혹은 과일 주스 등이 주를 이루는데, 각자의 취향과 그날 기분에 따라 선택하면 된다. 원하지 않을 경우는 건너뛰어도 상관없다. 그리고 식전주가 거의 끝나갈 즈음에 음식과 와인을 주문받는 순서가 된다. 전채는 일반적으로 야채샐러드나 갑각류에 얼마간의 샐러드를 겸한 것이나 푸아그라 등이니 화이트 와인이 좋고, 메인 요리는 종류에 따라 와인을 선택해야 한다.

문제는 한 사람은 육류, 다른 사람은 해물을 주문할 경우다. 이럴 때는 서로 조금씩 양보하여, 보졸레의 플뢰리 같은 가벼운 레드 와인이나 알자스산 피노 누아 혹은 로제를 선택하는 것이 하나의 방법일 수도 있다. 아니면 각자

1883년 미국 제퍼슨 가 테드먼하우스의 디너 메뉴와 와인 리스트.

의 음식에 맞게 레드와 화이트를 잔으로 주문하는 것도 바람직한 방법이다.

레스토랑에서는 식사 주문과 동시에 와인을 미리 주문하라고 권한다. 와인을 보관창고에 가서 찾아와 마시기에 최적인 온도로 설정하고, 레드 와인의 경우 일찌감치 코르크 마개를 열어두는 것이 좋은 것들도 있으므로, 준비할 시간을 사전에 충분히 주는 것이 좋다.

식당에 갈 때는 크게 두 가지 경우가 있다. 당신이 초대를 했을 때와 받았을 때다. 후자일 때는 음식만 고르고 와인 선택은 초대한 사람에게 맡기면 그만이다. 당신의 의견을 물어오는 경우도 있는데, 특별히 염두에 둔 와인이 없다면 선택에 따르겠다고 하면 된다. 반면에 당신이 초대자일 경우 식사 비용을 지불하는 것이 나이므로 와인을 선택하는 것은 당신의 권리이자 의무다.

　와인 리스트에는 의외로 그 식당의 와인에 대한 수준은 물론 음식 수준에 대한 숨겨진 정보들이 담겨 있다. 와인 리스트가 고작 한두 페이지 정도에 보르도, 부르고뉴 등 산지 명과 가격만 적혀 있다면, 그 식당의 수준은 모든 면에서 낮다고 판단해도 틀림없다. 그러니 좋은 와인을 마실 수 있을 거란 기대는 아예 하지 않는 것이 좋다.

　반면에 와인 리스트가 여러 페이지로 구성되어 있고, 와인에 대한 자세한 정보, 즉 생산자나 샤토 이름, 생산 연도 등이 자세히 나와 있으면 그 식당은 수준급이라고 보면 된다. 특히 생산 연도가 손으로 쓴 글씨로 여러 번 수정되어 있는 것은 와인이 잘 팔리고 있고, 해마다 정상적으로 구입되고 있음을 보여주는 것이니 안심하고 와인을 시켜도 된다. 물론 첫 번째와 두 번째 식당은 와인 리스트뿐만 아니라 가격에서도 큰 차이가 나는 것이 보통이다.

　그런데 와인을 잘 아는 사람이라면 최상의 선택을 위해 그 리스트를 훑어내려가는 것 자체가 큰 즐거움이겠지만, 그렇지 않다면 오히려 곤혹스러울 수도 있다. 후자의 경우는 괜히 아는 체하지 말고, 서빙하는 사람 특히 소믈리에가 있으면 그에게 자문을 구하는 것이 상책이다.

　웬만큼 와인의 경지에 이른 사람이라 해도 고급 식당에서는 소믈리에게 조언을 요청하는 것이 보통이다. 때로는 이미 당신이 주문한 음식에 대해 파악하고 있는 소믈리에가 당신이 부탁하기 전에 와인을 추천해도 괜찮을지 문의해오기도 한다. 다만 한 가지 주의할 사항은 소믈리에가 자칫 매우 비싼 와인을 추천할 수도 있으니, 와인 리스트에서 가격은 확인해보는 것이 주머니 사정을 감안할 때 안전할 것이다.

　그리고 직접 선택을 했거나 소믈리에가 추천한 와인을 선택했거나, 당신이 초대한 손님에게 선택한 와인에 동의하는지 예의상으로나마 한번 물어보길 권한다. 대개 당신의 선택을 존중할 것이다. 그러나 혹시라도 다른 의견을 내놓으면 가능한 그의 의견을 존중하는 것이 좋다. 어떤 목적인지는 모르겠지만 당신이 원해서 초대한 사람이니 그가 우선이 되는 것은 너무도 당연하다.

끝으로 특별한 경우가 아니고는 오래된 고급 와인을 주문하는 것을 피하라고 충고한다. 식당에서 파는 와인은 평균적으로 시중가의 2.5배에서 4배까지 비싸게 판매되기 때문이다. 물론 선택은 각자의 몫이지만……

일단 와인을 주문하면 서빙하는 사람이 주문한 와인 병을 가져와서 열기 전에 우선 레이블을 주문한 사람 방향으로 해서 와인을 보여주며, 레이블에 적힌 내용을 설명한다. 이는 주문한 와인이 와인 리스트에 적힌 것과 동일한 와인임을 확인하는 절차다. 이때 건성으로 들어서는 안 된다. 드물기는 하지만 주문한 와인과 가져온 와인이 일치하지 않을 수 있다.

내 경험상 가장 자주 일어나는 문제는 생산 연도다. 예를 들어 와인 리스트에는 2000년산으로 기입되어 있는데, 가져온 와인은 2001년산일 수 있다. 이런 경우 제일 먼저 서빙하는 사람에게 주문한 와인이 아님을 분명히 주지시켜야 한다. 이런 실수는 단순한 부주의로 발생할 수도 있고, 주문한 생산 연도가 최근에 바닥이 났는데, 와인 리스트에서 아직 수정을 못한 경우일 수도 있다.

전자의 경우는 바꿔달라고 하면 그만이고, 후자의 경우는 다른 와인으로 바꾸거나 생산 연도가 다른 것을 받아들이든지 편한 대로 선택할 수 있다. 그러나 어떤 경우에도 '뭐 그럴 수도 있겠지' 하고 넘어가면 안 된다. 이유가 무엇이든 당신이 주문한 와인과 다른 와인을 서빙하는 것은 온당치 못한 행위다.

다음으로 서빙하는 사람이 와인을 열고 우선 당신의 잔에다 조금 따르고 마치 재판의 판결문이라도 기다리는 사람처럼 긴장된 자세로 여전히 와인병을 손에 든 채 반응을 기다릴 것이다. 그와 동시에 뽑아낸 코르크를 우선 자신이 코로 검사한 다음 당신 곁에 내려놓을 때도 있는데, 이는 드물게 보는 절차다. 가끔 한국에서 지극히 평범한 와인을 주문해도 코르크를 따서 점잖게 내려놓는데, 사실 너무 격에 맞지 않아 웃음이 나올 때도 있다.

항상 초대한 사람이 와인을 주문하고 처음으로 시음하는 것이 관례다. 이는 집에 사람을 초대했을 경우도 마찬가지다. "왜 귀한 손님부터 먼저 서빙하지 않느냐?" 하는 것은 순전히 우리식 발상이니 이럴 때는 잊어버리는 것이 좋다.

역사적으로 옛날에는 정적 등을 제거하기 위해 와인에다 독약을 타서 살해하는 일이 많았다고 한다. 그래서 초대한 사람이 먼저 마시는 것은 '이 와인에는 독약이 들지 않았다'는 것을 증명하는 행위이기도 했단다. 또 다른 이유는 혹시라도 와인에 결함이 있을 때, 초대받은 손님에게 그 같은 불행을 전가할 수 없다는 것이라고 하니, 손님에 대한 예의가 차라리 지극하다 해야겠다.

이제 따른 와인을 시음하는 절차가 남아 있다. 병을 들고 부동자세로 서 있는 서빙하는 사람이 가련하다는 마음에 서두르면 안 된다. 앞에서 설명한 와인 시음 부분을 상기하면서 천천히 시음하고, 이상이 없으면 "좋아요, 이제 서빙하세요" 하고 지시하면 된다. 그러면 서빙하는 사람이 초대받은 사람의 잔에다 돌아가면서 따르고 난 후 맨 마지막으로 다시 당신의 잔에 첨잔(처음 시음을 위해서는 아주 적은 양을 따른다는 것을 기억하라)을 하는 순서로 진행된다. 이제 당신이 잔을 들고 사람들에게 건배를 제의할 차례다.

이 단계에서 몇 가지 주의할 사항이 있다. 첫째, 기분이 좋다고 해서, 목이 탄다고 해서 아니면 와인이 기가 막히게 입에 맞다고 해서, 어떤 이유에서든 잔을 단숨에 비우면 안 된다. 둘째, 와인 잔으로 각각 한 사람씩 건배할 경우, 잔을 부딪칠 때는 미소를 머금은 얼굴로 반드시 상대방의 눈을 응시하는 것이 예의다. 만약에라도 다른 곳을 쳐다보며 건배하면 상대방이 자기에게 관심이 없거나 무시한다고 오해할 소지가 있으니 주의하기 바란다. 평소 우리에게는 익숙하지 않은 일이라 자칫 본의 아니게 이런 실수를 저지를 때가 있으니 반드시 명심해야 할 것이다. 셋째, 여러 사람이 함께 건배하다보면 자칫 크로스 토스트가 이루어질 때도 있는데, 서양에서는 불행을 초래한다는 미신이 있어 이를 피하는 경향이 있으니 조심하라. 넷째, 첨잔의 문제다. 와인은 어느 정도 잔이 비면 다시 채워가면서 마시는 술이다. 그만큼 상대방에 관심을 표하고 있다는 의미다. 우리식으로 제사 때나 하는 것이라고 기분 나쁘다는 생각을 해서는 안 된다.

물론 좋은 식당에서는 서빙하는 사람이 알아서 적당히 잔을 채워주지만, 보통 식당에서는 초대한 사람이 초대받은 사람들에게 꾸준히 신경을 쓰면서 적당한 시기에 첨잔을 해주는 것이 예의다. 그리고 이렇게 하는 것이 여러 면에서 바람직하기도 하다. 대다수 식당에서는 손님의 잔이 조금만 내려가도 부랴부랴 다시 채우기 바쁘다. 투철한 서비스 정신이라 할 수도 있지만, 더 많은 와인을 팔려는 장삿속이 없다고는 할 수 없다.

초대자로서 당신이 직접 서빙하면 경제적이고 적당한 리듬을 잡아갈 수 있다는 이점이 있고, 특히 와인을 권하고 서빙하는 과정에서 다른 사람들과 인간적인 관계도 더욱 돈독하게 할 수 있는 훌륭한 기회도 되니 일석이조라고 해야겠다. 반대로 당신이 초대를 받았을 때, 혹 초대한 사람이 당신의 잔이 비었는데도 모르고 있을 수도 있는데, 이럴 경우 와인이 마시고 싶다고 당신이 직접 와인 병을 들고 스스로 서빙하는 것은 예의가 아니다. 점잖게 당신의 잔이 비었음을 초대한 사람에게 알려서 그가 서빙하도록 해야 한다.

식사하는 인원이 많아 한 병으로 모자랄 경우, 똑같은 와인을 한 병 더 주문하면 그만이다. 새로운 병이 나오면 전과 같은 절차를 다시 시작하면 된다. 이때 제대로 된 식당이라면 당신에게 새로운 잔을 가져와서 새로 주문한 와인을 테이스팅하라고 권할 것이다. 하지만 다른 사람들의 잔은 바꿀 필요가 없다.

비록 같은 와인이라 해도 새 병을 여는 것이니 다시 시음하는 것이 마땅하다. 앞의 와인이 아직 잔에 남아 있을 경우, 가능하면 그 잔은 다 비우고 난 다음, 새로 주문한 와인을 따르는 것이 좋다. 혹시라도 두 번째 병에 예상치 못한 문제가 있을 수도 있고, 서로 섞였을 때 맛에 약간의 차이가 날 수도 있으니 미리 예방하는 차원이다.

주문한 와인에 문제가 있을 때의 대처법

만에 하나 당신이 주문한 와인을 시음한 결과 뭔가 문제가 있다고 판단되면 어떻게 할 것인가? 내가 20년 넘게 프랑스에 살면서 이런 경우는 몇십 번 정도였다고 기억하니 그리 자주 일어나는 일은 아니다. 반면 한국에서 와인을 주문했을 때는, 운송이나 보관상의 문제라고 여겨지는데, 이런 빈도가 훨씬 높다.

어느 쪽이든 대체로 코르크 마개로 인한 문제다. 특히 와인의 특성상 화이트의 경우가 빈번한데, 이를 방지하기 위해 최근에는 코르크 대신에 실리콘 마개의 사용이 늘어나고 있다. 또 다른 이유로는 와인이 운송 및 보관될 때 열 충격을 받은 것으로 판단된다. 코로 향을 맡을 때 젖은 행주 냄새 비슷한 게 느껴지거나 풀을 깎은 냄새나 신 향이 강하면 문제가 있다고 봐야 한다. 이럴 경우는 지체 없이 서빙하는 사람을 불러 바꾸라고 해야 한다.

이런 상황이 되면 서빙하는 사람 혹은 소믈리에가 당신의 허락을 구한 후 눈·코·입을 동원하여 시음을 한다. 이상이 발견되면 군소리 없이 바꿔줄 뿐만 아니라 정중히 사과까지 곁들인다. 거의 대부분은 입까지 가기 전에 코 테스트로 결론이 난다.

그런데 혹시라도 양쪽의 판단이 다르거나 상반될 경우가 문제다. 초대한 사람들도 있는데 이 문제로 온통 시간을 보낼 수도 없다. 이럴 경우에는 두 가지 선택이 있다. 만약 당신이 내린 판단을 확신할 때는 그 이유를 단호하게 설명하고 바꿔줄 것을 요구한다. 고객 존중의 차원에서도 대개는 손님의 의사를 존중해준다.

다른 하나는 "문제가 있기는 한 것 같은데, 글쎄…… 아마 아직 와인이 제대로 열리지 않은 것 같은 데, 시간이 지나면 나아질지도 모르겠네요" 하고 체면 구기지 않으면서 서빙하는 사람의 손을 들어주는 것이다. 비록 서빙하는 사람과 의견이 달라 어느 쪽으로 결론이 났든, 서빙하는 사람은 와인에 대한 당신의 관심과 나름대로의 식견을 존중할 것이며, 이후 서빙에도 더욱 각별한 신경을 쓸 것이다.

특별히 격식을 차릴 필요가 없는 간단한 식사일 경우에는 (하우스) 와인을 잔이나 카라프로 주문하는 것도 괜찮다. 입맛을 돋우기 위해 산도가 있는 상큼한 화이트를 전주로 시키고, 나머지는 주문한 음식에 맞춰 레드나 화이트를 카라프 혹은 피셰pichet로 시키면 된다. 주량에 따라 4분의 1, 2분의 1리터 단위로 주문하면 된다. 참고로 불어로는 4분의 1을 앵 카르un quart, 2분의 1을 앵 드미un demi라 한다. 이 뒤에다 보르도, 부르고뉴, 코트 뒤 론, 알자스 등을 붙이면 된다. (예: 앵 드미 드 보르도un demi de Bordeaux) 혹은 반병짜리(375밀리리터) 와인도 있으니 이를 주문해도 좋다.

와인을 와인답게 마시기 위한
10가지 조건

1) 일상생활에서 향과 맛에 대한 관심을 갖고 훈련하라

와인은 세상에 존재하는 그 어떤 음료보다 구성 성분이 풍부하다. 와인 속에는 무려 1000여 종 이상의 성분이 들어 있다. 그런 만큼 향과 맛이 복잡하고 다양하다. 향과 맛은 짧은 시간을 두고 상호작용을 일으키기에 더욱 복잡해진다. 정상적인 사람이라면 누구나 감각을 소유하고 있기에, 와인을 즐기는 데 지장이 없다. 그러나 인간의 감각은 꾸준한 훈련을 통해 지속적으로 개발된다. 평소에 접하는 향과 맛에 대해 관심을 가지면 가질수록 이것들이 우리 뇌에 기록되어 자료reference로 축적되기 때문이다.

2) 너무 강렬한 음식과 함께 와인을 마시는 것은 피하라

와인은 아주 예민하고 섬세한 넥타다. 그리고 무엇보다 음식과의 조화나 궁합이 맞아야 제대로 진수를 발휘한다. 따라서 와인을 마실 때 맵고 짠 음식 등은 가급적 피하는 것이 좋다. 고추장, 고추, 김치, 젓갈, 칠리소스 등은 와인의 맛을 느낄 수 없게 하는 장애물이다. 하지만 한식에서 이런 음식들을 피하기는 힘들 것이다. 우리 전통 음식과는 소주, 막걸리, 맥주로 반주를 하는 것이 바람직해 보인다.

3) 와인은 식초와 상극이다

모든 과일 주스와 마찬가지로 와인 병을 오픈한 뒤 오래 놓아두면 식초가 된다. 그런데 이상하게도 식초와 와인은 전혀 궁합이 맞지 않는다. 식초 맛이 와인의 향과 맛을 압도해버리기 때문이다. 묽은 비니거vinegar 드레싱 정도야 심플한 화이트나 로제 와인을 곁들여도 상관이 없겠지만, 식초 맛이 강하게 나는 샐러드나 음식과는 물이나 맥주처럼 도수가 낮은 알코올음료가 좋겠다. 그리고 계란이 주가 되는 음식도 거의 대부분 와인과 잘 어울리지 않는다.

4) 적절한 잔을 선택하고 3분의 1 이상 채우지 말라

잔이 얼마나 와인의 향과 맛에 영향을 미치는가는 앞에서 이미 설명했으니 참조하기 바란다. 다시 한번 INAO 잔을 추천한다. 그리고 와인이 충분히 향을 드러낼 수 있는 공간을 남겨둬야 하기에, 잔은 3분의 1 이하로 채워야 한다. 이는 와인을 산소와 접촉시키기 위해 돌릴 때도 편리하다.

5) 각 와인에 맞는 적정 온도에서 마셔라

와인과 온도의 관계는 매우 중요하다. 아무리 좋은 와인이라도 적정한 온도에서 마시지 않으면 엉망이 되고 만다. 개인의 기호나 실내외 온도 등의 시음 조건에 따라 다소 차이는 있을 수 있지만, 와인 서빙 온도는 대체로 다음과 같다.

- 스파클링 와인
  - 6~10도 샹파뉴를 비롯한 거의 모든 스파클링 와인
  - 10~13도 최상급의 샹파뉴
- 스위트 화이트 와인 10~13도
- 드라이 화이트 와인 8~10도
- 부르고뉴, 주라의 화이트 와인 10~13도
- 로제 와인 8~10도
- 레드 와인
  - 푸루티한 레드(보졸레, 부르고뉴, 발 드 루아르 등) 14~16도
  - 타닌이 많은 레드(보르도, 랑그도크, 론 등) 16~18도

6) 모든 감각을 열어놓고 천천히 음미하면서 마셔라

앞의 시음 부분과 '와인으로 깨우는 오감' 등을 종합적으로 참조하기 바란다.

7) 좋은 사람들과 좋은 분위기에서 마셔라

아무리 맛있는 음식도 기분이 언짢을 때나, 함께 먹는 사람과의 관계가 서먹할 때는 제맛이 나지 않는다는 것은 우리 모두가 경험을 통해 익히 알고 있다. 간단한 음식이라도 좋은 사람들과 즐거운 분위기에서 먹을 때 맛이 배가된다. 이는 와인의 경우에는 더더욱 그렇다. 음식이 주는 만복감과는 달리 와인을 마시면 취감이 뒤따르기에, 분위기와 기분에 더욱 쉽게 영향을 받기 때문이다. 우리 뇌는 기억을 선택적으로 하는 경향이 있다. 이는 우리의 기억이 주관적인 성향을 지니고 있다는 말도 된다.

예를 들어 평생 잊지 못할 사랑하는 사람과 함께 로맨틱한 분위기에서 어떤 와인을 마셨다면, 우리 뇌는 그 기억을 오래 간직할 것이다. 그 와인의

좋은 분위기가 중요하다.

객관적인 질과 상관없이 그 와인은 당신에게 좋은 와인으로 기억될 뿐만 아니라, 장래에 좋은 와인의 한 기준이 될 수도 있다. 그날 그 사람과 마신 와인과 유사한 와인을 만나게 되면 당신은 "이것 참 괜찮은 와인이군!" 하고 생각할 것이다. 우리의 감각과 기억이 주관적이고 선택적인 한 와인과 분위기는 매우 중요한 상관관계가 있음을 기억해두기 바란다. 그리고 좋은 분위기를 위해서는 좋은 사람(들)이 필요하다.

8) 적당히 마셔라

와인은 취하지 않을 정도로 적당히 마실 때만 그 진가를 느낄 수 있다. 취하는 것이 첫 번째 목적이라면 다른 도수가 높은 알코올을 선택하는 것이 시간적으로나 경제적으로나 효율적일 것이다. 뿐만 아니라 어느 정도 심하게 취한 뒤에 마시는 와인은 맛도 엉망으로 변해버린다는 것을 실제 경험해본 사람들은 알 것이다. 그렇다고 오랜만에 친한 사람들과 만나서 와인을 마시는데, 처음부터 몇 잔 이상은 마시지 않겠다고 정해놓고 시작하는 것도 바람직하다고는 생각하지 않는다. 그러나 '아주 가끔' 이상의 횟수를 넘지 않는 것이 당신의 건강을 위해서도, 주머니 사정을 위해서도 그리고 당신과 와인의 품위를 위해서도 바람직하다.

9) 가능하다면 한 달에 한 번 정도 정기적인 시음식을 가져보라

와인을 알고자 하고, 와인과 친숙해지려면 자주 마시는 방법 이외에는 없다. 그렇다고 무턱대고 횟수와 양만 늘리는 게 능사는 아니다. 와인에 관심 있는 사람들과 모여 정기적으로 시음식을 해볼 것을 권하는 데는 여러 가지 중요한 이유가 있다. 첫째, 와인에 대한 꾸준한 관심을 갖게 된다. 둘째, 시음식을 통해 와인에 대한 이해와 열정을 더욱 심화시킬 수 있다. 셋째, 와인은 혼자 즐기는 술이 아니라 여럿이 어울려 즐겁게 함께하는 술이기에 스트레스 해소에도 그만이다. 넷째, 여러 명이 준비하기에 그만큼 경제적으로 다양한 와인을 접할 기회가 된다. 끝으로 이런 기회를 통해 우정을 더욱 돈독히 하는 것은 물론 새로운 사람과의 편안한 만남도 가능하니, 사교에도 더할 나위 없이 좋다.

10) 일정한 양과 일정한 종류의 와인을 집에 저장하라

와인은 마실 때의 분위기나 먹는 음식에 따라 선택이 달라져야 한다. 이는 와인을 와인답게 마시기 위한 중요한 하나의 조건이다. 바로 이 같은 이유로 가능하다면 집에다 일정한 양과 일정한 종류의 와인을 저장하라고 권한다. 최근 들어 어느 정도 와인 셀러가 보급되었다고는 해도, 많은 양의 와인을 보관하는 것은 현실적으로 불가능할뿐더러, 바람직한 것도 아니다.

약 20병 정도를 보관하는 것이 우리네 실정에 적합하지 않을까 하는 것이 내 생각이다. 3분의 2 정도는 레드 와인, 3분의 1이 조금 못 미치게 화이트 와인 그리고 각자의 취향에 맞춰 몇 병의 로제 혹은 샹파뉴로 구성하면 우리네 실정에 이상적일 거라고 믿는다. 그리고 마셔가는 만큼 필요한 것들을 구매해 채우면 될 것이다. 적절하게 보관할 장소가 없다는 현실에 비춰 또 하나 중요한 점은 와인을 구매할 때 길어도 1년 안에 마실 수 있는 것들이 좋다는 것이다. 특별한 보관 조건을 갖춘 집이 아닌 이상 구매 후 10년 혹은 그 이상을 기다려야 하는 와인이라면 아무리 좋은 와인이라 해도 그때가 되면 이미 마시기 힘든 와인으로 변해 있을 것이다.

와인의 올바른 선택을 위한
10가지 조언

1) 자기 취향에 맞는 와인을 찾아라

와인의 종류와 특성이 얼마나 많고 다양한지에 대해서는 새삼 강조할 필요도 없다. 그러기에 사람의 취향이 아무리 다양하고 까다롭다 해도 알코올 알레르기가 없는 한 자신의 취향에 맞는 와인을 찾을 수 있다고 믿는다.

나는 전문가들이 똑같은 와인을 시음한 후 믿기지 않을 정도로 다른 평가를 하는 것을 여러 차례 보았다. 평소에 가능한 여러 종류의 와인을 접해보고, 그중에서 특히 자신에게 맞는 것을 선택하는 것이 중요하다. 와인 선택에서도 당신의 개성과 끼를 발휘하라.

2) 새로운 와인에 관심을 가져라

자기 입맛에 맞는 음식이라고 해서 늘 같은 음식만 먹다보면 물리기 마련이고, 균형적인 영양을 위해서도 결코 바람직하지 않다. 우리는 알게 모르게 맛이나 향에 대한 선입견을 가지고 있다. 예를 들어 '어머니가 해주신 무슨 요리가 최고'라는 식이다. 이런 편향이 너무 지나치면 새로운 맛에 대해 개방적이지 못할 수도 있으니, 어머니의 요리는 당연히 인정하되, 다른 것들에 대해서도 열린 마음을 갖는 것이 중요하다. 특히 와인은 그 종류가 헤아릴 수도 없이 많은 데다, 같은 와인이라 해도 해마다 다르니 더욱 그렇다.

3) 비싸다고 다 좋은 와인은 아니다

일반적으로 값이 비싼 와인은 질도 좋다. 그러나 값에 비해 질이 수준 이하인 것들도 생각보다 널려 있다. 질을 판단하는 기준이 상당히 주관적일 수 있다는 점을 감안하면 값 대비 질을 책정하는 어떤 정확한 기준이나 잣대가 있는 것은 아니다. 그럼에도 특정 AOC의 명성에 부합하여 질에 비해 터무니없이 비싼 와인들이 있다. 여기에 와인 투기를 하는 사람들도 꽤나 있어 자칫 소문이나 마케팅 전략에 속아 넘어갈 수도 있으니 조심하기 바란다. "어떤 유명인이 자주 마신다더라" 등도 이 범주에 속한다. 그러니 무엇보다 자기의 취향에 맞는 적당한 가격의 와인을 찾아 즐기는 것이 현명하다.

4) 오래된 와인이라고 무조건 좋은 것은 결코 아니다

거의 모든 사람은 수십 년, 게다가 100년 이상 된 와인을 대하면 자신도 모르는 야릇한 감동 같은 것을 느낀다. 그리고 이 같은 감동의 이면에는 '오래된 와인은 무조건 좋다'라는 선입견도 작용하는 것 같다. 프랑스에 "와인과 친구는 오래되면 오래될수록 좋다"라는 속담이 있다. 친구는 몰라도 "과연 와인은 오래되면 될수록 좋은가?" 대답은 "아니다"이다.

우선 쉽게 아주 오래된 와인을 보기도 힘들지만, 보관 조건이 제대로 갖추어진 곳이라 해도 실제로 10년 이상 보관해서 좋은 와인은 생각보다 드물다. 보르도, 부르고뉴, 발레 뒤 론의 고급 레드 와인에 국한된다고 해도 과히 틀린 말이 아니다. 그러기에 와인이 최고 절정기에 도달했을 때가 언제인지 알고 마시는 것은 매우 중요하다. 이를 위해서는 달리 방법이 없다. 믿을 만한 와인 가이드북을 옆에 두고 필요할 때마다 뒤적여보는 수밖에. 와인에 관한 한 나이가 곧 질을 의미하지 않는다. 무턱대고 와인을 보관하며 기다렸다가 나이가 너무 들어, 오히려 망치는 것들이 많다는 사실을 꼭 기억해 두기 바란다.

5) 생산 연도(빈티지)에 관심을 가져라

테이블 와인처럼 최하급이 아닌 이상, 와인의 레이블에는 생산 연도가 적혀 있다. 법적 의무 조항인 만큼 와인의 질을 판단하는 데 중요한 요소라는 의미도 된다. 레이블에 기입된 생산 연도를 병입 연도로 착각하는 사람들도 가끔 있는데, 여기서 말하는 연도는 포도를 수확한 해를 말한다. 와인의 원료가 되는 포도는 농산물이다. 따라서 포도의 품질은 자연의 영향을 받지 않을 수가 없다. 그 결과 매해 생산되는 와인의 질과 양에 엄청난 영향을 미친다. 같은 와인이라 해도 생산 연도에 따라 질뿐만 아니라 보관 기간도 상당히 달라진다. 와인을 구입할 때 생산 연도에 관심을 가져주기 바란다.

6) 조만간 마실 와인과 보관할 와인을 구별하여 선택하라

와인을 와인답게 제대로 마시기 위해서는 성가실 정도로 이런저런 조건이 따른다. 그중 하나가 와인을 마시는 적절한 시기의 문제다. 와인은 생산 연도를 기준으로 지금 마셔야 할 와인, 기다렸다 마셔야 할 와인으로 구분된다. 기다린다는 의미는 와인의 종류, 밀레짐(생산 연도) 등에 따라 1년이 될 수도 10년 이상이 될 수도 있다. 그러니 와인을 구입할 때 이 점을 반드시 미리 고려해야 한다. 당장 저녁에 사람을 초대해놓고 무조건 좋은 와인을 대접해야겠다는 마음이 앞서 10년 후에나 마셔야 제격일 특급 와인을

프랑스 스트라스부르의 와인 가게.

구입하는 것은 어리석은 행위다. 아주 비싼 값을 치르고 지금 마셔도 괜찮을 오래된 와인을 구입하지 않는 한, 지금 마시기에 적합한 적당한 수준의 와인을 준비하는 것이 현명하다. 후회하지 않을 와인 구매를 위해 와인 가이드북을 사전에 참고하라.

7) 이따금 와인 가게에 들러 와인을 구입하며 새로운 정보를 얻어라

와인은 이론만으로 터득할 수 있는 것이 절대 아니다. 이론과 실제가 병행되어야 한다. 반드시 와인 구입을 전제로 할 필요는 없지만, 가끔 와인 매장에 들러 필요한 와인을 구매도 할 겸, 어떤 새로운 와인이 나왔나 살펴보며 매장을 관리하는 전문가와 의견을 나누는 것도 와인의 이해에 많은 도움이 될 것이다. 그리고 관심을 끄는 새로운 와인이 있으면 메모했다가 집에 와서 와인 가이드북을 펼치고 조사해보는 것도 아주 바람직하다. 순간적인 충동구매를 피할 수 있고, 처음 대하는 새로운 와인이기에 이런 식으로 검증할 때 실수를 예방할 수 있다. 그리고 이런 과정을 통해 와인에 대한 지식이 자기도 모르는 사이에 조금씩 축적되어간다.

8) 믿을 만한 와인 가이드북을 갖춰라

와인 가이드북을 갖추는 것은 외국어를 배우는 사람이 관련된 외국어 사전을 구매하는 것에 비유할 수 있다. 한글판이 없으면, 각자의 언어 능력에 따라 영어판이든 불어판이든 구매하면 된다. 이 지구상에서 생산되는 와인의 종류는 헤아릴 수도 없으니, 와인에 대한 지식이나 정보가 아무리 대단하다 해도 분명 한계가 있다.

와인 가이드북은 와인에 대한 일종의 사전이라 할 수 있는데, 수많은 와인에 대한 여러 필요한 정보들(산지와 생산자에 대한 정보, 생산 연도와 시음 평가, 마시기 적당한 시기, 가격에 대한 정보 등)이 함축되어 있다. 한 가지 문제일 수도 장점일 수도 있는 것은, 가이드북은 와인과 마찬가지로 매해 개정판이 나온다는 것이다. 생산 연도가 바뀌면서 새로운 정보가 추가되는데, 그렇다고 아마추어 입장에서 매해 구입하기도 힘들 테니, 3년에 한 번 정도 바꿔주면 충분하지 않을까 한다.(와인 가이드북에 대해서는 참고자료의 가이드북 부분을 참고하기 바란다.)

9) 같은 와인을 최소 6병 단위로 구입하라

극히 예외적인 경우를 제외하면 와인을 구입할 때는 한꺼번에 6병을 구입하라고 권장하고 싶다.(여기서 말하는 6병은 똑같은 종류와 생산 연도의 와인을 의미한다.) 앞에서도 여러 차례 언급했지만, 와인은 여러 측면에서 복잡미묘하다. 한 병을 어떤 속도와 조건에서 그리고 누구와 마시느냐에 따라 그 와인에 대한 당신의 평가가 달라질 수 있다. 그러니 한 병을 달랑 마시고 어떤 와인에 대한 평가를 내리기는 충분하지 않다. 시간을 두고 여러 번에 걸쳐 마시려면 최소한 6병 정도는 필요할 것이다. 와인을 박스로 구매할 경우(6병 혹은 12병), 예상외로 장점이 많다. 첫째, 가격 네고가 가능하다. 경우에 따라서는 20~30퍼센트 이상 저렴하게 구매할 수 있다. 둘째, 동일한 와인을 여러 차례에 걸쳐 마실 때, 마시는 사람의 육체적·정신적 상태에 따라 똑같은 와인이라도 다르게 느껴짐을 경험할 수 있다. 셋째, 일정한 시간을 두고 마실 때, 시간이 지남에 따라 와인이 어떻게 변화하고 발전하는지를 느낄 수 있다. 넷째, 그 와인의 특성을 기억할 수 있다. 천재적 기억력을 소유한 사람이 아니라면 와인을 한 번 마시고 그 와인의 특성을 기억하기란 거의 불가능하다. 동일한 와인을 일정한 간격으로 반복해 마셔야만 우리의 뇌는 그 와인의 특성을 기억한다. 많은 사람이 다양한 와인을 많이 마시는 것이 곧 와인을 잘 알 수 있는 지름길이라 생각하는데 그것은 큰 착각이다.

예를 들어 부르고뉴 레드를 여러 번에 걸쳐 마신다고 가정해보자. 그러면 우리는 피노 누와에 대한 색·향·맛의 특성에 대해 어느 정도 감을 잡을 수 있을 것이다. 그리고 이런 기억을 가지고 블라인드 테이스팅을 할 경우, 우리는 그것이 부르고뉴라는 것을 나름 짐작할 수 있다. 세계적 소믈리에들이 블라인드 테이스팅에서 샤토 A, 몇 년산 등을 맞추는 놀라운 성과도 알고 보면 시작에 이런 체계적 훈련이 있었기에 가능하다. 그러니 와인에 보다 깊이 들어가려는 사람은 이와 같은 훈련을 범위를 넓혀가며 계속하는 것이 무엇보다 중요하다.

10) 주변에 와인에 대해 잘 아는 사람이 있으면 적극적으로 그의 조언을 활용하라

아직 부담 없이 스스로 와인을 선택할 만큼의 수준이 되지 않았다면, 그리고 그런 경지에 이르렀다 해도 세상에는 와인 종류가 너무 많기에 주변의 조언을 받거나 서로 정보를 교환하는 것도 와인의 선택에 있어 매우 요긴하다. 그리고 새롭게 대하는 와인에 대해서는 간단하게나마 메모를 해두는 것이 바람직하다. 언제, 어떤 곳에서, 누구와, 어떤 와인을 마셨는지 등 그 와인에 대한 인상을 정리해두면 나중에 선택할 때 큰 도움이 된다.

와인 한잔의 여유와 창의적 인간

세상엔 소소한 기쁨이 의외로 많다. 모두 우리 마음과 관심에 달린 문제다. 길섶의 이름 모를 꽃들, 빵집 앞을 지날 때 풍기는 향기로운 빵 냄새, 동네 놀이터에서 뛰어노는 아이들의 웃음소리, 큰 기대 없이 들른 식당에서 발견한 맛있는 음식, 반가운 사람의 전화, 우연히 눈이 마주친 사람이 보내는 미소…… 그리고 한 잔의 와인!

나라마다 고유의 술이 있듯이, 술 문화도 다양하다. 연신 '위하여'를 외치며 소속감과 동질감을 강조하는 우리의 술 문화는 개인의 개성이나 취향의 존중보다는 집단의 가치를 우선하는 울타리 문화다. 굳이 누가 발설하지 않아도 '위하여'가 몇 순배 진행되다보면, '우리가 남이가'란 의식이 집단의식의 근저에 자리 잡게 마련이다. 그리고 집단의 가치가 우선되는 곳에는 그것이 나이든 직위든 간에 서열이 존재한다.

'위하여 문화'는 공동체의 동질성을 고양시켜주고, 이를 통해 그 울타리에 속하는 개인이 소속감과 편안함을 누릴 수 있는 게 장점이라 하겠다. 그러나 위하여 문화는 몇 가지 관점에서 우리 스스로 심각하게 문제제기를 해야 할 상황에 직면해 있다.

첫째, 우리는 그 어느 때보다 개방적인 사회에 살고 있다. 울타리 문화는 구성원 간의 단합과 결속이 이루어진다는 장점이 있는 반면, 울타리 밖에 대해서는 배타성이 강하다. 열린 문화라기보다는 폐쇄적인 문화다. 둘째, 윗사람이 잔을 들면 모두가 함께 마셔야 하는 서열 문화이고 개인의 주량이 무시된 폭력적인 문화다. 아랫사람이 잔을 들지 않는 것만으로도 엄청난 항명이 될 건 뻔하다. 셋째, 모두가 동시에 같은 양을 마셔야 하는 몰개성의 문화다. 이런 문화는 정치적으로 암울했던 시기, 그리고 모두가 힘을 합쳐 양적인 발전에 속도를 내야 했던 지난 시절엔 적합했을지도 모른다. 함께, 빨리 마시고, 빨리 취하고, 내일 또 열심히 일하기 위해서 말이다. 끝으로 가장 중요한 점은 위하여 문화는 지나치게 감성적으로 밀착된 문화라는 것이다. 다시 말해서 이성적 판단이 들어설 적당한 거리와 공간이 없는 비이성적 문화다. 어쩌면 우리 사회의 수많은 부조리와 부정부패는 울타리 안에서 형성된 이런 감성의 안이함에 젖어, 그것이 부정부패라는 인식도 하지 못한 채 자행되는 건지도 모른다.

세계 10대 경제 대국의 반열에 올라서게 된 현재 우리에게 무엇보다 절실한 것은 양적 팽창이 아니라 질적 심화 혹은 성숙이다. 뭉친 힘의 위력이 아니라 개인 각자의 개성과 창의력의 자유로운 드러냄이 필요하다. 양적 팽창을 위해서는 속도전이 중요하지만, 질적 성숙을 위해서는 생각할 시간과 민주적 소통이 요구된다. 속도와 효율에 취해 미처 보지 못했던 주변과 이웃들을 둘러보는 마음의 여유도 성숙한 포용사회를 위해 필요한 조건이다. 이제 우리는 '빨리빨리'의 속도가 아니라 '느릿느릿'의 성찰에 방점을 둬야 한다. 속도는 경쟁이고 효율일지 모르지만, 속도에는 생각이 들어설 시간과 공간이 없다는 치명적 결함이 있다.

또한 우리는 집단 문화에서 개인 문화로 이행해야 한다. 서열과 계급이 우선시되는 몰개성의 경직된 문화에서 개인의 자유와 개성이 자유롭게 드러날 수 있는 열린 수평적 문화로 발전해야 한다. 구성원을 이루는 각 개인이 인격적 주체로서 평등한 관계를 형성하고, 그런 사회적 여건 속에서 자유롭게 소통할 수 있는 문화를 장려해야 한다. 그래야만 적당한 이성적 거리와 공간이 만들어지고, 건전한 대화와 토론이 가능한 생활 속 민주주의가 뿌리를 내릴 수 있을 것이며, 창조적이고 포용적인 인간으로 발전해나갈 수 있을 것이다.

바로 여기에 와인에 주목하는 이유가 있다. 와인 문화는 위하여 문화와 비교할 때, 거의 모든 면에서 대척점에 자리하고 있다. 천천히 음미하고, 모두 함께 마시는 집단행동이 아닌 함께하지만 각자 알아서 마시며, 위계가 중요시되는 것과 다르게 수평적 소통이 가능하고, 소속감과 동질성보다 개인의 개성이 중시되는 것이 와인 문화다. 소주를 마시다보면 누가 먼저랄 것도 없이 목청이 높아지고, 자기주장만 앞세우는 경향이 드러날 때도 있지만, 와인은 대체로 서로의 눈을 쳐다보고 대화를 나누며 마시는 순기능적인 면이 있다.

우리네 술 문화가 무조건 나쁘다고 주장하는 것이 절대 아니니 오해는 말길 바란다. 와인의 장점만을 특별히 미화하려는 것도 아니다. 다만 강조하고 싶은 것은 천편일률적인 우리의 술 문화에 와인이라는 새로운 지평을 보태고 싶은 마음일 뿐이다.

와인은 플라톤에게는 철학을 하는 데 도움을 주었고, 히포크라테스를 비롯한 수많은 서양 의사에게는 '진정제 혹은 치유제'였다. 보들레르나 이백에게는 '창조적 취기'를 준 동시에 괴로움을 익사시키기 위한 방편이었으며, 파스퇴르에게는 '가장 신선하고 위생적인 음료'였다. 또한 오펜바흐에게는 '뮤즈의 샘'이었고, 롤랑 바르트에게는 '토템 음료'였고, 와인 생산자들에게는 단순한 알코올음료가 아니라 '문화적 산물'이었다. 괴테는 "와인은 인간에게 기쁨을 주고, 기쁨은 모든 미덕의 어머니다"라고 했다. 페니실린을 발명한 플레밍은 "페니실린은 병을 낫게 하지만, 진정 인간에게 기쁨을 주는 것은 와인이다"라고 덧붙였다. 그리고 나에게 와인은 "기쁨의 나눔이고, 나눔의 기쁨"이기도 하다. 나눠 마시지 않는 와인은 진정한 의미로서의 와인이 아니다. 와인은 누군가와 함께 마실 때만 그 진가를 발휘하는 알코올음료다.

우리에겐 생각할 시간이 필요하다. 자신을 성찰하고, 타인에 대한 관심과 사회에 대해 생각 할 시간이. 생각을 멈추는 순간부터 우리는 노예가 된다. "생각하는 것처럼 살게 된다"고 하지 않았던가! 언젠가부터 우리는 생각하는 것 자체를 귀찮아하게 된 것은 아닐까? 디지털 시대에는 깊이 생각하는 것보다 단순하고 즉각적인 반응이 일상이 되었다. 그러나 생각하는 수고로움을 멀리하면 우리는 남이 생각하고 시키는 대로 따라하게 될 위험에 노출된다. 히틀러 시대나 우리 독재 시대에 저질러졌던 수많은 끔찍한 악행이 가능했던 것도 우리가 생각하는 것을 멈추고, 위로부터의 지시에 복종했기 때문이다. 생각을 멈춘 인간은 더 이상 인간 되기를 포기한 거나 다름없다.

오늘 저녁 가까운 사람들과 느긋하게 와인을 한잔하며, 다시금 생각하는 인간이 되어보는 즐거운 고통(?)에 젖어보면 어떨까.

부록

바쿠스 사전: 와인 용어 정리

포도나무와 와인에 관련된 단어는 와인만큼이나 다양하고 풍부해 1만 개가 넘는다고 하는데, 여기서는 포도 재배나 와인 주조에 사용되는 기술적인 것들은 가급적 피하면서 평소 와인을 마실 때 필요하다고 판단되는 기본적인 것들을 중심으로 간추려본다. 하지만 아직 와인 문화에 익숙하지 않은 우리 실정을 감안할 때 상당히 많은 분량이며, 아직 우리말 용어 정의가 서툴고 어색한 상황에서 와인에 대한 올바른 개념 정립을 위한 나름대로의 시도이기도 하다.

크게 '포도 수확, 와인 주조, 병입' '교역, 법규' '색깔, 향, 맛'으로 나누어 핵심적인 어휘만 설명했다. 이 책이 와인의 역사와 문화에 초점을 맞추고 있기에, 와인 용어 정의도 단순히 사전적 정의가 아니라 가능한 범위 내에서 문화적·역사적 배경을 함께 설명하고자 했다.

가장 골치 아픈 문제는 우리에게 와인 문화가 전통적으로 존재하지 않기에 이를 제대로 설명할 적절한 어휘나 표현을 찾기가 매우 까다롭다는 점이다. 그러니 미숙한 곳이 보여도 독자들의 아량을 바라며, 동시에 좋은 의견이나 비판할 점이 있다면 질정을 바란다. 아직은 걸음마 단계이지만, 함께 우리의 와인 문화를 만들어간다고 생각하면, 독자들의 의견이나 참여가 더욱 의미 있을 것이라 믿는다.

1. 포도 수확vendange, 와인 주조vinification, 병입mise en bouteille

고귀한 썩음botrytisation

보트리스botrys 균에 의해 포도가 나무에 달린 채로 수분이 날아가고 쪼그라드는 것으로 단순한 발효가 아니다. 보트리스 균이 포도를 '고귀한 썩음'으로 나아가게 하려면 일정한 자연조건이 필요하다. 높은 습도(예를 들어 짙은 아침 안개)와 적당한 더위(예를 들어 오후의 뜨거운 햇살)가 그것인데, 일종의 균류인 보트리스 시네레아botrys cinerea는 이러한 조건에서 서서히 번식한다. 이럴 경우 포도 껍질은 터지지 않은 채, 포도 내의 수분이 증발하면서 포도의 펄프는 건조해진다. 당도는 높아지는 반면 산도는 낮아진다. 포도의 당분은 글리세린으로 변화되기 시작한다. 포도 수확도 한꺼번에 하지 않고 고귀한 썩음의 정도에 따라 여러 번에 걸쳐 진행되며, 어떤 경우에는 송이가 아니라 포도 한 알씩selection de grains nobles 따기도 한다. 당연히 수확량은 매우 적으며, 알코올 도수가 18~20도에 이르기도 한다. 이 같은 고귀한 썩음은 보르도의 소테른과 베르주라크bergerac의 몽바지야크monbazillac, 알자스, 앙주, 쥐랑송 지역 등에서 가능하며, 사용하는 세파주는 각각 세미용, 뮈스카델, 게뷔르츠트라미너, 슈냉, 망생이다.

당분 첨가chaptalisation

Chaptal(isation)은 프랑스의 의사이자 화학자였던 장앙투안 샤프탈Jean-Antoine Chaptal(1756~1832)의 이름에서 유래했다. 기후 조건 등으로 수확한 포도가 적당히 익지 못해 포도의 당도가 충분하지 못할 경우 원하는 알코올 도수를 얻기 위해 필요한 절차인데, 발효하기 전의 포도즙에 당분을 첨가하는 것을 뜻한다. 샤프탈이 1801년 이를 이론화하기 훨씬 전부터 실제로 사용되어온 방식이다. 당분 첨가는 유럽연합 법의 엄격한 규제 하에 가능한데, 화이트 와인은 2.5도, 레드 와인은 2.2도까지 알코올 도수를 올릴 수 있도록 규정하고 있으며, 이에 준하는 당분을 첨가할 수 있다. 100리터의 포도즙을 기준으로 1도의 알코올 도수를 올리기 위해서는 17~18킬로그램의 당분을 첨가해야 한다. 질이 낮은 와인의 경우 알코올 도수를 올리기 위해 아직도 불법으로 과다하게 당분을 첨가하는 경우가 있는데, 이를 '슈거 커넥션sugar connection'이라 하기도 한다. 첨가하는 당분은 주로 사탕무로 만든 것을 사용했으나 최근에는 특히 이탈리아에서 생산되는 포도즙을 뜨겁게 증발시켜 만든 당분을 주로 사용한다.

드라이sec/dry

이 용어는 역사를 통해 그 의미가 많이 바뀌었다. 서양 의학과 약학의 근간이 되었던 아리스토텔레스의 기본 요소에 근거해 중세 시대에 레드 와인은 쎅하고sec 더운chaud/hot 것으로, 화이트 와인은 차고froid/cold 습기 찬humid 것으로 간주되고 표현되었다. 17세기에 쎅sec은 끈적한 느낌gras에 반대되는 개념이었지, 당분 함유량과는 상관이 없었다. 이후 19세기에 들어와서 두doux/sweet와 모엘뢰moelleux/mellow에 대칭되는 개념으로 사용되기 시작했다. 사람이 당분을 느끼려면 최소 리터당 5그램의 당분이 들어 있어야 한다. 따라서 화이트나 로제가 3그램 이하의 잔여 당분을 함유하고 있을 때 이론적으로는 쎅한 와인이라 한다.

디켄트decantage/decantation

와인을 서비스하기 전에 병 속에 든 와인을 카라프carafe/decanter에 천천히 조심스럽게 다시 붓는 행위를 말한다. 디켄트는 와인 속에 침전물이 있을 경우 이를 제거하는 데 필요하다. 그리고 이 과정을 통해 짧은 시간 산소와의 접촉이 활발해지므로 향을 열어주는 역할을 한다. 하지만 거의 대부분 디켄트는 사족 격이니 피하는 것이 바람직하다.

레이블etiquette/label

레이블을 프랑스어로는 에티켓etiquette이라 하는데, 이는 라틴어의 법률 용어인 Est hic quaestio에서 유래했으며, 재판 계류 중인 서류철에 담긴 내용을 밝히는 목록이라 한다. 와인에 레이블이 처음 등장하는 것은 1760년경이며, 병목에 끈을 달아 붙였다. 오늘날처럼 병에 직접 레이블을 붙이는 방식은 19세기 초에 시작되었다. 레이블의 원래 기능은 와인에 대한 단순한 정보, 즉 메도크, 보르도 클레레 등을 나타내는 게 전부였다.

레이블이 거의 모든 와인에 보편화된 시기는 1860년경부터이며, 프랑스에서 처음으로 레이블을 인쇄한 사람은 1818년 보르도에서 인쇄소를 운영하던 시프리안 골롱Cyprien Gaulon이었다. 그러나 이 시기 레이블은 와인 생산자들이 아니라 와인 교역상들이 사용하는 것이었다. 다시 말해서 생산자들은 오크통째로 와인을 교역상에 넘겼으며, 교역상들이 병입하면서 레이블을 붙였다. 담아야 하는 내용을 법규로 엄격히 규정한(알코올 도수, 원산지 등) 현재의 레이블은 20세기 후반에 등장했다. 이후 레이블의 디자인과 장식도 다양해졌으며, 앞에서 보았듯이 무통 로칠드의 경우 레이블에 유명 화가들의 작품을 특별 주문해서 그려넣기도 했다.

프랑스의 유명 방송작가이자 와인에도 남달리 일가견이 있는 베르나르 피보는 레이블을 "와인이 가득 든 병 위에서는 비자visa처럼 희망적이고, 텅 빈 병 위에서는 유공자 기념비에 새겨진 비문처럼 비장하다"라며 재미나게 비유했다. 보르도의 유명 와인 전문가인 피에르 베유테Pierre Veilletet는 "와인에 있어 레이블은 구두시험을 통과하기 전에 치러야 하는 필기시험이다"라고 했다. 그렇다면 화려한 레이블을 붙인 와인 가운데 엉터리도 있을까? 당연히 있다. 화려한 옷을 차려입은 사람이라고 모두 신사 숙녀가 아닌 것과 마찬가지다. 그러나 베르나르 피보에 따르면 화려한 의복 뒤에 숨은 협잡꾼이 화려한 레이블을 붙인 엉터리 와인보다 더 많다고 한다.

병입mise en bouteille

모든 와인은 병입을 한 장소에 대해 명시해야 한다. 이것은 와인의 생산지를 알려주며 이론상 와인의 품질을 보증해준다. 보르도 지역에서만 예외적으로 '샤토에서 병입mise en bouteille au chateau'이란 표현을 라벨에 사용할 수 있으며, 이는 와인의 병입이 와인을 주조한 곳에서 행해졌음을 의미한다. 나머지 지역에서는 'mise à la proprietaire', 'mise du(au) domaine', 'mise du(par le) proprietaire'란 표현을 사용하는데, 표현은 다르지만 보르도의 경우와 비슷한 의미를 지닌다.

새 와인vin de primeur

보졸레 누보Beaujolais nouveau가 고유명사라면 '새 와인'은 보통 명사라 할 수 있다. 따라서 보졸레 누보를 보졸레 프리뫼르Beaujolais primeur라고도 한다. 중세 시대부터 새 와인은 매해 술꾼들을 조바심 나게 했다. 1951년 11월에 발효된 법률에 의해 보졸레 누보만 특별히 11월 15일부터 시판이 가능하게 되었다. 보졸레 누보는 11월 셋째 주 목요일에 전 세계 동시 시판된다. 그리하여 이날을 '벨벳 바지를 입은 새로운 아기 예수'의 탄생일이라 부르기도 한다. 짧은 기간의 마세라시옹과 발효를 거친 보졸레 누보는 붉은 열매 향, 바나나 향 그리고 새콤한 영국 캔디 향이 특징이다. 좋아하는 사람이 있는 가 하면 질색을 하는 사람도 있지만, 오늘날 보졸레 누보의 마케팅 성공은 대단하다. 약 220여 나라에 수출하고 있으며, 이는 보졸레 누보 전체 생산량의 3분의 2(40만 헥토리터)를 넘고 있다. 보졸레 누보를 사람들은 '금방 만들어서, 금방 마시고, 금방 (오줌) 싼다Sitot fait, sitot bu, sitot pisse'라고 칭찬 반 놀림 반 농담을 하기도 한다. 한 가지 기억할 점은 보졸레에서 생산되는 모든 와인이 다 누보는 아니라는 점이다. 보졸레 빌라주와 10개의 크뤼는 몇 년간 보관이 가능하며, 가볍게 부담 없이 마시기에 훌륭한 것들이 많다. 또한 보졸레는 레드만 있는 것이 아니라 생산량이 미미하기는 하지만 샤르도네로 빚은 싱그러운 화이트도 있다.

그 밖에 코트 뒤 론, 앙주와 투렌에서 생산되는 로제 와인, 부르고뉴와 마콩에서 생산되는 화이트 와인도 '새 와인'으로 판매할 수 있다. 그러나 보르도 프리뫼르는 전혀 다른 것이다. 즉 보르도 와인 중에서도 최상급 와인을 병입하기 전에 미리 선약 판매하는 것이 보르도 프리뫼르다.(뒤의 '새 와인 구매' 참조)

스공 뱅second vin/second wine

18세기부터 보르도 지역에서는 최상의 와인을 프레미에 뱅premiers vins이라 했다. 그와 반대로 스공 뱅은 충분히 익지 않은 포도나 엄선하지 않고 수확한 포도로 주조한 질이 떨어지는 와인을 지칭했다. 그러나 19세기 중엽부터 1980년대까지 이 두 와인 사이의 구별이 사라졌다가, 최근 20년 사이에 다시 유행처럼 되살아났으며, 크뤼 부르주아cru bourgeois로까지 확산되었다. 오늘날 스공 뱅은 500개를 넘어섰으며, 시간과 더불어 늘어나는 추세다.

프레미에 뱅에 보다 큰 가치를 부여할 목적으로 와인 생산업자들의 선도로 스공 뱅이 재탄생했으며, 스공 뱅을 격하시킴으로써 프레미에 뱅을 더욱 돋보이게 하려는 상업적인 의도가 숨어 있다.

아이스 와인vin de glace/ice-wine/Eiswein

와인의 숙성을 늦추려고 얼음을 채운 지하 보관소에 넣어 숙성시킨 와인으로 프랑스 남부 지방le Gard에서 아직도 생산되고 있다. 그러나 가장 유명한 것은 물론 독일의 화이트 와인인 아이스바인Eiswein이다. '고귀한 썩음'에 이른 포도만으로 주조하는데, 일반 포도에 비해 수확을 아주 늦은 시기에 하는 것이 특징이며, 경우에 따라서는 크리스마스 무렵에 수확하기도 한다. 또한 아이스바인에 사용되는 포도는 밤 기온이 영하 10도 이하로 떨어질 때만 수확하는 것이 특징이다. 매우 작은 양이 생산되는 귀하고 값비싼 와인이다. 독일의 라인 지대나 모젤 외에도 오스트리아, 스위스의 발레Valais 그리고 최근 들어서는 캐나다와 알자스에서도 생산된다.

알람빅alambic/still

아랍어로 항아리란 뜻의 알안빅al-anbiq에서 유래했으며, 증류주를 주조하는 데 사용하는 기구를 일컫는다. 프랑스에서 포도 찌꺼기나 와인으로 증류주를 제조하기 시작한 것은 13세기부터이며, 16세기에 들어와 네덜란드 상인들의 주문이 쇄도하면서 급격히 늘어났다. 옛날에는 겨울이 시작될 무렵 알람빅을 마차에 싣고 동네를 돌며 증류주를 주조해주는 사람들이 있었다. 이와 더불어 포도 수확기의 사이클이 마감되었다. 옛날 구정 명절 전에 시골 마을을 돌며 튀밥을 튀겨주던 행상과 닮았다고나 할까.

어셈블링assemblage/assembling

와인의 질을 향상시킬 목적으로 먼저 여러 다른 종류의 세파주를 각각 따로 발효시킨 후 혼합하는 과정을 의미한다. 특히 샹파뉴와 그 밖의 유명 와인 수조에서 이 과정은 매우 중요하다. 와인 주조자maitre de chais의 정교하고 까다로운 임무이며, 최근 들어서는 점점 와인 전문가oenologist와 협력한다.

여과clarification

발효가 막 끝난 와인에는 포도 껍질 찌꺼기 등 아주 미세한 고체들이 떠다녀 투명하지가 않다. 이를 제거하기 위해 콜라주collage, 즉 고체 흡착 방식을 사용하는데, 옛날에는 주로 계란 흰자를 사용했다. 225리터의 오크통에 담긴 와인에서 미세 고체를 제거하는 데 네 개의 계란을 사용했다. 오늘날은 원심분리기나 규조암diatomic 분말(100리터당 100그램)을 사용한다. 저장 통 안에서 고체 흡착 과정이 끝나면, 병입을 하기 전에 다시 한번 필터링 filtering이 필요하다.

와인 농가 협동조합coorperative

1895년 알자스의 리보빌레Ribeauville에 처음으로 와인 농가 협동조합이 형성되었다. 그러나 역사에서 배워 알듯이 알자스와 로렌 일부 지역은 1870~1918년까지 독일에 합병되었으니, 프랑스 최초의 조합은 1901년 마로상Maraussan에서 조직되었다고 하는 것이 맞겠다. 처음에 조합의 목적은 단지 조합원이 생산한 와인을 공동 판매하는 것이었다. 1905년에 설립된 독립 와인 농가조합Cave cooperative des vignerons libres에서부터 포도를 키우는 것만 조합원들이 독립적으로 하고 나머지 와인의 주조와 보관 그리고 판매를 모두 조합에서 맡아 하는 새로운 유형의 조합이 설립되어, 많은 자영 포도 농가에 큰 희망을 불러일으켰지만 1911년 포도 수확이 너무 형편 없어 문을 닫고 만다. 그러나 곧이어 이런 조합 운동은 랑그도크와 프로방스 지방을 중심으로 프랑스 전국으로 확산되었으며, 1914년에 90개였던 것이 1937년에는 827개, 그리고 현재는 약 1100여 개가 존재한다. 이런 조합에서 주조된 와인이 대단히 우수하고 특별한 것은 아니지만, 해마다 품질에 큰 차이가 없고, 가격 대비 품질이 괜찮은 경우가 많다.

와인 상온화하기chambrer/bring to room temperature

옛날에 와인을 상온화한다는 말은 마시기 오래전에 레드 와인을 지하 보관소에서 꺼내 실내에 가져다놓는 것이었다. 19세기는 물론 제2차 세계대전까지 와인의 상온화가 지나쳐 레드 와인의 경우 20~22도의 높은 온도에서 마셨으며, 이를 위해 지하에서 가져온 와인을 벽난로, 오븐 등 따뜻한 곳 근처에 두는 것이 관례였다. 오늘날 젊은 레드 와인은 11~12도 정도, 오래된 것은 17~18도 정도가 최상이라고 유명 소믈리에들은 추천한다.

와인 양조학oenology, 와인 양조 전문가oenologist

와인 양조학이라는 어휘는 17세기 중엽에 처음 등장하는데, 그 의미는 '와인을 만드는 그리고 포도나무를 키우는 최상의 방법'으로 매우 일반적이다. 현대적 개념의 와인 양조학은 1875년 이후 루이 파스퇴르가 그 시조이며, 그의 제자들에 의해 계속 발전되어왔다. 1880년에 보르도에 '농업 및 와인 양조 관측소La Station agronomique et oenologique'를 창설한 율리스 가용 Ulysse Gayon도 파스퇴르의 조수였다. 1963년에는 와인 양조학 연구소l'Institut d'oenologie가 설립되며, 1955년부터 와인 양조학 국가 자격증diplome이 창설되었다. 이후 몽펠리에Montpellier를 비롯한 다른 도시의 대학과 농업 연구소도 보르도의 예를 따르기 시작했다.

와인 옮겨 담기 soutirage/rack

한 저장통에 든 와인을 다른 저장통으로 옮겨 담는 것을 말한다. 옛날에는 필터링이 되지 않은 와인의 경우 저장통 밑에 고체 침전물이 생기므로 이를 제거할 목적으로 이 같은 작업을 했다. 와인 옮겨 담기는 겨울에 행해졌으며, 필요에 따라 여러 차례 반복되었다. 오늘날 와인 옮겨 담기는 오크통에서 숙성시키는 와인 숙성 과정의 일부다. 고체 침전물의 제거는 물론이고 이산화탄소를 제거하며, 미미한 산화작용을 일으킨다. 보르도 지역에서는 와인을 숙성시키는 18개월 동안 여섯 번의 옮겨 담기를 실시하며, 포도 수확이 끝난 다음 두 번째 해 6월에 병입을 시작할 수 있다.

유리병 bouteille/bottle

유리 제조 기술은 고대 사회에도 존재했다. 그러나 17세기 영국에서 본격적으로 유리병이 생산되기 전까지 유리 제품은 너무 쉽게 깨져 사용이 제한되었다. 1620년 로버트 만셀이 영국에서 유리병 산업을 본격화하면서, 그때까지 병의 목과 바닥이 매우 약해 사용이 제한된 단점을 극복하게 되었고 이후 유리병 사용이 널리 보급되기 시작했으며, 와인 병으로도 쓰였다. 프랑스에서 와인을 담기 위해 유리병이 사용되기 시작한 것은 1700년 이후이며, 이때부터 와인 운송이 용이해졌고 특히 병입 덕분에 와인의 장기간 보관이 가능해진다. 그리고 19세기부터 와인 생산지에 따라 그 지역의 고유한 와인 병(보르도, 부르고뉴, 샹파뉴 등)이 나오기 시작했으며, 그 당시 스탠더드 병의 용량이 75센티리터라 오늘날까지 거의 모든 와인 병의 용량은 75센티리터다.

천연 스위트 와인 vin doux naturel/natural sweet wine

스위트 와인은 고대부터 사랑받아온 와인이다. 옛날에는 발효 중인 와인에 열을 가해 효모의 작용을 중단시킴으로써 잔여 당분을 얻었다. 그리하여 이런 와인을 '익힌 와인vin cuit'이라고도 했다. 13세기 프랑스의 의사였던 아르노 드 빌네브Arnaud de Villeneuve가 아랍식 기술을 처음으로 도입했는데, 이는 발효 중인 와인에 도수가 높은 증류주를 첨가해 발효를 인위적으로 멈추게 하는 방식이다. 이렇게 만든 와인을 천연 스위트 와인이라 하며, 익힌 와인에 비해 오래 보관이 가능하다. 이 와인에는 리터당 당분이 50~200그램 함유되어 있으며, 발효를 멈추게 하는 데는 과일 증류주만 사용하도록 법으로 규정하고 있다.

클레레clairet

로마 시대에는 'vinum claretum'이라 했는데, 15~16세기에 가장 큰 보르도 와인 소비자였던 영국 사람들이 보르도의 와인을 그렇게 불렀다. 로제의 일종으로 대충 포도를 터뜨려 즙을 내어 주조한 와인으로, 색깔이 옅어 '회색' 와인 혹은 '연한' 와인으로 불리기도 했다. 주조도 간단하고, 오크통에 보관할 경우 1년 이상 보관이 가능했으며(이 시기에는 아직 병이 없었으므로 와인은 1년 이상 보관이 힘들었다), 게다가 화이트의 신선함과 레드의 강장 효과가 있는 것으로 여겨져 건강을 위해 의사들이 즐겨 추천하던 와인이었기에 많은 사람의 사랑을 받았다. 최근 들어 보르도 클레레clairet de Bordeaux가 다시 인기를 얻고 있기도 하다.

타닌tannin

타닌은 포도의 껍질, 씨 그리고 줄기에 들어 있다. 발효 기간이 길고 특히 포도 줄기 제거 작업을 하지 않고 압착했을 때 타닌의 함유량이 높아진다. 일반적으로 타닌이 가장 많이 든 세파주는 보르도 지역의 카베르네, 카오르Cahors 지역의 말베크malbec(코트cot 라고도 한다), 마디랑Madiran 지역의 타나tannat, 코트 로티 지역의 시라다. 타닌은 레드 와인의 바람직한 숙성을 위해 절대적으로 필요하며, 나이가 많이 든 레드 와인의 3차 향aromes tertiaires을 드러나게 해준다. 타닌이 지나치게 많으면 쓴맛이 강해 얼굴을 찡그리게 하고, 젊은 와인에서는 톡 쏘는 듯한 맛astringent이 난다.

토노tonneau/barrel or cask

누가 처음으로 토노를 만들었는지에 대해서는 이견이 있지만, 프랑스인의 조상인 골루와들이라는 설이 신빙성을 얻고 있다. 토노는 모양이나 크기가 각양각색이다. 하이델베르크 성에 가본 이들은 그 안에 있는 엄청난 규모의 와인 저장통을 보고 놀라움을 금치 못했던 기억이 있을 것이다. 이 역시 토노로 영어로는 배럴이다. 지구상에 존재하는 가장 대규모 토노는 1950년 제작되어 프랑스 남서부에 있는 것으로 자그마치 용량이 100만 리터나 된다. 반면 가장 작은 토노는 옛날에 사람들이 와인을 구매해서 집으로 들고 갈 때 사용했던 것으로 용량이 2~3리터에 불과하다. 유명한 보르도의 토노인 바리크barrique는 용량이 225리터다.

포도 수확vendange/wine harvest

포도 수확은 포도 농사 1년의 결실이다. 중세 시대에는 포도 수확을 위해 전쟁을 3~4주 멈추기도 했다니, 포도 수확이 얼마나 중요한 행사였는지를 짐작할 수 있다. 1591년 앙리 4세가 파리를 포위했을 당시 포도 농가를 소유한 부르주아들은 휴전을 허락받았으며, 군대의 보호를 받으며 포도를 수확했다. 20세기 초 당시 프랑스 대통령이었던 팔리에르Fallières는 네라크 Nerac 지역에 루피용Loupillon이란 포도 단지를 소유하고 있었는데, 수확기가 되면 매년 특별 기차 편으로 대통령 궁을 떠나 손수 포도를 수확하러 갔다니, 포도 수확의 중요성이 중세 시대에만 한정되었던 것은 아닌가 보다. 그리고 포도 수확기는 또한 축제의 시기이기도 하기에 수많은 프랑스 민요가 여기서 기원했다. 포도 수확이 있는 모든 마을에서는 흥겨운 축제가 벌어지고, 밤이 깊어지면 술에 취해 길거리에 뻗어 있는 사람들도 가끔 보인다.

포도즙mout

라틴어 mustum에서 유래했으며, 발효 전의 포도즙을 말한다.

플루트flute

플루트란 20세기 초 늘씬하게 길고 가는 와인 병에 주어진 이름이다. 이런 병을 처음 사용한 곳은 앙주였으며, 이후 알자스, 타벨 등으로 확산되었다. 최근에는 이탈리아와 오스트리아의 목이 긴 50센티리터 병을 이르기도 한다.

플루트는 또한 샹파뉴를 마시는 잔이기도 하다. 이 잔은 18세기부터 사용되었으며, 이 시기에 그려진 그림에 자주 등장한다.

혜성comet

옛날 프랑스 사람들은 혜성이 지나가는 해에는 공교롭게도 포도 수확이 풍성하고 좋았다는 사실을 관찰했다. 특히 1630년, 1811년, 1865년이 그랬다. 그러나 1986년 핼리혜성이 지나갔지만 평범한 빈티지였고, 1997년에는 헤일밥혜성이 지나갔는데 알자스, 부르고뉴 화이트, 발 드 루아르Val de Loire의 푸이Pouilly와 상세르를 제외하면 평균 정도의 빈티지에 지나지 않았다. 특히 한 해 전인 1996년에 뛰어난 빈티지인 것으로 보아, 혜성과 빈티지의 관계는 옛사람들의 믿음만큼이나 정확한 것은 아닌가 보다.

황soufre/sulphur

호메로스에 따르면 아킬레스는 제우스에게 와인을 헌주하기 전에 잔을 황으로 씻었다고 한다. 화산으로 유명한 이탈리아의 베수비오 황이 로마 시대 와인을 주조하는 데 사용되었다. 프랑스에서는 17세기부터 와인에 황을 첨가하는 것이 유행하기 시작했고, 오늘날까지도 그렇게 하고 있다. 이산화황을 사용하는데, 발효 전의 포도즙이나 와인에 첨가하면 해로운 박테리아의 번식을 막아준다. 사용량은 포도 수확 상태에 따라 다른데, 당분이 많은 화이트 와인moelleux의 경우, 이따금 양이 지나쳐 향과 맛에 영향을 미치며, 마신 후 머리를 아프게 하는 원인이 되기도 한다.

2. 교역, 법규

뱅 드 타블vin de table/table wine

등급상 최하위에 속하며, 생산량이 계속해서 줄어들고는 있지만 현재 프랑스 전체 와인 생산량의 절반을 차지하고 있다. 프랑스나 유럽연합 여러 지역에서 생산된 포도 중 하나의 세파주만으로 혹은 여러 세파주를 어셈블리해서 주조할 수 있다. 유럽연합 법에는 최소 알코올 도수가 8.5도, 최고 산도가 리터당 4.5그램이 되도록 규정하고 있다.

뱅 드 페이vin de pays

테이블 와인이나 다름없지만, 생산지를 명시해야 하는 규제 조항이 있다. 1973년부터는 최고 수확량(헥타르당 90~100헥토리터), 주조 방법 등에 대해서도 규제를 받는다. 뱅 드 페이는 세 가지 부류가 있다. 첫째, 지방region 명칭으로 지방 내 여러 지역을 포함한다. 예를 들어 랑그도크 지방의 페이 도크Pays d'Oc, 발 드 루아르 지방의 자르댕 드 프랑스Jardin de France 등이 있다. 둘째, 지역department 명칭이 있고(뱅 드 페이 드 보클뤼즈vin de pays de Vaucluse), 마지막으로 구역local 명칭이 있다(코트 뒤 타른Côtes du Tarn). 1997년에 프랑스에는 약 150여 개의 뱅 드 페이가 있었다.

원래 뱅 드 페이는 생산지 내에서 소비되었지만, 약 20년 전부터 생산도 늘고, 소비도 전국적으로 확산되고, 수출까지 하고 있다. 그리고 영미계의 모델인 세파주 와인도 뱅 드 페이의 카테고리에 속한다. 예로 발 드 루아르의 소비뇽, 랑그도크의 시라와 메를로 등이 있다. 프랑스의 뱅 드 페이에 준하는 유럽 다른 나라의 와인은 이탈리아의 vino tipico, 독일의 Landwein, 스페인의 vino de la tierra, 포르투갈의 vinho de mesa regional 등이다.

빈엑스포Vinexpo

세계 최대의 와인 전시회인 빈엑스포는 1981년부터 시작됐으니 그 명성만큼 아직 긴 역사를 지닌 것은 아니다. 세계 최상의 와인인 보르도 와인을 전시회에서 감히 다른 와인과 비교하는 것을 못마땅하게 생각했던 보르도 와인 생산자회Conseil interprofessionnel des vins de Bordeaux의 부정적인 태도에도 불구하고, 보르도 상공회의소의 발의로 탄생했다. 빈엑스포의 성공은 대단한 것이어서 첫 전시회 이후 15년 사이에 참가자와 방문자의 수가 무려 다섯 배나 증가했다. 이런 성공에 힘입어 1년에 한 번씩 열리고 있으며, 1988년에는 장소를 바꾸어 홍콩에서 개최되기도 했다.

새 와인 구매achat en primeur

최근 들어 인기를 끌고 있는 보르도의 유명 레드 와인을 판매하는 한 방식이다. 이런 판매는 포도 수확이 있는 그다음 해 봄부터 시작되며, 구매자는 주문 시에 대금을 지불한다. 와인은 샤토에서 숙성되고 병입되며, 판매 2

년 후에 구매자에게 배달된다. 보졸레 누보와 같은 새 와인vin de primeur과 혼돈이 없기를 바란다.

오스피스 드 본Hospice de Beaune

1435년 당시 부르고뉴 공국의 재무 담당관이었던 니콜라 롤랭Nicolas Rolin 과 그의 부인 기곤 드 살랭Guigone de Salins이 헌사한 기금으로 불쌍한 환자들의 수용과 병원생활을 위한 본 병원l'Hôpital de Beaune을 세운다. 그 당시 병원은 오늘날과는 달리 환자를 치료하고, 가난한 사람들을 돌보며, 여행자, 순례자 그리고 학생들에게 숙식을 제공하기도 하는 곳이었다. 본 병원은 1452~1971년까지 수녀회가 운영했다. 동시에 병원을 중심으로 코트 드 본과 코트 드 뉘 여기저기에 포도밭이 구성되었으며, 현재 약 61헥타르 정도다. 이곳에서 생산되는 포도로 와인을 주조하고 있다. 각 포도밭에는 오늘날까지도 여전히 그 당시 기증한 사람들의 이름이 붙어 있다. 세계적으로 유명한 오스피스 드 본의 1년에 한 번 있는 와인 판매는 1794년에 처음 시작되었으며, 오늘날과 같은 경매 방식은 1820년에 도입되었다. 경매는 매년 11월 마지막 일요일에 거행되며, 전날인 토요일에는 와인 시음회와 향연이 베풀어진다.

와인 잔

고대에도 고깔 모양의 뿔잔이 있었다. 역고깔 모양이니 테이블에 놓을 수는 없고, 마시고 나면 와인을 서비스하는 사람에게 건네주었다. 중세 시대에는 하납hanap이라는 사발 모양의 큰 유리잔이 있었는데, 식탁에 앉은 사람들이 돌아가면서 같은 잔에 와인을 마셨다. 독일 사람들은 파스글라스Pass-glass라고 한다. 밑바닥이 평평한 유리잔은 15세기에 처음으로 등장한다. 16세기에 들어와서 보헤미아, 실레지아 그리고 특히 베네치아에서 생산된 다리가 달린 큰 크리스털 잔이 유럽에 퍼져나간다. 오늘날에는 와인 산지마다 그 지역 와인에 맞는 고유의 잔들이 개발되어 있다. 와인 잔은 잔 자체가 어떤 향이나 맛을 지니고 있어서는 안 되고, 와인의 색깔을 관찰할 수 있도록 투명해야 하며, 향이 잔 윗부분에 집중될 수 있는 구조여야 한다.

우등한정와인VDQS(Vin Delimite de Qualite Superieure)

이 카테고리는 AOC를 획득할 수 없는 혹은 획득하고자 하지 않는 부류를 규정하기 위해 1949년 INAO에 의해 창설되었다. 세파주, 최고 수확량 등이 엄격히 규제를 받으며, AOC 획득을 위한 일종의 대기실이다. 약 30여 개의 VDQS가 존재하는데, AOC로 등급이 올라가는 경우가 많아 점점 그 수가 줄어들고 있다.

원산지명AOC(Appellation d'Origine Controlee)

1905년과 1911년 사이 와인에 당분을 과다하게 첨가하는 부정행위를 엄단할 목적으로 발표된 여러 법안은 '원산지 경계delimitation d'origine'를 처음으로 명시하고 있다. 원산지명의 탄생은 보르도와 부르고뉴에서는 힘들게, 그리고 샹파뉴 지역에서는 심한 산고를 겪고 나서야 가능했다. 원산지명에 대한 원칙은 1919년에 확정되었다. 문제는 어떻게 어떤 기준으로 원산지 경계를 정하느냐였다. 1927년에 발효된 법에 따라 '단순 생산지명appellation simple'이 실효되었다. 보르도 출신의 상원 의원이었던 조제프 카피스와 샤토네프 뒤 파프의 르 루와 드 부아조마리 남작은 와인의 질을 결정하는 기준(테루아, 세파주, 수확량, 양조기술)을 정의해야 한다고 열성적으로 주장했다. 마침내 1935년 7월 30일 법안에 의해 원산지명AOC이 탄생하게 되고, 동시에 AOC 와인의 기준 설정과 지정 그리고 통제를 위한 프랑스 와인 원산지명 국가 위원회le Comite National des Appellations d'Origine des Vins de France가 설립되었다. 이 위원회는 1947년에 국립원산지명연구소Institut National des Appel-lations d'Origine des vins et eaux de vie로 명칭이 바뀌었다. INAO로 더 많이 알려져 있다.

1936년에 최초로 발표된 AOC 지역은 보르도나 부르고뉴 등이 아니라 조금 생소한 쥐라의 아르부아Arbois, 프로방스 지역의 카시스Cassis, 코트 뒤론의 타벨Tavel, 루시용 지역의 몽바지야크다. 이후 수많은 AOC가 탄생했으며, 현재 400여 개가 넘는다. AOC에 선정되기 위해서는 재배 장소, 허용된 세파주, 최고 수확량, 포도 경작 방식 및 양조주법, 알코올 도수 등의 기준을 골고루 갖추어야 한다. 위 기준에 더해 1974년부터 와인 시음회를 의무화하는 조항을 첨가했다.

카바레cabaret

이 단어가 처음으로 사용된 시기는 13세기 말이며, '작은 방petite chamber'이라는 뜻이었다. 지금 우리가 알고 있는 카바레와는 달리, 손님이 와인을 구매해 가는 곳이자 동시에 와인을 마시고 음식도 먹는 장소였다. 18세기 말에 카페가 등장하면서 카바레는 경멸적인 의미를 지니게 되었다. 보르도에 샤토를 소유했으며, 와인의 아마추어였던 장자크 루소는 저서 『고백Con-fessions』에서 "카바레의 방탕한 사람들"을 견딜 수 없다고 선언했다.

1877년의 한 기록은 카바레를 "싸구려 주막으로 와인 소매를 하고 먹을 것도 주는 곳"이라고 묘사하고 있다. 당시의 경찰 보고서에 따르면, 카바레에서 사람들은 노름을 하고, 춤을 추고, 음모를 꾸미고, 매춘을 하고, 취한다고 나와 있다. 춤을 추고 취하는 곳이란 점에서는 지금의 카바레와 비슷하기도 하다. 여기서 음모란 당시 노동자들이나 혁명가들이 데모나 폭동을 준비하는 회동을 했다는 의미다.

카페café

카페는 원래 이국적인 산물과 그것의 판매를 의미했다. 최초의 카페는 1672년 파리의 루브르 박물관 근처 라인 강가에 문을 열었으며, 18세기에 접어들어 성행하기 시작했다. 카페에서는 샹파뉴와 같은 귀하고 비싼 와인을 판매했으며, 문학예술가, 사업가 혹은 여자들에게 환심을 사려는 남성들이 모여들었다. 카페는 19세기에 들어와 파리 이외의 지역으로도 확산되면서 민주화되었다. 1930년경에 '카페의 와인vin de café'이란 표현이 등장했으며, 잔이나 반 리터 병으로 판매하는 와인을 뜻했다. 지금의 카페에서는 커피와 와인을 비롯한 여러 종류의 음료를 판매하고 있으며, 식사도 가능하다.

크뤼cru

크뤼는 자라다, 커지다 등을 의미하는 동사 croitre에서 유래했으며, 처음으로 사용된 16세기에는 어떤 장소에서 생산된 산물을 가리키는 말이었다. 18세기에 들어와서야 생산된 와인의 품질과 관련된 의미로 발전한다. 보르도의 크뤼는 엄격한 기준에 따라 선정된 1885년의 리스트에 와인의 등급이 매겨져 있다. 보르도를 제외한 다른 지역에서는 오랫동안 크뤼라는 등급을 냉대했다. 1964년 발효된 법에 따라 그랑 크뤼grand cru라는 명칭을 사용할 수 있는 와인은 알자스, 바뉠, 부르고뉴, 샤블리, 샹파뉴다. 그러나 그랑 크뤼 클라세grand cru classe는 보르도에서만 사용이 가능하다.

크뤼 부르주아cru bourgeois

크뤼 부르주아란 명칭은 크뤼 노블cru noble, 크뤼 아르티상cru artisan, 크뤼 페이상cru paysan과 더불어 18세기에 등장한다. 이 같은 명칭은 와인의 품질에 근거한 것이 아니라, 와인을 생산하는 사람의 사회적 직위, 즉 부르주아, 귀족, 상공인, 농부에 따른 구별이다. 크뤼 부르주아만 오늘날까지 이어져오고, 나머지 명칭은 1789년 프랑스 대혁명 이후에 사라졌다. 1858년 아르망 다르말라크Armand d'Armailhac에 의해 처음으로 와인의 품질에 근거한 크뤼 부르주아 등급이 발표되었다. 메도크와 오메도크 지역의 크뤼 부르주아 소유주들이 모여 1962년 조합을 형성했고, 1978년에 127개의 크뤼 부르주아를 선정했다. 18개의 크뤼 그랑 부르주아 엑셉시오넬cru grand bourgeois exceptionnel, 41개의 크뤼 그랑 부르주아cru grand bourgeois, 68개의 크뤼 부르주아로 구성되었다. 이 등급 리스트는 격렬한 비판의 대상이 되어 없어졌고, 현재는 메도크와 오메도크 지역에 차등이 없는 1600여 개의 크뤼 부르주아만 존재한다. 이중에는 이름값을 하지 못하는 곳도 많다.

테루아terroir

보통 포도가 자라는 자연적·기후적 요소를 종합해 이르는 테루아의 개념은 복잡한 만큼이나 애매모호하기도 하여, 가끔 허위 광고가 나오기도 한다. 그러니 개념을 분명히 정리할 필요를 느끼게 되었고, 1991년 보르도에서 그리고 1996년에는 앙제Angers에서 테루아에 대한 분명하고도 엄격한 정의를 규명하기 위한 전문가 학회가 개최되었다. 이에 따르면 테루아란 동일한 성질의 여러 단위로 구성되어 있다. 지질학적·토양학적인 요소들(구성 요소의 배열과 조직, 분상체의 세립細粒, 흙의 두께, 미네랄 함유 상태, 화학적 구성 성분), 기후 조건(강우량, 기온, 일조량), 지형(고도, 경사, 햇볕 받는 위치) 등이다. 여기에다 인간적인 요소, 즉 포도 경작자와 와인 주조자를 첨가하는 사람들도 있다. 프랑스의 유명 지리학자인 자크 마비Jacques Maby가 이에 속하며, 그는 테루아를 다음과 같이 정의한다. "법적인 정의, 시골 풍경의 미학적 가치, 역사를 상기시키는 문화적 가치, 사회적 애정의 유산적 가치, 유명세의 미디어적 가치." 새로운 세계의 와인에 비해 프랑스의 유명 와인은 테루아의 와인이며, 이는 2000년 넘는 와인 문명의 표현이기도 하다.

포도 수확 양rendement/yield

1935년에 제정된 법률에 따라 모든 AOC에는 포도의 최고 수확량이 정해져 있다. 즉 헥타르당 수확할 수 있는 최고 양이 법으로 규정되어 있다는 뜻이다. 물론 와인의 질을 향상시키기 위하여 혹은 그 밖의 목적으로 수확량을 낮추는 것은 각 농가의 재량이다. 만약 최고 수확량을 초과할 경우 그해 수확한 모든 포도를 테이블 와인을 만드는 데 사용하게 하는 벌칙을 받을 수 있다. 현재는 INAO가 매해 AOC 지역마다 최고 수확량을 결정한다. 좋은 품질의 와인을 생산하기 위해서는 포도 수확이 많으면 어렵다. 그러하기에 짧은 가지치기나 녹색 포도 수확vendange verte을 통해 수확량을 낮추려고 한다. 녹색 포도 수확이란 8월에 포도송이가 맺힐 시기에 일정 양을 미리 잘라내는 것을 말한다.

3. 색깔, 향, 맛

공기 접촉aeration

와인을 마시기 전에 코르크 마개를 따놓든지 디캔트를 통해 와인을 공기와 접촉시키는 행위를 말하며, 그 목적은 오랫동안 병 속에 갇혀 있던 와인에 공기를 접촉시켜 색깔을 선명하게 하고 또한 방향을 촉진하기 위해서다. 그리고 이를 위해서는 마시는 와인에 적합한 잔의 선택과 와인을 잔 속에서 돌리는 행위도 중요하다.

광채brillance/brilliance

광채는 레드 와인이나 화이트 와인에 들어 있는 여러 종류의 산acids과 알코올, 즉 글리세롤에 의해 나타나는 현상이다. 와인의 표면을 밝은 곳에서 관찰할 때 색깔의 반사가 이루어지는 것을 말한다. 광채는 나이와 더불어 시들해지는데, 와인 속에 함유된 산이 줄어들기 때문이다.

균형 equilibre/balance

화이트 와인은 산도, 당도, 알코올의 세 가지 핵심적 구성 요소로 이루어져 있다. 이 세 가지 요소가 서로 상승작용을 하며 전반적인 균형을 이룰 때, '균형 잡힌' 와인이라 한다. 균형 잡힌 와인을 표현하는 데는 탄탄한 ferme, 녹은 fondu 혹은 불룩한 rond이란 형용사가 사용되는데, 산도 기준으로 부드러운 것과 신 것, 알코올 기준으로 옅은 것과 진한 것 그리고 당분 기준으로 낮은 것과 높은 것의 정도에 따라 결정된다.

레드 와인에는 화이트의 세 가지 요소에 네 번째 요소인 타닌이 첨가된다. 타닌의 함유량에 따라 밋밋한 mou, 담백한 gouleyant, coulant 그리고 떫은 apre, acerbe, 구조가 탄탄한 charpente 등으로 구분된다. 완숙함 maturite/maturity이라는 표현도 균형과 동의어로 사용된다.

노란색 jaune

화이트 와인은 이름과 달리 흰색이 아니다. 그러기에 노란색은 화이트 와인의 색깔을 규명할 때 가장 많이 사용되는 표현이다. 그러나 쥐라의 뱅 존 vin jaune(직역하면 노란색 와인이다)은 실제로는 갈색에 가깝다. 화이트 와인의 경우 레이블에 붙은 이름을 그대로 믿다가는 낭패를 볼 수 있으니 주의해야 한다.

떫은맛 apre/pungency

라틴어 asper에서 유래했으며, 와인의 톡 쏘는 듯한 astringent 맛이다. 와인의 이런 맛은 타닌 속에 사과산이 지나치게 많이 들어 있을 때 느껴진다.

보르도의 카베르네, 코트 로티, 에르미타주, 코르나스의 시라 등으로 주조한 타닌이 높은 어린 와인에서 약간 쓰고 떫으면서 톡 쏘는 듯한 맛이 나는데, 이는 와인의 질과는 전혀 무관하며 이런 맛은 나이와 더불어 사라지니 몇 년 인내하고 기다렸다 마시면 된다.

마데리자시옹maderisation

포르투갈의 섬인 마디라Madere에서 생산되는, 갈색에 독특한 맛을 지닌 와인에서 유래했으며, 와인의 올바르지 못한 산화를 지적하는 부정적인 표현이다. 원래 마데리자시옹은 아주 천천히 진행되는 산화를 의미하는데(실제 마데르 와인은 100년 이상 보관이 가능하기도 하다), 코르크 마개가 잘못되어 급격한 산화가 이루어진 문제가 있는 와인에 사용되는 표현이다.

메달medailles/medal

와인 레이블을 보면 무슨 경연대회 금메달 등의 문구가 적혀 있는데, 조심해야 한다. 수도 없이 많은 와인 전시회, 경연대회에서 무더기로 주어지는 것이 메달이다. 국가기관인 INAO나 국제기구인 OIV(International Organisation of Vine and Wine)가 공식적으로 인증하는 행사만이 신빙성을 지닌다. 중요한 것으로는 파리농산물 경연대회concours general agricole de Paris, 마콩에서 개최되는 프랑스 와인 경연대회Concours national des vins de France, 보르도의 빈엑스포와 합동으로 개최되는 블레이에Blayais와 부르제Bougeais 와인 경연대회, 그리고 보졸레의 샤토 데 라바티Château des Ravatys에서 열리는 세계 샤르도네 경연대회Concours des chardonnays du monde 정도에서 받은 메달은 믿을 만하다.

몸통corps/body

레드 와인의 의인화(사람의 인체에 비유) 중에 몸통 혹은 진한corse이라는 표현은 타닌에 의해 형성된 탄탄한 골조charpente와 달콤함moelleux과 높은 알코올 도수에서 오는 느낌을 총체적으로 표현하는 것이다.

바나나 향

약간 톡 쏘며, 과일이 지나치게 익은, 심지어는 썩은 향인데, 영국 캔디 bonbon anglais 혹은 아메리카 추잉 껌chewing gum american이라고도 한다. 발효 에 의해 생성된 기화성 물질로 너무 일찍 병입을 했을 때 병 안에 조금 잔 류하게 된다. 바나나 향은 1970년대 보졸레 누보에서 나는 주된 향이었다. 이 향은 원래 미숙한 와인 주조로 인해 발생했던 것인데, 보졸레 누보에서 느낄 수 있는 오리지널한 향처럼 광고되었다. 약 20년 전부터는 가메이의 고 유한 향인 작은 붉은 열매 향이 바나나를 연상시키던 향을 대신했다.

발사믹 향balsamique/balsamic

발사믹 향이란 송진, 백단, 향(피우는), 서양삼나무 등을 연상시키는 모든 종류의 향을 총칭한다. 발사믹 향은 제3차 향에 속하며, 특히 와인을 새 참 나무통에서 숙성시킬 때 이런 향이 강해진다.

부드러운doux/sweet

중세 시대에 '부드러운'이라는 표현은 마시기 편한 와인을 가리키는 데 사 용되었다. 17세기에 '부드러운'이란 형용사는 신acid, 초록의vert, 거친dur/hard 에 반대되는 표현으로 사용되었다. 오늘날 '부드러운'은 두 가지 구체적 의미 로 사용된다. 발효를 인위적으로 중단시켜 잔여 당분이 많은 화이트 와인vin blanc doux nouveau과 증류주를 첨가해 발효를 중단시켜 만든 당도가 높은 천연 스위트 화이트 와인vin doux naturel(VDN)이다. 부드러움을 표현하기 위해 'moelleux'란 어휘를 사용하기도 한다.

부케bouquet

부케는 여러 종류의 꽃으로 아름답고 조화롭게 만든 꽃다발이다. 와인에는 19세기 중엽부터 이 용어가 적용되기 시작했는데, 꽃다발을 의미하는 부케와 같은 의미로 쓰인다. 즉 다양한 향이 서로 조화를 이뤄 드러나는 복합적인 향을 뜻한다. 부케란 표현은 보들레르와 플로베르 등 작가들이 즐겨 사용하기도 했다.

사과 향pomme/apple

어린 화이트 와인에서 느낄 수 있는 제2차 향 중에서 가장 자주 그리고 확실히 나타나는 향이다. 샤르도네나 슈냉으로 주조한 화이트 와인, 그리고 피노 뫼니에pinot meunier를 다량 사용한 샹파뉴, 부르고뉴의 뫼르소meursault 등에서 사과 향을 쉽게 감지할 수 있다.

산acide/acid

와인에는 여러 종류의 산(사과산, 젖산, 주석산 등)이 들어 있는데, 산은 와인을 구성하는 핵심 요소 중 하나다. 만약 와인에 산이 없다면 무미건조하게 된다. 산은 와인에 광채, 신선함과 맛을 제공하며, 보관(늙음)을 가능하게 해준다. 산의 신맛은 맛을 구성하는 네 가지 요소(단맛, 짠맛, 쓴맛, 신맛) 중 하나이며, 혀를 비롯해 잇몸, 입천장 등을 통해 감지할 수 있다. 당분(발효를 거쳐 알코올이 된)과 신맛의 균형은 와인의 품질을 결정짓는 중요한 기준이 된다.

산화와 단절oxydation & reduction

와인이 공기와 접촉할 때, 산소는 타닌, 페놀 그리고 일부 산에 작용을 하여 와인의 특성을 바꾸어놓는다. 산소와의 접촉은 많은 경우 와인에 좋은 영향을 미치며(예를 들어 제3차 향을 드러나게 한다), 잘못되거나 지나칠 경우는 나쁜 결과(마데리자시옹 참조)를 유발한다. 산화의 반대는 단절reduction이다. 병입 후 산소와의 접촉이 완전히 단절된 상태를 뜻하며, 와인이 병 안에서 제3차 향(그을린 향, 동물 향 등)을 개발할 수 있도록 해준다. 그러나 단절은 또한 와인에 바람직하지 못한 맛과 냄새reduit를 가져올 수도 있다. 따라서 와인 전문가는 각 와인이 지닌 고유한 특성을 고려해 산화-단절oxydoreduction이 적절한 균형을 이루도록 각별히 주의를 기울여야 한다.

색의 변화evolution

와인은 나이가 들면서 제법 빠르게 색이 바뀐다. 화이트 와인의 경우 녹색이 나는 노란색에서 짚 색깔의 노란색, 황금빛 노란색, 황갈색으로 발전해간다. 로제 와인은 옅은 핑크(산딸기 색)에서 선명한 핑크(딸기색), 오렌지색 그리고 기와색으로 변한다. 레드 와인은 짙은 갈색에서 벽돌색 혹은 기와색으로 발전해간다. 색깔의 변화와 더불어 와인의 향과 맛도 변해간다.

시음degustation/tasting

시음가degustateur라는 단어는 17세기 프랑스 사전에 처음으로 나온다. 그 이전에는 맛보는 사람gouteur이라는 표현을 썼다. 오늘날 전문가들의 시음식에서는 시각적 양상, 향(진함과 질), 맛(진함과 질), 향의 지속성, 전체적인 느낌을 순서대로 기록한다. 와인 병을 가리고 아무런 정보도 제공하지 않은 채 하는 시음은 장님 시음degustation aveugle(블라인드 테이스팅)이라 한다. 그리고 소위 기하학적 시음이라 하여 수평적 시음과 수직적 시음이 있다. 전자는 같은 빈티지의 다른 와인을, 후자는 같은 와인의 다른 빈티지를 시음하는 것이다. 수직적 시음을 할 때는 가장 최근의 빈티지에서 시작하여 오래된 빈티지로 나아간다.

신맛vert, verdure

신맛이란 프랑스어를 직역하면 초록색이 나는/초록색의vert라는 뜻이 된다. 이는 아직 제대로 익지 않은 포도의 색깔이 녹색인 데서 연유한 것으로 보인다. 당연한 이치지만 설익은 포도로 와인을 주조하면 산도가 높아 신맛이 날 수밖에 없다. 비가 많이 오는 해에 이런 경우가 빈번한데, 1866년에 부르고뉴 지역에는 여름에 비가 너무 자주 와서 그해 와인은 신맛이 지나쳐 거의 마실 수 없을 정도가 되었고, 그리하여 비스마르크라는 별명을 얻게 되었다는 일화가 있다.

쓴맛amer, amertume/bitter

네 가지 기본 맛 중에 하나인 쓴맛은 타닌과 폴리페놀에서 연유하는데, 포도송이 줄기를 제거하지 않거나 지나치게 압착했을 경우 강하게 나타나며, 일부 세파주(가이야크 지역의 모자크mauzac, 랑그도크 지역의 픽풀piquepoul 등)의 특성에 의한 경우도 있다.

안토시아닌anthocyanin

포도 껍질에 함유된 폴리페놀류polypenolic 색소다. 레드 와인의 붉은색은 이 색소 양에 따라 결정되며, 안토시아닌의 함량은 세파주마다 다르다. 카오르의 코트, 마디랑의 타나tannat에는 이 색소가 풍부하며(리터당 500~600밀리그램), 부르고뉴의 피노 누아에는 적게 들어 있다(리터당 200밀리그램). 최근의 연구 결과에 따르면 안토시아닌은 심혈관계 질병과 알츠하이머 예방에 효과가 뛰어나다고 한다.

알코올

알코올은 에틸알코올과 메틸알코올 두 종류가 있다. 에틸알코올의 글리세롤은 와인에 끈끈함을 느끼게 하고, 와인을 잔 속에서 돌렸을 때 그 흔적, 즉 다리jambe를 그린다. 인체에 해로운 메틸알코올은 극소량이 들어 있지만, 건강에 해로운 정도는 아니다. 알코올은 와인의 단맛을 제대로 드러나게 하며, 부드러운 느낌을 준다. 산도에 의해 알코올이 제대로 밸런스를 잡지 못했을 때, 와인이 불붙는brulant다고 하며, 이런 와인을 삼키면 입안이 바싹 마르는 느낌이 든다. 알코올이 와인의 수많은 구성성분의 안정성을 지켜주고, 와인의 오랜 보관을 가능하게 해준다. 물을 마시는 것을 거의 본 적이 없는 몇몇 프랑스 친구는 식당에서 물도 주문할 거냐고 물으면, "와인은 보전conservation하는데, 물은 녹슬게 한다"라고 농을 하며 물 주문을 피해간다.

양념epices/spice

와인에서 양념을 말할 때는 우리 식으로 고추장, 간장, 된장을 연상하면 안 된다. 서양식 양념인 후추, 정향, 계피 등을 뜻한다. 알자스의 게뷔르츠트라미너만 예외로 하면 양념 향은 제3차 향에 속한다. 예를 들어 코트 로티처럼 시라만 혹은 샤토네프 뒤 파프처럼 시라가 중요 세파주인 레드 와인에서는 정향이 느껴지며, 이따금 후추 향을 동반하기도 한다. 오래된 메도크 와인에서는 계피 향이 자주 느껴진다.

에메랄드emeraude

광채를 띠는 옅은 녹색을 지칭하며, 마콩의 화이트 와인과 샤르도네로 주조한 푸이 퓌세나 생베랑Saint Vérand의 화이트 와인에서 느낄 수 있는 색깔이다.

와인의 색couleur/color

16~17세기에는 와인의 색을 표현하는 어휘가 가장 옅은 '창백한'에서 가장 짙은 '검은'까지 약 10개 사용되었다. 나머지는 흰blanc, 노란 황금색flave, 노르스름한jaunatre, 다갈색fauve, 옅은 붉은색rougelet, 짙은 다갈색roussatre, 붉은색rouge, 진홍색vermeil이었다. 1894년 음식과 와인 전문가였던 샤티용 플레시Chatillon-Plessis는 '와인 무지개arc-en-ciel des vins'를 작성했는데, 보라색(미국 세파주), 푸른색(포르투갈 세파주), 녹색(리슬링), 흰색(샤블리 등), 노란색(샤토 뒤켐, 에르미타주 등), 오렌지(뮈스카 등), 빨간색(부르고뉴 등)이었다. 진짜 무지개와는 달리 이 무지개는 쳐다만 봐도 취할 수 있다.

와인의 향과 맛

와인의 향과 맛을 언급하는 데는 보통 네 가지 방식이 있다. 첫째, 중세 시대부터 지금까지 해온 것처럼 일상적인 단순한 용어로 표현하는 것. 둘째, 17세기부터 시작된 수사적인 표현 방식(예를 들어 사랑스러운, 망나니 같은, 너그러운, 거친 등의 표현이 여기에 속한다). 셋째, 19세기 말부터 등장한 미학적인 표현으로 그림이나 건축을 설명하듯(예를 들어 향기fragrance, 화려함, 포동포동함, 몸체, 구조 등)하는 방식. 넷째, 최근부터 시작된 과학적인 표현으로 향과 맛을 과학적인 측정 기준에 근거하는(예를 들어 코달리caudalies) 경우 등이다.

유쾌하지 못한 맛과 향reduit

와인 병을 막 땄을 때 느껴지는 유쾌하지 못한 향과 맛은 와인 주조 시에 첨가한 잔여 황의 분해에 의한 것이다. 이런 맛과 향은 와인을 잔에 따른 상태에서 산소와 접촉하면 사라질 수 있다. 그러나 어떤 경우에는 썩은 계란이나 가스 같은 매우 불쾌한 냄새가 나기도 하는데, 이때는 지체 없이 버리는 것이 상책이다.

입bouche

와인을 말할 때 입이라는 표현은 모든 미각적 느낌sensation을 통틀어 일컫는다. 입안에서 한 가지 맛이 얼마나 오랫동안 유지되느냐를 말할 때는 길이longueur라고 하며, 그 길이의 측정 단위를 코달리caudalies라 한다. 1코달리는 1초 동안 맛의 여운이 입안에서 지속된다는 뜻이다. 보통 어린 화이트 와인은 3~4코달리, 나이 든 레드나 특별한 빈티지의 화이트는 20여 코달리까지 가능하다. 코달리라는 어휘는 꼬리를 의미하는 라틴어 cauda에서 유래했는데, 지금도 다양한 맛이 놀랄 만큼 조화를 이룬 와인이나 음식에 대해 공작새 꼬리queue de paon라는 재미있는 표현을 쓴다. 다양한 색깔이 멋지게 조화를 이룬 채 활짝 펼쳐진 공작새의 꼬리를 연상하면 될 것이다.

장막voile

단어의 원래 의미는 보자기, 베일이다. 화이트 와인에 적용될 때는, 필터링이 제대로 되지 않았거나 혹은 의도적으로 침전된 고체 물질과 함께 숙성시킨 화이트 와인의 경우 미세한 고체 물질이 병 안에 떠돌아다녀 흐릿한 상태를 뜻한다. 그 밖에도 운송 도중 심한 온도 변화를 겪은 와인에서도 이런 현상이 관찰된다.

제비꽃 향violette

꽃 향으로 화이트와 레드 와인 양쪽에서 느껴지는 향이다. 우선 샤르도네를 세파주로 사용하는 샤블리, 륄리le rully, 생베랑, 비오니에를 사용하는 콩드리외 등에서 자주 감지되는 향이다. 특히 제비꽃 향은 카시스(까막까치밥나무 열매) 향과 더불어 유명 부르고뉴 레드 와인을 대표하는 향이다. 역사학자인 가스통 루넬Gaston Roupnel은 레드 부르고뉴는 나이가 들어감에 따라 "봄 향기와 제비꽃 향으로 단장한다"라고 시적인 표현을 쓰고 있다. 와인 전문가인 질 쇼베Jules Chauvet에 따르면, 제비꽃 향은 그 밖에도 보졸레의 10개 크뤼 중 3개(플레리, 물랭 아방, 생타무르)에서 느낄 수 있다고 한다.

참나무 향tilleul/lime

여러 종류의 화이트 와인 세파주에서 쉽게 느낄 수 있는 꽃 향의 일종이다. 알자스의 리슬링 그랑 크뤼, 부브레이vouvray의 슈냉, 소테른의 세미용, 에르미타주의 루산roussanne 등과 같은 세파주에서 발견된다. 방당주 타르디브vendange tardive(늦은 포도 수확)로 주조한 와인의 경우는 참나무 향이 시간과 더불어 꿀 향으로 발전해간다.

초록빛vert

중세 시대에는 화이트 와인의 색깔을 규명하기 위해 사용되었다가, 나중에는 산도가 지나치게 높은 화이트 와인을 의미하게 됐다. 오늘날 초록빛이 도는 화이트 와인은 대단한 인기를 누리고 있으며, 베르 도레 데이vert dore d'Ay가 대표적으로 이 같은 색깔을 지니고 있는데, 아주 귀하게 여겨지는 샹파뉴다.

카시스cassis(까막까치밥나무 열매)

이 열매는 다소 생소하지만 와인의 향을 말할 때 자주 등장하기에 피해 갈 수 없다. 진주알 크기의 까만색 열매로, 시럽이나 잼, 칵테일 등에 첨가하는 리쿼liquor를 담는 데 사용하기도 한다. 전주로 잘 알려진 키르kir에 첨가하는 리쿼인 카시스 드 디종cassis de Dijon도 바로 이 열매로 만들어진다. 와인에서 까막까치밥나무 열매 향이란 두 가지 매우 다른 향을 드러낸다. 소비뇽을 세파주로 사용하는 화이트 와인(상세르, 푸이 퓌메 등)에서는 조금 매콤한 나뭇잎 향 혹은 까막까치밥나무의 꽃봉오리를 으깬 향이 난다. 가메이로 주조한 보졸레의 어린 와인과 특히 부르고뉴의 피노 누아에서는 잘 익은 과일 향이 난다.

코nez

와인학에서 코는 세 가지 의미를 갖는다. 첫째, 시음자에 대해 "그는 코를 가지고 있다Il a du nez"라고 할 때는 후각이 매우 발달했다는 뜻이다. 둘째, 와인에 대해 "이 와인은 코가 훌륭하다"라고 말할 때는 그 와인의 향이 풍부하다는 의미다. 셋째, 향이란 단어 대신 사용할 수 있다. 예를 들어 직역하면 꽃 향arome floral을 꽃 코nez floral라고 할 수 있다.

코르크 마개 냄새bouchone, gout de bouchon/corked wine

여러 추측이 있지만, 어떻게 해서 이런 불결한 냄새가 나는지는 아직 미스터리로 남아 있다. 어떤 경우에도 미리 예측할 수 없으니, 와인 병을 따고 코로 검사할 수밖에 없다. 다행히도 코르크 냄새가 나는 와인은 1000병에 2~3병이라 한다. 어떤 전문가들은 100병에 4~5병 정도라고 주장하는데, 조금 지나친 평가인 것 같다. 막 따서 공기와의 접촉이 충분하지 않은 일부 와인에서 미미한 코르크 냄새가 나기도 하는데, 이는 몇 분 지나면 자연적으로 사라진다.

톡 쏘는 듯한 맛astringent

와인에 의해 점액의 수축을 일으키는 물리적 작용을 뜻한다. 이런 작용을 하게 하는 핵심 요소는 타닌이다. 타닌은 와인의 종류에 따라 그 양이 다양한데, 화이트와 로제에는 조금, 일부 레드 와인용 세파주(타나, 코트, 카베르네, 시라)에는 많이 들어 있다. 레드 와인의 경우 이런 맛은 시간과 더불어 빠르게 줄어든다.

투명성limpidite/clearness

투명성은 와인을 채운 잔을 조명(자연광 혹은 램프 등) 앞에 위치시킬 때 가장 잘 관찰할 수 있다. 물론 배경(벽, 식탁보 등)은 흰색처럼 깨끗하고 단순한 것이 가장 좋다. 투명성은 와인 속에 떠돌아다니는 미세한 고체 물질이 없어야만 가능하다. 그러나 투명성에 너무 집착하여 필터링filtering을 과다하게 하다보면 미세한 잔여 고체 물질에서 얻을 수 있는 향의 풍부함이 손상을 입을 수 있다. 고체 물질은 저절로 분해되어 없어지거나 병 밑에 침전되기 마련이다.

트뤼프 향truffe/truffle

부르고뉴의 유명 레드 와인에서 느낄 수 있는 대표적인 향이 카시스(까막까치밥나무 열매) 향이라면, 송로(킬로그램당 100만 원을 호가하는 아주 희귀한 버섯의 일종으로 참나무 밑 땅속에서 자란다)는 보르도의 유명 레드 와인에서 느낄 수 있는 대표적인 향이다.

폴리페놀polyphenol

폴리페놀은 그 명칭 poly-에서 알 수 있듯이 여러 복합 성분으로 구성되어 있다. 크게 타닌 성분(포도 혹은 오크통에서 나온다)과 색소 성분(레드 와인의 안토시아닌과 화이트의 플라본)으로 구성되어 있다. 폴리페놀은 와인의 색깔과 맛의 형성에 영향을 미칠 뿐만 아니라 여러 질병의 예방에도 효과가 좋은 것으로 알려져 있다.(와인과 건강 참조)

향 arome/aroma, fragrance

와인 속에 들어 있는 냄새를 나게 하는 모든 구성성분의 특성을 가리켜 향이라 한다. 과거에는 냄새smell라고 표현했지만, 최근 들어서는 와인의 냄새를 표현할 때는 냄새라 하지 않고 향이라 한다. 와인의 향은 특성상 세 가지로 분류된다. 첫째, 제1차 향 혹은 단순 향 aromes primaires으로, 일부 세파주(특히 뮈스카데)의 포도 향을 말한다. 알다시피 와인에서 포도 향이 나는 경우는 매우 드물다. 둘째, 제2차 향 aromes secondaires은 발효과정에서 형성된 다양한 향을 뜻하며, 꽃 향, 과일 향 등이 여기에 속한다. 셋째, 제3차 향 aromes tertiaires으로 수개월 혹은 수년간 산화와 에스테르화를 통해 와인이 숙성되면서 점진적으로 형성되는 향이다. 여기에 속하는 향은 미묘하고 깊을 뿐만 아니라 어떤 향은 매우 특이하기도 하다. 버섯, 아몬드, 호두 등과 같은 식물 및 과일 향이 있는가 하면, 후추, 계피, 바닐라 같은 양념과 향료 향도 있고, 불에 그을린 향(구운 빵, 커피, 카카오)과 심지어 동물 향(털 향, 사슴이나 멧돼지 고기 향, 사향 향)이 나는 와인도 있다.

이 향들이 모두 와인에서는 좋은 향이라면, 나쁜 냄새가 발견되는 와인도 적지 않다. 특별한 기후 조건으로 너무 빨리 익은 카베르네로 주조한 와인에서는 푸른 피망 향이 그리고 소비뇽으로 주조한 일부 와인에서는 고양이 오줌 냄새가 나는 것도 있다. 특히 주조나 보관에 문제가 있을 때 황 냄새, 코르크 냄새 등 역겨운 냄새가 난다. 나무 향은 미국인들이 특히 좋아하는 향인데, 지나칠 경우 와인의 다른 향들을 모두 엉망으로 만들어버린다. 아주 유명한 몇몇 와인에서 배어나는 나무 향은 형언할 수 없을 정도로 유쾌하지만, 대부분 평범한 참나무 차향이라 바람직하지 못하다.

화약 향 Pierre à fusil

일부 와인에 들어 있는 미네랄 향인데, 열을 가한 부싯돌(규석)이나 화약

탄 냄새로 느껴진다. 특히 여러 종류의 화이트 와인 세파주에서 만날 수 있는 향이다. 상세르 지역의 소비뇽, 소뮈르 지역의 슈냉, 샤블리 지역의 샤르도네, 부르고뉴의 알리고테 등이며, 규석 성분이 많은 점토질 토양에서 이런 세파주를 재배할 때 나는 향이다.

훈제|fume/smoked

훈제된 식료품(훈제 햄이나 소시지 등)과 비슷한 향과 맛이다. 고대에는 지하 보관창고가 아니라 굴뚝이 지나가는 다락방에다 와인을 보관했기에 자연 연기 냄새가 와인에 배어들었다. 오늘날 제3차 향에 속하는 훈제 향은 알자스의 피노 그리pinot gris, 오래된 그라브와 포머롤의 레드 와인에서 느낄 수 있으며, 높이 평가되는 향이다.

와인과 관련된 영화 및 다큐멘터리

007 시리즈를 비롯해 유명 영화나 드라마에는 와인이나 샹파뉴가 자주 등장한다. 그리고 특정 영화에 와인이 나오는 장면은 그 자체가 애호가들 사이에서 화젯거리가 되기도 한다. 영화 속에서 좋아하는 배우들이 마시는 와인은 한번쯤 구해서 마셔보고 싶은 호기심을 불러일으키기에 충분하다. 그러나 다큐멘터리를 제외하면, 막상 와인을 중심 주제로 다룬 영화는 의외로 많지 않다. 물론 어디까지를 와인 영화라고 규정해야 할지도 애매하다. 여기서는 지극히 주관적 관점으로 와인에 관심 있는 사람들이 흥미를 느낄 만한 와인 영화 15편과 와인을 다룬 다큐멘터리 5편을 선별하여 소개한다.

와인 영화

1. 사이드웨이Sideways

미국, 2005, 123분

감독: 알렉산더 페인

출연: 폴 지어마티, 토머스 헤이든 처치, 버지니아 매드슨, 샌드라 오

이혼남인 중년 교사이자 작가 지망생인 마일스가 결혼을 앞둔 친구 잭의 총각 파티를 위해 함께 와이너리로 주말 여행을 떠나면서 일어나는 사건 사고들을 다룬 로맨틱 코미디. 영화의 배경은 로스앤젤레스에서 북쪽으로 약 2시간 거리에 위치한 산타바바라의 와이너리들이다. 이 지역에는 200여 개의 와이너리가 있는데, 와이너리와 레스토랑을 돌면서 주인공들이 다양한 와인을 테이스팅하는 와중에 코믹한 로맨스도 발생한다. 이 영화에는 와인 시음에 관해 배울 것도 많지만, 인생에 직진만 있는 것은 아니라는 나름의 철학도 담겨 있다.

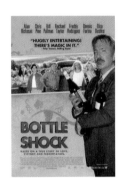

2. 와인 미라클Bottle shock

미국, 2008, 106분

감독: 랜들 밀러

출연: 크리스 파인, 앨런 릭먼, 빌 풀먼, 레이철 테일러

프랑스 와인의 콧대를 납작하게 만든 충격적인 사건이 있었다. 1976년 5월 26일 파리에서 열린 블라인드 테이스팅(레드와 화이트 와인 각 10종)에서 모두의 예상을 뒤엎고, 프랑스의 최고 와인들을 물리치고 캘리포니아 와인이 레드와 화이트 모두 1등을 차지한 실화를 담은 영화. 세기의 사건으로 간주되는 이 행사인 '파리의 심판' 장면을 실감나게 재현함과 동시에 최상급의 와인을 주조하려는 인간의 끊임없는 노력과 장인정신을 잘 보여준다. 영화의 촬영지는 나파 밸리 지역에 위치한 샤토 몬텔레나다.

3. 부르고뉴, 와인에서 찾은 인생Ce qui nous lie

프랑스, 2018, 113분

감독: 세드리크 클라피슈

출연: 피오 마르메, 아나 지라르도, 프랑수아 시빌

답답함을 느껴 고향을 떠났던 장이 아버지가 위독하다는 소식을 듣고 10년 만에 고향인 부르고뉴로 돌아오는 장면에서부터 영화는 시작된다. 아버지 사후, 삼남매(장, 쥘리에트, 제레미)가 아버지가 유산으로 남긴 부르고뉴 와이너리에서 아버지의 장인정신을 이어받아 더욱 훌륭한 와인을 만들어 가는 과정에서 일어나는 남매간의 긴장과 갈등 그리고 사랑을 잔잔하게 그리고 있다. 부르고뉴에서의 포도 수확과 이어서 벌어지는 축제, 와인을 주조하는 과정을 상세히 볼 수 있다.

4. 너는 내 아들이 될 것이다Tu seras mon fils

프랑스, 2011, 국내 미개봉

감독: 질 르그랑

출연: 닐스 아레스트루프, 로랑 도이치, 안 마리뱅, 파트리크 슈네

생테밀리옹에서 전통과 명성을 자랑하는 와이너리 주인 폴은 포도 수확을 몇 주 앞둔 어느 날, 와인 주조자 프랑수아가 불치병에 걸려 시한부 판정을 받게 되었음을 알게 되면서 와이너리의 앞날을 걱정하게 된다. 부친의 중병 소식에 프랑수아의 아들인 필립이 돌아오면서 갈등이 벌어진다. 폴은 자신의 아들인 마르탱이 힘겹게 노력하지만 와이너리의 전통을 이어갈 만큼 재능도 없고, 미덥지 못하자 필립을 자신의 후계자로 만들고자 공을 들인다. 그 와중에 양가의 미묘한 갈등이 빚어지고, 필립이 후계자가 되면 앞으로 더 큰 문제가 발생할 것을 염려한 프랑수아는 죽기 며칠 전, 발효가 한창 진행 중인 지하 셀러에 홀로 들어간 폴을 뒤따라가서 밖에서 문을 걸어 잠가 그를 살해한다.(발효가 한창 진행 중일 때는 다량의 이산화탄소가 발생하기에 환기가 되지 않으면 질식사하게 된다.)

5. 어느 멋진 순간A good year

미국, 2006, 118분

감독: 리들리 스콧

출연: 러셀 크로, 마리옹 코티야르

남프랑스 뤼베롱 지역의 고르드에 있는 와이너리를 배경으로 펼쳐지는 영화. 런던 증권가의 잘나가던 펀드 매니저 맥스는 와이너리를 경영하던 삼촌의 부음을 받고, 와이너리를 매각하러 갔다가 인생의 극적인 반전을 맞이한다. 화려한 만큼 드라이한 런던에서의 삶에서는 느낄 수 없는 새로운 삶의 가치를 발견하고, 삼촌 앙리의 친딸인 크리스틴과의 만남을 통해 사랑의 진정한 의미를 깨닫게 된다. 프랑스 남부 론과 알프스 사이에 위치한 아름다운 고르드 주변의 고색창연하면서도 목가적인 풍경이 눈을 즐겁게 해주는 것은 덤. 우리말 영화 제목처럼 와인도 사랑도 어느 멋진 순간에 기적처럼 오는 것인지도 모른다.

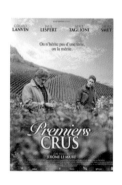

6. 프리미에 크루Premiers crus

프랑스, 2015, 97분

감독: 제롬 르 그리스

출연: 제라르 랑뱅, 자릴 레페르, 알리스 타글리오니

아들 샤를리가 와이너리를 떠난 후, 프랑수아 마레샬은 와인 제조에 흥미를 잃게 되고, 그 결과 와이너리는 도산 위기에 빠진다. 이런 상황을 알게 된 샤를리는 파리에서 성공적으로 운영하던 와인 가이드북 사업을 접고 아버지를 돕기 위해 고향 부르고뉴로 내려온다. 그러나 두 부자의 재회는 그리 살갑지 않았고, 와이너리 운영 방식을 두고 심각한 갈등을 빚는다. 아버지의 의사와는 달리 아들은 전통적인 방식으로 와인을 주조하고자 한다. 기계화나 현대적 양조 기술의 도입을 거부하고 그야말로 옛날 방식 그대로 와인을 만들고 싶었던 것이다. 아버지의 반대에도 불구하고 샤를리가 연인의 도움을 받으며 암포라에서 자신이 주조한 와인을 숙성시키려는 자신의 뜻을 관철해가는 과정을 그린 영화.

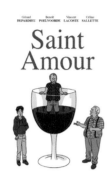

7. 생타무르 Saint Amour

프랑스/벨기에, 2016, 102분, 국내 미개봉

감독: 브누아 들레핀, 귀스타브 케르베르

출연: 제라르 드파르디외, 브누아 포엘부르드

매년 브루노는 농업 전시회에 참석해 와인 부스를 돌며 시음을 해왔다. 그런데 올해는 그의 아버지 장이 소 콘테스트에서 챔피언이 된 황소 나뷔쇼도노조르를 농업 전시회에 출품시키기 위해 아들과 가까워지고자 부자가 함께하는 와이너리 투어를 결정한다. 장은 생타무르('사랑의 성인'이란 뜻으로 보졸레의 10대 크뤼 중 하나가 생산되는 지역 명칭이자 그 지역에서 생산하는 와인 명칭)에서 와인을 닥치는 대로 마셔대는 것만큼 사랑도 닥치는 대로 즐긴다. 장 역할을 맡은 드파르디외는 실제로 여러 개의 와이너리를 소유하고 있으며, 와인을 엄청나게 마시는 걸로도 유명하다. 나뷔쇼도노조르는 샴페인이 15리터나 들어가는 어마어마하게 큰 병을 지칭한다.

8. 산타 비토리아의 비밀 The secret of Santa Vittoria

미국, 1969, 139분

감독: 스탠리 크레이머

출연: 앤서니 퀸, 안나 마냐니, 비르라 리시, 하디 크뤼거

이탈리아 북부의 산타 비토리아는 훌륭한 와인의 생산지로 유명하다. 영화는 제2차 세계대전 당시 이탈리아를 점령한 독일 군대가 무려 100만 병의 와인을 공출할 것을 요구하면서 시작된다. 이런 소식을 접한 마을 사람들은 급기야 마을의 비밀 동굴에 자신들이 생산하고 비축해온 와인을 숨기는 숨 가쁜 작전에 돌입하게 된다.

9. 프렌치 키스French Kiss

미국, 1995, 115분

감독: 로런스 캐스던

출연: 멕 라이언, 케빈 클라인, 장 르노

순진한 역사 교사 케이트는 의사인 찰리와 약혼한 사이다. 고소공포증을 앓고 있는 케이트는 찰리의 파리 출장에 함께할 수가 없어 혼자 남게 되는데, 얼마 후 케이트는 찰리로부터 새로운 여자를 만났다는 전화를 받고, 고소공포증도 아랑곳 않고 파리행 비행기에 오른다. 찰리와 그의 애인이 파리를 떠나 칸으로 향하자 케이트는 그들을 뒤쫓고, 비행기 안에서 만난 남자 뤼크는 그녀를 도와주겠다고 나선다. 그러나 칸으로 가는 여정에서 그들은 프로방스의 한 와이너리에 기착하면서 뤼크의 속셈이 드러난다. 자신의 와이너리를 만들기 위해 신품종 포도 묘목과 다이아몬드 목걸이를 세관 검사를 피하기 위해 케이트의 짐에다 몰래 집어넣었던 것이다. 뤼크는 어린아이처럼 순진무구한 케이트에게 끌리는 자신을 발견하면서 새로운 반전을 맞는다.

10. 소믈리에의 범죄Vinodentro

이탈리아/독일, 2014, 국내 미개봉

감독: 페르디난도 비첸티니 오르냐니

출연: 빈첸초 아마토, 조반나 메조조르노, 랑베르 윌슨

수줍음을 많이 타고 가정에 충실한 평범한 은행원이었던 조반니 쿠틴의 삶은 트렌토trento 지역에서 생산되는 마르체미노Marzemino 라는 와인을 마신 후 완전히 바뀐다. 마르체미노는 모차르트의 오페라 「돈 조반니」에도 언급되는 전설적인 와인이다. 이 와인을 마신 후 그는 직장에서 빠르게 승진을 거듭하며, 또한 예전과는 다르게 여성 편력도 화려해진다. 그의 아내 아델르가 살해당할 때까지 모든 일이 순조롭기만 했다. 그러나 아내의 살인 용의자로 지목되면서 그의 인생은 또 한 번 새로운 소용돌이 속으로 빨려든다.

11. 새 보졸레가 도착했다Le Beaujolais nouveau est arrivé

프랑스, 1978, 92분

감독: 장뤼크 불포

출연: 장 카르메, 미셸 갈라브뤼, 피에르 몬디, 파스칼 로베르

주변 친구들로부터 늙은 백작 부인의 와이너리에서 생산하는 보졸레를 여러 팔레트 구매하자는 요청을 받은 카마뒬르는 자신만큼이나 와인 애호가인 절친 카멜 그리고 르 카피탱과 함께 보졸레 지역으로 와인을 구매하러 떠난다. 그리고 그는 떠나기 전에 친구들로부터 모든 구매 비용을 부담한다는 약속을 받는다. 세 명의 친구는 보졸레 지역에서 우여곡절을 겪은 후, 트럭 한가득 와인을 싣고 기쁜 마음으로 파리로 돌아온다. 참고로 프랑스에서는 매해 11월 셋째 주 목요일부터 거의 모든 레스토랑의 테이블 위에 'Le Beaujolais nouveau est arrivé'란 텐트가 놓인다.

12. 코크드Corked

미국, 2009, 90분

감독: 로스 클렌데넌, 폴 홀리

출연: 로스 클렌데넌, 벤 톨핀, 마르티나 핀치, 토드 노리스, 제프리 와이즈먼

와인 영화치고 제목부터가 심상치 않다. 이 코미디 영화는 거들먹거리기 좋아하는 북부 캘리포니아의 유명 와이너리 네 곳과 그들과 연결된 와인 비즈니스의 내막을 매우 신랄하고 해학적으로 묘사한다. 한 평론가는 이 영화를 다큐멘터리를 패러디해서 놀린다는 뜻의 'mockumentaries'라고 하기도 한다. 많은 과장과 믿거나 말거나 식의 얘기가 난무하는 와인의 주조 과정, 마케팅, 와이너리 명가들의 일상 등을 가식 없이 그러나 매우 비판적이고 코믹한 방식으로 풀어내는 유쾌한 영화.

13. 맛있게 드십시오L'aile ou la cuisse

프랑스, 1976, 104분

감독: 클로드 지디

출연: 루이 드 퓌네스, 안 자카리아스, 콜루슈

프랑스에서 엄청난 성공을 거둔 이 코미디 영화는 1970년대부터 프랑스에서 문제로 부각된 거대 식료품 산업이 생산한 제품에 대한 신랄한 비판을 보여준다. 유명 레스토랑 가이드북의 책임자이자 프랑스 전통 고급요리의 수호자인 샤를 뒤슈맹과 거대 식료품 산업의 회장인 자크 트리카텔 사이에 벌어지는 치열한 논쟁과 암투가 매우 코믹하고 긴장감 넘치게 진행되며, 그 와중에 시식과 와인 시음에 대한 매우 재미난 장면도 등장한다.

14. 가을 이야기Conte d'automne

프랑스, 1998, 110분

감독: 에리크 로메르

출연: 마리 리비에르, 베아트리체 로망, 알랭 리보, 디디에 상드르

5년 전에 남편과 사별한 마갈리는 아르데슈에서 포도 농사를 지으며 생활한다. 어릴 적부터 마갈리와 친구인 이사벨은 남녀 간의 만남을 주선하는 광고지에 남자를 찾는다는 광고를 내고, 제라르라는 남자를 만난다. 세 번째 만날 때 이사벨은 제라르에게 자신은 결혼을 했으며, 행복한 생활을 하고 있다고 고백하고는 자신의 친구인 마갈리를 소개시켜주겠다고 제안한다. 두 남녀 간에는 사랑의 감정이 싹튼다. 영화의 내용은 와인과 직접적인 관련이 없지만, 아르데슈 지방의 아름다운 자연과 포도밭, 포도 수확 장면 등이 인상적이다.

15. 바베트의 만찬Babette's Feast
덴마크, 1987, 102분

감독: 가브리엘 악셀

출연: 스테판 오드런, 비르기테 페데르스피엘, 보딜 키예르

덴마크 바닷가 작은 마을의 착하고 순박한 두 자매 마티나와 필리파의 삶을 잔잔하게 다룬 영화. 젊은 날의 사랑과 추억은 모두 마음 속에만 담아둔 채 세월은 흐르고, 어느 날 필리파의 연인이었던 파판의 편지를 들고 바베트라는 여자가 찾아온다. 새로운 가족이 되어 살아가던 바베트에게 엄청난 복권이 당첨되는 행운이 찾아오자, 그녀는 소박한 이 작은 시골 마을에 최고의 만찬을 준비하는데, 이 과정에서 독특한 음식과 다양한 와인들이 등장하여 보는 이의 입맛을 한껏 돋운다.

다큐멘터리

1. 몬도비노Mondovino
프랑스/아르헨티나/스웨덴/미국, 2004, 135분

감독: 조너선 노시터

세계적 와인 전문가로도 유명한 조너선 노시터가 이번에는 카메라 뒤에 섰다. 돈과 권력이 모든 가치의 기준이 되는 글로벌 사회에서 와인도 예외일 수 없다. 세계화, 규격화, 대량화, 자본화되어가는 와인 세계에서, 그나마 테루아의 맛을 지키려는 장인정신을 지닌 와이너리와 그들이 생산하는 와인의 가치에 초점을 맞춘다. 다분히 반세계화란 철학을 의도적으로 깔고 있다. 또한 엄청난 암투와 시기와 협잡이 난무하는 와인 시장 내부의 권력구조도 비판적인 시각으로 들여다본다.

2. 솜: 인투 더 보틀Somm: into the bottle

미국, 2012, 93분

감독: 제이슨 와이즈

미국 샌프란시스코 베이 에어리어Bay Area에서 시작하여 간단히 와인의 역사를 언급한 후, 이언 코블, 더스틴 윌슨, 린 프록토, 브라이언 매클린틱 등 네 명의 소믈리에가 세계에서 가장 힘들기로 소문난 '마스터 소믈리에Master sommerlier' 시험을 준비하는 힘든 과정을 긴장감과 박진감 넘치게 보여준다. 와인에 관심 있고, 특히 소믈리에를 준비하는 사람들에게 매우 유익할 것이다.

3. 테루아의 열쇠La clef des terroirs

프랑스, 2011, 82분

감독: 기욤 보댕

테루아와 그것을 보존하고 지키려는 와인 농가와 주조자의 노력을 다방면으로 보여주는 다큐 영화. 포도밭에서 어떻게 농사를 짓고, 어떻게 와인을 주조하는지 등에 대해 아주 상세히 설명한다. 직접 와이너리를 찾아가 인터뷰를 통해 현장의 생생한 목소리를 담고 있으며, 그중에는 로마네 콩티의 주인인 오베르 드 빌렌을 비롯해 테루아를 소중히 여기는 프랑스의 여러 중요한 와이너리 주인들이 등장한다.

4. 타짜의 와인Sour grapes
미국, 2016, 86분
감독: 제리 로스웰, 루벤 아틀라스

와인 사기와 관련된 범죄를 다룬다. 한때 할리우드 유명 배우를 비롯해 많은 저명인사에게 희귀한 최상급 와인 공급자로, 그리고 세계 최고의 와인 콜렉터로 이름을 날린 루디 쿠니아완은 1976년 인도네시아 자카르타에서 태어났다. 그가 저지른 희대의 와인 사기행각은 그가 2012년 3월 8일 FBI에 의해 전격 체포됨으로써 막을 내린다. 이후 뉴욕 법정에서 10년형을 구형받았다. 이 다큐를 통해 와인, 특히 고급 희귀 와인들이 얼마나 사기 범죄에 노출되어 있는지 실감할 수 있다.

5. 와인의 정신l'esprit du vin
프랑스, 2011, 90분
감독: 올랭프 & 이봉 맹비엘

대량생산과 이에 따른 과도한 농약 살포, 규격화된 주조 공법 등에 대한 문제점을 꼼꼼히 따지면서, 각 테루아가 지닌 고유한 특성에 충실하면서도 친환경적 포도농업biodynamie과 주조 방식을 택한 와이너리를 집중 조명한다. 이런 정신으로 포도를 키우고 와인을 만드는 사람들의 생생한 인터뷰도 인상적이다.

프랑스 와인 지도

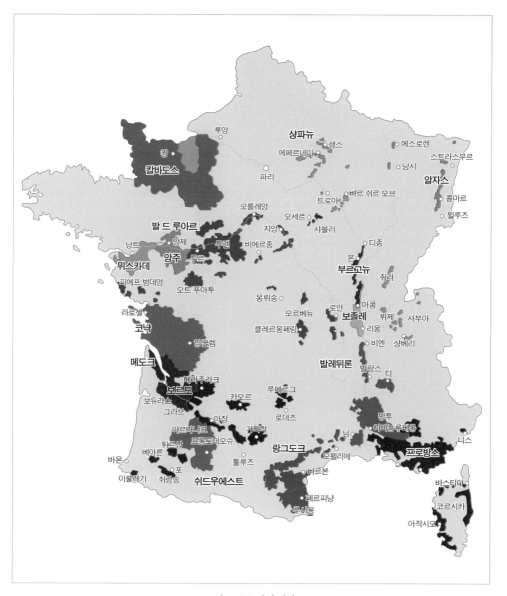

샹파뉴
루앙
에페르네이   랭스
메스로렌
스트라스부르
낭시
알자스
콜마르
파리
바르 쉬르 오브
뮐루즈
오를레앙   트로아
발 드 루아르
오세르
디종
낭트   앙제   투렌   비에르종
샤블리
본
부르고뉴
뮈스카데   앙주   투르
쥐라
피에프 벙데엉
오트 푸아투
마콩
라로셸   몽뤼송
오르베뉴   로안
뷔제   사부아
코냑   클레르몽페랑
보졸레
리옹
앙굴렘
비엔   샹베리
메도크
발레뒤론
발랑스   디
보르도   베라주라크
루에르그
보두라스   카오르
그라브   아쟝   로데즈   님   방투   아비뇽루네롱
니스
아르마니크   가이악   프로방스
투르상   프롱톤데오슈
바욘   베아른   랑그도크   몽펠리에
바스티아
이룰레기   포   툴루즈   나르본
쥐랑송   쉬드우에스트   페르피냥   코르시카
루시용
아작시오

프랑스 주요 와인 산지

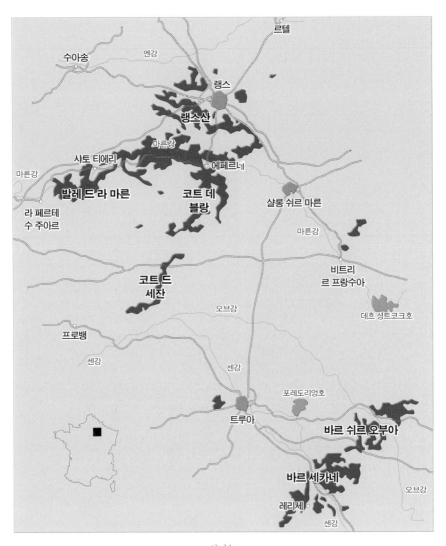

르텔

수아송   엔강

                              랭스
                          랭스산

                   마른강
       샤토 티에리   에페르네

마른강
       발레 드 라 마른   코트 데
                          블랑   샬롱 쉬르 마른
라 페르테
수 주아르   마른강

                                          비트리
                    코트 드   르 프랑수아
                    세잔
                          오브강   데흐 성트코크호

    프로뱅

    센강   센강

                          포레도리엉호

                    트루아   바르 쉬르 오부아

                                   바르 세카네
                                                오브강
                          레리세
                                   센강

상파뉴

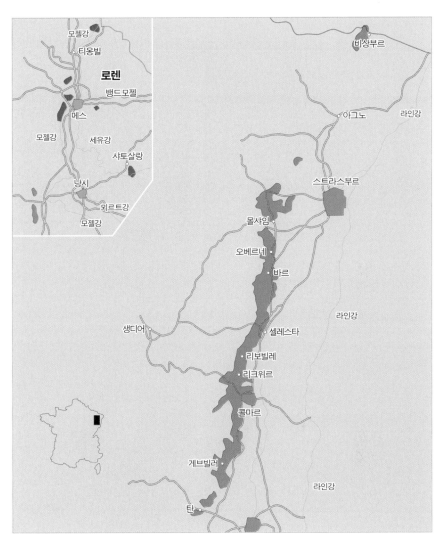

모젤강

티옹빌

로렌

뱅드모젤

메스

모젤강

세유강

샤토살랑

낭시

뫼르트강

모젤강

비상부르

아그노

라인강

스트라스부르

몰샤임

오베르네

바르

생디어

셀레스타

라인강

리보빌레

리크위르

콜마르

게브빌러

라인강

탄

알자스

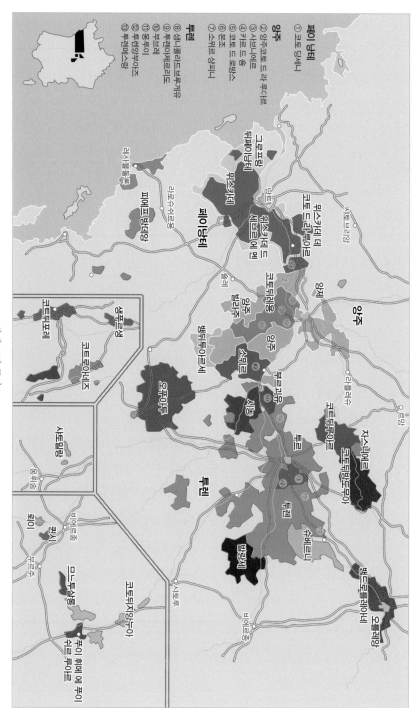

발레 드 라 루아르

페이 낭테
① 코트 뒤 세니

앙주
② 앙주코토 드 라 루아르
③ 사브니에르
④ 카르 드 숌
⑤ 코토 드 로방스
⑥ 본조
⑦ 소뮈르 샹피니

투렌
⑧ 생 니콜라 드 부르게유
⑨ 부르게유
⑩ 부브레
⑪ 몽루이
⑫ 투렌앙부아즈
⑬ 투렌메슬랑

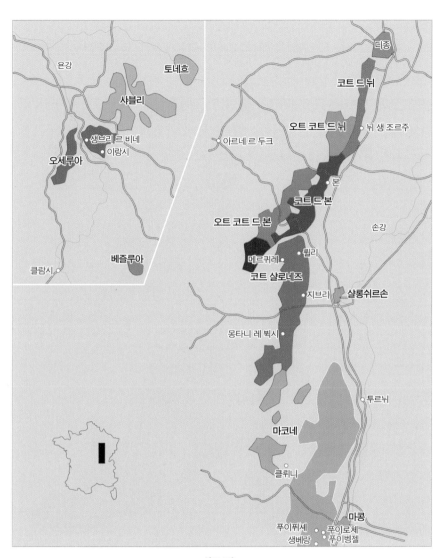

부르고뉴

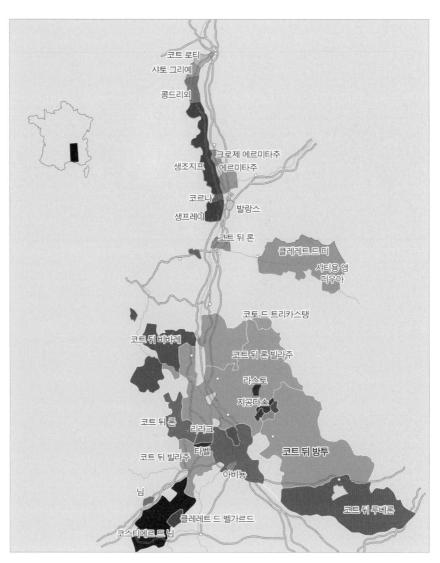

코트 로티
샤토 그리예
콩드리외

크로제 에르미타주
에르미타주
생조지프
코르나
생프레이
발랑스
코트 뒤 론
클레레트 드 디
샤티용 앵 디우아

코토 드 트리카스탱
코트 뒤 비바레
코트 뒤 론 빌라주
라스토
저공다스
코트 뒤 론
리라크
코트 뒤 빌라주
타벨
아비뇽
코트 뒤 방투
님
클레레트 드 벨가르드
코트 뒤 루베론
코스티에르 드 님

발레 뒤 론

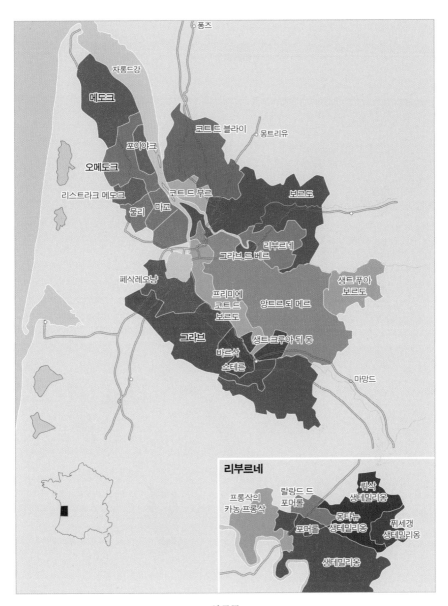

자롱드강

메도크

포이야크

오메도크

코트드 블라이

몽트리유

리스트라크 메도크

코트 드 부르

물리

마꼬

보르도

그라브 드 베르

리부르네

페삭레오냥

생트 푸아
보르도

프리미에
코트 드
보르도

앙트르되 메르

그라브

생트크루아 뒤 몽

바르삭
소테른

마망드

리부르네

프롱삭의
카농 프롱삭

랄랑드 드
포머롤

뤼삭
생테밀리옹

몽타뉴
생테밀리옹

포머롤

퓌세갱
생테밀리옹

생테밀리옹

보르도

쉬드 우에스트남서부

님
뮈스카 드 뤼넬
몽펠리에
클레레트 드
랑그도크
뮈스카 드
미레발
뮈스카 드 프롱티냥
포제르
생시니앙
세트
카바데스
미네르부아
코토 뒤 랑그도크
코트 뒤 말레페르
코르비에르
블랑케트 드 리무
크레망 드 리무
피투
뮈스카 드 리브살트
모리
코트 뒤 루시용 빌라주
페르피냥
코트 뒤 루시용
콜리우르

랑그도크-루시용

세계에서 출간되는 와인 관련 서적은 웬만한 도서관 하나쯤은 가득 채우고도 남을 정
도로 많고 다양하다. 그리고 와인의 특성상 매해 새로운 책들이 새로운 빈티지처럼 쏟
아져 나온다. 그중에는 읽을 만한 것도 많지만 우리 형편에 맞지 않거나 혹은 내용 자
체가 정말 형편없는 것도 많다. 따라서 와인에 대한 참고 서적과 자료를 간단히 정리하
기가 그리 간단하지만은 않다. 이 책을 위해 참고한 서적이나 자료를 근간으로 독자들
이 와인에 대한 이해를 높이는 데 도움이 될 만하다고 판단되는 것들만 주제별로 간추
려보았다. 최근에는 우리나라에도 번역서를 비롯한 많은 와인책이 경쟁하듯 출간되고
있다. 여기 소개하는 일부 자료를 제외하면 거의 모두가 외국어 서적이라는 문제는 여
전히 남아 있다.

1. 와인 가이드북

와인 가이드북wine guide book은 대개 매해 개정판이 나온다. 수많은 와인에 대한 품평,
가격, 보관 가능한 기간과 마시기에 적정한 시기 등은 물론 와이너리에 대한 필요한 정
보들이 수록되어 있다. 최근 들어서는 가격 대비 질이 우수한 와인만 모아놓은 가이드

북이나 유기농 와인 가이드북도 인기를 끌고 있으며, 여성을 위한 와인 가이드북도 등
장하고 있다. 자신에게 필요하다고 판단되는 최근 판을 한두 권 가까이 두고 와인을 구
매할 때나 시음할 때 참고하면 많은 도움이 될 것이다. 외국어를 배울 때 사전이 필요
하듯 와인에 관심 있는 사람들에게는 꼭 한두 권 정도의 가이드북이 필요하다.

Le Guide Hachette des vins

Guide des meilleurs vins de France, La Revue du vin de France

Routes des vignobles en France, Spécial oenotourisme, Michelin

Le guide vert, La France des vignobles, Michelin

Parker(Robert), *Guide Parker des vins de France,* Solar

Parker(Robert), *The Wine Buyer's Guide,* Darling Kindersley

Johnson(Hugh), *Le guide de poche du vin/Hugh Johnson's Pocket Encyclopedia of Wine,* Robert Laffont

Bettane & Desseauve, *Le Classement des vins et domains de France,* Eds de La Revue du vin de France, Flammarion

Dussert-Gerber, *Guide des vins de France,* Albin Michel

Fôret(Isabelle), *Fémivin, Le guide du vin au féminin,* Michel Lafon, 2006

Iommi-Amunategui(Antonin) et Couston(Jerome), *Glou guide du vin naturel,* Eds. Canbourakis, 2019

2. 와인 용어 사전

와인과 관련된 전문용어만 약 1만여 개에 이른다. 간단한 시음 용어는 와인 가이드북
앞이나 뒤에 설명되어 있기도 하다. 첫 번째는 와인 관련 용어 1500개를 프랑스어, 영
어, 독일어, 스페인어, 이탈리아어, 일본어로 설명하는 유일한 사전이며 용어 이해에 많
은 도움이 된다. 두 번째는 어원, 역사, 구체적인 사례까지 상세히 설명하는 사전으로
현재는 프랑스어판만 나와 있는데, 전문적으로 와인 용어를 공부하려는 사람들에게는
매우 소중한 자료가 될 것이다.

Dictionnaire international Moet-Hachette du vin, Hachette(프랑스어, 영어, 이탈리아
어, 스페인어, 독일어, 일본어 등 6개국 언어로 편찬된 유일한 사전)

Coutier(Martine), *Dictionnaire de la langue du vin,* CNRS Editions

Garrier(Gilbert), *Les Mots de la vigne et du vin*, Larousse

Pivot(Bernard), *Dictionnaire amoureux du vin*, Plon

Chatelain-Courtois(Marie), *Les Mots du vin et de l'ivresse*, Belin

Dictionnaire du vin − Le Figaro Vin

Dictionnaire du vin − La Revue du vin de France

3. 와인 사전 및 지도

Encyclopédie Hachette Multimédia des vins de France, Hachette (CD Rom)

Atlas Hachette des vins de France-INAO, Hachette

France(Benoit), *Grand Atlas des vignobles de France*, Solar

Ribereau-Gayon(Pascal), *Atlas Hachette des vins de France*

Clarke(Oz), *Atlas des vins du monde*, Hachette

Dovaz(Michel), *Dictionnaire Hachette du vin*

Droulhiol(Michel), *DICO-GUIDE des Vins de France, Le seul guide de toute les appellations*, Leduc Editions

Dico du Vin, Le dictionnaire du vin en ligne

Duijker(Hubrecht), *La Route des vins, Alsace*, Flammarion, 1997

Duijker(Hubrecht), *La Route des vins, Bordeaux*, Flammarion, 1997

Duijker(Hubrecht), *La Route des vins, Loire*, Flammarion, 1997

Galet(Pierre), *Dictionnaire encyclopedique des cepages*, Hachette, 2000

4. 와인에 관한 일반 서적

〔국내서〕

강호정, 『와인에 담긴 과학』, 사이언스북스, 2012

김준철, 『와인 인사이클로피디아』, 세종서적, 2006

_____, 『와인』, 백산출판사, 2010

김혁, 『김혁의 스페인 와인 기행』, 알덴테북스, 2012

_____, 『김혁의 이탈리아 와인 기행』, 학산문화사, 2007

_____, 『김혁의 프랑스 와인 기행』, 세종서적, 2000

나시카와 메구미, 『와인과 외교』, 김준균 옮김, 지성사, 2008

무라카미 류, 『와인 한잔의 진실』, 창해, 2004

박찬일, 『와인 스캔들』, 넥서스, 2007

사토 요이치, 『쉽고 친절한 홈 와인 가이드』, 송소영 옮김, 한스미디어, 2015

야콥 블루메, 『맥주, 세상을 들이켜다』, 따비, 2010

이기태, 『와인 상식사전』, 길벗, 2017

이종기, 『이종기 교수의 술 이야기』, 다할미디어, 2009

장홍, 『문화를 포도주 병에 담은 나라 프랑스』, 고원, 1998

_____, 『WINE & CULTURE: 문화로 풀어본 와인 이야기』, 학산문화사, 2008

_____, 『와인, 문화를 만나다』, 다할미디어, 2010

조정용, 『라이벌 와인』, 한스미디어, 2010

존 보네, 『와인에 대한 우리의 자세』, 이재원 옮김, 북커스, 2019

최훈, 『역사와 와인』, 자원평가연구원, 2015

케빈 즈랠리, 『와인 바이블: 2018 edition』, 정미나 옮김, 한스미디어, 2018

티에리 타옹, 『와인의 철학』, 개마고원, 2007

〔원서〕

Robinson(Jancis), *Le livre des cépages*, Hachette

Dovaz(M.) & Bazin(J.-F), *L'or du vin*, Hachette

Doutrelant(Pierre-Marie), *Les Bons Vins et les autres*, Seuil

Dumay(Raymond), *La Mort du vin*, Stock

Lachiver(Marcel), *Vins, Vignes et Vignerons*, Fayard

Peynaud(Emile), *Le Gout du vin*, Dunod

Carnemere(C.), Madevon(D.) & Madevon(P.), *Les vins de France*, Nathan

L'ABC du vin, Larousse

Veilletet(Pierre), *Le vin, lecon des choses*, Silea

Courtois(M.) & Guillemard(C.), *Le vin et la table (3 tomes): tome 1, Le vin ; tome 2, La table ; tome 3*, Expression pittoresques

Renvoise(Guy), *Le Monde du vin, Art ou Bluff*, Eds du Rouergue

Ewing-Mulligan & McCarthy, *Le vin pour les nulls, Sybex: The Wine for Dummies*, IDG Books

Saverot(Denis) & Simmat(Benoit), *In Vino Satanas*, Albin Michelin

Saporta(I.), *Vinobusiness*, Albin Michel

Dambly(Raymond), *Le vin en 20 lecons*, Eds du Perron

Eyres(Harry), *Mr Bluff et...le vin*, Eds Anne Carriere

Du Pontavice, *Vins et Vigonbles de France*, Ouest-France

Broadbent(Michael), *Le livre des millésimes*, Scala

Ribereau(Pascal), *Le vin*, PUF

Johnson(Hugh), *Une histoire mondiale du vin*, Hachette

Poupon(Pierre), *Nouvelles pensées d'un dégustateur*, Bibliothèque de la confrérie des chevaliers du Tastevin

Poupon(Pierre), *Mes dégustations littéraires: l'odorat et le gout chez les écrivains*, Bibliothèque de la confrérie des chevaliers du Tastevin

Paroles à boire, *le vin*, Eds Carrousel

Gautier(J.-F.), *Les vins de France*, PUF

Gautier(J.-F.), *Le vin et ses frauds*, PUF

Gautier(J.-F.), *Histoire du vin*, PUF

Gautier(J.-F.), *Le vin à travers les ages. De la mythologie à l'oenologie*, Eds LCF

Gauthier(J.-F.), *Le Vin: De la mythologie a l'oenologie, l'esprit d'une civilisation*, Eds. Feret

Moulin(L.), *Les plaisirs de la table. Une histoire culturelle du manger et du boire en Europe*, Fonds Mercator

Garrier(G.), *Histoire sociale et culturelle du vin*, Bordas

Peynaud (E.), *Le goût du vin*, Paris.

Faure-Brac(Philippe), *Comment gouter un vin*, EPA

La petite bibliothèque du vin Larousse: 1. Acheter son vin, 2. Choisir et srvir le vin, 3. Déguster le vin, 4. Cépages et vignification, 5. Des régions et des vins, 6. Les vins d'ailleurs, 7. Le livre du cave, 8. Petit dictionnaire du vin, Larousse

Notisser(Jonathan), *Le pouvoir et le goût*, Grasset

McInerney(Jay), *Bacchus et moi*, Eds. de La Martinière

Kauffmann(J.-P.), *Voyage à Bordeaux suivi de Voyage en Champagne*, folio

Garrier(Gilbert), *Histoire sociale et culturelle du vin*, Larousse

Argod-Dutard(F.), Charvet(P.) & Lavaud(S.), *Voyage au pays du vin*, Robert Laffont

Jeanmaire(Henri), *Dionysos. Histoire du culte de Bacchus*, Payot

Rowley(A.) & Ribaut(J.-Cl.), *Le vin, histoire de goût*

Dion(R.), *Histoire de la vigne et du vin en France, des origines au XIXe siècle*,

Flammarion

Casamayor(P.), *Ma première dégustation*, Hachette vins

De Font-Verger(I.), *L'Alsace à Table*, Eds. Du Rhin

Oberle(Roland), *L'Alsace Les saveurs d'un terroir*, Eds. Hirle

Stevensom(Tom), *101 essential Tips Wine*, DK

Le Tour du Monde en 80 Toques, Ed. Universal Trading Company

Pontillo(Odile), *Organiser ses soirées dégustation*, Larousse

Brunet(Raymond), *Le Vin et la Réligion*, Librairie agricole de la Maison rustique, 1926

Crestin-Billet(Frederique), *La Folie des etiquettes*, Flammarion, 2001

Coffe(J.-P.) et Willemin(Veronoque), *Le Banquet de Bacchus*, Eds. Du Rouergue, 2002

Coffe(J.-P.), *Mes Vins préfers à moins de 10 Euros*, Plon, 2005

Dion(Roger), *Le Paysage et la Vigne*, Payot, 1990

Bourguignon(Philippe), *L'Accord parfait*, Chene, 1997

La France face aux vins du Nouveau Monde, Albin Michel, 2002

Echikson(William), *Pourriture noble*, Grasset, 2005

Elwing(Henri), Duboeuf Gerges, *Beaujolais vin de citoyen*, Lattes, 1989

Garrier(Gilbert), *L'Etonnante Histoire du Beaujolais nouveau*, Larousse, 2002

Faure-Brac(Philippe), *Les Grands Vins du siècle*, E.P.A., 1999

Faure-Brac(Philippe), *Vins et mets du monde*, E.P.A., 2004

Hennig(J.-L.), *Erotique du vin*, Zulma, 1999

Mathe(Nathalie), *Le Mythe de Bacchus*, Fayard, 1992

Markham(Dewey), *1855. Histoire d'un Classement des vins de Bordeaux*, Feret, 1997

Pitte(Jean-Robert), *La bouteille de vin, histoire d'une révolution*, Mollat, 2013

5. 프랑스의 주요 와인 산지

Woodrow(A.), *Vins du Rhône*, Grund (coll. Guide du connaisseur)

Bazin(Jean-F.), *Le Vin de Bourgogne*, Hachette, 1996

Blanchet(Suzanne), *Les Vins du Val de Loire*, Eds. Jema, 1982

Casamayor(Pierre), *Vins du Sud-Ouest et des Pyrénées*, Eds. Daniel Briand-Robert Laffont, 1983

Reboul(Sylvie), *Vins de la valée du Rhône*, Feret

Morris(J.), *Vins de Loire*, Grund (coll. Guide du connaisseur)

Garcia(A.), *Le vin de Champagne*, PUF (coll. Que sais-je?)

Dovaz(M.), *Châteauneuf-du-Pape*, Eds Jacques Lagrand

Delpech(Laurens), *Le Bordeaux*, Du May

Dovaz(M.), *Bordeaux, terre de légende*, Eds Assouline

Bazin(J.-F.), *Le vin de Bourgogne*, Hachette

Dubs(S.) & More(M.), *Les vins d'Alsace*, Robert Laffont

Bianquis(I.), *Alsace de l'Homme au vin*, Eds Gerard Klopp

Boiron(Christine), *Les Vins de Paris*, Glenat, 1988

Friol(J.-P.) et Bertaud(Michel), Jura, *les vins authentiques*, Bertaud-Friol, 1999

Dubs(Serge) et Ritzenthaler(Denis), *Les Grands Crus d'Alsace*, Serpenoise, 2002

6. 와인과 건강

Lesvesque(Denis), *Les vertus du vin pour la santé*, Eds Quebecor

Perdue(Louis), *Le paradoxe français*, Eds A. Barthelémy

Maury, *Soignez-vous par le vin*, Eds Universitaires

Vin et Sante, Les Eds. Du voyage, Montpellier

7. 와인과 예술

Montserrat Miret I Nin, *Le vin dans l'art*, Glenat, 2005

Le vin et la musique Accods et desaccords(sous la dir. De Florence Getreau), Gallimard, 2018

Reboul(Sylvie), *Le vin & la Musique. Révelations sur des accords divins*, Feret, 2018

Musée Virtuel du vin: Le vin des arts sur internet, 780 oeuvres.

Chayette(Herve), *Le Vin à travers la peinture*, ACR Edition, 1984

Herman(Sandrine) et Pascal(Julien), *Mouton Rothschild, le musée du vin dans l'art*, Imprimerie nationale, 2003

8. 와인과 문학

Tutuola(Amos), *L'ivrogne dans la brousse*, Collection Continent Noir, Gallimard, 2000

Mayle(Peter), *Un bon cru*, Eds, Points, 2006

Laclavetine(Jean-Marie), *Le Rouge et le Blanc*, Collection blanche, Gallimard, 1994

Pirotte(Jean-Claude), *Expedition nocturne autour de ma cave*, Eds, Stock, 2006

Takeshi Kaiko, *Romanée-conti 1935*, Eds, Picquier, 1998

Davodeau(Etienne), *Les ignorants*, Ed, Futuropolis, 2011

Ayme(Maecel), *Le vin de Paris*, Gallimard, 1984

Fallet(Rene), *Le Beaujolais Nouveau est arrive*, Gallimard, 1979

Harris (Joanne), *Vin de bohème*, Gallimard, 2002

Abu Nuwas, *Poèmes bachiques et libertins*, Verticales, 2002

Queffelec(yann), *La Dègustation*, Fayard, 2005

Guermes(Sophie), *Le Vin et l'Encre(la literature francaise et le vin du XIIIe au XXe siècle)*, Mollat, 1997

9. 와인 만화

아기 타다시 글, 오키모토 슈 그림, 『신의 물방울』(전44권), 학산문화사

아기 타다시 글, 오키모토 슈 그림, 『신의 물방울 최종장 마리아주』, 학산문화사

조 아라키 외, 『소믈리에르』(전21권), 학산문화사

조 아라키 글, 겐지 나가모토 그림, 『바텐더』, 학산문화사

심경희 글, 조운학 그림, 『와인의 시간』, 학산문화사

이원복, 『이원복 교수의 와인의 세계, 세계의 와인』(전2권), 김영사

Tolmer(Michel), *Mimi, Fifi & Glouglou*, Les Eds. De l'epure

10. 주요 정기 간행물

The Wine Advocate

The Wine spectator

La Revue du vin de France

Vins magazine
L'Amateur de Bordeaux
Bourgogne Aujourd'hui
Cuisine et vins de France
International Vintage Magazine
Wine Review

11. 주요 와인 박물관

Musée du vin(파리 16e)

Musée d'Hautvilliers(오빌리에, 샹파뉴)

Musée de la confrerie Saint-Etienne(킨츠하임, 알자스)

Musée du Vin de Bourgogne(본, 부르고뉴)

Musée du tire-bouchon(론, 메네르브)

Musée du Vieux-Nîmes(랑그도크, 님)

Musée du Cognac(코냐크)

La cité du vin(보르도)

Musée du vin et de la Vigne(샤토 무통 로칠드)

Musée du Liège et du Bouchon(메쟁, 보르도)

Musée du vin d'Anjou(앙주, 루아르)

와인 인문학 산책

1판 1쇄	2020년 5월 15일
1판 7쇄	2024년 2월 5일

지은이	장흥
펴낸이	강성민
편집장	이은혜
기획	배소라
마케팅	정민호 박치우 한민아 이민경 박진희 정경주 정유선 김수인
브랜딩	함유지 함근아 박민재 김희숙 고보미 정승민 배진성
제작	강신은 김동욱 이순호

펴낸곳	㈜글항아리 | 출판등록 2009년 1월 19일 제406-2009-000002호
주소	10881 경기 파주시 심학산로 10 3층
전자우편	bookpot@hanmail.net
전화번호	031-955-8869(마케팅) 031-941-5158(편집부)
팩스	031-941-5163

ISBN	978-89-6735-770-2 03900

geulhangari.com